옮긴이 홍기용

1964년 서울에서 태어나 연세에서 유체기계 석사과정을 마쳤
으로 직장생활을 시작하여 가전 분야 연구, 기술 전략 및 상품/전략
기획 업무를 수행했다. 2021년 말 히타치–LG 데이터 스토리지에
서 퇴직했다. 2017년부터 논어등반학교에서 논어, 대학, 중용, 대학
연의, 사기, 춘추좌씨전 등을 배우고 있다. 스스로 배우는 힘을 키
우기 위해 짧을 글들을 직접 읽다가, 사서(四書)와 같은 경전을 이해
하는 데 필요한 다양한 케이스를 모아 놓은 유향의 신서를 번역하게
되었다. 앞으로도 이와 같은 고전 번역을 지속할 예정이다.

감수 이한우

1961년 부산에서 태어나 고려대학교 영문과를 졸업하고 동 대학원
철학과 석사 및 한국외국어대학교 철학과 박사과정을 수료했다.
〈뉴스위크 한국판〉과 〈문화일보〉를 거쳐 1994년부터 〈조선일보〉
기자로 일했고 2002~2003년에는 논설위원, 2014~2015년에는
문화부장을 지냈다. 2001년까지는 주로 영어권과 독일어권 철학책
을 번역했고, 이후 『조선왕조실록』을 탐색하며 『이한우의 군주열전』
(전 6권)을 비롯해 조선사를 조명한 책들을 쓰는 한편, 2012년부터
는 『논어로 논어를 풀다』 등 동양 사상의 고전을 규명하고 번역하
는 일을 동시에 진행해오고 있다. 2016년부터는 논어등반학교를
만들어 현대인의 눈높이에 맞추어 고전을 강의하고 있다. 2017년
부터 2021년까지 약 5년에 걸쳐 『이한우의 태종실록』(전 19권)을 완
역했으며, 그 외 대표 저서 및 역서로는 『이한우의 인물지』, 『이한우
의 설원』(전 2권), 『이한우의 태종 이방원』(전 2권), 『이한우의 주역』
(전 3권), 『완역 한서』(전 10권), 『이한우의 사서삼경』(전 4권), 『대학연
의』(상·하) 등이 있다.

신서

일러두기

• 이 책은 '중국철학서전자화계획(中國哲學書電子化計劃)'에 있는 유향(劉向)의 『신서(新序)』를
  원문으로 삼아 번역했다.
• 각 권의 소제목은 역자가 지은 것이다.

신서
유향 찬집 완역

홍기용 옮김 | 이한우 감수

춘추부터 한대까지 중국 최고의
고사(故事)들만 모아 엮은 고전의 정수

21세기북스

차례

들어가는 말 다른 사람의 스승이 될 만한 『신서』 ⋯⋯⋯⋯⋯⋯⋯ 6

자서(自序) 유향(劉向) ⋯⋯⋯⋯⋯⋯⋯⋯⋯⋯⋯⋯⋯ 11

【권1】 잡사 1(雜事一) – 이런저런 이야기 (1) ⋯⋯⋯⋯⋯ 17

【권2】 잡사 2(雜事二) – 이런저런 이야기 (2) ⋯⋯⋯⋯⋯ 59

【권3】 잡사 3(雜事三) – 이런저런 이야기 (3) ⋯⋯⋯⋯ 111

【권4】 잡사 4(雜事四) – 이런저런 이야기 (4) ⋯⋯⋯⋯ 149

【권5】 잡사 5(雜事五) – 이런저런 이야기 (5) ⋯⋯⋯⋯ 199

【권6】 자사(刺奢) - 사치를 나무라는 이야기 ———— 251

【권7】 절사(節士) - 절개가 있는 선비 ———— 269

【권8】 의용(義勇) - 마땅함과 용기가 있는 선비 ———— 325

【권9】 선모상(善謀上) - 좋은 계책 (상) ———— 347

【권10】 선모하(善謀下) - 좋은 계책 (하) ———— 397

옮긴이의 말 스스로 공부해서 풀어보고자 하는 이들에게 ———— 453

다른 사람의 스승이 될 만한 『신서』

어떤 것을 배우고 익힐 때, 이론서만 공부하게 되면 머리로는 이해가 되나 가슴으로 와닿지 않는 경우가 많다. 이럴 때는 관련된 사례를 얻어서 보게 되면 아! 하면서 그 뜻이 통하는 것을 자주 경험했을 것이다. 『논어』나 『대학』과 같은 고전 경서는 함축적 글과 관련된 지식의 부족으로 쉽게 내 것으로 만들기가 힘든데, 이럴 때는 『사기(史記)』나 『한서(漢書)』 같은 역사서를 같이 읽으면서 본다면 적지 않은 도움이 될 것이다. 그러나 막상 『사기』와 같은 책은 그 양이 방대하고 복잡한 역학관계들에 대한 충분한 이해가 있어야 해서 쉽게 다가서기가 어렵다.

『신서(新序)』는 상고(上古)시대부터 한나라 때에 이르는 숱한 사람들의 옛이야기와 말들을 모아 유형별로 분류해놓은 책으로, 이를 통해 우리는 옛사람들의 생각에 보다 쉽게 다가설 수 있다.

『논어(論語)』는 오늘날에도 리더들에게 사람을 알아보는[知人] 통지인

찰력을 길러주는 책인데, 여기에는 "공자가 말하기를, 다른 사람이 나를 알아주지 않을 것을 걱정하지 말고, 다른 사람을 알아보지 못할 것을 걱정하라[子曰, 不患人之不己知, 患不知人也.『논어』「학이(學而)」16]"
자왈 불환 인지 불 기지 환 부지 인 야
라는 내용이 있다.

그런데 『신서』「잡사(雜事)」1에는 춘추시대 초나라 장왕(莊王)이 재상과 이야기하느라 늦었다고 자랑스럽게 이야기하자 부인인 번희(樊姬)가 그 재상의 문제점을 넌지시 깨닫게 해서 마침내 뛰어난 이를 얻어 패자의 기틀을 마련하게 해주었다는 이야기가 나온다. 이 글에서 사람을 알아보는 법뿐 아니라 윗사람에게 공손하게, 그러면서도 똑 부러지게 말하는 법과, 다른 사람의 말을 듣고 반성하면서 그것을 실천하는 법을 배울 수 있다.

한편 『대학(大學)』은 리더가 갖춰야 할 다움[德]에 대해 말하는
덕
책인데, 글들이 짧아서 그 뒤에 있는 내용을 알지 못하면 충분히 이해했다고 할 수 없다. 전(傳) 10의 「치국평천하(治國平天下)」편을 보면 "초나라는 보물로 여기는 것은 없고, 오직 선(한 사람)을 보물로 여깁니다[楚國無以爲寶, 惟善以爲寶]"라는 한 줄의 글이 나오는데, 『신서』
초국 무이 위 보 유 선이 위 보
「잡사(雜事)」1에는 이 글의 배경이 되는 이야기가 실려 있다.

억지를 부리며 초나라 보물을 구경하러 온 진(秦)나라 신하에게 소해휼이라는 초나라 신하가 자국의 대신들을 초나라를 지키는 보물이라고 소개하면서, 왜 그들이 보물인지를 설명하고 그들로 인해 진나라를 결코 두려워하지 않게 되었다는 점을 긴장감 있게 서술하고 있다. 이를 통해서 『대학』에서 말하는, 나라를 다스리고 천하를 평안케 하기 위해서는 어떤 인재들을 어떤 자리에서 어떻게 써야 하는지에 대해 구체적으로 알 수 있다.

『신서(新序)』는 중국 전한(前漢)의 유향(劉向, 기원전 77~기원전 6년)이 편집한 고사집이다. 이 책은 "한나라가 일어났지만, 육예(六藝)가 모두 흩어지고 끊어져서 없어지고 빠져버려 겨우 남은 것에서 얻을 수밖에 없어, 앞선 뛰어난 왕의 도리를 세상에 다시 밝힐 수가 없게 되어버린[漢興, 六藝皆得於散絶殘脫之餘, 世復無明先王之道]" 당시의
한흥   육예 개 득어 산 절 잔 탈 지여   세 부 명 명   선왕지도
피폐해진 학문의 실상을 마주하고, 그래도 아직은 "지금이 옛것과 가장 가까울 수 있다[於今最爲近古]"는 소명의식을 가지고서 과거를
어금 최 위 근고
거울삼아 후대에게 가르침을 전하고 싶어 "옛사람의 아름다운 말과 좋은 행실은 진실로 지나간 과거에 있었기에, 무엇보다도 신중히 골라서[古人之嘉言善行, 亦徃徃而在也, 要在愼取之而已]" 만들었다고
고인지 가언 선행   역 왕왕이 재 야   요재   신취지이이
한다.

이것은 공자가 『논어』 「술이(述而)」 편에서 "나는 지나간 일을 정리해 전술할 뿐 새로 지어내지는 아니했으니, 옛 학문을 믿고 좋아한 것만큼은 남몰래 상나라 때 현인인 우리 노팽에 견줄 수 있다[述而不作, 信而好古, 竊比於我老彭]"라고 말한 것과 같다. 흩어져서 떠
술이부작   신이호고   절 비어 아노팽
돌던 이야기들을 모으고 같은 것끼리 모아서 앞뒤로 통하는 맥락을 만들어 뒤에 보는 사람들에게 뜻을 환하게 밝혀주었으니, "옛것을 배워 익혀서 새것을 알아내면 얼마든지 다른 사람의 스승이 될 수 있다[溫故而知新, 可以爲師矣. 『논어』 「위정(爲政)」]"라는 공자의 말대로 다른
온고이지신   가이 위 사 의
사람의 스승이 될 만한 업적이라 할 수 있을 것이다.

그런데 『한서(漢書)』 「초원왕전(楚元王傳)」 유향조(劉向條)에 따르면, 유향은 『신서(新書)』와 『설원(說苑)』을 합쳐 50편을 저술해서 성제(成帝)에게 올렸다고 한다. 『한서』 「예문지(藝文志)」에는 "유향소서(劉向所序) 67편"이라고 기록되어 있는데, 이는 『신서』, 『설원(說苑)』, 『세

설(世說)』(전하지 않음), 『열녀전(列女傳)』, 『송도(頌圖)』를 합한 편수다.
이 가운데 『신서』는 『수서(隋書)』「경적지(經籍志)」에 30권, 『구당서(舊唐書)』「경적지(經籍志)」에도 30권이라고 나와 있었는데, 30권이던 책
이 다시 흩어지고 없어져서 송(宋)나라 때는 겨우 10권만 남아 있었
고 이를 북송(北宋)시대의 문인인 증공(曾鞏, 1019~1083년)이 다시 정
리해 지금 우리가 알고 있는 『신서』 10권으로 만들었다고 한다.

『신서』는 총 10권, 191장으로 구성되어 있고, 어느 정도 내용에
따라 분류되어 있다. 처음 5권은 '잡사(雜事)'라는 제목이 붙어 있고,
6권 이후는 '사사(刺奢)', '절사(節士)', '의용(義勇)', '선모상(善謀上)', '선
모하(善謀下)'다. 대부분 진나라의 이야기이지만 마지막 10권은 한나
라 초기의 일화를 서술하고 있다.

이 글을 지은 유향은 자가 자정(子政), 본명은 갱생(更生)으로 한나
라 고조의 동생 초원왕(楚元王) 유교(劉交)의 4대손이다. 『칠략(七略)』
의 저자 유흠(劉歆)이 그의 아들로, 유가 철학을 바탕으로 다양한 학
문을 익힌 정치가이자 유학자였다. 관직은 간대부(諫大夫), 종정(宗
正), 광록대부(光祿大夫) 등을 역임했으며, 원제(元帝)·성제(成帝) 때
는 종실의 자격으로 환관과 외척의 전횡을 막으려 노력했다. 사람됨
이 소탈하고 위엄을 차리지 않았으며 청렴하고 노를 즐기면서 오로
지 경학에만 전념해서 낮에는 서적을 읽고 밤에는 별자리를 관찰하
느라 아침까지 잠을 자지 않았다고 한다. 선진(先秦)시대의 오래된 전
적(典籍)들을 수집하고 편찬했으며, 『열녀전』, 『열선전(列仙傳)』, 『홍범
오행전론(洪範五行傳論)』, 『설원(說苑)』, 『신서(新序)』, 『전국책(戰國策)』,
『별록(別錄)』, 『초사장구(楚辭章句)』 등을 저술했다. 『한서(漢書)』에 그
의 전기가 수록되어 있다.

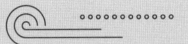

자서(自序)

유향(劉向)

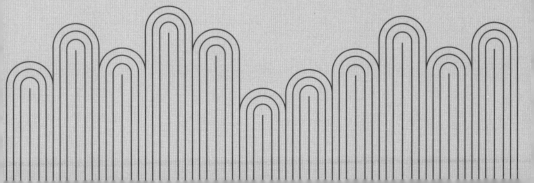

옛날에 천하를 다스린 자는 도(道)와 덕(德)을 하나로 통일하고 풍속을 같게 했으니, 대개 넓은 구주(九州)와 수많은 백성에 대해, 그리고 천년의 긴 세월 동안 그 가르침이 이미 밝아지고 그 정사(政事)가 이미 이뤄지자 지키는 바는 하나의 도였고 전하는 바 또한 하나의 말뿐이었습니다. 이 때문에 『시경(詩經)』과 『서경(書經)』의 글은 수십 세대를 거치면서 지은 사람은 1명이 아니었지만 (쓰인) 말은 일찍이 처음부터 끝까지 서로 어긋나는 바가 없었으니, 교화함이 이와 같아서 참으로 지극했다고 할 수 있습니다. 이런 때를 맞아 다르게 행동하는 자는 처벌받았고 다르게 말하는 자는 제압당했으니, 그것을 막는 것 또는 이와 같이 잘 갖춰져 있었습니다. 그래서 요임금과 순임금, 우왕과 탕왕과 문왕, 무왕 사이에 혹 중간에 잠시 바뀌어 일찍이 쇠락하고 어지러웠지만, 남아 있던 은택이 미처 사라지지 않았던 시절이었기에 백가(百家)의 많은 학설은 아직 그들 사이에서 능히 뻗어 나올 수 없었습니다.

주(周)나라 말기에 이르러 앞선 빼어난 임금들[先王]의 교화와 법도가 이미 사라지고 남은 은택도 이미 사라져버려서, 세상에서 방술(方術)을 연마한 자들은 대개 그중 한쪽만 가지고 있었습니다. 그래서 사람마다 자기의 사사로운 뜻을 떨치고 학파[家]마다 개개인이 배운 바를 높이려는 움직임이 중국에서 벌떼처럼 일어났는데[蜂起], 모두 자기 장점에는 밝았지만 자기 단점에는 어두웠고 얻은 바에는 힘을 썼지만 놓친 것에 대해서는 말하기를 꺼렸습니다. 천하 선비들이 각자 자기 말만 했기 때문에 서로 능히 통할 수가 없어서, 세상 사람들은 저 학문이 어디서 비롯되었고 도가 어디로 귀착하는지를 더는 알 수가 없었습니다. 옛날에 빼어난 왕들이 남긴 글이 비록 남아 있었지만, 모두가 그것을 물리치고[絀=黜] 강구하지 않았으며[不講=不習], 하물며 진나라에 이르러서는 세상에서 크게 금지당하는 일[大禁=焚書坑儒]¹도 있었습니다.

한나라가 일어났을 때는 육예(六藝)²가 모두 흩어지고 끊어지며 없어지고 빠져버린 뒤라 그 남아 있는 것 중에서 겨우 거두었지만, 세상은 더는 선왕의 도리[先王之道]를 제대로 밝혀낼 수 없었으니, 온갖 학설에 의해 가리어 어둠 속에 있는 그 도리를 밝혀내지 못했고 꽉 막혀서 드러내지 못했습니다. 그래서 괴상하고 기이해 웃음만 나오는 학설들에 대해 각 파의 스승이라는 자들은 온갖 이견을 제시하고는 모두 스스로 이름 있는 대가라고 하여 허탄(虛誕)하게 중국에 흘러넘쳤으니, 하나같이 주나라 말세와 다르지 않게 되었고 그 폐단은 지금에 이르러서도 오히려 그대로 남아 있습니다.

이때 이후로 천하에서 배웠다는 자 가운데 빼어난 이[聖人]의 절절한 속마음을 알고 능히 도리[道]와 다움[德]의 아름다움을 순수하게 뽑아낸 사람으로는 오직 양웅(楊雄, 기원전 53~기원후 18년)³만이 거

---

1 책을 불태우고 선비를 생매장해 죽인다는 뜻으로, 진(秦)나라 시황제(始皇帝)가 유학자들의 정치 비평을 금하기 위해 경서(經書)를 태우고 학자들을 구덩이에 생매장한 일을 이르는 말이다.

2 고대 중국 교육의 여섯 과목 곧 예(禮)·악(樂)·사(射)·어(御)·서(書)·수(數)를 말하는데, 사실상 유학을 가리킨다.

3 전한 촉군(蜀郡) 성도(成都) 사람으로, 자는 자운(子雲)이다. 어릴 때부터 배우기를 좋아했고, 많은 책을 읽었으며, 사부(辭賦)에도 뛰어났다. 청년 시절에 동향의 선배인 사마상여

기에 머물렀을 뿐이고, 저 같은 무리는 여러 학설에 가려짐을 면치 못해서 빼어난 이의 속마음을 알아내지 못했습니다. 『맹자(孟子)』「진심상(盡心上)」에 이르기를 "문왕을 기다린 다음에야 일어나는 것은 일반 백성이지만, 호걸스러운 선비는 비록 문왕이 없어도 오히려 일어난다"라고 했습니다. 한(漢)나라 선비 중에 어찌 다만 밝은 선왕의 도리를 밝혀서 하나로 통일시키는 사람이 없겠습니까만, 또한 이때 나온 자들은 호걸스러운 선비가 적었기에, 그래서 능히 홀로 세상의 풍습에서 일어나서 끊어진 학문을 이어받을 수 없었을 것입니다.

대개 제[劉向]가 서문을 쓰고 있는 이 글이 지금은 옛것과 가장
_{유향}
가까울 것입니다. 비록 실수가 없을 수 없겠지만, 그러나 멀리 순임금과 우왕에 이르고 다음으로 주나라와 진(秦)나라 이후에까지 미쳤으니, 옛사람의 아름다운 말과 좋은 행동은 진실로 드물게 있었기에 무엇보다도 신중하게 골랐을 뿐입니다. 그래서 신(臣)은 그것 중에서 볼 수 없었던 것에 대해서는 이미 안타깝게 여기고 볼 수 있었던 것에 대해서는 교정 작업을 특히 상세하게 했지만, 정말로 신의 뜻을 충분히 알 수 있는 사람이 어찌 좋게만 말해주겠습니까? 이에 대해서는 신으로서도 어찌할 수가 없습니다. 편집하고 교정한 서적을 신이 이에 가죽띠로 묶어 올립니다.

(司馬相如)의 작품을 통해 배운 문장력을 인정받고 성제(成帝) 때 궁정문인의 한 사람이 되었다. 40여 세 때 처음으로 경사(京師-서울)에 가서 문장으로 부름을 받고서 성제의 여행을 수행하며 「감천부(甘泉賦)」와 「하동부(河東賦)」, 「우렵부(羽獵賦)」, 「장양부(長楊賦)」 등을 썼는데, 화려한 문장이면서도 성제의 사치를 꼬집는 풍자도 잊지 않았다. 급사황문시랑(給事黃門侍郎)에 임명되었다. 나중에 왕망(王莽) 밑에서도 일해 대부(大夫)가 되었다. 천록각(天祿閣)에서 책을 교정했다.

古之治天下者, 一道德, 同風俗, 蓋九州之廣, 萬民之衆, 千歲之遠, 其教既明, 其政既成之後, 所守者一道, 所傳者一說而已. 故詩書之文, 歷世數十, 作者非一, 而言未嘗不相爲終始, 化之如此, 其至也. 當是之時, 異行者有誅, 異言者有禁, 防之又如此其備也. 故二帝三王之際, 及其中間嘗更衰亂, 而餘澤未熄之時, 百家衆說, 未有能出其間者也. 及周之末世, 先王之教化法度既廢, 餘澤既熄, 世之治方術者, 蓋得其一偏. 故人奮其私意, 家尙其私學者, 蠭起於中國, 皆明其所長而昧其所短, 務其所得而諱其所失. 天下之士各自爲言, 而不能相通, 世人之不復知, 夫學之有統, 道之有歸也. 先王之遺文雖在, 皆紬而不講, 況至於秦爲世所大禁哉. 漢興, 六藝皆得於散絶殘脫之餘, 世復無明先王之道, 爲衆說之所蔽, 闇而不明, 鬱而不發. 而怪奇可喜之論, 各師異見, 皆自名家者, 誕漫於中國, 一切不異於周之末世, 其弊至於今尙在也. 自斯以來, 天下學者, 知折衷於聖人, 而能純於道德之美者, 楊雄氏而止耳, 如向之徒, 皆不免爲衆說之蔽, 而不知有折衷者也. 孟子曰: "待文王而後興者, 凡民也, 豪傑之士, 雖無文王猶興." 漢之士豈特無明先王之道以一之者哉, 亦其出於是時者, 豪傑之士少, 故不能特起於流俗之中絶學之後也. 蓋向之序此書, 於今最爲近古. 雖不能無失, 然遠至於舜禹, 而次及於周秦以來, 古人之嘉言善行, 亦徃徃而在也, 要在愼取之而已. 故臣既惜其不可見者, 而校其可見者特詳焉, 亦足以知臣之志者豈好辯哉. 蓋臣之不得已也. 編校書籍臣曾鞏上.

16

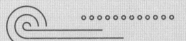

【권1】 잡사 1(雜事一)

이런저런 이야기 (1)

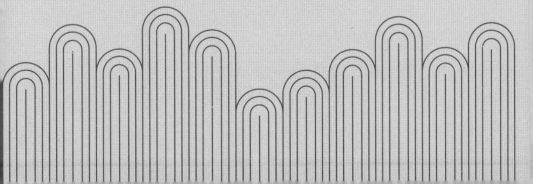

1. 순임금의 효도

옛날에 순임금이 스스로 농사지으며[耕稼=稼穡] 그릇을 빚고 물
                                경가   가색
고기를 잡으면서 몸소 효도와 우애를 다했는데, 아버지 고수는 완고
(하고 미련)했으며[頑] 어머니는 어리석었고[嚚], 동생 상은 오만했다
         완   은
[傲]. 모두가 가장 어리석은 자들이라 바뀔 수 없었으나[下愚不移]¹ 순
 오   하우불이
은 효도를 다하면서 고수를 공양했다. 고수는 상과 더불어 우물을 파
고 창고를 칠하게 하는 음모[浚井塗廩之謀]를 꾸며서 순을 죽이고자
                        준정 도름 지 모
했지만, 순은 효도하기를 더욱 도탑게 했다.² 밭에 나가면 크게 흐느

---

1 『논어』「양화(陽貨)」편 3에 나오는 말이다.
   공자가 말했다. "오직 지극히 지혜로운 자와 지극히 어리석은 자만이 옮겨 가지 않는다[唯
                                                                           유
   上知與下愚 不移]."
   상지 여 하우 불이
2 이 이야기는 『맹자』「만장상」에 상세하게 나온다.
   만장(萬章)이 물었다.
   "(전하는 바에 따르면) 아버지와 계모는 순으로 하여금 곳간을 손보도록 해놓고는 (순이 수리
   를 위해 곳간 지붕에 올라가자) 사다리를 치워버리고 아버지 고수(瞽瞍)가 곳간에 불을 질렀
   습니다. (이때 순은 미리 준비해간 대삿갓을 이용해 안전하게 뛰어내려 목숨을 구했다.) (또 그 부
   모는) 순에게 우물을 파라고 하고는 (순이 일을 마치고) 나오려 할 때 (이미 순이 몰래 파놓은
   다른 구멍으로) 벗어난 줄도 모르고 흙으로 우물을 메워버렸습니다. (아버지와 계모 사이에서
   난 이복동생) 상(象)이 이렇게 말했습니다. '형님을 우물에 생매장시키는 꾀는 온전히 나의
   공로이니, (그동안 순이 길렀던) 소와 양 그리고 곳간은 부모님께 드리고 (순이 사용하던) 방패
   와 창, 거문고와 활은 모두 내 것이며 두 형수는 내가 데리고 살 것이다.' (그러고 나서) 상은
   (자신이 말한 것들을 가지러) 순이 거처하던 집으로 갔는데, 그때 순이 평상에 앉아 거문고를
   타고 있었습니다. (죽은 줄 알았던 형이 버젓하게 살아 있으니 당연히 깜짝 놀란) 상은 '마음도
   답답하고 울적해서 형님 생각이 나길래'라며 둘러댔으나 자신도 모르게 부끄러워하는 모습
   이 역력했습니다. (그런데 정작) 순은 '나는 이 신하와 백성을 (이렇게 하면 잘 다스릴 수 있는지

껴 울었는데, 나이가 50이 되어서도 마치 어린아이가 (부모를) 그리워
하듯 했으니 지극한 효[至孝]라 일컬을 수 있다.
_{지효}

> 昔者, 舜自耕稼陶漁而躬孝友, 父瞽瞍頑, 母嚚, 及弟象傲, 皆下愚不移.
> 舜盡孝道, 以供養瞽瞍. 瞽瞍與象, 爲浚井塗廩之謀, 欲以殺舜, 舜孝益
> 篤. 出田則號泣, 年五十猶嬰兒慕, 可謂至孝矣.

2. 순임금의 다스림

그래서 (순이) 역산(歷山)에서 농사를 지을 때는 역산 농부들이 서

를) 생각하고 있었다. 너는 나의 다스림에 기여하도록 해라'라고 말했습니다. 저는 잘 모르겠
습니다. 당시 순임금은 상이 자신을 죽이려 했다는 것을 알지 못했습니까?"
맹자가 답했다.
"어찌 알지 못했겠는가? (다만 상은 이복(異腹)이라 할지라도 아버지가 같은 자신의 동생이었기
때문에) 상이 근심하면 자신도 근심하셨고 상이 기뻐하면 자신도 기뻐하셨던 것이다."
만장의 질문이 이어진다.
"그렇다면 순은 거짓으로 기뻐한 것입니까?"
맹자가 대답했다.
"그렇지 않다. 옛날에 정(鄭)나라의 (현자인) 자산(子産)에게 살아 있는 물고기를 선물한
사람이 있었다. 자산이 연못지기를 시켜 그것을 연못에 놓아 키우라고 했는데 그 연못지
기는 그것을 삶아 먹고는 와서 이렇게 보고했다. '처음에 물고기를 놓아주었을 때는 비실
비실하더니, 조금 있다가는 파닥파닥 살아나서 유유히 사라졌습니다.' 이에 자산이 '제자
리를 찾아갔구나, 제자리를 찾아갔어'라고 말했다. 연못지기는 자산으로부터 물러 나와
(사람들에게) 말하기를 '누가 자산을 지혜롭다고 하는가? 내가 이미 물고기를 잡아먹었는
데도 그는 "제자리를 찾아갔구나, 제자리를 찾아갔어"라고 말하지 않는가?' 이처럼 군자
(君子)는 도리로써 속일 수는 있어도 도리가 아닌 것으로써는 옭아넣기가 어려운 것이다.
저 상(象)이 형을 사랑하는 도리로써 찾아왔기 때문에 순도 진실로 그런 줄 알고서 기뻐했
던 것이지, 어찌 거짓으로 기뻐한 것이겠는가?"

로 밭고랑을 양보했고, 하빈(河濱)에서 그릇을 빚을 때는 서로 그릇이 비뚤거나 이지러졌다[苦窳]고 다투지 않았으며, 뇌택(雷澤)에서 물고기 잡을 때는 뇌택의 어부들이 (잡은 물고기를) 고르게 나눠 가졌다. 마침내 세워져서 천자가 되자 천하가 교화되고 오랑캐들이 기꺼이 복종했다.

북발, 거수, 남무, 교지 모든 나라에서 순임금이 보여준 마땅함[義]을 사모하지 않음이 없었고, 교외에는 기린과 봉황이 찾아들었다. 그래서 공자가 말하기를 "효성스럽고 공순함이 지극해 신명과 통하고 밝음이 사해에 미친다"라고 했으니, 이는 순임금을 일컬음이다.

故耕於歷山, 歷山之耕者讓畔; 陶於河濱, 河濱之陶者, 器不苦窳; 漁於雷澤, 雷澤之漁者分均. 及立爲天子, 天下化之, 蠻夷率服. 北發渠搜南撫交阯, 莫不慕義, 麟鳳在郊. 故孔子曰: "孝弟之至, 通於神明, 光于四海", 舜之謂也.

3. 공자가 효와 다움으로 다스리다

공자가 시골 마을에 있을 때는 독실하게 효도를 다했고, 궐당(闕黨)에 살 때는 그 마을 자제들과 사냥하고 물고기를 잡았는데 어버이가 있는 사람에게는 많이 나눠 주어 효로써 그들을 교화시켰다. 이에 제자 72명이 멀리서 바야흐로 찾아와 공자의 다움[德]을 마음으로부터 따르게 되었다.

노나라에는 심유씨(沈猶氏)란 자가 있어서 아침에 양에게 물을 배

부르게 먹여서 시장 사람을 속였다. 공신씨(公愼氏)는 아내가 있었는데 음란했고, 신궤씨(愼潰氏)는 사치하고 교만 방자했으며, 노나라 시장에서 소와 말을 파는[鬻=賣] 사람은 미리 값을 올리기를 잘했다. 공자가 장차 노나라 사구(司寇)[3]가 되려 하자, 심유씨는 감히 아침에 그 양에게 물을 먹이지 못했고, 공신씨는 그 처를 쫓아냈고, 신궤씨는 국경을 넘어서 옮겨 갔고, 노나라에서 소와 말을 파는 사람은 미리 값을 올리지 않은 채 바른 모습을 하고서 (공자를) 기다렸다. 이미 사구가 되고 나자 계손씨와 맹손씨는 후성(郈城)과 비성(費城)을 무너뜨렸고 제나라 사람들은 침탈했던 노나라 땅을 돌려주었으니, 올바름을 쌓아감으로써 이르게 된 것이다. 그래서 (공자는) 말하기를 "그 몸이 바르면 영을 내리지 않아도 행해진다"[4]라고 했다.

孔子在州里, 篤行孝道, 居於闕黨, 闕黨之子弟敗漁, 分有親者多, 孝以化之也. 是以七十二子, 自遠方至, 服從其德. 魯有沈猶氏者, 旦飮羊飽之, 以欺市人. 公愼氏有妻而淫, 愼潰氏奢侈驕佚, 魯市之鬻牛馬者善豫賈. 孔子將爲魯司寇, 沈猶氏不敢朝飮其羊, 公愼氏出其妻, 愼潰氏踰境而徙, 魯之鬻馬牛不豫賈, 布正以待之也. 旣爲司寇, 季孟墮郈費之城, 齊人歸所侵魯之地, 由積正之所致也. 故曰: "其身正, 不令而行."

---

3 고대 중국에서 형벌과 치안을 맡은 관직이다.
4 『논어』「자로(子路)」편 6에 나오는 말의 일부다.
   공자가 말했다.
   "(윗사람) 자신의 몸이 바르면 명령하지 않아도 일이 행해지고, 자신의 몸이 바르지 않으면 설사 명령을 내려도 (신하들이) 따르지 않는다[其身正 不令而行 其身不正 雖令不從]."
   기신 정 불령 이 행 기신 부정 수 령 부종

4. 뱀을 죽여 어짊을 행한 손숙오

손숙오(孫叔敖)⁵가 어린아이였을 때, 나가서 놀다가 머리가 2개 달린 뱀을 보고는 죽여서 땅에 묻었다. 집에 돌아와서 눈물을 흘리고 있으니 어머니가 그 까닭을 물었고, 숙오가 대답해 말했다.

"제가 듣건대 머리 둘 달린 뱀을 본 사람은 죽는다고 했습니다. 조금 전에[嚮者=向者] 제가 뱀을 보았으니, 어머니를 버리고 죽게 될까
_{향자}　_{향자}
두렵습니다."

어머니가 말했다.

"지금 뱀은 어디에 있느냐?"

대답했다.

"다른 사람들이 또 볼까 두려워 죽여서 땅에 묻었습니다."

어머니가 말했다.

"내가 듣건대 몰래 덕을 쌓은 사람은 하늘이 복으로써 보답한다고 하니, 너는 죽지 않을 것이다."

마침내 장성해 초나라 영윤(令尹)⁶이 되었는데, 아직 다스리기도

5　초나라의 명신이다. 장왕(莊王)의 둘도 없는 책사가 되어 군제(軍制)를 개혁하고 내정을 쇄신하며 각종 수리(水利), 영전(營田) 사업을 일으킴으로써 초나라가 안으로 부국강병을 이룩하고 밖으로 춘추 패업을 성취하는 데 절대적인 공헌을 했다. 장왕이 그의 공적을 가상하고 고맙게 여겨 부유하고 넓은 읍(邑)을 하사하고자 했으나 고사(固辭)하고, 척박해서 아무도 탐내지 않는 침읍(寢邑)을 청했다. 그리하여 그의 자손들은 대대로 어려움 없이 침읍을 영유할 수 있었다.

6　초나라의 재상을 가리키는 말이다. 진나라와 한나라에 들어서는 지방 장관을 가리키는 명칭으로 사용되다가, 영(令)과 윤(尹)이 나뉘어 윤은 수도 행정 책임자를 가리키는 용어로 자리 잡았다. 그래서 조선에서도 한성 판윤(判尹)이라는 명칭이 있었다.

전에 나라 사람[國人]7들은 그가 어진 정사[仁=仁政]를 펼칠 것이라고
믿었다.

_{국인} _{인 인정}

> 孫叔敖爲嬰兒之時, 出遊, 見兩頭蛇, 殺而埋之. 歸而泣, 其母問其故,
> 叔敖對曰: "吾聞見兩頭之蛇者死, 嚮者吾見之, 恐去母而死也." 其母
> 曰: "蛇今安在?" 曰: "恐他人又見, 殺而埋之矣." 其母曰: "吾聞有陰德
> 者, 天報之以福, 汝不死也." 及長, 爲楚令尹, 未治, 而國人信其仁也.

5. 부인으로 인해 흥하고 망한 임금들

하나라 우왕이 일어난 것은 도산씨(塗山氏) 덕분이며, 걸왕이 망
한 것은 말희(末喜) 때문이다. 상나라 탕왕이 일어난 것은 유신씨(有莘
氏) 덕분이며, 주왕이 망한 것은 달기(妲己) 때문이다. 주나라 문왕과
무왕이 일어난 것은 (문왕의 어머니) 태임(太妊)과 (문왕의 부인) 태사(太
姒) 덕분이며, 유왕(幽王)이 망한 것은 포사(襃姒) 때문이다. 그래서
『시경』에서는 「관저(關雎)」8를 바르다고 했으며 『춘추』에서는 백희(伯
姬)9를 칭찬했던 것이다.

---

7 국인은 일반 백성이 아니라, 도성에서 벼슬을 맡고 있는 고위관리나 귀족들을 가리키는 말
  이다.

8 『시경』에 나오는 첫 번째 시다. 문왕과 그 부인 태사가 서로 군자와 숙녀로서 만나고 사랑
  하게 되는 모습을 물수리 암수에 빗대어 노래한 것이다.

9 노(魯)나라 선공(宣公)의 딸로 송나라 공공(共公)에게 시집갔다가 10년 만에 홀로 됐다. 궁
  궐에 불이 났을 때 관리가 피하라고 했으나, 부인은 한밤에 보모 없이 집을 나설 수 없다
  고 원칙을 지키다가 결국 불 속에서 죽었다.

禹之興也, 以塗山; 桀之亡也, 以末喜. 湯之興也, 以有莘; 紂之亡也, 以
妲己. 文武之興也, 以任姒; 幽王之亡也, 以褒姒. 是以詩正關雎, 而春
秋褒伯姬也.

6. 초나라 번희의 현명함

번희(樊姬)는 초나라 왕의 부인이다. 초나라 장왕(莊王)이 조회를
마치고 늦게 돌아오자 그 까닭을 물으니 장왕이 말했다.

"오늘 뛰어난 재상과 더불어 이야기를 하느라 날이 늦은 것을 알
지 못했소."

번희가 말했다.

"뛰어난 재상은 누구를 말합니까?"

왕이 "우구자(虞丘子)를 말한 것이오"라고 하자 번희가 입을 가리
고 웃었다. 왕이 그 까닭을 묻자 이렇게 말했다.

"첩이 요행히 수건과 빗을 잡고서 왕을 모실 수 있었습니다. 귀함
[貴]을 오로지하고 사랑을 마음대로 하려는 욕심이 없지 않았습니
귀
다만, 그것이 왕의 마땅함[義]을 해친다 여겼기 때문에 첩과 같은 지
의
위에 있는 사람을 여러 명 천거해 올릴 수 있었습니다. 지금 우구자
는 재상이 된 지 십수 년이 되었지만, 일찍이 1명의 뛰어난 이도 천거
해 올리지 않았으니, 알면서도 올리지 않았다면 이는 충성이 아니고
[不忠] 몰랐다면 이는 사람을 볼 줄 모르는[不智] 것입니다. 충성이 없
불충   부지
고 사람 보는 지혜가 없는데 어찌 뛰어나다 하겠습니까?"

다음 날 조회에서 왕이 번희가 한 말을 우자(虞子)에게 알려주자,

우구자는 머리를 조아리고 말했다.

"번희의 말과 같습니다."

이에 자리를 사양하고 손숙오를 올려 초나라 재상이 되게 했다. 나라가 부유해지고 병사들이 강해져서 장왕이 끝내 패자(霸者)가 되었으니, 번희가 어느 정도 힘이 되었다고 할 것이다.

樊姬, 楚國之夫人也, 楚莊王罷朝而晏, 問其故? 莊王曰: "今日與賢相語, 不知日之晏也." 樊姬曰: "賢相爲誰?" 王曰: "爲虞丘子." 樊姬掩口而笑, 王問其故. 曰: "妾幸得執巾櫛以侍王, 非不欲專貴擅愛也, 以爲傷王之義, 故能進與妾同位者數人矣. 今虞丘子爲相十數年, 未嘗進一賢, 知而不進, 是不忠也; 不知, 是不智也. 不忠不智, 安得爲賢?" 明日朝, 王以樊姬之言告虞子, 虞丘子稽首曰: "如樊姬之言." 於是辭位, 而進孫叔敖相楚, 國富兵强, 莊王卒以霸, 樊姬與有力焉.

7-1. 주검으로써 올린 간언 1

위나라 영공(靈公) 때, 거백옥(蘧伯玉)[10]이 뛰어났지만 쓰이지 않았고 미자하(彌子瑕)[11]가 덕이 부족[不肖]했음에도 일을 맡게 되었다. 위
불초

---

10 겉은 관대하지만 속은 강직한 성품으로, 자신은 바르게 했지만 남을 바르게 하지는 못했다. 전하는 말로 나이 50에 49년 동안의 잘못을 알았으며, 잘못을 고치는 데 능장을 부리지 않았다고 한다. 오(吳)나라의 계찰(季札)이 위나라 찬허(贊許)를 지나가면서 군자(君子)라 여겼다. 공자(孔子)가 그의 행실을 칭찬해 위나라에 이르렀을 때 그의 집에 머물렀다.
11 영공의 남다른 총애를 받았다. 어머니가 아프다는 소식을 듣고 군주의 수레를 타고 문병

나라 대부 사창(史惻)이 근심해 여러 차례 영공에게 간언했지만 들어
주지 않았다. 사창이 병이 나서 죽게 되자 그 아들에게 일러 말했다.

"내가 곧 죽으면 북쪽 당에서 상을 치러라. 내가 거백옥을 올리
고 미자하를 물러나게 할 수 없었으니, 이는 임금을 바르게 할 수 없
었음이다. 살아서 임금을 바르게 할 수 없었으니 죽어서 예를 제대로
이루는 것은 마땅하지 않다. 시신을 북쪽 당에 두는 것이 나에게는
족하다."

衛靈公之時, 蘧伯玉賢而不用, 彌子瑕不肖而任事. 衛大夫史惻患之, 數
以諫靈公而不聽. 史惻病且死, 謂其子曰: "我即死, 治喪於北堂. 吾不
能進蘧伯玉而退彌子瑕, 是不能正君也. 生不能正君者, 死不當成禮.
置尸於北堂, 於我足矣."

7-2. 주검으로써 올린 간언 2

사창이 죽자 영공이 와서 조문했는데, 상이 북쪽 당에 있는 것을
보고 그 끼닭을 물으니 아들은 아버지가 남긴 말로써 영공에게 대답
했다. 영공이 몸가짐을 삼가고 얼굴빛을 바꾸고는 제자리를 잃은(-시

을 다녀왔는데, 법에 따르면 월형(刖刑)에 처해야 하지만 효성이 지극하다면서 용서했다.
또 군주의 과수원에서 복숭아를 먹다가 남은 것을 영공에게 바쳤는데, 영공이 자신을 사
랑하는 마음이 지극하다면서 칭찬했다. 그러나 영공의 사랑이 식게 되자 앞의 두 일을 들
어서 죄를 묻고 내쫓아버렸다. 충신 사추(史鰌)가 죽어서도 시체로서 간하자 감동한 영공
이 미자하를 물리쳤다고 한다. 사추란 여기에 나오는 사창이다.

신을 북쪽 당에 둔 것) 뜻을 깨닫고는 말했다.

"선생은 살아 있을 때 뛰어난 이를 올리고 덕이 없는 사람을 물러
나게 하려고 했는데, 죽어서도 게으르지 않고 또 주검으로써 간언을
하니 충성스러움이 쇠하지 않았다고 말할 수 있을 것이다"

이에 마침내 거백옥을 불러서 올려 경(卿)이 되게 하고 미자하를
물러나게 했으며, 상을 정당(正堂-대청)으로 옮겨서 예를 갖춘 후에 돌
아갔다. 위나라가 이로써 제대로 다스려졌다. 사추(史鰌)의 자는 자어
(子魚)이니, 『논어』에서 이른 "곧도다! 사어(史魚)여"[12]의 그 사람이다.

史帳死, 靈公往弔, 見喪在北堂, 問其故, 其子以父言對靈公. 靈公蹴然
易容, 寤然失位曰: "夫子生則欲進賢而退不肖, 死且不懈, 又以屍諫, 可
謂忠而不衰矣." 於是乃召蘧伯玉, 而進之以爲卿, 退彌子瑕, 徙喪正堂,
成禮而後返. 衛國以治. 史鰌字子魚, 論語所謂, "直哉史魚"者也.

8. 사람을 추천하는 법

진(晉)나라 대부 기해(祁奚)[13]가 노쇠하자, 진나라 임금이 물었다.

---

12 『논어』「위령공(衛靈公)」편 6에 거백옥과 사어 두 사람에 대한 공자의 평이 나온다.
공자가 말했다.
"곧도다! 사어(史魚)여, 나라에 도리가 있을 때도 화살처럼 곧았고 나라에 도리가 없을 때
도 화살처럼 곧았도다[直哉 史魚 邦有道 如矢 邦無道 如矢]!
군자로다! 거백옥(蘧伯玉)이여, 나라에 도리가 있을 때는 벼슬했고 나라에 도리가 없을 때
는 거두고서 품어 간직할 줄 알았도다[君子哉 蘧伯玉 邦有道則仕 邦無道則可卷而懷之]!"
13 기(祁) 땅에 식읍이 있었고, 진도공(晉悼公) 때 중군위(中軍尉)를 지냈다. 연로해 은퇴하면

"누구를 써서 뒤를 잇게 할 수 있겠는가?"

기해가 대답했다.

"해호(解狐)가 맡을 만합니다."

임금이 말했다.

"그대의 원수가 아닌가?"

대답해 말했다.

"임금께서는 맡을 만한지를 물었지 원수를 묻지 않았습니다."

진나라는 마침내 해호를 들어 썼다.[14]

뒤에 또 묻기를 "누가 국위(國尉)가 될 수 있겠는가"라고 하자, 대답해 말했다.

"오(午)가 할 만합니다."

임금이 말했다.

"그대의 자식이 아닌가?"

대답해 말했다.

"임금께서는 맡길 만한지를 물었지 아들을 묻지 않았습니다."

군자는 기해가 좋은 사람 천거를 잘하는 것을 일러, 그 원수를 칭찬하면서도 아첨하지 않았고 그 아들을 세우면서도 편들지 않았다고 했다. 『서경』(「주서(周書)·홍범(洪範)」)에서 말한 "기울어지지 않고 편을

서 원수처럼 지내던 해호(解狐)를 후임으로 추천했다. 임용하려는데 해호가 갑자기 병으로 죽자, 이번에는 자기 아들 기오(祁午)를 추천했다. 사람들이 "밖으로는 원수를 피하지 않았고, 안으로는 친지를 피하지 않았다"라고 칭송했다. 평공(平公)이 즉위하자 공족대부가 되었다. 6년 숙향(叔向)이 범선자(范宣子)에게 잡히자 잘 말해 석방시켰다. 공평무사(公平無私)하게 인재를 골라 천거한 사람으로 유명하다.

14 여기서 기해천수(祁奚薦讎)라는 말이 나왔다.

짓지 않으니 왕이 가시는 길이 순조롭구나"는 기해를 일컫는 말이다. 밖으로는 천거할 때 원수라도 피하지 않았고 안으로는 천거할 때 친척이라고 피하지 않았던 것은 지공(至公)이라 할 수 있다. 오직 좋은 사람만이 자기와 비슷한 사람들을 천거할 수 있다. 『시경』(「소아(小雅)·상상자화(裳裳者華)」편)에서 말하기를 "오직 그가 가졌기 때문에, 이것으로 비슷한 것을 고를 수 있다"라고 했는데, 기해가 그런 사람이다.

晉大夫祁奚老, 晉君問曰: "庸可使嗣?" 祁奚對曰: "解狐可." 君曰: "非子之讎耶?" 對曰: "君問可, 非問讎也." 晉遂擧解狐. 後又問: "庸可以爲國尉?" 祁奚對曰: "午可也." 君曰: "非子之子耶?" 對曰: "君問可, 非問子也." 君子謂祁奚能擧善矣, 稱其讎不爲諂, 立其子不爲比. 書曰: "不偏不黨, 王道蕩蕩", 祁奚之謂也. 外擧不避仇讎, 內擧不回親戚, 可謂至公矣. 唯善, 故能擧其類. 詩曰: "唯其有之, 是以似之", 祁奚有焉.

9-1. 죽기 전에 바른 사람을 분별하다 1

초나라 공왕(共王)이 큰 병에 걸리자 영윤을 불러 말했다.

"상시(常侍-환관)인 완소(莞蘇)는 나와 더불어 거처하면서 늘 도리로써 나에게 충성하고 마땅함으로써 나를 바르게 했는데, 내가 그와 더불어 지내면 편안하지 않았고 보지 않아도 생각나지 않았다. 그러나 내가 얻은 것이 있어 그 공이 작지 않으니 반드시 두텁게 작위를 주어야 할 것이다. (반면에) 신후백(申侯伯)과 더불어 거처할 때는 늘 나를 마음대로 하게 해서, 내가 즐거워하는 바는 나에게 하도록 권하고 내가 좋아하는 바는 먼저 내가 따르도록 했다. 내가 그와 더불어 거처하면 기쁘고 즐거워서 보지 않으면 쓸쓸했지만, 내가 끝내 얻은 것은 없어 그 허물이 작지 않으니 반드시 앞서서 그를 내쫓아야 할 것이다.”

영윤이 말했다.

“알겠습니다.”

楚共王有疾, 召令尹曰: "常侍莞蘇與我處, 常忠我以道, 正我以義, 吾與處不安也, 不見不思也. 雖然, 吾有得也, 其功不細, 必厚爵之. 申侯伯與處, 常縱恣吾, 吾所樂者, 勸吾爲之; 吾所好者, 先吾服之, 吾與處歡樂之, 不見戚戚. 雖然, 吾終無得也, 其過不細, 必前遣之." 令尹曰: "諾."

9-2. 죽기 전에 바른 사람을 분별하다 2

다음 날 왕이 훙(薨)[15]했다. 영윤은 바로 완소(莞蘇)를 제배(除拜)해서 상경으로 삼고, 신후백을 쫓아내어 나라 밖으로 나가게 했다. 증자가 말하기를 “새가 장차 죽으려 할 때는 그 울음소리가 슬프고, 사람이 장차 죽으려 할 때는 그 말이 좋다”[16]라고 했는데, 이는 자기 본

---

15 천자의 죽음은 붕(崩), 제후는 훙(薨), 대부는 졸(卒), 선비는 불록(不祿), 서인은 사(死)라 했다.
16 『논어』「태백(泰伯)」편 4에 나오는 말이다.

래의 성품으로 돌아가는 것을 말하니 공왕을 일컬음이다. 공자가 말하기를 "아침에 도리를 들으면 저녁에 죽어도 좋으리라"[17]라고 했는데, (공왕은) 뒤를 잇는 자에게 (앞길을) 열어줌으로써 다가올 세상에 깨닫게 했으니 오히려 세상을 떠나면서도 깨닫지 못하는 자들보다 뛰어났다고 할 것이다.

明日, 王薨. 令尹即拜莞蘇爲上卿, 而逐申侯伯出之境. 曾子曰: "鳥之將死, 其鳴也哀; 人之將死, 其言也善", 言反其本性, 共王之謂也. 孔子曰: "朝聞道, 夕死可矣", 於以開後嗣, 覺來世, 猶愈沒世不寤者也.

10. 왕의 교만을 바로잡다

옛날에 위(魏)나라 무후(武侯)[18]가 일을 계획하고 주관함에 뭇 신하들이 능히 미칠[逮=及] 수가 없었는데, 하루는 조회를 끝내고 물러나오면서 얼굴에 즐거운 빛이 있었다.

오기(吳起, ?~기원전 381년)[19]가 나아가 말했다.

---

17 『논어』 「이인(里仁)」 편 8에 나오는 말이다.

18 전국시대 위나라의 국군(國君)으로, 문후(文侯)의 아들이다. 한(韓)나라, 조(趙)나라와 함께 진(晉)나라의 영토를 삼분했다. 16년 동안 재위했다.

19 춘추시대 위(衛)나라 좌씨(左氏) 사람이다. 노나라에 가서 증자(曾子)에게 배웠는데, 용병에 능했다. 제(齊)나라 군사가 노나라에 쳐들어왔을 때 제나라 여자인 자기 아내를 죽이고 노나라의 장수가 되었다. 싸움에는 이겼지만, 오히려 아내를 죽인 것 때문에 비난을 받자 위(魏)나라로 달아났다. 장군이 되어 여러 차례 전공을 세우고 서하수(西河守)가 되어 진(秦)나라와 한(韓)나라에 대항했다. 위문후(魏文侯)가 죽은 뒤 대신들의 모함을 받자 초

32

"지금 초나라 장왕 이야기를 들은 바가 있습니까?"

무후가 말했다.

"없다. 장왕의 이야기란 무엇인가?"

오기가 말했다.

"초나라 장왕이 일을 꾸미고 맡음에 있어 뭇 신하들이 미칠 수가 없었는데, 조회를 파하고 물러나면서 얼굴에 근심이 있었습니다. 신공무신(申公巫臣)이 나아가 말했습니다. '임금께서 조회에서 근심 어린 얼굴이셨습니다. 왜 그러십니까?' 초나라 왕이 말하기를 '내가 듣건대, 제후는 스스로 스승을 고르는 자는 왕 노릇을 하고, 벗을 고르는 자는 패자가 되고, 자기에 만족하고 뭇 신하들을 못하다고 여기는 자는 망한다고 했다. 지금 과인이 모자라는데도 조정에 의견을 내고 있고 또 뭇 신하들이 미치지 못하니, 우리나라는 아마도 거의 망할 것 같다. 그래서 근심 어린 빛이 있었다'라고 했습니다. 장왕이 근심했던 바를 임금께서는 단지 기뻐하고 계시니, 이것은 무슨 일입니까?"

무후가 머뭇거리다 사과하면서 말했다.

"하늘이 그대를 시켜 과인의 허물을 바로잡는구나, 하늘이 그대

(楚)나라로 달아났다. 초도왕(楚悼王)이 평소 그의 재주를 아껴 오자마자 재상에 임명했다. 초나라 재상으로 있으면서 법령을 분명하게 하고 쓸데없는 관리를 감원했을 뿐 아니라 소원한 공족(公族)을 없애면서 전투병을 양성해 강병으로 키웠다. 남쪽으로 백월(百越)을 평정하고 북쪽으로 진(陳)나라와 채(蔡)나라를 병합했으며, 삼진(三晉)을 물리치고 서쪽으로 진(秦)나라를 정벌하는 등 국세가 날로 강성해졌다. 장수가 되어서도 하급 병졸들과 의식을 똑같이 했고, 행군할 때도 수레를 타지 않았으며, 자기가 먹을 양식은 늘 자신이 지고 다니는 등 병사들과 고락을 같이했다. 병졸들 가운데 종기를 앓는 사람이 생기자 고름을 입으로 빨아낸 것은 유명한 일화다. 이것을 연저지인(吮疽之仁)이라 한다. 도왕이 죽자 종실(宗室)과 대신들에게 살해당했다. 병법(兵法)으로 손무(孫武), 손빈(孫臏)과 이름을 나란히 했다.

를 시켜 과인의 허물을 바로잡는구나."[20]

昔者, 魏武侯謀事而當, 群臣莫能逮, 朝退而有喜色. 吳起進曰: "今者有
以楚莊王之語聞者乎?" 武侯曰: "未也, 莊王之語奈何?" 吳起曰: "楚莊
王謀事而當, 群臣莫能逮, 朝退而有憂色. 申公巫臣進曰: '君朝有憂色,
何也?' 楚王曰: '吾聞之, 諸侯自擇師者王, 自擇友者霸, 足己而群臣莫
之若者亡. 今以不穀之不肖而議於朝, 且群臣莫能逮, 吾國其幾於亡矣,
是以有憂色也.' 莊王之所以憂, 而君獨有喜色, 何也?" 武侯逡巡而謝
曰: "天使夫子振寡人之過也, 天使夫子振寡人之過也."

11. 임금이 쫓겨난 이유

위(衛)나라가 헌공(獻公)을 쫓아내자, 진(晉)나라 도공(悼公)이 사
광(師曠)[21]에게 일러 말했다.

"위나라 사람들이 그 임금을 내쫓았으니, 정말로 심하지 않은가?"
대답해 말했다.

"누군가는 그 임금이 정말 심했다고 합니다. 무릇 하늘은 백성을

---

20 두 번 반복했다는 것은 문후가 오기의 말을 깊이 받아들여 반성했다는 말이다.
21 진(晉)나라 평공(平公) 때 악사(樂師)를 지냈다. 전하는 말로 태어날 때부터 장님이었는데,
    음률(音律)을 잘 판별했고 소리로 길흉(吉凶)까지 점쳤다고 한다. 제(齊)나라가 진나라를
    침공했는데, 새소리를 듣고 제나라 군대가 이미 후퇴한 것을 알아냈다. 평공이 큰 종을 주
    조했는데, 모든 악공(樂工)이 음률이 정확하다고 했지만 그만 그렇지 않다고 판단했다. 나
    중에 사연(師涓)이 이 사실을 확인했다.

낳은 뒤 그들에게 임금을 세워주며 관리들로 하여금 그들을 다스리게 해 본성을 잃지 않도록 합니다. 좋은 임금은 좋은 것에 상을 내려 장려하고 백성의 근심을 없애주니, 백성을 사랑하기를 자식같이 하고 덮어주기를 하늘같이 하며 품어주기를 땅과 같이 해야 합니다. 백성은 그 임금을 받들고 사랑하기를 어버이같이 하고, 우러러보기를 해와 달같이 하고, 공경하기를 하늘과 땅의 신령같이 하고, 두려워하기를 우레와 번개처럼 여깁니다. 무릇 임금은 신령을 모시는 주인이며 백성이 기대는 바입니다. 하늘이 사람을 아끼는 것이 깊으신데, 어찌 한 사람을 백성 위에 마구 풀어놓아 자기의 음란함을 마음대로 풀어놓고 하늘과 땅의 본성을 버리도록 하겠습니까? 결단코 그렇게 하지 않습니다. 만일 백성의 본성을 괴롭게 하고 신령의 제사를 그치게 하면 백성은 (임금에게) 기대는 마음을 끊고 사직은 주인이 없게 되니, 장차 그를 어디에 쓸 수 있겠습니까? 쫓아내지 않으면 어쩌겠습니까?”

공이 말했다.

“좋도다!”

衛國逐獻公, 晉悼公謂師曠曰: “衛人出其君, 不亦甚乎?” 對曰: “或者, 其君實甚也. 夫天生民而立之君, 使司牧之, 無使失性. 良君將賞善而除民患, 愛民如子, 蓋之如天, 容之若地. 民奉其君, 愛之如父母, 仰之如日月, 敬之如神明, 畏之若雷霆. 夫君, 神之主也, 而民之望也, 天之愛民甚矣, 豈使一人肆於民上, 以縱其淫而棄天地之性乎? 必不然矣. 若困民之性, 乏神之祀, 百姓絶望, 社稷無主, 將焉用之? 不去爲何?”
公曰: “善.”

12. 신하를 맞게 쓰지 않고 함부로 대하면 닥치는 일

조간자(趙簡子)[22]가 양의 창자 같은 (구불구불한) 언덕을 올라가고 있을 때 여러 신하가 모두 팔을 걷어붙이고 수레를 밀고 있었지만, 호회(虎會)가 홀로 창을 매고 노래를 부르면서 수레를 밀지 않았다.

간자가 물었다.

"과인이 비탈길을 오르는데 여러 신하가 모두 수레를 밀고 있지만, 회 그대는 홀로 창을 지고 노래를 부르면서 수레를 밀지 않는구나. 이는 남의 신하 된 자로 자기 주인을 업신여기는 것이니, 그 죄는 무엇인가?"

호회가 대답했다.

"남의 신하 된 자로서 자기 주인을 업신여긴 자는 죽이고 또 죽여야 합니다."

간자가 말했다.

"죽이고 또 죽인다는 것은 무슨 말인가?"

호회가 말했다.

"자기가 죽으면 아내와 자식도 또한 죽습니다. 마치 죽이고 또 죽이는 것과 같습니다. 주군께서는 이미 남의 신하가 되어 그 주인을 업신여긴 죄에 대해서는 들으셨겠지만, 주군께서는 또한 다른 사람의 임금이 되어 그 신하를 업신여긴 것을 들은 적이 있습니까?"

---

22 춘추시대 말기 진(晉)나라 사람 조앙(趙鞅)이다. 조맹(趙孟) 또는 지보(志父)로도 불린다. 진나라 내부에서 6경(卿)이 세력 다툼을 벌일 때 2경인 범씨(范氏)와 중항씨(中行氏)를 몰아내고 조(趙)나라를 일으키는 바탕을 마련했다.

간자가 말했다.

"남의 임금이 되어서 그 신하를 업신여긴다는 것은 무슨 말인가?"

호회가 대답해 말했다.

"남의 임금이 되어서 그 신하를 업신여긴다는 것은, 지혜로운 자가 계책을 내지 않고 말 잘하는 자가 사신으로 가지 않으며 용감한 자가 싸우려 하지 않는 것과 같습니다.

지혜로운 자가 계책을 내지 않으면 사직이 위태롭고, 말 잘하는 자가 사신으로 가지 않으면 사신들이 통하지 않으며, 용감한 자가 싸우지 않으면 변경이 침략당합니다."

간자가 말했다.

"좋도다."

마침내 여러 신하에게 수레 미는 것을 그치게 하고 선비와 대부들을 위해 술을 대접해 여러 신하와 더불어 마신 뒤 호회를 상객(上客)으로 삼았다.

趙簡子上羊腸之阪, 群臣皆偏袒推車, 而虎會獨擔戟行歌, 不推車. 簡子曰:"寡人上阪, 群臣皆推車, 會獨擔戟行歌不推車, 是會爲人臣侮其主, 爲人臣侮其主, 其罪何若?"虎會曰:"爲人臣而侮其主者, 死而又死." 簡子曰:"何謂死而又死?"虎會曰:"身死, 妻子又死, 若是謂死而又死. 君既已聞爲人臣而侮其主之罪矣, 君亦聞爲人君而侮其臣者乎?"簡子曰:"爲人君而侮其臣者何若?"虎會對曰:"爲人君而侮其臣者, 智者不爲謀, 辯者不爲使, 勇者不爲鬪. 智者不爲謀, 則社稷危; 辯者不爲使, 則使不通; 勇者不爲鬪, 則邊境侵."簡子曰:"善."乃罷群臣不推車, 爲士大夫置酒, 與群臣飮, 以虎會爲上客.

13. 양 100마리의 껍질도 여우 1마리의 겨드랑이 가죽만 못 하다

옛날에 주사(周舍)리는 사람이 조간자를 섬겼는데, (그에 앞서) 조간자 집 문 앞에 사흘 낮밤을 서 있었다. 간자가 사람을 시켜 나가서 그에게 물어보았다.

"선생은 장차 나에게 무슨 가르침을 주시렵니까?"

주사가 말했다.

"아무 거리낌 없이 바른말을 하는 신하[諤諤之臣]²³가 되고자 합
                      악악지신 니다. 먹, 붓과 서판을 잡고 주군 뒤를 따라다니면서 주군의 허물을 적는 일을 맡으면, 날마다 기록해 한 달이 되면 효과가 나올 것이며 1년이 되면 얻음이 있을 것입니다."

간자가 기뻐하며 더불어 거처했는데, 머무른 지 얼마 되지 않아서 주사가 죽었다. 간자가 두텁게 장례를 치러주었다.

3년 후에 대부들과 더불어 술을 마셨는데, 술자리가 익어가자 간자가 눈물을 흘렸다. 여러 대부가 일어나서 나아가 말했다.

"신들이 죽을죄를 지었으나 스스로 알지 못합니다."

간자가 말했다.

"대부들은 오히려 죄가 없다. 옛날에 내 벗 주사의 말이 있는데, '100마리나 되는 양의 껍질도 1마리 여우의 겨드랑이 가죽[一狐之腋]
                                     일호지액 만 못합니다'라고 했다. 여러 사람이 '네, 네[唯唯]' 하고 그저 굽실거
                                      유유 리는 것이 주사의 거리낌 없는 말[諤諤]만 못하다. 옛날 은나라 주왕
                                   악악

---

23 악(諤)이란 기탄없이 곧은 말을 한다는 뜻이다.

은 혼미해서 망했고, 주나라 무왕은 거리낌 없는 말 때문에 창성했다. 주사가 죽은 뒤부터 나는 일찍이 내 허물을 들은 적이 없다. 옛말에 남의 임금 된 자가 자기 죄를 듣지 못하고 급기야 들어도 고치지 못하는 자는 망한다고 했는데, 우리나라는 아마도 거의 망한 것 같다. 그래서 울었던 것이다."

昔者, 周舍事趙簡子, 立趙簡子之門, 三日三夜. 簡子使人出問之曰:"夫子將何以令我?"周舍曰:"願爲諤諤之臣. 墨筆操牘, 隨君之後, 司君之過而書之, 日有記也, 月有效也, 歲有得也."簡子悅之, 與處, 居無幾何而周舍死, 簡子厚葬之. 三年之後, 與大夫飮, 酒酣, 簡子泣, 諸大夫起而出曰:"臣有死罪而不自知也."簡子曰:"大夫反無罪. 昔者, 吾友周舍有言曰: '百羊之皮, 不如一狐之腋', 衆人之唯唯, 不如周舍之諤諤. 昔紂昏昏而亡, 武王諤諤而昌. 自周舍之死後, 吾未嘗聞吾過也, 故人君不聞其非, 及聞而不改者亡, 吾國其幾於亡矣. 是以泣也."

14. 곧은 신하와 어진 임금

위(魏)나라 문후(文侯, ?~기원전 396년)[24]가 사대부들과 더불어 앉아

---

24 일찍이 공자의 제자 자하(子夏)에게 경예(經藝)를 배웠다. 신흥 국가 진(秦)나라의 동진을 황하(黃河)에서 방어하고, 조(趙)나라와 한(韓)나라를 설득해 동방의 강국 제(齊)나라의 내란에 간섭했으며, 남으로 초(楚)나라의 중원(中原) 침공을 저지해 중원 제국(諸國)의 주도권을 장악했다. 기원전 403년 조나라, 한나라와 함께 주나라 위열왕(威烈王)으로부터 정식으로 제후에 책봉되어 위나라의 초대 군주가 되었다. 법가 창설자 이극(李克)을 등용해

있으면서 물었다.

"과인은 어떤 임금인가?"

여러 신하가 모두 말하기를 "임금께서는 어진 임금입니다"라고 했다. 이어서 순서가 자황(翟黃)[25]에 이르자 그가 말하기를 "임금께서는 어진 임금이 아닙니다"라고 하니, (문후가) 물었다.

"그대는 무엇을 가지고 그렇게 이야기하는가?"

대답해 말했다.

"임금께서는 중산국(中山國)을 정벌하고 나서 임금의 동생을 봉하지 않고 큰아들을 봉했습니다. 신은 이것으로써 임금께서 어진 임금이 아니라는 것을 알았습니다."

문후가 크게 화를 내며 적황을 쫓아내니 적황이 일어나서 나갔다. 이어서 임좌(任座) 차례가 되자, 문후가 물어 말했다.

"과인은 어떤 임금인가?"

임좌가 대답해 말했다.

"임금은 어진 임금입니다."

(문후가) 물었다.

"그대는 무엇을 가지고 그렇게 이야기하는가?"

대답해 말했다.

법률을 반포함으로써 중국 성문법(成文法)의 기본을 정했다. 전자방(田子方)과 단간목(段干木) 등 학자를 존중하고 학술을 장려해 개명군주로 유명했다. 오기(吳起)와 악양(樂羊)을 장군으로 기용했다. 38년 동안 재위하면서 위나라를 전국시대의 초기 강국으로 만들었다.

25 위나라의 재상으로 있으면서 많은 인재를 천거했다. 그는 서하를 지키기 위해 오기(吳起)를, 조나라를 대비하기 서문표(西門豹)를, 제나라를 대비하기 위해 북문가(北門可)를, 중산국을 멸망시키기 위해 악양(樂羊)을, 변법을 위해 이리(李悝)를 추천했다.

"신은 그 임금이 어질면 그 신하가 곧다고 들었습니다. 조금 전에 한 적황의 말이 곧으니, 신은 임금께서 어진 임금이라는 것을 알았습니다."

문후가 말했다.

"좋도다."

적황을 다시 불러와서 상경으로 삼았다.[26]

魏文侯與士大夫坐, 問曰: "寡人何如君也?" 群臣皆曰: "君仁君也." 次至翟黃曰: "君非仁君也." 曰: "子何以言之?" 對曰: "君伐中山, 不以封君之弟, 而以封君之長子. 臣以此知君之非仁君." 文侯大怒, 而逐翟黃, 黃起而出. 次至任座, 文侯問曰: "寡人何如君也?" 任座對曰: "君仁君也." 曰: "子何以言之?" 對曰: "臣聞之, 其君仁, 其臣直. 向翟黃之言直, 臣是以知君仁君也." 文侯曰: "善." 復召翟黃, 拜爲上卿.

15. 한 번의 기도와 만 번의 저주

중항인(中行寅)[27]이 장차 망하게 되자 이에 태축(太祝-제사를 주관

---

26 비슷한 이야기가 『여씨춘추』 권24 「불구(不苟)」 편에도 실려 있다.

27 이름은 순인(荀寅)으로 중항문자(中行文子)로도 불린다. 춘추시대 진(晉)나라 사람으로, 순오지(荀吳之)의 아들이다. 경공(頃公) 때 하경(下卿)이 되어 중군(中軍)을 관할했다. 조앙(趙鞅)을 따라 여수(汝水)의 강가에 성을 쌓을 때 진나라 각 고을에 쇠를 부과해 형정(刑鼎)을 주조했다. 정공(定公) 15년 범길석(范吉射)과 순인을 정벌해 진양(晉陽)에서 포위했는데, 순력(荀躒) 등이 정공의 명을 받들어 순인과 범길석을 치자 조가(朝歌)로 달아났다. 20년 조앙이 조가를 포위하자 두 사람은 다시 한단(邯鄲)으로 달아났고, 다음 해 조앙이

하는 관리)을 불러 죄를 더하고자 하면서 말했다.

"그대가 나의 축(祝)이 되었는데, (왜) 희생에 쓰이는 짐승들은 살찌고 윤기가 흐르지 아니하는가? 또 재계할 때 삼가지 않는가? 내 나라를 망하게 하려는가, 왜 그러는가?"

축 간(簡)이 대답해 말했다.

"옛날에 우리 돌아가신 임금 중항목자께서는 얇은 가죽으로 가린 수레가 10승뿐이었지만, 수레가 적음을 근심하지 않고 다움과 마땅함이 적을 것만을 근심했습니다. 그러나 지금 주군께서는 두꺼운 가죽으로 만든 수레를 100승이나 가지고 있는데도 다움과 마땅함이 얇은 것을 근심하지 않으시고 오직 수레가 부족한 것만 걱정하고 있습니다. 무릇 배와 수레를 치장하게 되면 세금을 거두는 것이 두터워지고, 세금 거두는 것이 두터워지면 백성이 원망하고 저주할 것입니다. 또 임금께서는 신령에게 비는 것이 나라에 이익이 있다고 말씀하셨습니까? 그렇다면 저주 또한 장차 망하게 할 것입니다. 한 사람만이 신에게 빌고 온 나라가 저주하는데, 한 번의 기도가 만 번의 저주를 이기지 못하니 나라가 망하는 것은 진실로 마땅하지 않겠습니까? 기도에 무슨 죄가 있겠습니까?"

중항자가 이에 부끄러워했다.

中行寅將亡, 乃召其太祝, 而欲加罪焉, 曰: "子爲我祝, 犧牲不肥澤耶? 且齋戒不敬耶? 使吾國亡, 何哉?" 祝簡對曰: "昔者吾先君中行穆子皮

한단을 포위하자 선우(鮮虞)로 달아났다가 백인(柏人)으로 들어갔다. 다음 해 진나라가 백인을 포위하자 제(齊)나라로 달아났다. 시호는 문(文)이다.

車十乘, 不憂其薄也, 憂德義之不足也. 今主君有革車百乘, 不憂德義之
薄也, 唯患車之不足也. 夫舟車飾則賦斂厚, 賦斂厚則民怨詛矣. 且君
以爲祝有益於國乎? 則詛亦將爲亡矣. 一人祝之, 一國詛之, 一祝不勝
萬詛, 國亡不亦宜乎? 祝其何罪?" 中行子乃慚.

16-1. 초나라 보물 1

진(秦)나라가 초나라를 치고 싶어서 사자를 시켜 초나라 보물을
보고 오게 했다.

초나라 왕이 그것을 듣고 영윤 자서(子西, ?~기원전 479년)[28]를 불러
서 물었다.

"진나라가 초나라 보물을 보고 싶다고 하는데, 우리 화씨의 벽옥
[和氏之璧]_{화씨 지 벽}[29]과 수후의 구슬[隨侯之珠]_{수후 지 주}[30]을 보여줄 필요가 있겠소?"

영윤 자서가 대답해 말했다.

"신은 알지 못하겠습니다."

소해휼(昭奚恤)[31]을 불러 물었더니 소해휼이 대답해 말했다.

"이는 우리나라의 득·실을 보고서 도모하기 위함입니다. 나라의

---

28 초평왕(楚平王)의 서제다. 평왕이 죽자 영윤 자상(子常)이 그를 세워 왕으로 삼으려고 했지
만, 자상을 배척하며 나라를 어지럽힌다고 하자 이를 두려워해 평왕의 태자 소왕(昭王)을
세웠다. 노정공(魯定公) 때, 초나라의 수도 영(郢)이 오(吳)나라에 점령되어 소왕이 달아나서
수(隨)에 이르렀는데, 자서가 왕의 여복(輿服)을 본떠 달아나면서 흩어지는 사람들을 보호
했다. 다음 해 오나라의 내란을 틈타 초진(楚秦) 구원병과 함께 오나라를 격파해 소왕이 영
으로 돌아오도록 했다. 6년 영윤에 임명되고, 약(鄀)으로 도읍을 옮기면서 초나라 정치를 개
혁했다. 노애공(魯哀公) 16년 백공승(白公勝)이 반란을 일으켰을 때 피살되었다.

보물은 뛰어난 신하에게 있습니다. 무릇 구슬과 보물은 가지고 노는 물건이니, 나라에서 보물로 무겁게 여길 바가 아닙니다."

왕이 마침내 소해휼을 시켜 응대하게 했다.

秦欲伐楚, 使使者往觀楚之寶器. 楚王聞之, 召令尹子西而問焉: "秦欲觀楚之寶器, 吾和氏之璧, 隨侯之珠, 可以示諸?" 令尹子西對曰: "臣不

---

29 중국 전국시대 때 초(楚)나라에 화씨(和氏)란 사람이 있었는데, 그는 옥을 감정하는 사람이었다. 그가 초산(楚山)에서 옥돌을 발견해 여왕(厲王)에게 바쳤다. 여왕이 옥을 다듬는 사람에게 감정하게 했더니 보통 돌이라고 했다. 여왕은 화씨가 자기를 속이려 했다고 생각해 발뒤꿈치를 자르는 월형에 처해 그는 왼발을 잘리게 되었다. 여왕이 죽고 무왕(武王)이 즉위하자 화씨가 또 그 옥돌을 무왕에게 바쳤다. 무왕이 옥을 감정시켜보니 역시 보통 돌이라고 하는 것이었다. 그러자 무왕 역시 화씨가 자기를 속이려 했다고 생각하고는 오른발을 자르게 했다.

무왕이 죽고 문왕(文王)이 즉위하자 화씨는 초산 아래에서 그 옥돌을 끌어안고 사흘 밤낮을 울었다. 나중에는 눈물이 말라 피가 흘렀다. 문왕이 이 소식을 듣고 사람을 시켜 그를 불러 "천하에 발 잘리는 형벌을 받은 자가 많은데 어찌 그리 슬피 우느냐"고 까닭을 물었다. 화씨가 "나는 발을 잘려서 슬퍼하는 것이 아닙니다. 보옥을 돌이라 하고, 곧은 선비에게 거짓말을 했다고 해 벌을 준 것이 슬픈 것입니다"라고 말했다. 이에 문왕이 그 옥돌을 다듬게 하니 천하에 둘도 없는 명옥이 모습을 드러냈다. 그리하여 이 명옥을 그의 이름을 따서 '화씨지벽(和氏之璧)'이라고 이름하게 되었다.

30 수의 제후가 뱀을 도와준 사례로 뱀한테서 받았다고 하는 유명한 구슬이다.

31 소해휼은 사람됨이 바르고 곧고 참언(讒言)을 피하지 않을 뿐 아니라, 동시에 또 적극적으로 국가의 존엄을 유지하고 보호했다. 한번은 진(秦)나라가 초나라를 공격하려고 사신을 보내 초나라 국보(國寶)를 관람하겠다는 의사를 표시했는데, 이를 틈타서 자기의 존엄을 높이거나 그 기회에 군사를 일으키려는 것이었다.

초왕은 진나라의 흉포한 야심을 분명히 알았지만, 오히려 어떻게 응대해야 할지를 몰랐는데, 소해휼이 재치를 발휘해 절묘한 방법을 제출했다. 진나라 사자가 도착하자 그는 먼저 사신을 서쪽에 있는 고대(高臺)에 오르게 하고 또 당시 초나라의 현신 자서(子西), 태종 자오(子敖), 섭공 자고(子高), 사마 자반(子反) 네 사람을 남쪽 고대에 오르게 한 뒤 자기는 동쪽 고대에 올라가면서, 남쪽 고대에 오른 네 사람이 바로 초나라 국보(國寶)라고 말했다. 사자는 이로써 초나라 국력이 강대하고 한마음으로 단결한 것을 알게 되었고, 귀국한 후에 진왕(秦王)에게 군대를 동원할 마음을 포기하도록 권고하고 설득했다.

知也."召昭奚恤問焉, 昭奚恤對曰: "此欲觀吾國之得失而圖之. 國之寶器, 在於賢臣. 夫珠寶玩好之物, 非國所寶之重者." 王遂使昭奚恤應之.

16-2. 초나라 보물 2

소해휼이 정예 병사 300명을 뽑아 서쪽 문 안에 늘어놓은 뒤 동쪽에 단(壇) 하나, 남쪽에 단 넷, 서쪽에 단 하나를 만들었다. 진나라 사신이 이르자 소해휼이 말하기를, "그대는 손님이니 올라가서 동쪽에 자리 잡기를 청합니다"라고 했다. 영윤 자서가 남쪽의 단에 올랐는데, 태종 자오가 그다음이었고 섭공 자고가 그다음이었으며 사마 자반이 그다음이었다. 소해휼은 스스로 서쪽 단에 앉으면서 손님을 불러 말했다.

"손님께서는 초나라 보물을 보고자 하시는데, 초나라가 보물로 여기는 바는 뛰어난 신하입니다. 백성을 다스리고 창고를 채우며 백성 모두가 자기가 있어야 할 바를 얻게 하는 영윤 자서가 여기에 있습니다. 구슬과 옥을 받들고 제후들에게 서운함으로 생긴 어려움을 풀어 주며 두 나라를 즐거움으로 사귀게 하고 전생의 근심이 없도록 하는 태종 자오가 여기에 있습니다. 봉국의 강역을 맡아 국경을 부지런히 지키면서 이웃 나라를 침탈하지 않고 또한 이웃 나라도 침탈하지 못하게 하는 섭공 자고가 여기에 있습니다. 군대를 다스리고 군대를 정돈하며 강한 적을 막고 북채로 북을 치면서 100만 군사를 움직여 모두가 끓는 물과 타는 불 속으로 뛰어들어가도록 하고, 흰 칼날을 밟고 나아가 1만 명이 죽어도 일생의 어려움으로 돌아보지 않는 사마

자반이 여기에 있습니다. 패왕의 남겨진 뜻을 가슴에 품은 것처럼 어지러운 시대에 남겨진 교화를 두루 다스리는 소해휼이 여기에 있습니다. 오직 대국에서 보시고자 하는 바입니다."

진나라 사신은 두려워서 대답할 수가 없었다. 소해휼이 마침내 절을 하고 물러났다.

진나라 사신이 돌아가서 진나라 임금에게 아뢰기를, "초나라에는 뛰어난 신하가 많아서 도모할 수가 없습니다"라고 하니, 마침내 정벌하지 못했다.

『시경』(「대아(大雅)·문왕(文王)」 편)에서 말하기를 "뛰어난 선비가 많아 문왕께서 이로써 평안하셨네[濟濟多士 文王以寧]"라고 했으니,
                          제제 다사 문왕 이녕
이를 일러 말한 것이다.

昭奚恤發精兵三百人, 陳於西門之內, 爲東面之壇一, 爲南面之壇四, 爲西面之壇一. 秦使者至, 昭奚恤曰: "君客也, 請就上位東面." 令尹子西南面, 太宗子敖次之, 葉公子高次之, 司馬子反次之. 昭奚恤自居西面之壇, 稱曰: "客欲觀楚國之寶器, 楚國之所寶者賢臣也. 理百姓, 實倉廩, 使民各得其所, 令尹子西在此. 奉珪璧, 使諸侯, 解忿悁之難, 交兩國之歡, 使無兵革之憂, 太宗子敖在此. 守封疆, 謹境界, 不侵鄰國, 鄰國亦不見侵, 葉公子高在此. 理師旅, 整兵戎, 以當强敵, 提枹鼓, 以動百萬之師, 所使皆趨湯火, 蹈白刃, 出萬死, 不顧一生之難, 司馬子反在此. 若懷霸王之餘議, 攝治亂之遺風, 昭奚恤在此. 唯大國之所觀." 秦使者懼然無以對, 昭奚恤遂揖而去. 秦使者反, 言於秦君曰: "楚多賢臣, 未可謀也." 遂不伐. 詩云: "濟濟多士, 文王以寧", 斯之謂也.

17-1. 예와 악으로 시험하다 1

진(晉)나라 평공(平公, ?~기원전 532년)[32]이 제나라를 정벌하고 싶어서 범소(范昭)를 시켜 가서 살피게 했다. (제나라) 경공(景公)이 술을 내려주었는데, 술자리가 한창 무르익자[酣] 범소가 말했다.

"바라건대 가서 임금의 술잔으로 받고 싶습니다."

공이 말했다.

"과인의 잔에 술을 따라서 손님에게 올려라!"

범소가 다 마시자 안자(晏子, ?~기원전 500년)[33]가 말했다.

"잔을 물리고 바꾸십시오."

술잔들이 갖춰지자, 범소가 취한 체하면서 불쾌해하며 일어나 춤을 추다가 태사에게 청해 말했다.

"나를 위해 성주(成周-번성했던 시절의 주나라) 음악을 연주해줄 수 있겠습니까? 내가 그대를 위해 춤을 추겠습니다."

태사가 말하기를 "어리석은 신은 익히지 못했습니다"라고 하자,

---

32 춘추시대 진나라의 국군(國君). 이름은 표(彪)이고, 도공(悼公)의 아들이다. 즉위 3년에, 제후의 군대를 이끌고 노(魯)나라를 구하기 위해 제(齊)나라를 공격해 수도를 포위했다. 다음 해 제후들과 독양(督揚)에서 모여 대국이 소국을 침범하지 않는다는 조약을 맺었다. 세금을 지나치게 많이 걷고 백성의 형편을 돌보지 않았으며 음락(淫樂)을 즐겼다. 이에 정치가 조·한·위(趙韓魏) 삼가(三家)로 몰려갔다.

33 춘추시대 제(齊)나라 사람으로, 이름은 영(嬰)이고 자는 평중(平仲)이다. 평소 검소한 생활을 실천했다. 영공(靈公)과 장공(莊公), 경공(景公) 세 군주를 섬기면서 재상을 지냈다. 사령(辭令)에 뛰어났고, 백성 생활에 관심을 가졌으며, 근검절약을 실천하면서 충간(忠諫)을 올려 제후 사이에서 명성이 높았다. 경공에게 세금을 경감할 것과 형벌을 줄일 것, 신하의 말에 귀를 기울일 것 등을 충고했다. 근면한 정치가로 백성의 신망이 두터웠고, 관중(管仲)과 비견되는 훌륭한 재상이다.

범소는 빠른 걸음으로 나가버렸다.

晉平公欲伐齊, 使范昭往觀焉. 景公賜之酒, 酣, 范昭曰: "願詣君之樽
酌." 公曰: "酌寡人之樽, 進之於客." 范昭已飮, 晏子曰: "徹樽更之." 樽
觶具矣, 范昭佯醉, 不悅而起舞, 請太師曰: "能爲我調成周之樂乎? 吾
爲子舞之." 太師曰: "冥臣不習", 范昭趨而出.

17-2. 예와 악으로 시험하다 2

(제나라) 경공이 안자에게 일러 말했다.

"진나라는 큰 나라다. 사신이 와서 장차 우리 정사를 살펴보려고 했
는데, 지금 그대가 큰 나라 사신을 화나게 했으니 장차 어찌하려는가?"

안자가 말했다.

"저 범소의 사람됨이 예를 모를 만큼 비루하지는 않으니, 장차 우리
임금과 신하를 시험하려는 것입니다. 그래서 그것을 끊은 것입니다."

경공이 태사에게 일러 말했다.

"그대는 어찌하여 객을 위해 성주의 음악을 연주하지 않았는가?"

태사가 대답해 말했다.

"무릇 성주의 음악은 천자의 노래입니다. 만일 그것을 연주하면
반드시 남의 임금 된 자는 춤을 취야 합니다. 지금 범소는 남의 신하
인데 천자의 노래로 춤을 추고 싶어 했습니다. 신은 그래서 할 수 없
었습니다."

범소가 돌아가서 (진나라) 평공에게 고해 말했다.

"제는 아직 벌할 수 없습니다. 신이 그 나라 임금을 시험하고자 했는데 안자가 알아챘습니다. 신이 그 나라 예를 범하려고 했는데 태사가 그것을 알아챘습니다."

중니(仲尼-공자)가 듣고서 말하기를 "무릇 술잔과 도마[樽俎]_{준조} 사이를 벗어나지 않아도 1000리 바깥의 일을 아는구나!"라고 했으니, 아마도 안자를 두고 한 말이리라. 적의 창끝을 꺾었다[折衝]_{절충}[34]고 말할 수 있으니, 태사가 아마도 그럴 것이다.

景公謂晏子曰: "晉大國也, 使人來, 將觀吾政也. 今子怒大國之使者, 將奈何?" 晏子曰: "夫范昭之爲人, 非陋而不識禮也, 且欲試吾君臣, 故絶之也." 景公謂太師曰: "子何不爲客調成周之樂乎?" 太師對曰: "夫成周之樂, 天子之樂也, 若調之, 必人主舞之. 今范昭人臣也, 而欲舞天子之樂, 臣故不爲也." 范昭歸以告平公曰: "齊未可伐也. 臣欲試其君, 而晏子識之; 臣欲犯其禮, 而太師知之." 仲尼聞之曰: "夫不出於樽俎之間, 而知千里之外", 其晏子之謂也. 可謂折衝矣, 而太師其與焉.

18. 진실로 선비를 좋아하면 뛰어난 선비가 온다

진나라 평공이 서쪽 황하에서 배를 타다가, 중간쯤 흘러와 탄식하며 말했다.

---

34 적의 창끝을 꺾어 막는다는 뜻으로 외교나 교섭에서 담판이나 흥정을 잘하는 일을 말한다. 여기서 나온 말이 준조절충(樽俎折衝)이다. 이 이야기는 『안자춘추』에도 실려 있다.

"아! 어찌하면 뛰어난 선비를 얻어서 이 즐거움을 더불어 같이할 수 있을까?"

뱃사람 고상(固桑)이 나아와 대답해 말했다.

"임금의 말씀이 지나치십니다. 저 칼은 월나라에서 만들어졌고, 구슬은 강수와 한수에서 나왔으며, 옥은 곤산에서 만들어졌습니다. 이 3가지 보물은 모두 발이 없는데도 여기에 이르렀습니다. 지금 임금께서 진실로 선비를 좋아하시면 뛰어난 선비가 올 것입니다."

평공이 말했다.

"고상아, 이리 와라. 내 문하에 식객이 3000여 명이 있는데, 아침밥이 부족하면 저녁에 시장에서 세금을 거두고, 저녁밥이 부족하면 아침에 시장에서 세금을 거둔다. 내가 이렇게 높여주는데, 선비를 좋아하지 않는다고 말할 수 있겠는가?"

고상이 대답해 말했다.

"지금 저 뱃전에서 노니는 고니는 하늘을 찌를 듯이 높이 납니다. 그런데 그 믿는 바는 육핵(六翮)[35]뿐입니다. 저 배 아래 솜털과 등 위의 털은 한 줌을 더하거나 빼더라도 날 때 높여주거나 낮아지게 하지 못합니다. 임금의 식객에 대해 알지는 못하지만, 그들이 육핵과 같습니까? 장차 배와 등에 있는 잔털일까요?"

평공은 입을 다물고 대답하지 못했다.

晉平公畜西河, 中流而歎曰: "嗟乎! 安得賢士與共此樂乎?" 船人固桑
進對曰: "君言過矣. 夫劍産于越, 珠産于江漢, 玉産于昆山, 此三寶者,

---

35 높이 나는 새의 가슴과 날개깃 사이에 있는 힘줄 6개를 말한다.

皆無足而至. 今君苟好士, 則賢士至矣." 平公曰: "固桑, 來. 吾門下食客
三千餘人, 朝食不足, 暮收市租; 暮食不足, 朝收市租. 吾尚可謂不好士
乎?" 固桑對曰: "今夫檻鵠高飛沖天, 然其所恃者六翮耳, 夫腹下之毳,
背上之毛, 增去一把, 飛不爲高下. 不知君之食客, 六翮耶? 將腹背之毳
也?" 平公默默而不應焉.

19. 뛰어난 이를 제대로 알아보는 것의 어려움

초나라 위왕(威王, ?~기원전 329년)[36]이 송옥(宋玉, 기원전 290?~기원전
222년?)[37]에게 물어 말했다.

"선생은 어찌 좋지 못한 행동[遺行=失行]을 하십니까? 어찌 선비
와 백성, 뭇사람에게 심한 비방[不譽=誹謗]을 받습니까?"

송옥이 대답해 말했다.

"아아, 그런 것이 있습니다. 바라건대 대왕께서 죄를 너그러이 보
아주시면 그 이야기를 전부 얻을 수 있게 될 것입니다.

나그네 중에 초나라 수도 영 가운데에서 노래를 부르는 자가 있
었는데, 처음에 「하리파인(下里巴人-시골 사람들이 부르는 비루한 노래)」을

---

36 전국시대 초나라 국군(國君)으로, 웅씨(熊氏)이고 이름은 상(商)이며 선왕(宣王)의 아들
이다. 재위 기간에 제(齊)나라 전영(田嬰)이 초나라를 속이자 병사를 일으켜서 제나라를
공격해 제나라 군대를 서주(徐州)에서 격파했다.

37 전국시대 초(楚)나라 사람으로, 자는 자연(子淵)이고 굴원(屈原)의 제자라고도 한다. 경양
왕(頃襄王) 때 대부(大夫)를 지냈다. 당륵(唐勒), 경차(景差)와 함께 문장을 좋아했고 부
(賦)로 명성을 얻었다. 「구변(九辯)」을 지어 굴원의 뜻을 서술하면서 슬퍼했다.

불렀더니 나라 안[國中-도성 안]에 살면서[屬=居] 따라 부르는[和] 사람이 수천 명이었고, 「양릉채미(陽陵採薇-양릉 지방에서 고사리 캐며 부르는 노래)」를 불렀더니 나라 안에 살면서 따라 부르는 자가 수백 인이었고, 「양춘백설(陽春白雪-갑작스러운 늙음을 한탄하는 노래)」을 불렀더니 나라 안에 살면서 따라 부르는 자가 수십 인뿐이었습니다. 상음(商音-궁상각치우의 상음)을 내리고 각음(角音)을 깎아내며 복잡하게 치음(徵音)으로 흘러가면, 나라 안에 살면서도 따라 부르는 자가 몇 명을 넘지 않습니다. 이에 그 노래가 (수준이) 더욱 높아질수록 그 따라 하는 바는 더욱 적어지게 됩니다.

옛날 봉(鳳)이라는 새가 있고 경(鯨)이라는 물고기가 있었습니다. 봉새가 위로 9000리를 솟구치면 쌓인 구름을 끊고, 넓은 하늘을 등에 지고, 그윽하고 어스레한 하늘 위를 빙빙 날아갑니다. 저 거름 밭의 메추리가 어찌 능히 하늘과 땅의 높이를 판단하는 데 끼어들 수 있겠습니까? 고래[鯨魚]는 아침에 곤륜산의 터에서 출발해 갈석산(碣石山-동쪽 발해만에 있는 산)에 지느러미를 드러내었다가 저녁에 맹저(孟諸-전설상의 연못)에서 묵습니다. 저 한 척(尺) 연못에 사는 도롱뇽[鯢]이 어찌 능히 강이나 바다의 크기를 헤아리는 데 같이할 수 있겠습니까?

그러므로 어찌 새가 봉(鳳)만 있고 물고기가 고래만 있는 것도 아니니, 선비 또한 그러합니다. 무릇 성인의 원대한 포부[瑰意]와 기이한 행동이 세상 사람들의 생각에서 벗어났기 때문에 홀로 거처하고 있는데, 세속 사람들이 또 어찌 신이 행하는 바를 알겠습니까?"

楚威王問於宋玉曰: "先生其有遺行耶? 何士民衆庶不譽之甚也?" 宋

玉對曰: "唯, 然有之, 願大王寬其罪, 使得畢其辭. 客有歌於郢中者, 其
始曰下里巴人, 國中屬而和者數千人, 其爲陽陵採薇, 國中屬而和者數
百人; 其爲陽春白雪, 國中屬而和者, 數十人而已也; 引商刻角, 雜以流
徵, 國中屬而和者, 不過數人. 是其曲彌高者, 其和彌寡. 故鳥有鳳而魚
有鯨. 鳳鳥上擊于九千里, 絶畜雲, 負蒼天, 翺翔乎窈冥之上, 夫糞田之
鷃, 豈能與之斷天地之高哉! 鯨魚朝發崑崙之墟, 暴鬐於碣石, 暮宿於
孟諸, 夫尺澤之鯢, 豈能與之量江海之大哉? 故非獨鳥有鳳而魚有鯨
也, 士亦有之. 夫聖人之瑰意奇行, 超然獨處, 世俗之民, 又安知臣之所
爲哉!"

20. 임금의 눈이 멀면 위태롭다

진나라 평공이 한가로이 지내고 있을 때 사광(師曠)이 모시고 앉
아 있었다. 평공이 말하기를, "그대는 눈에 눈동자가 없이 태어났으니
심하겠구나! 그대의 눈이 보이지 않아 어둡고 어두워서[墨墨]!"라고
하자, 사광이 대답했다.

墨墨
_{묵묵}

"세상에는 5가지 어둡고 어두운 것이 있는데, 신은 그중 하나도
얻지 못했습니다."

평공이 말했다.

"무슨 말인가?"

사광이 말했다.

"뭇 신하들이 뇌물을 받아서 그것으로 명성과 영예를 얻고 백성
이 침탈받아 원망이 있어도 고해 하소연할 바가 없는데도 임금이 깨

닫지 못하니, 이것이 첫 번째 어둡고 어두운[墨墨] 바입니다.
  墨墨

충신을 쓰지 않고 부리는 신하는 충성스럽지 않으며 낮은 재주를 가진 사람이 높은 곳에 있고 덕이 없는 사람이 뛰어난 이에게 군림하는 데도 임금이 깨닫지 못하니, 이것이 두 번째 어둡고 어두운 바입니다.

간신이 속여서 나라의 창고를 텅 비게 하고 그 작은 재주를 가지고 그 악을 덮어서 틀어막으며 뛰어난 이를 쫓아내고 간사한 사람을 귀하게 여기는데도 임금이 깨닫지 못하니, 이것이 세 번째 어둡고 어두운 바입니다.

나라가 가난해지고 백성이 내쳐지며 위아래가 서로 화합하지 못하면서도 재물과 군사를 쓰는 것을 좋아하고, 향락을 탐하기를 싫증 내지 않으며 아부하는 사람들을 받아들여 옆에 두고 있으면서도 임금이 깨닫지 못하니, 이것이 네 번째 어둡고 어두운 바입니다.

도리가 밝혀지지 않고 법령이 행해지지 않으며 백성을 쓰는 것이 바르지 못하고 백성이 편안치 못한데도 임금이 깨닫지 못하니, 이것이 다섯 번째 어둡고 어두운 바입니다.

나라에 5가지 어둡고 어두운 바가 있는데도 위태롭지 않음이 있은 적이 없습니다. 신의 눈 어두움은 작은 어두움일 뿐이니, 어찌 나라와 집 안에 해가 되겠습니까?"

晉平公閒居, 師曠侍坐. 平公曰: "子生無目眹, 甚矣! 子之墨墨也." 師曠對曰: "天下有五墨墨, 而臣不得與一焉." 平公曰: "何謂也?" 師曠曰: "群臣行賂, 以釆名譽, 百姓侵冤, 無所告訴, 而君不悟, 此一墨墨也. 忠臣不用, 用臣不忠, 下才處高, 不肖臨賢, 而君不悟, 此二墨墨也. 姦臣欺詐, 空虛府庫, 以其少才, 覆塞其惡, 賢人逐, 姦邪貴, 而君不悟, 此三墨墨也. 國貧民罷, 上下不和, 而好財用兵, 嗜欲無厭, 諂諛之人, 容容在旁, 而君不悟, 此四墨墨也. 至道不明, 法令不行, 吏民不正, 百姓不安, 而君不悟, 此五墨墨也. 國有五墨墨而不危者, 未之有也. 臣之墨墨, 小墨墨耳, 何害乎國家哉!"

21. 중항씨의 정치

조문자(趙文子)[38]가 숙향(叔向)[39]에게 물어 말했다.

"진(晉)나라 여섯 장군 중 누가 먼저 망하겠습니까?"

대답해 말했다.

"아마도 중항씨일 것입니다."

문자가 말했다.

"무슨 까닭으로 먼저 망합니까?"

대답해 말했다.

"중항씨의 정사는 가혹함을 잘 살핌으로 여기고, 속이는 것을 눈 밝음으로 여기고, 각박함을 충성으로 여기고, 계책이 많은 것을 좋은 것으로 여기고, 마구 거둬들이는 것을 좋다고 여깁니다. 비유하면 아

---

38 진(晉)나라 대부 조무(趙武)다.

39 『춘추좌씨전(春秋左氏傳)』에서는 법가(法家) 사상의 선구를 이룬 자산(子産)과 대비해 유가(儒家) 사상의 전통적인 담당자로 들며 군자(君子)라 칭했다. 자산이 형서(刑書)를 만들어서 법의 공개를 단행하자 덕(德)과 예(禮)에 의한 정치의 방기(放棄)라고 비난했다. 제(齊)나라의 안영(晏嬰), 오(吳)나라의 계찰(季札), 정(鄭)나라의 자산과 함께 당대의 대표적인 현인으로 불렸다.

마도 대나무 그릇[籧]의 껍질과 같을 것입니다. 크게 키우려면 (당겨서) 커지겠지만 찢어지는 것이 도리이니, 마땅히 먼저 망합니다."

趙文子問於叔向曰: "晉六將軍, 庸先亡乎?" 對曰: "其中行氏乎!" 文子曰: "何故先亡?" 對曰: "中行氏之爲政也, 以苛爲察, 以欺爲明, 以刻爲忠, 以計多爲善, 以聚斂爲良. 譬之其猶籧革者也, 大則大矣, 裂之道也, 當先亡."

22. 기구한 운명의 여인

초나라 장왕이 진(陳)나라 영공(靈公)의 적들을 이미 토죄해, 하징서(夏徵舒, ?~기원전 604년)[40]를 죽이고서 하희(夏姬)[41]를 얻게 되자 기뻐했다. 장차 그녀를 가까이 두려 하니 신공무신(申公巫臣)이 간언해 말했다.

---

40 춘추시대 진(陳)나라의 대부(大夫)를 지냈다. 어머니 하희(夏姬)가 영공(靈公)과 공손녕(孔孫寧), 의행보(儀行父)와 간통한 사실을 대부 예야(洩冶)가 고발했는데, 영공이 예야를 죽이자 영공을 살해하고 자립했다. 공손녕과 의행보는 초(楚)나라로 달아났다. 초나라 장왕(莊王)이 진나라를 정벌할 때 살해당했다.

41 정나라 목공의 딸로 결혼하기 전부터 행실이 나빠 이복 오빠인 공자 만(蠻)과 깊은 관계를 가졌으며, 진(陳)나라 대부 하어숙(夏御叔)에게 출가해서 아들 징서(徵舒)만을 둔 채 과부가 되어서는 더욱 문란해졌다. 진나라 간신 공손녕, 의행보, 진영공(陳靈公)과 동시 상관하는 추잡한 짓을 저지른 것이 빌미가 되어, 그를 참다못한 아들 하징서(夏徵舒)가 영공을 시해하는 비극을 저지르게 했다. 이를 구실로 삼아 초나라 장왕(莊王)이 하징서를 능지처참하고 진나라를 멸국치현했다가 신숙시의 간언에 의해 치현(置縣)을 취소하는 우여곡절을 겪었다.

"이 여자는 진(陳)나라를 어지럽히고 그 뭇 신하들을 패망시켰으니, 총애받던 여자를 가까이 둘 수는 없습니다."

장왕이 그 말을 따랐다. 영윤 또한 (그녀를) 차지하고 싶었으나, 신공무신이 간언하자 영윤이 그 말을 좇았다. 뒤에 양윤(襄尹)이 하희를 차지했다. (초나라) 공왕 때에 이르러 진(晉)나라와 언릉에서 싸웠는데, 초나라 군사가 패하고 양윤이 죽었다. 그 시신이 돌아오지 않아서 여러 차례 진나라에 요구했는데 주지 않았다. 하희가 진나라에 가서 시신을 돌려받기를 청하고자 하니, 초나라가 바야흐로 하희를 보내주었다. 신공무신이 제나라에 사신으로 가게 되었을 때, 사사로이 하희를 설득해 함께 모의했다.

드디어 하희가 가게 되자 신공무신은 사신의 명을 버리고 하희를 좇아 진(晉)나라로 갔다. 영윤이 장차 그의 집 안을 (궁벽한 곳으로) 옮기고자 해서 왕에게 말했다.

"신공무신은 돌아가신 임금께 하희를 가까이하지 않을 것을 간언했다가 지금 그 몸은 사명을 버리고 하희를 좇아서 진나라로 도망쳤으니, 이는 돌아가신 임금을 속인 것입니다. 그의 족속들을 유배 보내기를 청합니다."

왕이 말했다.

"신공무신이 선왕을 위해 계책을 세운 것은 충성이었지만 자기를 위해 한 것은 불충이다. 이는 선왕을 두텁게 하고 자신을 엷게 한 것이니, 어찌 돌아가신 임금께 죄가 있겠는가?"

끝내 족속들을 유배 보내지 않았다.

楚莊王既討陳靈公之賊, 殺夏徵舒, 得夏姬而悅之. 將近之, 申公巫臣

諫曰:"此女亂陳國, 敗其群臣, 孼女不可近也." 莊王從之. 令尹又欲取,
申公巫臣諫, 令尹從之. 後襄尹取之. 至恭王與晉戰于鄢陵, 楚兵敗, 襄
尹死, 其尸不反, 數求晉, 不與. 夏姬請如晉求尸, 楚方遣之. 申公巫臣將
使齊, 私說夏姬與謀. 及夏姬行, 而申公巫臣廢使命, 隨夏姬之晉. 令尹
將徙其族, 言於王曰:"申公巫臣諫先王以無近夏姬, 今身廢使命, 與夏
姬逃之晉, 是欺先王也, 請徙其族." 王曰:"申公巫臣爲先王謀則忠, 自
爲謀則不忠, 是厚於先王而自薄也. 何罪於先王?" 遂不徙.

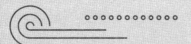

【권2】 잡사 2(雜事二)

이런저런 이야기 (2)

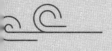

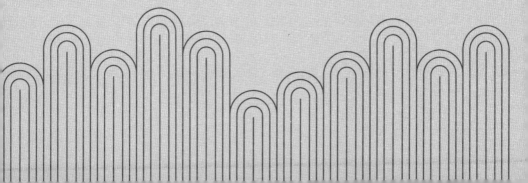

23. 앞선 빼어난 왕들도 뛰어난 신하를 들어 써서 큰 공을 이룰 수 있었다

옛날 당우(唐虞-요임금과 순임금)는 뛰어난 이 9명을 높이고 들어 써서 (마땅한) 자리에 배치했으니, 그래서 세상[海內]이 크게 편안해지고 멀리 떨어진 변방[要荒-요복과 황복, 즉 오랑캐 지역]에서도 손님으로 찾아왔으며 기린과 봉황이 도성 밖에 이르렀다. 상나라 탕왕은 이윤(伊尹)을 썼고, (주나라) 문왕과 무왕은 태공(太公)과 굉요(閎夭)를 썼다. 성왕이 주공(周公)과 소공(召公)에게 맡기니, 세상이 크게 다스려지고 월상(越裳-오늘날의 베트남 일대)과 같이 두 번 통역해야 할 정도로 먼 나라에서도 조회를 왔으며 상서로운 징조가 함께 내려와서 마침내 평안함이 천년을 가게 되었다. 모두 뛰어난 이에게 맡김으로써 말미암은 공업이다.

뛰어난 신하가 없으면 비록 오제삼왕이라도 흥할 수가 없다.

昔者, 唐虞崇舉九賢, 布之於位, 而海內大康, 要荒來賓, 麟鳳在郊. 商湯用伊尹, 而文武用太公閎夭, 成王任周召, 而海內大治, 越裳重譯, 祥瑞並降, 遂安千載. 皆由任賢之功也. 無賢臣, 雖五帝三王, 不能以興.

24. 뛰어난 이를 쓰고 안 쓰고의 차이

제나라 환공(桓公)이 관중(管仲)을 얻고서 제후들의 패자가 되는 영광을 얻었지만, 관중을 잃고는 위태롭고 어지러운 욕을 당했다. 우(虞)나라는 백리해(百里奚)¹를 쓰지 않아서 망했고, 진나라 목공은 백리해를 써서 패자가 되었다. 초나라는 오자서(伍子胥)를 쓰지 않아서 깨어졌고, 오나라 합려(闔閭)는 그를 써서 패자가 되었으며, 부차(夫差)는 자서를 쓰지 않았을 뿐 아니라 또한 그를 죽이니 나라가 끝내 망했다. 연나라 소왕이 악의(樂毅)²를 쓰고, 약한 연나라 군대를 몰아붙여서 강한 제나라 원수를 깨뜨리고 성 70개를 도륙했지만, 혜왕이 악의를 버리고 기겁(騎劫)으로 바꿔 대신하니 군대가 즉시 깨어지고 성 70개가 없어졌다. 이는 아버지는 썼는데 자식은 쓰지 않은 것으로

---

1 자는 정백(井伯)이고, 우(虞)나라 출신이다. 백리씨(百里氏)로도 불린다. 일설에는 성이 백(百)씨이고 이름이 해(奚)이며 자가 리(里)라고도 한다. 우나라 대부로 있다가 진헌공(晋獻公)이 우나라를 멸망시키자 포로가 되어 진나라에 들어왔다. 진나라가 목희(穆姬)를 진(秦)나라에 시집보낼 때 배신(陪臣)으로 따라갔다가 초(楚)나라 완(宛) 땅으로 달아났다는데, 초나라 사람에게 잡혔다. 진나라 목공(穆公)이 소식을 듣고 오고양피(五羖羊皮-검은 양 5마리의 가죽)를 주고 사 와서 국정을 맡겼다. 이로 인해 '오고대부(五羖大夫)'라고도 불린다. 이때 그의 나이 일흔이었다. 건숙(蹇叔)을 목공에게 추천했고, 유여(由餘) 등과 함께 목공의 패업 성취를 도왔다.

2 위(魏)나라 초기의 장수 악양(樂羊)의 후손인데, 현자(賢者)이면서 전쟁을 좋아했다. 연나라 소왕(昭王)이 현자를 초빙한다는 말을 듣고 위나라에서 연나라로 가서 아경(亞卿)이 되었다. 소왕 28년 상장군(上將軍)에 올랐다. 조(趙)와 초(楚), 한(韓), 위, 연 다섯 나라의 군사를 이끌고 당시 강대국임을 자랑하던 제(齊)나라를 토벌해 수도 임치(臨淄)를 함락시키고 5년에 걸쳐 70여 성을 수중에 넣었는데, 이들을 모두 군현(郡縣)으로 해 연나라에 소속시켰다. 제나라의 재보(財寶)를 연나라로 옮겼고, 이 공으로 창국군(昌國君)에 봉해졌다. 혜왕(惠王)이 즉위하자 제나라의 반간계(反間計)가 적중해 기겁(騎劫)을 악의 대신 장수로 임명했다. 이에 조나라로 달아나자 조나라가 그를 관진(觀津)에 봉하고 망제군(望諸君)이라 불렀다. 결국에 조나라에서 죽었다.

써 그 일을 가히 내다볼 수 있다. 합려가 자서를 씀으로써 흥했는데 부차는 그를 죽여서 그 때문에 망했고, 소왕이 악의를 씀으로써 이겼는데 혜왕이 그를 쫓아내서 졌으니, 이는 밝디밝아서 마치 희고 검은 것과 같이 분명한 일이다.

齊桓公得管仲, 有霸諸侯之榮; 失管仲, 而有危亂之辱. 虞不用百里奚而亡, 秦繆公用之而霸. 楚不用伍子胥而破, 吳闔廬用之而霸, 夫差非不用子胥也, 又殺之, 而國卒以亡. 燕昭王用樂毅, 推弱燕之兵, 破強齊之讎, 屠七十城, 而惠王廢樂毅, 更代以騎劫, 兵立破, 亡七十城. 此父用之, 子不用, 其事可見也. 故闔廬用子胥以興, 夫差殺之而以亡; 昭王用樂毅以勝, 惠王逐之而敗, 此的的然若白黑.

25. 임금의 눈이 밝아야 뛰어난 이를 얻을 수 있다

진(秦)나라가 숙손통(叔孫通)³을 쓰지 않고 항왕(項王-항우)이 진평(陳平)⁴과 한신(韓信)을 쓰지 않아 둘 다 멸망했으며 한나라는 그들을 써서 크게 일어났는데, 이는 (지금부터) 머지않은 시절의 일이다. 무

---

3   처음에는 진(秦)나라 2세황제를 섬겨 박사를 지내다가 위태로움을 알고는 고향으로 돌아와서 항량(項梁)과 항우(項羽)를 섬겼다. 나중에 다시 유방(劉邦)을 따라 박사가 되고, 직사군(稷嗣君)으로 불렸다. 유방이 천하를 차지한 뒤에 "수성(守成)은 선비와 해야 할 것"이라고 말하고는, 노나라 제생(諸生-유생)들을 불러 나라의 예법을 다시 만들 것을 설득해 한나라의 예악과 조의(朝儀)를 새롭게 제정했다.
4   젊을 때 가난했지만 글 읽기에 힘을 기울였다. 나중에 한고조의 신하로서 육출기계(六出奇計)의 공을 세워 곡역후(曲逆侯)에 봉해졌다.

룻 뛰어난 자를 잃으면 그 재앙이 이와 같다. 남의 임금 된 사람은 뛰어난 이를 구해 자기를 돕게 하지 않으면 안 된다. 나라가 어지러워져서 망하는 것은 이른바 뛰어난 이를 뛰어나게 대하지 않았기 때문이다. 어떤 사람은 뛰어난 이를 쓰면서도 뛰어나지 않은 자와 더불어 의견을 내게 하고, 지혜가 있는 사람이 계획하게 하면서도 어리석은 자와 더불어 모의하게 한다. (이렇게 되면) 덕이 없는 자가 뛰어난 이를 미워하고 어리석은 자가 지혜 있는 자를 미워하니, 이는 뛰어난 자가 멀어지고 가려지는 까닭이며 천년 세월로도 (뛰어난 이와 덕이 없는 자가) 합쳐지지 못하는 바다. 혹은 덕이 없는 사람이 뛰어난 이를 쓰더라도 오래갈 수 없고, 혹은 오래가더라도 (좋게) 끝낼 수가 없고, 혹은 덕이 부족한 아들이 뛰어난 아버지의 충신들을 버리게 되었을 때 그 재앙과 실패는 한두 번으로 기록하기 어렵다. 다만 그 요체는 자기가 눈 밝지 못한 것에 있으니, 여러 사람의 이야기를 귀 밝게 듣고 참소가 행해지지 않게 한다면 이것이 밝아지는 것이다.[5]

秦不用叔孫通, 項王不用陳平·韓信而皆滅, 漢用之而大興, 此未遠也.
夫失賢者, 其禍如此. 人君莫不求賢以自輔, 然而國以亂亡者, 所謂賢者
不賢也. 或使賢者爲之, 與不賢者議之, 使智者圖之, 與愚者謀之. 不肖
嫉賢, 愚者嫉智, 是賢者之所以隔蔽也, 所以千載不合者也. 或不肖用賢

---

5 임금의 눈 밝음[明]에 대해 공자는 『논어』「안연(顔淵)」편 6에서 이렇게 말했다. "점점 젖
    어 드는 (동료에 대한) 참소와 살갗을 파고드는 (친지들의 애끓는) 하소연을 (단호히 끊어)
    행해지지 않게 한다면 그것이야말로 밝다고 말할 수 있다. (그 같은) 점점 젖어 드는 (동료
    에 대한) 참소와 살갗을 파고드는 (친지들의 애끓는) 하소연을 (단호히 끊어) 행해지지 않게
    한다면 그것이야말로 (어리석음과 어두움으로부터) 멀다[遠=明]고 말할 수 있다."

而不能久也, 或久而不能終也, 或不肖子廢賢父之忠臣, 其禍敗難一二
錄也. 然其要在於己不明而聽衆口, 譖愬不行, 斯爲明也.

26. 세 사람이 입을 모으면 없는 호랑이도 만든다

위(魏)나라 방공(龐恭)이 태자와 함께 (조(趙)나라 수도) 한단(邯鄲)
에 인질로 가게 되었을 때, 위나라 왕에게 일러 말했다.

"지금 한 사람이 와서 저잣거리에 호랑이가 있다 하고 말하면 왕
께서는 그 말을 믿으시겠습니까?"

왕이 말했다.

"믿지 않는다."

말했다.

"두 사람이 말하면 왕께서는 믿으시겠습니까?"

말했다.

"과인은 의심할 것이다."

말했다.

"세 사람이 말하면, 왕께서는 그것을 믿으시겠습니까?"

"과인은 그것을 믿을 것이다."

방공이 말했다.

"저 저잣거리에 호랑이가 없음이 확실한데도 세 사람이 말해서
호랑이를 만들었습니다. 지금 한단은 위나라와의 거리가 저잣거리보
다도 멀리 있고 (참소하는) 의견을 내는 신하는 3명을 넘을 것입니다.
바라건대 왕께서는 잘 살펴주시기 바랍니다."

위왕이 말했다.

"과인은 무슨 말인지 알겠다."

(그러나) 마침내 방공이 한단으로부터 돌아오자 헐뜯는 말도 과연 이르게 되어 끝내 알현할 수가 없었다.[6]

魏龐恭與太子質於邯鄲, 謂魏王曰: "今一人來言市中有虎, 王信之乎?" 王曰: "否." 曰: "二人言, 王信之乎?" 曰: "寡人疑矣." 曰: "三人言, 王信之乎?" 曰: "寡人信之矣." 龐恭曰: "夫市之無虎明矣, 三人言而成虎. 今邯鄲去魏遠於市, 議臣者過三人, 願王察之也." 魏王曰: "寡人知之矣." 及龐恭自邯鄲反, 讒口果至, 遂不得見.

27-1. 임금과 신하가 서로 믿을 것을 굳게 다짐하다 1

감무(甘茂)[7]는 하채(下蔡) 사람이다. 서쪽으로 가서 진(秦)나라에 들어갔고, 여러 차례 공을 세웠다. 무왕에 이르러 좌승상이 되었는데, 저리자(樗里子, ?~기원전 300년)[8]가 우승상이 되었다. 저리자와 공손

---

6 같은 이야기가 『한비자』 「내저설(內儲說)」 편에도 실려 있다.

7 전국시대 초(楚)나라 하채(下蔡) 사람이다. 사거선생(史擧先生)을 좇아 백가(百家)의 이론을 배웠다. 진(秦)나라 혜문왕(惠文王)을 섬겨 한중(漢中) 땅을 공략했고, 진나라 무왕(武王) 때 좌상(左相)이 되었다. 무왕이 주(周)나라 왕실을 넘보자 한(韓)나라 선양(宣陽)을 탈취했다. 진나라 소양왕(昭襄王) 때 참언(讒言)을 받자 제(齊)나라로 달아나 상경(上卿)이 되었다. 나중에 제나라에서 초나라로 가서 진나라에 귀순할 계획을 세웠는데, 이루지 못하고 위(魏)나라에서 죽었다.

8 진나라 혜문군(惠文君)의 이복동생이고, 이름은 질(疾)이다. 위남(渭南) 음향(陰鄉)의 저

자는 둘 다 진(秦)나라 공자로, 그 외가가 한(韓)나라였는데도 여러 차례 한나라를 공격했다. 진나라 무왕(武王, 기원전 329~기원전 307년)[9]이 감무에게 일러 말하기를 "과인은 장막으로 가린 수레[容車]를 타고 ᐧ용거ᐧ 주나라 왕실까지 가고 싶은데, 그 길이 한나라 의양(宜陽)을 거쳐야 한다"라고 하면서, 감무에게 한나라를 공격하게 해서 의양(宜陽)을 차지한 뒤 그 길을 통해 주나라에 이르고 싶어 했다.

감무가 말했다.

"청컨대 위(魏)나라와 약조해 한나라를 치고자 합니다."

상수(向壽)에게 영을 내려 (감무를) 도와서 가게 했다. 감무가 위나라와 이미 약조를 맺고 위나라가 받아들였는데, 감무가 돌아오는 길에 식양(息壤)에 이르자 상수에게 일러 말했다.

"그대는 돌아가서 왕께 이렇게 말하시오. 위나라가 신의 말을 들어주었지만, 그러나 바라건대 왕께서는 (한나라를) 공격하지 마십시오."

리(樗里)에서 살아 저리자라 불렸다. 또는 저리질(樗里疾)이라고도 쓴다. 변설(辨說)에 능하고 해학이 풍부하면서 지혜가 많아서 진나라 사람들이 지낭(智囊-꾀주머니)으로 불렸다. 혜문군 8년 우경(右更)이 되었다. 경원(更元) 13년 조(趙)나라와 초(楚)나라를 공격하는 데 공을 세워 엄군(嚴君)에 봉해졌다. 진나라 무왕(武王) 2년 우승상이 되었다.

9 성은 영(嬴), 이름(名)은 탕(蕩)이다. 시호는 무왕(武王)으로, 진(秦)나라의 제26대 군주인 혜문왕(惠文王)의 아들이며 제28대 소양왕(昭襄王)의 이복형이다. 무왕은 기원전 311년 혜문왕이 죽은 뒤에 진나라의 왕위에 올랐다. 기원전 309년, 처음으로 승상(丞相)의 관직을 두고 숙부인 저리질(樗里疾)과 장군 감무(甘茂)를 좌승상과 우승상으로 삼았다. 기원전 308년에는 한(韓)나라 양왕(襄王)과 임진(臨晉)에서 회맹했고, 그해에 남공게(南公揭)가 죽은 뒤 저리질이 한나라의 재상이 되었다. 같은 해 무왕은 중원 정복의 뜻을 밝히고 낙양을 향한 요충지인 한나라의 의양(宜陽)을 공격했다. 다음 해 의양을 점령한 뒤 무수(武遂)에 성을 쌓았다. 그러나 무왕은 힘이 세고 놀이를 좋아해서 역사(力士)인 맹열과 청동으로 된 큰 솥[鼎]을 드는 것을 겨루다가 정강이뼈가 부러졌고, 왕위에 오른 지 4년 만인 기원전 307년 음력 8월에 22살의 젊은 나이로 죽었다.

상수가 돌아가서 왕께 고하자 왕이 식양에서 감무를 맞이하며 그 연유를 물었는데, 대답해 말했다.

"의양은 큰 현입니다. 이름은 현(縣)이지만 실제는 군(郡)입니다. 지금 왕께서 여러 위험을 등진 채 1000리 밖을 공격하시려는 것은 어렵습니다.

> 甘茂, 下蔡人也. 西入秦, 數有功, 至武王以爲左丞相, 樗里子爲右丞相. 樗里子及公孫子, 皆秦諸公子也, 其外家韓也, 數攻韓. 秦武王謂甘茂曰: "寡人欲容車至周室者, 其道乎韓之宜陽", 欲使甘茂伐韓取宜陽, 以通道至周室. 甘茂曰: "請約魏以伐韓, 令向壽輔行." 甘茂既約魏, 魏詐, 甘茂還至息壤, 謂向壽曰: "子歸言之王, 魏聽臣矣, 然願王勿伐也." 向壽歸以告王, 王迎甘茂於息壤, 問其故, 對曰: "宜陽, 大縣也. 名爲縣, 其實郡也. 今王倍數險, 行千里攻之難.

27-2. 임금과 신하가 서로 믿을 것을 굳게 다짐하다 2

옛날에 증삼(曾參=曾子)이 사는 곳에 증삼과 같은 이름과 성을 가진 정(鄭)나라 사람이 살인을 했는데, 어떤 사람이 와서 증삼 어머니에게 알리면서 말하기를 '증삼이 사람을 죽였습니다'라고 했습니다. 그의 어머니는 아무렇지 않게 침착하게 베를 짰습니다. 잠시 후 다른 한 사람이 또 와서 그것을 알렸는데, 그 어머니는 '내 아들은 사람을 죽일 사람이 아니다'라고 했습니다. 얼마 뒤 한 사람이 또 와서 알리자, 증삼의 어머니는 베틀 북을 던지고[投杼] 베틀에서 내려와 담을
투저

넘어 달아났습니다. 무릇 증삼의 뛰어남으로 인해 어머니는 (증삼을) 믿었지만, 그러나 세 사람이 그를 의심하자 그 어머니가 두려워했습니다. 지금 신의 뛰어남은 증삼만 못하고, 왕께서 신을 믿는 것이 또 증삼 어머니가 증삼을 믿는 것과 같지 않습니다. (게다가) 신을 의심하는 사람이 단지 세 사람뿐이겠습니까? 신은 대왕께서 북을 던질까 두렵습니다.

昔者, 曾參之處, 鄭人有與曾參同名姓者殺人, 人告其母曰: '曾參殺人.' 其母織自若也. 頃然一人又來告之, 其母曰: '吾子不殺人.' 有頃, 一人又來告, 其母投杼下機, 踰牆而走. 夫以曾參之賢, 與其母信之也, 然三人疑之, 其母懼焉. 今臣之賢也不若曾參, 王之信臣也, 又不如曾參之母之信曾參也, 疑臣者非特三人也. 臣恐大王投杼也.

27-3. 임금과 신하가 서로 믿을 것을 굳게 다짐하다 3

(또) 위나라 문후가 악양(樂羊)에게 명령을 내려 장차 중산국을 공격하게 했는데, 3년이 지나 중산을 뽑아낸 뒤에 악양이 돌아와서 공적을 말씀드리자 문후는 그에게 비방하는 글 한 궤짝을 보여주었습니다. 악양이 두 번 절한 뒤 머리를 조아리며 말했습니다. '이는 신의 공이 아닙니다. 주군의 힘입니다.' 지금 신은 객지에 머무는 나그네[羈旅]일 뿐이고, 저리자, 공손자 두 사람이 한(韓)나라를 끼고 의견을 내면 임금께서는 반드시 그들을 믿을 것입니다. 이는 임금께서 위나라를 속인 것이 되고 신은 한나라의 원망을 받게 될 것입니다."

왕이 "나는 (참소하는 말을) 들어주지 않을 것이오"라고 말하고 의
양을 치게 했는데, 5개월이 지나도 의양을 뽑아내지 못했다. 저리자
와 공손자가 과연 그를 두고 간쟁하자, 무왕이 감무를 불러서 병사를
해산하고 싶어 했다.

감무가 말했다.

"식양이 저기에 있습니다[息壤在彼][10]."
　　　　　　　　　식양　재피

왕이 말하기를 "그런 약속을 한 적이 있었지!"라고 했고, 그로 인
해 모든 병사를 일으켜서 감무를 시켜 공격하게 했다. 마침내 의양을
뽑아내었다.

무왕이 죽고 소왕이 세워지자 저리자, 공손자가 참소했고, 감무는
죄를 받게 되자 결국 제나라로 도망갔다. 그래서 지극히 눈 밝지 못하
면 이에 어찌 능히 참소가 쓰이지[用讒] 않게 할 수 있으랴!
　　　　　　　　　　　　　　　　　　용참

魏文侯令將攻中山, 三年而拔之, 樂羊反而語功, 文侯示之謗書一篋.
樂羊再拜稽首曰: '此非臣之功也, 主君之力也.' 今臣羈旅也, 樗里子,
公孫子二人挾韓而議, 王必信之, 是王欺魏而臣受韓之怨也." 王曰:
"寡人不聽也." 使伐宜陽, 五月而宜陽未拔. 樗里子, 公孫子果爭之, 武
王召甘茂, 欲罷兵. 甘茂曰: "息壤在彼." 王曰: "有之." 因悉起兵, 使甘

10　'식양재피'는 이후 굳은 약속을 뜻하는 사자성어가 되었다. 『전국책(戰國策)』 「진책(秦策)」,
　　『사기(史記)』 「감무열전(甘茂列傳)」 등에 실려 있는 이야기에 나오는 말이다. 식양(息壤)은
　　중국 전국시대 진(秦)나라 고을 이름이다. 진나라 무왕(武王)이 장군 감무(甘茂)에게 명해
　　한(韓)나라 의양(宜陽)을 정벌하게 하자 감무가 왕이 자신을 끝까지 믿어주지 않고 도중에
　　후회할까 염려된다고 하니, 무왕이 다른 사람의 참소하는 말을 믿지 않고 신임하겠다며 식
　　양 땅에서 맹서를 했다.

茂將擊之, 遂拔宜陽. 及武王薨, 昭王立, 樗里子, 公孫子讒之, 甘茂遇

罪, 卒奔齊. 故非至明, 其庸能毋用讒乎?

28. 여우가 호랑이 위세를 빌리다

초나라 왕이 뭇 신하들에게 물어 말했다.

"내가 듣건대 북방이 소해휼을 두려워한다고 하는데 실로 정말
그러한가?"

강을(江乙)이 답했다.

"호랑이가 온갖 짐승을 잡아먹으려고 하다가 여우 1마리를 얻을
수 있었습니다. 여우가 말하기를 '그대는 감히 나를 잡아먹지 못할 것
입니다. 천제께서는 내게 온갖 짐승의 우두머리가 되게 하셨으니, 지
금 그대가 나를 먹으면 이는 천제의 명을 거스르는 것입니다. 나를 믿
지 못하겠으면 내가 그대 앞에서 가겠소. 그대가 내 뒤를 따라오면 온
갖 짐승이 나를 보고 달아나지 않음이 없음을 볼 수 있을 것입니다'
라고 했습니다. 호랑이가 그렇다고 여기고 쫓아서 갔더니 짐승들이
보고 달아났습니다. 호랑이는 짐승들이 자기를 무서워해서 달아나
는 것을 알지 못하고 여우를 무서워한다고 여겼습니다. 지금 왕의 땅
은 사방 5000리이며, 갑옷을 입은 자가 100만인데, 소해휼에게 그것
을 오로지 맡겼습니다. 북쪽은 소해휼을 두려워하는 것이 아니라 실
제로는 왕의 군사를 두려워함이니, 이는 마치 뭇 짐승들이 호랑이를
무서워하는 것과 같습니다."

그러므로 남의 신하 된 자가 두렵게 보이는 것은 임금의 위세를

보고서이니, 임금이 그를 쓰지 않으면 위세는 없어진다.[11]

楚王問群臣曰: "吾聞北方畏昭奚恤, 亦誠何如?" 江乙答曰: "虎求百獸
食之, 得 一狐. 狐曰: '子毋敢食我也. 天帝令我長百獸, 今子食我, 是逆
帝命也. 以我爲不信, 吾爲子先行, 子隨我後, 觀百獸見我無不走.' 虎以
爲然, 隨而行, 獸見之皆走. 虎不知獸畏己而走也, 以爲畏狐也. 今王地
方五千里, 帶甲百萬, 而專任之於昭奚恤也. 北方非畏昭奚恤也, 其實畏
王之甲兵也, 猶百獸之畏虎." 故人臣而見畏者, 是見君之威也, 君不用
則威亡矣.

29. 임금은 신하를 믿고 써야 한다

노나라 임금이 복자천(宓子賤)[12]을 선보(單父)[13] 읍재로 삼았는데,
자천(子賤)이 하직 인사를 드리고 떠나면서 그 참에 글 잘 쓰는 사람
둘을 빌려 교재로 삼을 만한 역서(曆書)를 쓰게 하겠다고 청하니 노
나라 임금이 내어주었다. 선보에 도착해 글을 쓰게 했는데, 자천이 쫓
아다니며 곁에서 팔꿈치를 끌어당겨서[引肘=掣肘] 글씨가 추하면 화
를 내고 잘 쓴 글을 원하면서 또 끌어당기니, 글 쓰는 사람이 근심되
어 사직을 청하고서 떠났다.[14] 돌아와서 이런 일을 노나라 임금에게

11 이를 호가호위(狐假虎威)라고 하는데, 『전국책』 「초책(楚策)」에도 실려 있다.
12 노(魯)나라 사람 복부제(宓不齊)로, 자는 자천(子賤)이고 공자의 제자다.
13 『여씨춘추』 「구비(具備)」 편에는 단보(亶父)로 되어 있다.

알리자 임금이 말했다.

"자천은 내가 흔들까 봐 근심하는구나. 그로 하여금 좋은 정사를 베풀 수 없게 했구나."

이에 유사(有司)에 명을 내려 선보에서 마음대로 징발하지 말도록 하자[15] 선보가 크게 교화되었다. 그래서 공자가 말했다.

"군자로다, 자천이여. 노나라에 군자가 없었다면 이 사람이 어디에서 이 좋은 덕을 가져왔겠는가?"[16]

자천의 덕을 아름답게 여긴 것이다.

魯君使宓子賤爲單父宰, 子賤辭去, 因請借善書者二人, 使書憲爲教品, 魯君予之. 至單父, 使書, 子賤從旁引其肘, 書醜則怒之, 欲好書則又引之, 書者患之, 請辭而去. 歸以告魯君, 魯君曰: "子賤苦吾擾之. 使不得施其善政也." 乃命有司無得擅徵發單父, 單父之化大治. 故孔子曰: "君子哉子賤, 魯無君子者, 斯安取斯?" 美其德也.

30. 물고기를 바친 사람의 속뜻

초나라 사람이 임금에게 물고기를 바치면서 말했다.

---

14 『여씨춘추』 「구비(具備)」 편에는 두 사람이 임금과 가까운 사관(史官)으로 되어 있다. 특히 자천이 의도적으로 두 사람을 귀찮게 해서 자기를 귀찮게 하는 노나라 임금에게 에둘러 간언한 것으로 풀이하고 있다.

15 선보의 행정 권한을 복자천에게 전적으로 맡겼다는 말이다.

16 『논어』 「공야장(公冶長)」 편 2에 나오는 말이다.

"오늘 물고기를 잡았는데, 먹어도 다 먹지 못하고 팔아도 다 팔지 못하며 버리자니 또 아까워서, 그래서 와서 바칩니다."

좌우 사람들이 말했다.

"비루하구나! 물러가라."

초나라 임금이 말했다.

"그대들은 물고기 잡는 사람이 어진 사람[仁人]임을 알지 못한다. 대개 임금 곳간에 곡식이 남아 있는 것을 듣는다면 나라에는 굶주린 백성이 있게 되고, 후궁에 그윽한 여자들이 많으면 아래로는 백성 중에 늦도록 장가 못 간 남자[曠夫]들이 많게 되고, 넉넉하게 쌓인 것을 나라 창고에 거둬놓으면 나라 안에는 가난하고 곤궁한 백성이 많게 되니, 이는 모두 남의 임금 된 도리를 잃은 것이다. 그래서 주방에 살진 물고기가 있고 마구간에 살찐 말이 있는데도 백성이 굶주린 기색이 있게 되어 이로 인해 망한 나라 임금이 된다. 나라의 창고에 쌓아두었음을 과인이 들은 지 오래되었는데 아직 행해지지 않았다. 어부가 그것을 알고서 그로써 과인을 견주어 깨우쳐준 것이니, 오늘 당장 시행토록 하라."

이에 곧 사자를 보내어 홀아비와 과부를 돌보고 고아와 자식 없는 노인을 구휼하게 했으며, 창고의 곡식을 꺼내고 돈과 비단을 풀어서 모자라는 사람들을 진휼했고, 후궁에서 왕을 모시지 않는 자를 풀어 떠나게 해서 홀아비의 아내로 나가게 했다. 초나라 백성이 매우 기뻐하고 즐거워했으며, 이웃 나라들이 따르게 되었다.

이처럼 어부가 남은 물고기를 한 번 바침으로써 초나라가 그에 의지할 수 있게 되었으니, 어질고 지혜롭다[仁智]고 이를 수 있을 것이다.

楚人有獻魚楚王者曰: "今日漁獲, 食之不盡, 賣之不售, 棄之又惜, 故來
獻也." 左右曰: "鄙哉! 辭也." 楚王曰: "子不知漁者仁人也. 蓋聞困倉粟
有餘者, 國有餓民; 後宮多幽女者, 下民多曠夫; 餘衍之蓄, 聚於府庫者,
境內多貧困之民; 皆失君人之道. 故庖有肥魚, 廐有肥馬, 民有餓色, 是
以亡國之君. 藏於府庫, 寡人聞之久矣, 未能行也. 漁者知之, 其以比喻
寡人也, 且今行之." 於是乃遣使恤鰥寡而存孤獨, 出倉粟, 發幣帛而振
不足, 罷去後宮不御者, 出以妻鰥夫. 楚民欣欣大悅, 鄰國歸之. 故漁者
一獻餘魚, 而楚國賴之, 可謂仁智矣.

31-1. 뛰어난 이가 뛰어난 이를 알아보다 1

옛날에 추기(鄒忌)[17]가 거문고를 잘 탔기 때문에 그것을 통해 제나
라 선왕(宣王)을 알현하니, 선왕이 그를 좋게 보았다.

추기가 말했다.

"저 거문고는 정치를 본뜬 것입니다."

드디어 왕을 위해 거문고가 정치 현실을 본뜬 것을 말하다가 패
왕의 일에까지 미치게 되었다. 선왕이 크게 기뻐하며 함께 사흘간 이
야기를 하고는 드디어 제배해 재상으로 삼았다. 제나라에는 직하선

---

17 추기(騶忌)라고도 쓴다. 전국시대 제(齊)나라 사람으로, 제나라 위왕(威王)이 즉위한 뒤 거문
고를 뜯으면서 유세해 재상(宰相)에 등용되었다. 위왕에게 어진 사람을 등용하고 간언(諫言)
을 받아들이며 정치를 혁신할 것을 충고했다. 또 만민(萬民)을 가깝게 여기고 법률을 정비해
간신배를 멀리하라고 건의했다. 아울러 군기(軍紀)를 바로 세우고 정치적 원칙을 고수할 것
도 강조했다. 이때부터 제나라는 차츰 동방(東方)의 강국으로 자리하게 되었다.

생(稷下先生)¹⁸이란 것이 있어서 즐겨 정사에 의견을 내놓았는데, 추기가 이미 제나라 재상이 되자 직하선생 순우곤(淳于髠, 기원전 385~기원전 305년)¹⁹의 무리 72인이 추기를 가벼이 여겨서 변론하는 자리를 만들기로 했다. 그러나 추기가 오지 못하게 되자, 이에 서로 함께 갖춰서 추기를 보러 갔다.

> 昔者, 鄒忌以鼓琴見齊宣王, 宣王善之. 鄒忌曰:“夫琴所以象政也.”遂爲王言琴之象政狀及霸王之事. 宣王大悅, 與語三日, 遂拜以爲相. 齊有稷下先生, 喜議政事, 鄒忌既爲齊相, 稷下先生淳于髠之屬七十二人, 皆輕忌, 以謂設以辭, 鄒忌不能及. 乃相與俱往見鄒忌.

31-2. 뛰어난 이가 뛰어난 이를 알아보다 2

순우곤 무리는 예를 행함이 거만했고, 추기의 예는 자기를 낮추었다. 순우곤 등이 말했다.

“여우의 흰 가죽옷을 수선하기 위해 양가죽으로 가리려고 한다

---

18 직하는 제나라 성문이라는 뜻이다. 제나라 선왕이 이곳에 학궁을 세워 천하의 선비들을 불러 모았는데, 이들을 직하선생 또는 직하학사라고 부른다.

19 제(齊)나라 직하(稷下) 출신의 변사다. 학문이 깊었지만, 익살과 다변(多辯)으로 더 유명했다. 천한 신분 출신으로 몸도 작고 학문도 잡학(雜學)에 지나지 않았지만, 기지가 넘치는 변설로 제후를 섬겨 사명을 다했고 군주를 풍간(諷諫)하기도 했다. 대부(大夫)가 되었다. 초(楚)나라가 제나라로 쳐들어왔을 때 조(趙)나라의 병사를 이끌고 이를 구했다고도 한다. 그의 변론은 『전국책』과 『사기』 「골계열전(滑稽列傳)」에 기록되어 있으며, 『맹자』 「이루상(離婁上)」에도 맹자와의 논전이 수록되어 있다.

면 어떻겠습니까?"

추기가 말했다.

"삼가 말씀을 따르겠습니다만, 감히 뛰어난 것에 모자란 것이 섞이지 않기를 청합니다."

순우곤 등이 말했다.

"네모난 안쪽에 둥근 바퀴통을 끼워 넣으면 어떻겠습니까?"

추기가 말했다.

"삼가 말씀을 따르겠습니다만, 집 안에서 근신해 빈객들이 머물지 못하게 하겠습니다."

순우곤 등이 말했다.

"세 사람이 함께 양 1마리를 기르는데, 양이 배불리 먹지도 못하고 사람도 또한 쉴 수 없다면 어떻겠습니까?"

추기가 말했다.

"삼가 말씀을 따르겠습니다만, 관직을 줄여서 인원을 덜어내어 백성을 성가시게 하지 않겠습니다."

순우곤 등이 세 번 말함에 추기가 세 번을 알아차리고 답하는 것이 마치 메아리가 호응하는 것과 같았다. 순우곤 등은 몸을 굽혀 인사하고 떠났다. (순우곤 등이 떠날 때) 추기는 예를 행함이 거만했고, 순우곤 등의 예는 자기를 낮추었다.

淳于髡之徒禮倨, 鄒忌之禮卑. 淳于髡等曰: "狐白之裘, 補之以弊羊皮, 何如?" 鄒忌曰: "敬諾, 請不敢雜賢以不肖." 淳于髡等曰: "方內而員釭, 如何?" 鄒忌曰: "敬諾, 請謹門內, 不敢留賓客." 淳于髡等曰: "三人共牧 一羊, 羊不得食, 人亦不得息, 何如?" 鄒忌曰: "敬諾, 減吏省員, 使無擾

民也." 淳于髡等三稱, 鄒忌三知之如應響. 淳于髡等辭屈而去. 鄒忌之
禮倨, 淳于髡等之禮卑.

32. 귀 밝고 눈 밝고 빠르고 날랜 것을 자질로 삼고
   노력해야 한다

　옛날에 간장(干將)과 막야(莫耶)를 높인 까닭은 그 (날이) 단단히 선
것을 귀하게 여겼기 때문이고, 천리마[騏驥]를 귀하게 여긴 까닭은 그
것이 (멀리까지) 똑바로 가기 때문이다. 반드시 구차하게 하루하루를 그
냥 지내면서 헛되이 세월만 보낼 수 있겠는가? 실같이 가는 터럭[絲氂]
으로도 능히 돌을 파낼 수 있고 둔한 말도 또한 능히 멀리까지 갈 수
있으니, 이 때문에 귀 밝고 눈 밝고 빠르고 날램은 사람이 가져야 할 좋
은 자질이다.
　자공(子貢)이 말하기를 "안회(顏回)는 하나를 들으면 열을 압니다"[20]
라고 했으니, 빠르고 날램[敏捷]을 아름답게 여긴 것이다.

---

20 『논어』 「공야장(公冶長)」 편 8에 나오는 대화 중 일부다.
　공자가 자공에게 일러 말했다.
　"너와 회(回-안회) 중에서 누가 나으냐?"
　대답해 말했다.
　"사(賜-자공)가 어찌 감히 회를 바라보겠습니까? 회는 하나를 들으면 열을 알고, 사는 하
　나를 들으면 둘을 압니다."
　공자가 말했다.
　"너는 회만 못하다. (그러나) 나는 네가 (스스로) 회보다 못하다고 한 점을 (높이) 평가한다
　[與=許與]."

78

故所以尙干將莫邪者, 貴其立斷也; 所以貴騏驥者, 爲其立至也. 必且
歷日曠久乎? 絲氂猶能挈石, 駑馬亦能致遠, 是以聰明捷敏, 人之美材
也. 子貢曰: "回也, 聞一以知十", 美敏捷也.

33. 가볍게 베풀고 무겁게 받으려 하다

옛날에 연(燕)나라 재상이 임금에게 죄를 얻게 되자 장차 나라를
빠져나가 도망치고자 문하의 여러 대부를 불러서 말했다.

"능히 나를 따라 나갈 사람이 있는가?"

세 번 물어도 여러 대부가 대답하지 않자 연나라 재상이 말했다.

"아! 실로 선비 중에서 나를 봉양해줄 사람이 부족하구나."

대부 가운데 한 사람이 나와서 말했다.

"실로 주군께서 선비를 기르지 못한 것이지, 어찌 선비들이 봉양
해주는 것이 부족하다 하십니까? 흉년이 들어 굶주리던 해에 술지
게미도 꺼리지 않고 주군의 개와 말이 되었는데도 (주군은) 남아 있
는 곡식이 있었으며, 겨울이 깊어지고 맹렬한 추위에 선비는 거칠고
짧은 옷도 제대로 입지 못해서 손발을 가리지 못했는데도 주군의 대
(臺)나 관(觀)을 가리는 장막은 비단 수가 놓인 채 바람에 나부끼면
서 닳고 있었습니다. 재물이라는 것은 주군께는 가벼운 바이나, 죽음
이라는 것은 선비에게는 무거운 바입니다. 주군께서는 주군의 가벼운
바를 베풀지 않으면서 선비의 무거운 바를 구해 얻으려 하니, 진실로
어렵지 않겠습니까?"

연나라 재상이 마침내 부끄러워하면서 달아나 숨어버리니 더는

(사람들을) 감히 볼 수가 없었다.[21]

昔者, 燕相得罪於君, 將出亡, 召門下諸大夫曰: "有能從我出者乎?" 三
問, 諸人夫莫對, 燕相曰: "嘻! 亦有士之不足養也." 大夫有進者曰: "亦
有君之不能養士, 安有士之不足養者? 凶年饑歲, 糟粕不厭, 而君之犬
馬, 有餘穀粟; 隆冬烈寒, 士短褐不完, 四體不蔽, 而君之臺觀, 帷頑錦
繡, 隨風飄飄而弊. 財者, 君之所輕; 死者, 士之所重也. 君不能施君之
所輕, 而求得士之所重, 不亦難乎?" 燕相遂慚, 遁逃不復敢見.

34. 뱀을 보고, 자기의 다움을 돌아보다

진(晉)나라 문공(文公, 기원전 697~기원전 628년)[22]이 나가서 사냥하
는데, 앞에서 달리던 자가 말했다.

"앞에 큰 뱀이 있습니다. 키가 제방 높이만 한데, 길을 막고 있다
가 스르르 사라졌습니다."

---

21 비슷한 이야기가 『한시외전(韓詩外傳)』에 나온다.

22 춘추오패(春秋五覇)의 한 사람으로, 이름은 중이(重耳)이며 헌공(獻公)의 둘째 아들이다.
아버지가 총희(寵姬) 여희(驪姬)의 참소를 믿고 태자 신생(申生)을 죽이자 망명해 19년 동
안 떠돌았다. 혜공(惠公)이 죽고 회공(懷公)이 뒤를 이었지만, 민심을 얻지 못하자, 마침내
진(秦)나라 목공(穆公)의 도움으로 귀국해서 즉위했다. 호언(狐偃)과 조최(趙衰), 선진(先
軫) 등 뛰어난 신하를 등용해서 난국을 수습하고 국력을 강화시켰다. 주(周)나라 왕실의
왕자 대(帶)의 반란을 평정하고 주나라 양왕(襄王)을 맞아 복위시키면서 존왕(尊王)을 호
소해 위신을 세웠다. 성복(城濮) 전투에서 초(楚)·진(陳)·채(蔡) 세 나라의 군대를 대파하
고 천토(踐土)에서 제후를 회합해서 패주(覇主)로 자리했다. 제나라 환공(桓公)에 이어 제
후의 맹주(盟主)가 되었다. 9년 동안 재위했다.

문공이 말했다.

"과인이 듣건대, 제후가 나쁜 꿈을 꾸면 다움을 닦고[修德] 대부 수덕
가 나쁜 꿈을 꾸면 관직에 제대로 사람을 임용했는지를 점검하며
[修官] 선비가 나쁜 꿈을 꾸면 자기 몸을 닦으니[修身], 이렇게 하면
수관   수신
재앙이 찾아오지 않는다고 했다. 지금 과인에게 허물이 있어 하늘이
이로써 과인을 경계시키는 것이다."

수레를 돌려서 돌아가려 하니 앞에서 달리던 자가 말했다.

"신이 듣건대, 즐거우면 따로 상이 필요 없고 화가 나면 따로 형벌
이 필요 없다고 했습니다. 지금 재앙과 복이 이미 눈앞에 있어 바뀌지
않는데 어째서 쫓아버리지 않습니까?"

문공이 말했다.

"그렇지 않다. 무릇 신령함은 도리를 이길 수 없고 요사스러움 또
한 다움을 이길 수 없다. 화와 복이 아직 드러나지 않았지만, 오히려
바뀔 수 있는 것이다."

그리고는 수레를 돌려 돌아갔다. 머물러 재계하며 사흘이 지난
후 종묘에 청해 말했다.

"제 작은 희생 제물이 살찌지 않았고 폐백이 두텁지 못한 것이 첫
번째 죄이며, 제가 사냥을 좋아함을 헤아릴 수가 없었던 것이 두 번
째 죄이며, 제가 세금을 많이 거둬들이고 형벌을 무겁게 한 것이 세
번째 죄입니다. 지금부터 앞으로는 관문과 저잣거리에서 세금을 걷
지 않고, 연못과 양어장에서 부세를 거두지 않겠으며, 죄인을 사면하
고, 옛날 받은 세금을 반으로 줄이고 새로 만든 밭은 세금을 받지 않
을 것을 청합니다."

이 명령을 행한 지 닷새도 채 되지 않았는데, 뱀을 지키던 관리가

꿈에 상제가 나타나 뱀을 죽이면서 "어떤 연유로도 마땅히 빼어난 임금의 도리가 행해지면 네 죄는 죽음에 해당한다"라고 말하는 것을 보았다.[23] 꿈에서 깨어나 보니 뱀이 썩어 냄새가 나고 있었다. 이를 알리자 문공이 말했다.

"과연 무릇 신령함은 도리를 이길 수 없고 요사스러움 또한 다움을 이길 수 없다. 어찌 이런 이치를 따지지 않고 하늘에만 맡길 수 있겠는가? 다움을 가지고서 응할 뿐이다."

晉文公出獵, 前驅曰: "前有大蛇, 高如隄, 阻道竟之." 文公曰: "寡人聞之, 諸侯夢惡則修德, 大夫夢惡則修官, 士夢惡則修身, 如是而禍不至矣. 今寡人有過, 天以戒寡人." 還車而反. 前驅曰: "臣聞之, 喜者無賞, 怒者無刑. 今禍福已在前矣, 不可變, 何不逐驅之?" 文公曰: "不然, 夫神不勝道, 而妖亦不勝德, 禍福未發, 猶可化也." 還車反, 宿齋三日, 請於廟曰: "孤少犧不肥, 幣不厚, 罪一也; 孤好弋獵, 無度數, 罪二也; 孤多賦斂, 重刑罰, 罪三也. 請自今以來者, 關市無征, 澤梁無賦斂, 赦罪人, 舊田半稅, 新田不稅." 行此令未半旬, 守蛇吏夢天帝殺蛇曰: "何故當聖君道爲, 而罪當死." 發夢視蛇臭腐矣. 謁之, 文公曰: "然夫神果不勝道, 而妖不勝德, 奈何其無究理而任天也, 應之以德而已."

---

23 가의(賈誼)의 『신서(新書)』 「춘추(春秋)」 편에 거의 같은 이야기가 나오는데, 이 꿈은 문공이 꾼 것으로 되어 있다.
석 달 후 하늘이 큰 뱀을 베면서 "네 어찌 감히 어진 임금이 가시는 길을 막았던고?"라고 말하는 꿈을 문공이 꾸었다는 것이다.

35. 양나라 임금이 공손습의 말로 깨우치다

양(梁)나라[24] 임금이 사냥을 나갔다. 흰기러기 무리를 보고는 양나라 임금이 수레에서 내려서 활을 당겨[彀弓] 그것들을 쏘려고 했는데, 마침 길 가는 사람이 있어서 양나라 임금이 그에게 멈추라고 말했다. 그는 걸음을 멈추지 않았고, 흰기러기 무리가 놀라서 흩어졌다. 양나라 임금이 화가 나서 그 사람을 쏘려고 하자 그를 모시던 공손습(公孫襲)이 수레에서 내려 화살을 붙잡으며 말했다.

"임금께서는 멈추십시오."

양나라 임금이 성이 나서 낯빛을 바꾸며 화를 내어 말했다.

"습(襲)! 그대는 임금과 함께하지 않고 도리어 다른 사람과 함께하려 하니 무슨 까닭인가?"

공손습이 대답해 말했다.

"옛날 제나라 경공 시절에 하늘에서 3년 동안 큰 가뭄이 있었는데, 점을 쳐서 나온 말이 '반드시 사람을 가지고 제사 지내면 마침내 비가 올 것입니다'라고 했습니다. 그러자 경공이 당에서 내려와 머리를 조아리며 '무릇 내가 비를 구하려는 까닭은 내 백성을 위함이다. 지금 반드시 내게 사람을 가지고 제사를 지내게 해서 이에 또 비가 온다면, 과인은 앞으로도 스스로 그것을 당연하게 여길 것이다'라고 했습니다. 이 말이 미처 끝나기도 전에 하늘에서 큰비가 사방 1000리에 내렸으니 어째서이겠습니까? 하늘에 덕을 지으면 백성에게 그 혜택이 갑니다. 지금 주군께서 흰기러기 일 때문에 사람을 쏘고 싶어 하시니, 저는 주군께

---

24 위(魏)나라 수도가 대량(大梁)이어서 양나라라고도 한다.

서 호랑이나 이리와 다르지 않다고 말하겠습니다."

양나라 임금이 그의 손을 잡아당겨 함께 수레에 올라서, 돌아가
사당문을 들어서면서 만세를 부르며 말했다.

"다행이로구나. 오늘 다른 사람들은 사냥해서 모두 다 짐승들을
얻었지만, 나는 사냥을 나가서 좋은 말[善言=昌言]을 얻어 돌아왔다."
　　　　　　　　　　　　　　　　　　　선언　　창언

梁君出獵. 見白雁群, 梁君下車, 彀弓欲射之, 道有行者, 梁君謂行者止.
行者不止, 白雁群駭. 梁君怒, 欲射行者, 其御公孫襲下車撫矢曰: "君
止." 梁君忿然作色而怒曰: "襲不與其君, 而顧與他人, 何也?" 公孫襲
對曰: "昔齊景公之時, 天大旱三年, 卜之曰: '必以人祠, 乃雨.' 景公下堂
頓首曰: '凡吾所以求雨者, 爲吾民也, 今必使吾以人祠乃且雨, 寡人將
自當之.' 言未卒而天大雨方千里者, 何也? 爲有德於天而惠於民也. 今
主君以白雁之故而欲射人, 襲謂主君無異於虎狼." 梁君援其手與上車,
歸入廟門, 呼萬歲, 曰: "幸哉! 今日也他人獵, 皆得禽獸, 吾獵得善言而
歸."

36. 나라에 효도와 공순함이 행해지지 않는 것이 요사한
　　일이다

(주나라) 무왕(武王)²⁵이 은(殷)나라를 이기고 두 포로를 붙잡아서

25　성은 희(姬)이고, 이름은 발(發)이다. 문왕(文王)의 아들로 서백(西伯)의 직위를 이었다. 상
　　(商-은)나라를 멸망시키라는 문왕의 유지를 받들어, 제후들과 맹진(孟津)에서 회맹(會盟)하

물었다.

"너희 나라[而國]에 요사한 일이 있었는가?"
이국

한 포로가 답해 말했다.

"우리나라에 요사한 일이 있었습니다. 낮에 별이 보이고 하늘에서
피비가 내렸습니다. 우리나라의 요사함이라 할 만합니다."

다른 포로가 답해 말했다.

"이것이 바로 요사함이지만, 비록 그렇다 해도 이는 큰일이 아닙
니다.

우리나라의 요사한 일 가운데 가장 큰 것은, 아들이 아버지의 말
을 듣지 않고 동생이 형의 말을 듣지 않으며 임금의 명령이 행해지지
않는 것, 이것이 요사한 일 중에서도 가장 큰 것입니다."

武王勝殷, 得二虜而問焉曰: "而國有妖乎?" 一虜答曰: "吾國有妖, 畫
見星而天雨血, 比吾國之妖也." 一虜答曰: "此則妖也, 雖然, 非其大者
也. 吾國之妖其大者, 子不聽父, 弟不聽兄, 君令不行, 此妖之大者也."

37. 어부에게 길을 묻다 몸을 지키는 가르침을 받다

진(晉)나라 문공(文公)이 사냥을 나가서 짐승을 쫓다가 큰 늪으로

고 군대를 일으켜서 주왕(紂王)을 정벌했다. 목야(牧野) 전투에서 대승을 거둬 상나라를 멸
망시키고 주왕조(周王朝)를 건설했다. 호(鎬)를 도읍으로 정하고, 제후들에게 분봉(分封)했
다. 상나라를 멸망시킨 지 2년 뒤에 죽었다. 19년 동안 재위했다.

지나치게 깊이 들어갔는데[碭入], 길이 미로와 같아서 나올 바를 알
지 못했다. 그 속에 물고기 잡는 사람이 있어서 문공이 그에게 일러
말했다.

"나는 너의 임금이다.[26] 여기서 어떻게 나가야 하는지를 말해준다
면[道=言] 내가 장차 너에게 후한 상을 내리겠다."

물고기 잡는 사람이 말했다.

"신이 바치고자 하는 것이 있습니다."

공이 말했다.

"늪을 나가면 받겠다."

이에 드디어 늪을 빠져나왔다.

공이 영을 내려 말했다.

"그대가 과인에게 전해주고자[敎=傳] 하는 바가 무엇들인가? 받겠
노라."

그 사람이 말했다.

"큰고니가 하해(河海) 가운데에서 편하게 살다가 싫증이 나서 작
은 연못으로 옮기고 싶어 했지만, 그러면 바로 주살을 맞을 걱정이 커
지고, 큰 자라와 거북이 깊은 못을 지키며 살다가 싫증이 나서 낮은
물가로 나가면 반드시 그물질과 작살에 맞을 근심을 해야 합니다. 지
금 임금께서 짐승을 쫓다가 깊이 들어가셔서 여기에 이르게 되었습
니다. 무엇 때문에 이처럼 멀리까지 행차하셨습니까?"

문공이 "좋은 말이다"라고 하고서 시종에게 어부 이름을 기록해
두라고 일렀다.

---

26 앞서 본 이(而)나 이 절의 약(若)은 모두 '너[汝]'라는 뜻이다.

그 사람이 말했다.

"임금께서는 제 이름을 적어 무엇 하시겠습니까? 임금께서 하늘을 높이고 땅을 섬기며, 사직을 공경하고, 이웃 나라들과 친선을 튼튼히 하며, 만백성을 사랑하고, 세금을 엷게 걷고 조세를 가볍게 하게 되면, 신은 진실로 같이하겠습니다.

(하지만) 임금께서 사직에 불경하고 사방 나라들과 굳건하게 하지 못하며, 밖으로는 제후들에게 예를 잃고 안으로는 백성 마음을 거슬러서 한 나라가 흩어져 망하게 되면, 물고기 잡는 사람이 비록 두터운 은혜를 받아도 지킬 수가 없습니다."

끝내 사양하고 받지 않았다.

그리고 말했다.

"임금께서 먼저 도성으로 돌아가시면 신 역시 제가 물고기 잡는 곳으로 돌아가겠습니다."

晉文公出田逐獸, 碭入大澤, 迷不知所出. 其中有漁者, 文公謂曰: "我若君也, 道安從出, 我且厚賜若." 漁者曰: "臣願有獻." 公曰: "出澤而受之." 於是遂出澤, 公令曰: "子之所欲以教寡人者, 何等也? 願受之." 漁者曰: "檻鵠保河海之中, 厭而欲移徙之小澤, 則必有丸繒之憂; 黿鼉保深淵, 厭而出之淺渚, 則必有羅網釣射之憂. 今君逐獸, 碭入至此, 何行之太遠也?" 文公曰: "善哉!" 謂從者記漁者名. 漁者曰: "君何以名, 爲君尊天事地, 敬社稷, 固四國, 慈愛萬民, 薄賦斂, 輕租稅者, 臣亦與焉. 君不敬社稷, 不固四國, 外失禮於諸侯, 內逆民心, 一國流亡, 漁者雖得厚賜, 不能保也." 遂辭不受, 曰: "君前歸國, 臣亦反吾漁所."

38. 농부에게 길을 묻다 가르침을 얻다

진나라 문공이 큰사슴[麋]을 쫓다가 놓치자 농부 노고(老古)[27]에
게 물어 말했다.

"내 사슴이 어디에 있는가?"

노고가 발로 가리키며 말했다.

"이쪽으로 갔습니다."

공이 말했다.

"과인이 그대에게 묻자 그대는 발로 가리켰다. 어째서 그런 것인가?"

노고가 옷을 털고 일어나서 말했다.

"남의 임금 된 사람이 이와 같을 줄은 한 번도 생각해본 적이 없습
니다. 호랑이나 표범이 편히 살고 있다가 한가함이 싫증 나서 사람들
가까이 오면 그 때문에 잡히고, 물고기나 자라가 편히 살고 있다가 깊
은 곳이 싫어 낮은 쪽으로 가면 그 때문에 잡힙니다. 제후가 머물러 있
다가 무리를 피해 멀리 놀러 나가면 그 때문에 그 나라는 망합니다.
『시경』(「소남(召南)·작소(鵲巢)」 편)에 이르기를, '까치는 둥지가 있는데,
비둘기가 거기 살고 있네'라고 했습니다. 임금께서 멋대로 하시면서 돌
아가지 않으면 다른 사람이 장차 임금 노릇을 하게 될 것입니다."

이에 문공이 놀라서 돌아오는 도중에 난무자(欒武子, ?~기원전
573년)[28]와 마주쳤다. 난무자가 말했다.

---

27 노인에 대한 존칭이다.

28 난서(欒書)라고 한다. 춘추시대 진(晉)나라의 대부로, 난지(欒枝)의 손자다. 처음에 진나라
하군(下軍)의 보좌로 있으면서 진나라 경공(景公) 11년 안(鞍) 전투에서 제나라 군대를 대
파해 왕실을 잘 보상(輔相)했고, 나중에 극극(郤克)을 대신해 중군(中軍)을 이끌었다. 여

"사냥에서 짐승을 잡으셨습니까? 기뻐하는 안색이십니다."

문공이 말했다.

"과인이 사슴을 쫓다 놓쳤지만 좋은 말을 얻었다. 그래서 기뻐하는 안색이 있는 것이다."

난무자가 말했다.

"그 사람은 어디에 있습니까?"

대답했다.

"나는 같이 오지 못했다."

난무자가 말했다.

"윗자리에 있으면서 그 아래 사람을 불쌍히 여기지 않으면 교만함[驕]이라 하고, 명령은 느슨히 하면서 주벌을 급하게 하면 사납다[暴]고 합니다. 다른 사람의 좋은 말[善言]을 취하면서 정작 그 사람은 버리는 것을 도둑질[盜]이라 합니다."[29]

문공이 말했다.

"좋은 말이다."

(수레를) 돌려서 노고를 마차에 태우고 더불어 함께 돌아왔다.

공(厲公) 6년 언릉(鄢陵) 전투에서 초나라 군대에 대패했다. 여공이 정치를 잘못하자 중항언(中行偃)과 함께 사람을 시켜 여공을 죽이고 도공(悼公)을 옹립했다.

29 공자도 이런 정의(定義)를 배우고 익혔다. 『논어』「요왈(堯曰)」편 2를 살펴보자.
   자장이 말했다.
   "4가지 나쁜 일이란 무엇입니까?"
   공자가 말했다.
   "(미리) 가르치지 않고서 (죄를 지었다고) 죽이는 것을 잔학[虐]이라 하고, (미리) 경계하지 않고 결과만 책하는 것을 포악[暴]이라 하고, 명령을 태만하게 늦추고서 기한을 재촉하는 것을 도적[賊]이라 하고, 어차피 사람들에게 주어야 하는 것은 똑같은데 출납에 인색한 것을 창고지기[有司]라고 한다."

晉文公逐麋而失之, 問農夫老古曰: "吾麋何在?" 老古以足指曰: "如是往." 公曰: "寡人問子, 子以足指, 何也?" 老古振衣而起曰: "一不意人君如此也. 虎豹之居也, 厭閑而近人, 故得; 魚鱉之居也, 厭深而之淺, 故得; 諸侯之居也, 厭眾而遠遊, 故亡其國. 詩云: '維鵲有巢, 維鳩居之.' 君放不歸, 人將君之." 於是文公恐, 歸遇欒武子. 欒武子曰: "獵得獸乎? 而有悅色!" 文公曰: "寡人逐麋而失之, 得善言, 故有悅色." 欒武子曰: "其人安在乎?" 曰: "吾未與來也." 欒武子曰: "居上位而不恤其下, 驕也; 緩令急誅, 暴也; 取人之善言而棄其身, 盜也." 文公曰: "善." 還載老古, 與俱歸.

39. 병과 일은 작을 때 다스려야 한다

편작(扁鵲)[30]이 제나라 환후(桓侯)를 알현하고, 그 사이에 거리를 두고 서 있었다. 편작이 말했다.

"임금께서는 주리(腠理)[31]에 병이 있으니 치료하지 않으면 장차 심

---

30 전국시대 초기 제(齊)나라 발해(渤海) 막(鄚) 사람으로, 명의(名醫)로 유명하다. 성은 진(秦)씨이고 본명은 월인(越人)이며 생존 연대는 명확하지 않다. 젊어서 장상군(長桑君)이라는 의술에 능한 사람을 만나 약방(藥方)의 구전과 의서를 물려받고 그 묘결(妙訣)을 터득해서 명의가 되었다가, 그를 시기한 진(秦)나라 태의령(太醫令) 이혜(李醯)의 흉계로 암살당했다고 한다.

31 피부나 근육, 장부의 무늬와 피부나 근육 조직 사이 간극(間隙)의 결합 조직을 말한다. 옛 의학서에는 주리를 피주(皮腠)·기주(肌腠)·조리(粗理)·세리(細理)·소리(小理)·초리(膲理) 등으로 나눠 보았다. 주리는 몸 안의 수분을 배설하고 기혈을 통하게 하며 외사(外邪)의 침범을 방어하는 기능을 한다고 했다.

해질까 두렵습니다."

환후가 말했다.

"과인은 병이 없다."

편작이 나가고 환후가 말했다.

"의원들은 이익을 좋아해서 병이 아닌 것을 치료해 공로로 삼으려고 한다."

10일이 지나서 편작이 다시 뵙고 말했다.

"임금의 병은 피부 속에 있습니다. 치료하지 않으면 장차 심해질 것입니다."

환후가 응하지 않았다. 편작이 나가자 환후는 즐거워하지 않았다. 10일이 지나서 편작이 다시 뵙고 말했다.

"임금의 병은 장과 위에 있습니다. 치료하지 않으면 장차 심해질 것입니다."

환후가 응하지 않았다. 편작이 나가자 환후가 즐거워하지 않았다. 10일이 지나서 편작이 다시 뵈었는데, 환후를 바라보다가 돌아 나와 달아났다. 환후가 사람을 시켜 물어보니 편작이 말했다.

"병이 주리에 있을 때는 더운물로 찜질하는 것으로도 치료할 수 있었고, 병이 피부 속에 있을 때는 침으로 치료할 수 있었고, 장과 위에 있을 때는 큰 약을 써서 치료할 수 있었습니다. (그러나) 골수에 있을 때는 사명(司命-사람의 생사를 주관하는 별자리)이라 해도 어찌할 수가 없습니다. 지금 골수에 있으니 신은 이 때문에 청할 바를 모르겠습니다."

닷새가 지나 환후의 몸이 아파서 사람을 시켜 편작을 찾았으나, 편작은 벌써 진나라로 도망갔다. 환후가 드디어 죽었다. 그래서 좋은 의사가 병을 다스리는 것은 주리에 있을 때 치료하는 것이다.

일이란 모두 작을 때 다스려야 하는 것이다. 무릇 일의 화와 복은 주리와 같은 곳에 달렸으니, 그래서 빼어난 이[聖人]는 일찍부터 일에 (마음과 힘을) 다한다.

聖人
성인

扁鵲見齊桓侯, 立有間, 扁鵲曰:"君有疾在腠理, 不治, 將恐深." 桓侯曰:"寡人無疾." 扁鵲出, 桓侯曰:"醫之好利也, 欲治不疾以爲功." 居十日, 扁鵲復見曰:"君之疾在肌膚, 不治將深." 桓侯不應. 扁鵲出, 桓侯不悅. 居十日, 扁鵲復見曰:"君之疾在腸胃, 不治將深." 桓侯不應. 扁鵲出, 桓侯不悅. 居十日, 扁鵲復見, 望桓侯而還走. 桓侯使人問之, 扁鵲曰:"疾在腠理, 湯熨之所及也; 在肌膚, 鍼石之所及也; 在胃腸, 大劑之所及也; 在骨髓, 司命之所無奈何也. 今在骨髓, 臣是以無請也." 居五日, 桓侯體痛, 使人索扁鵲, 扁鵲已逃之秦國. 桓侯遂死. 故良醫之治疾也, 攻之於腠理. 此事皆治之於小者也. 夫事之禍福, 亦有腠理之地. 故聖人蚤從事矣.

40-1. 양을 잃고 우리를 고친다고 해서 늦은 것은 아니다 1

장신(莊辛)³²이 초나라 양왕에게 간언해 말했다.

---

32 전국시대 초(楚)나라 사람으로 대부를 지냈다. 경양왕(頃襄王)을 섬겼는데, 왕이 국정을 돌보지 않고 사치하고 음탕한 것을 보고 국사에 전념할 것을 충언했지만 듣지 않자 조(趙)나라로 망명했다. 나중에 과연 진(秦)나라가 언(鄢)·영(郢)을 함락하고 왕을 성양(城陽)에 가두자, 불러 계책을 물었다. 장신은 "양을 잃고 우리를 고친다고 해서 늦은 것은 아니다"

"임금의 왼쪽에는 주후(州侯)가 있고 오른쪽에는 하후(夏侯)가 있으며 신안군(新安君)과 수릉군(壽陵君)이 같이 수레를 타고 뒤따르면서 음란함이 질펀하고 사치로 쓰러질 만큼 나라의 정사를 잊었으니, 영(郢-초나라 서울)은 이에 위태로울 것입니다."

왕이 말했다.

"선생이 늙어서 정신이 없나 보다. 망령되이 초나라에 화근이 되려 하는가?"

장신이 대답해 말했다.

"신이 어찌 감히 초나라에 화근이 되려 하겠습니까? 진실로 그렇게 본 것입니다. 임금께서 끝내 이 네 사람을 가까이하시면 초나라는 반드시 망할 것입니다. 저는 조나라에 머물면서 이것을 볼 수 있기를 청합니다."

이에 열 달 동안 (조정에) 나오지 않았는데, 왕은 과연 무산(巫山), 강한(江漢), 언(鄢), 영(郢)의 땅을 잃었다. 이에 왕은 마침내 조나라에 가서 장신을 불러오라고 시켰다.

장신이 도착하자 왕이 말했다.

"기쁘오, 선생이 와서! 과인이 선생의 말을 쓰지 않아 여기에 이르게 되었다. 어찌해야 하는가?"

장신이 말했다.

"임금께서 제 말을 쓰신다면 할 수 있습니다만, 제 말을 쓰지 않으시면 또 장차 심해질 것입니다. 뭇 사람들이 하는 말 중에 '양을 잃

라는 비유를 들면서 소인을 멀리하고 국정에 힘쓸 것을 당부했다. 왕이 이에 규(珪)를 들고 직책을 준 뒤 양릉군(陽陵君)에 봉했다.

고서 우리를 고친다고 해서 늦은 것이 아니고, 토끼를 보고서 개를 부른다고 해서 늦은 것이 아니다'라는 것이 있습니다. 탕왕과 무왕은 사방 100리 땅으로 (출발해) 왕이 되었고, 걸왕과 주왕은 천하를 가지고도 망했습니다. 지금 초나라가 비록 작지만, 긴 것을 잘라 짧은 쪽에 이으면 사방 1000리를 가지고 (1000리 단위로) 셈할 수 있으니 어찌 단지 사방 100리 정도(의 작은 땅)이겠습니까?

또 임금께서는 어찌 저 잠자리[青蛉]를 보지 못하셨습니까? 다리가
여섯이고 날개가 4개이며 하늘과 땅 사이를 날아다니면서 모기와 등에를 찾아 잡아먹습니다. 때때로 이슬이 내리면 마시고 스스로 근심이 없으며 사람들과 다투지 않는다고 여깁니다. (그러나) 5척의 어린아이가 아교 먹인 실 막대기로 네 길 높이 위에 있는 자신(=잠자리)을 붙여 떨어뜨려서 벌레와 개미에게 먹이게 될 뿐이라는 것을 알지 못합니다.

莊辛諫楚襄王曰: "君王左州侯, 右夏侯, 從新安君與壽陵君同軒, 淫衍
侈靡而忘國政, 郢其危矣." 王曰: "先生老悖歟? 妄爲楚國妖歟?" 莊辛
對曰: "臣非敢爲楚妖, 誠見之也. 君王卒近此四子者, 則楚必亡矣! 辛
請留於趙以觀之." 於是不出十月, 王果亡巫山江漢鄢郢之地. 於是王
乃使召莊辛至於趙. 辛至, 王曰: "嘻! 先生來邪! 寡人以不用先生言至
于此, 爲之奈何?" 莊辛曰: "君用辛言則可, 不用辛言又將甚乎! 此庶人
有稱曰: '亡羊而固牢未爲遲, 見兔而呼狗未爲晚.' 湯武以百里王, 桀紂
以天下亡, 今楚雖小, 絕長繼短, 以千里數, 豈特百里哉! 且君王獨不見
夫靑蛉乎? 六足四翼, 蜚翔乎天地之間, 求蚊虻而食之, 時甘露而飮之,
自以爲無患, 與民無爭也. 不知五尺之童子, 膠絲竿, 加之乎四仞之上,
而下爲蟲蛾食已.

40-2. 양을 잃고 우리를 고친다고 해서 늦은 것은 아니다 2

잠자리는 오히려 작은 경우입니다. 저 참새는 고개 숙여 흰 곡식을 쪼아 먹다가 머리를 쳐들어 무성한 숲에 깃들어서, 그 날개를 퍼덕이며 그 몸을 날리면서 스스로는 걱정이 없고 사람들과는 다투지 않는다고 여깁니다. 공자나 왕손이 왼손에는 새총을 쥐고 오른손에는 탄환을 들고서 안정되게 준비해 잘 살피면서 신속하게 쏜다는 것을 알지 못합니다. 그래서 낮에는 무성한 나무에서 놀다가 밤에는 시고 짠맛으로 조리되고 맙니다.

참새는 오히려 작은 경우입니다. 큰고니는 강수(江水)와 한수(漢水)에서 즐거이 노닐고 큰 못에 쉬면서 머무르며 고개 숙여 메기와 잉어를 쪼아 먹다가는 머리를 들어 노랑어리연꽃과 마름 위에서 푸드덕거리다가 양 날개를 손질하고는 맑은 바람을 타고 씩씩하게 흔들거리며 높이 날아올라서 한 번에 1000리를 가며 스스로 걱정이 없고 사람들과 다투지 않는다고 여깁니다. 그러나 주살 사냥꾼이 그 쇠뇌를 잘 고르고 자기 몸을 숨기는 도구를 잘 갖춰 목에 주살에 매인 명주실[繒繳]을 걸고서 백 길 위로 던지면, 가는 주살 끈에 끌려 작은 물방울이 튀어 오르면서 (큰고니는 살을 맞고) 맑은 바람을 끊고 떨어지게 된다는 것을 알지 못합니다. 그래서 아침에는 강수와 하수(河水)에서 노닐다가 해가 지면 쇠솥과 도마 위에서 조리되고 맙니다.

큰고니는 오히려 작은 경우입니다. 채(蔡)나라 임금[33]의 일이 옛날

---

33 춘추시대 채나라 군주로, 이름은 반(般)이고 경후(景侯)의 아들이다. 아버지를 죽이고 즉위하자 초나라 영왕(靈王)이 신(申) 땅으로 유인해서 병사를 숨겨두고 술을 먹여 취하게

이지만 바로 그렇습니다. 채나라 임금이 남쪽으로 내려가 고릉에서 사냥했습니다. 북쪽으로 무산을 지나 큰 사슴, 큰 노루, 작은 노루, 작은 사슴을 쫓으며, 쇠뇌[谿子]를 당긴 채로 따르는데, 때마침 고채의 동산에서 새들이 즐겁게 노니는 것이 넘치고 가득 차서 끝이 없었습니다. 나라를 일로써 삼지 않았기 때문에(정사를 보지 않았기 때문에) 공자 자발(子發)³⁴이 (초나라) 선왕에게 명을 받아 회수에서 누르고 무산에서 틀어막아서 경자(庚子)일 아침에 붉은 끈에 묶였는데, 신하가 선왕에게 (사냥 떠난 일을) 일러바칠 것을 알지 못했기 때문입니다.

채나라의 일은 오히려 작은 경우입니다. 지금 임금의 일은 왼쪽에는 주후가, 오른쪽에는 하후가 따르고 신안군과 수릉군이 뒤를 따르면서 음란함이 질펀하고 사치로 쓰러질 지경으로 즐거움에 빠져 노닐며 운몽 호수 가운데를 마구 달리는데, 천하와 국가를 일로써 삼지 않았기 때문에 양후(穰侯, ?~기원전 265년)³⁵가 바야흐로 진나라 왕과 더불어 계책을 내어서 민액 땅의 안을 메워 막고 민새의 바깥으로 밀어 넣으려는 것을 알지 못했습니다."

양왕이 크게 놀라 몸을 벌벌 떨면서 말했다.

"삼가 가르침을 받겠다."

마침내 장신을 성릉군(成陵君)³⁶으로 봉하고 그의 계책을 썼다. 더

한 뒤 살해했다. 시호는 영(靈)이다.

34 공자(公子) 기질(棄疾)이다. 채나라 영후[蔡靈侯]의 아우로, 초나라 영왕(靈王)이 영후(靈侯)를 꾀어 신(申) 땅에서 술을 먹여 죽인 후 임시로 자발(子發)을 세웠다가 죽이고 채나라를 멸했다.

35 진(秦)나라 소왕(昭王)의 외삼촌으로, 양(穰) 땅에 봉해졌다. 네 번이나 정승에 올라 진나라를 강성하게 키웠다.

36 유향의 『전국책』에는 양릉군(陽陵君)으로 되어 있다.

불어 회수 북쪽 땅의 12제후를 일으켰다.[37]

靑蛉猶其小者也. 夫爵㑋啄白粒, 仰棲茂樹, 鼓其翼, 奮其身, 自以爲無患, 與民無爭也, 不知公子王孫, 左把彈, 右攝丸, 定操持, 審參連. 故晝遊乎茂樹, 夕和乎酸鹹. 爵猶其小者也. 檻鵠嬉遊乎江漢, 息留乎大沼, 㑋啄鰋鯉, 仰奮陵衡, 脩其六翮, 而陵淸風, 飄搖高翔, 一擧千里, 自以爲無患, 與民無爭也, 不知弋者選其弓弩, 脩其防翳, 加繒繳其頸, 投乎百仞之上, 引繊繳, 揚微波, 折淸風而殞. 故朝遊乎江河, 而暮調乎鼎俎. 檻鵠猶其小者也, 蔡侯之事故是也. 蔡侯南遊乎高陵, 北經乎巫山, 逐麋麕麞鹿, 彉豯子隨, 時鳥嬉遊乎高蔡之囿, 溢滿無涯, 不以國家爲事, 不知子發受令宣王, 厄以淮水, 塡以巫山, 庚子之朝, 纓以朱絲, 臣而奏之乎宣王也. 蔡侯之事猶其小者也. 今君王之事, 逐以左州侯, 右夏侯, 從新安君與壽陵君, 淫衍侈靡, 康樂遊娛, 馳騁乎雲夢之中, 不以天下與國家爲事, 不知穰侯方與秦王謀, 寘之以黽厄之內, 而投之乎黽塞之外." 襄王大懼, 形體掉栗曰: "謹受令." 乃封莊辛爲成陵君, 而用計焉, 與擧淮北之地十二諸侯.

41. 겉의 털이 닳을까 아까워서 뒤집어 입다

위나라 문후가 사냥을 갔다가 길에서 가죽옷을 뒤집어 입은 채 꼴을 지고 가는 사람을 보았다.

---

37 동맹을 맺었다는 말이다.

문후가 물었다.

"어찌하여 가죽옷을 뒤집어 입고 꼴을 지고 있는가?"

대답해 말했다.

"신은 털이 (닳을까) 아까워서 그렇습니다."

문후가 말했다.

"(가죽옷의) 안이 닳게 되면 털이 붙어 있을 곳이 없다는 것을 알지 못하는구나."

이듬해 문후에게 동양(東陽)이라는 땅에서 10배의 돈과 포를 올렸다. 대부들이 모두 축하를 했다.

문후가 말했다.

"이는 내게 축하할 일이 아니다. 비유하자면 길에서 가죽옷을 뒤집어 입고 꼴을 지고 가는 사람이 그 털을 아까워하지만, 옷 안쪽이 닳아 없어지면 그 털이 붙을 곳이 없음을 모르는 것과 다를 바가 없다. 지금 나의 땅이 넓어지지도 않았고 백성도 늘지 않았는데 세금이 10배가 되었으니, 반드시 선비와 대부들이 (백성에게서) 거둬들인 것이다. 내가 듣건대 아랫사람이 편안하지 않으면 윗사람도 편히 살 수 없다고 했으니, 이는 내게 축하할 일이 아니다."

魏文侯出遊, 見路人反裘而負芻. 文侯曰: "胡爲反裘而負芻." 對曰: "臣愛其毛." 文侯曰: "若不知其裡盡, 而毛無所恃耶?" 明年, 東陽上計錢布十倍, 大夫畢賀. 文侯曰: "此非所以賀我也. 譬無異夫路人反裘而負芻也, 將愛其毛, 不知其裡盡, 毛無所恃也. 今吾田不加廣, 士民不加衆, 而錢十倍, 必取之士大夫也. 吾聞之下不安者, 上不可居也, 此非所以賀我也."

42. 나라의 올바름을 함께 정하다

초나라 장왕이 손숙오에게 물었다.

"과인은 아직 국시(國是-나라의 올바름)가 될 만한 것을 얻지 못했다."

손숙오가 말했다.

"나라에 올바른 바가 있어도 많은 사람은 그르다 여겨 싫어할 수 있습니다. 신은 이런 경우에 왕께서 정하지 못할까 두렵습니다."

왕이 말했다.

"(국시를) 정하는 것은 오직 임금에게만 있는 것 아닌가? 신하에게도 있는가?"

손숙오가 말했다.

"나라의 임금이 선비에게 교만하게 말하기를 '선비는 내가 아니면 부귀를 말미암을 곳이 없다'라고 하자 선비가 임금에게 교만하게 말했습니다. '나라에 선비가 없으면 안정되고 강함이 말미암을 바가 없습니다.' 남의 임금 된 자는 때로는 나라를 잃고도 깨닫지 못하고, 선비도 때로는 굶주림과 추위에 이르러도 나아가지 못합니다. 임금과 신하가 합해지지 않으면 국시도 정해질 바가 없습니다. 하나라 걸왕과 은나라 주왕은 국시를 정하지 않은 채 자신이 취하거나 버리는 비에 맞추기만 하면 옳다고 하고 자신이 취하거나 버리는 바에 맞추지 못하면 그르다고 했으니, 그래서 망함에 이를 때까지 알지 못했습니다."

장왕이 말했다.

"좋도다. 바라건대 상국이 제후, 사대부들과 더불어 국시를 정해 달라. 과인이 어찌 감히 나라를 (내 쪽으로만) 기울게 함으로써 선비와 백성을 가벼이 볼 수 있겠는가?"

楚莊王問於孫叔敖曰: "寡人未得所以爲國是也." 孫叔敖曰: "國之有是, 眾非之所惡也. 臣恐王之不能定也." 王曰: "不定獨在君乎? 亦在臣乎?" 孫叔敖曰: "國君驕士曰: '士非我無逌富貴', 士驕君曰: '國非士無逌安強.' 人君或失國而不悟, 士或至飢寒而不進, 君臣不合, 國是無逌定矣. 夏桀殷紂, 不定國是, 而以合其取舍者爲是, 以不合其取舍者爲非, 故致亡而不知." 莊王曰: "善哉! 願相國與諸侯士大夫共定國是, 寡人豈敢以褊國驕士民哉!"

43. 3년 동안 날지도, 울지도 않는 새가 있다

초나라 장왕이 정사를 맡은[涖=臨] 지 3년 동안 다스리지는 않고
_{이 임}
수수께끼놀이[隱戱] 같은 것만을 좋아해서 사직이 위태롭고 나라가
_{은 희}
장차 망할 지경이 되자, 사경(士慶)이 좌우 여러 신하에게 물었다.

"왕이 정사에 임한 지 3년인데 다스리지는 않고 수수께끼놀이 같
은 것만을 좋아하니, 사직이 위태롭고 나라가 장차 망할 지경이오. 어
찌 들어가 간언하지 않을 수 있겠소?"

좌우 신하들이 말했다.

"그대는 이에 들어가십시오."

사경이 들어가 두 번 절하고 나아가서 말했다.

"수수께끼인데, 큰 새가 있습니다. 날아와서 남산의 남쪽에 머무
르고 있는데 3년 동안 날지도, 울지도 않았습니다. 그 까닭이 무엇인
지 살피지 않을 수 있겠습니까?"

왕이 말했다.

"그대는 그만 가보라. 과인이 그것을 알고 있다."

사경이 말했다.

"신은 말을 해도 죽고 말하지 않아도 죽습니다. 바라건대 그 이야기를 듣고 싶습니다."

왕이 말했다.

"이 새는 날지 않지만 긴 깃과 날개가 있고 울지 않지만, 뭇 신하들의 간특함을 살피고 있으니, 이 새가 비록 날지 않지만 날면 반드시 하늘 끝까지 가고 비록 울지 않지만 일단 울면 그 울음소리는 반드시 사람들을 놀라게 할 것이다."

사경이 머리를 조아리고 말했다.

"듣고자 했던 바입니다."

왕이 사경의 물음에 크게 기뻐하면서, 그를 제배해 영윤(令尹-재상)으로 삼고 재상의 인끈을 주었다. 사경이 기뻐하며 문을 나서서 좌우 신하들을 돌아보면서 웃으며 말했다.

"우리 왕께서는 왕업을 이룰 것입니다."

중서자(中庶子)가 이를 듣고는 무릎을 꿇고 앉아 울면서 말했다.

"신이 의관어랑(衣冠御郎)의 자리를 맡은 지 13년인데, 앞에 서면 일의 시작을 알렸고 뒤에 서면 왕을 지켜드렸습니다. 왕께서 사경에게 재상의 인끈을 내리시면서 신에게는 내리지 않으시니, 신의 죽음이 장차 며칠 남지 않은 것 같습니다."

왕이 말했다.

"과인은 진흙 길 속에 살고 있었다. 그대가 과인과 더불어 말한 바는 안으로는 나랏일에 미치지 못했고 밖으로는 제후의 일에 미치지 못했다. 그대와 같은 사람은 부유해질 수는 있어도 귀하게 될 수는 없다."

이에 마침내 나라의 보배구슬을 그에게 내려주고는 말했다.

"충성과 믿음이란 선비가 행하는 것이고, 말이란 선비의 길이다. 길을 닦지 않으면 선비는 갈 곳이 없다."[38]

楚莊王蒞政三年, 不治, 而好隱戲, 社稷危, 國將亡, 士慶問左右群臣曰: "王蒞政三年, 不治, 而好隱戲, 社稷危, 國將亡. 胡不入諫?" 左右曰: "子其入矣." 士慶入再拜而進曰: "隱有大鳥, 來止南山之陽, 三年不蜚不鳴, 不審其故何也?" 王曰: "子其去矣, 寡人知之矣." 士慶曰: "臣言亦死, 不言亦死, 願聞其說." 王曰: "此鳥不蜚, 以長羽翼; 不鳴, 以觀群臣之愿. 是鳥雖不蜚, 蜚必沖天; 雖不鳴, 鳴必驚人." 士慶稽首曰: "所願聞已." 王大悅士慶之問, 而拜之以爲令尹, 授之相印. 士慶喜, 出門顧左右笑曰: "吾王成王也." 中庶子聞之, 跪而泣曰: "臣尙衣冠御郞十三年矣,

---

38 이는 『논어』 「자로(子路)」편 15의 실례라 할 것이다.
    (노나라) 정공(定公)이 물었다.
    "한마디 말로 나라를 흥하게 할 수 있다고 하는데 그런 말이 있는가?"
    공자가 대답해 말했다.
    "말(의 효험)이 이와 같기를 바랄 수는 없지만, 사람들이 하는 말 중에 '임금 노릇이 어렵고 신하 노릇도 쉽지 않다'라는 것이 있으니, 만일 임금 노릇의 어려움을 안다면 한마디 말로 나라를 흥하게 하기를 바랄 수 있지 않겠습니까?"
    (정공이) 말했다.
    "한마디 말로 나라를 잃는다고 하는데 그런 말이 있는가?"
    공자가 대답해 말했다.
    "말(의 효험)이 이와 같기를 바랄 수는 없지만, 사람들이 하는 말 중에 '나는 임금이 된 것에 즐거운 것이 없고 오직 내가 말을 하면 아무도 나를 어기지 않는 것이 즐겁다'라는 것이 있으니, 만약에 임금 말이 좋아서 아무도 그것을 어기지 않는다면 실로 좋지 않겠습니까? (하지만) 임금 말이 좋지 않은데도 아무도 그것을 어기지 않는다면 한마디 말로 나라를 잃게 되는 것을 바랄 수 있지 않겠습니까?"

前爲豪矢, 而後爲藩蔽. 王賜士慶相印而不賜臣, 臣死將有日矣." 王曰:
"寡人居泥塗中, 子所與寡人言者, 內不及國家, 外不及諸侯. 如子者, 可
富而不可貴也." 於是乃出其國寶璧玉以賜之, 曰: "忠信者, 士之行也;
言語者, 士之道路也. 道路不修, 士無所行矣."

44. 한 마디 수수께끼로 간언하다

정곽군(靖郭君)[39]이 설(薛) 땅에 성을 쌓고 싶어 했는데, 객인들 중
에 간언하는 사람이 많았다. 정곽군이 알자(謁者-심부름하는 신하)에
게 일러서 객들이 일을 알지 못하도록 했다. 이때 제나라 사람이 하나
있었는데, 그가 말했다.

"신이 한 말씀만 드리기를 원합니다. 한 마디가 넘으면 신을 삶아
죽이기를 청합니다."

알자가 객을 (군 앞으로) 이끌었다.

객이 말했다.

"바다에 큰 물고기가 있습니다."

그러고는 돌아서 뛰어갔다.

---

39 전국시대 제(齊)나라 사람으로, 이름은 전영(田嬰)이다. 제나라 공족(公族)으로, 위왕(威
王)의 소자(少子)이며 맹상군(孟嘗君)의 아버지다. 처음 장수가 되어 마릉(馬陵) 전투에
참여해 공을 세웠다. 제나라 임금이 나라를 통치하는 일에 싫증을 내어 모든 일을 그에게
맡겼는데, 그가 권력을 농단하고 사익을 챙겨 거부가 되었다. 처음에 팽성(彭城)에 봉해졌
다가 나중에 설(薛)로 옮겼다. 스스로 성곽(城郭)과 종묘(宗廟)를 경영하면서 호강(豪强)
한 세력들과 결탁했다. 설공(薛公) 또는 정곽군(靖郭君)이라 불렀다.

정곽군이 말했다.

"조금 더 들어보자."

객이 말했다.

"안됩니다. 신은 감히 죽음을 웃음거리로 만들 수 없습니다."

정곽군이 말했다.

"좋다! 과인이 이미 얻은 것이 없으니 시험 삼아 다시 말해보라."

객이 말했다.

"주군께서는 어찌 바다의 큰 물고기에 대해 듣지 못하셨습니까? 그물로도 멈추게 할 수 없고 주살의 끈으로도 끌어당길 수 없습니다. (그러나 모래사장 밖으로) 깊이 들어갔다가 물을 잃고 땅에 머물게 되면 땅강아지와 개미 정도로도 뜻을 이룰 수 있습니다. 장차 저 제나라는 진실로 주군의 물입니다. 주군께서 이미 제나라가 있는데 어찌 설(薛)을 가지고 무엇을 하려 하십니까? 주군께서 만약 제나라가 없다면 설 땅에 성을 쌓아도 오히려 장차 이득이 없을 것입니다."

정곽군이 크게 기뻐하며 백성을 풀어주고 설 땅에 성을 쌓지 않았다.

靖郭君欲城薛, 而客人多以諫. 君告謁者, 無爲客通事. 於是有一齊人曰: "臣願一言, 過一言, 臣請烹." 謁者贊客. 客曰: "海大魚", 因返走. 靖郭君曰: "請少進." 客曰: "否. 臣不敢以死戲." 靖郭君曰: "嘻! 寡人毋得已, 試復道之." 客曰: "君獨不聞海大魚乎? 網弗能止, 繳不能牽, 碭而失水, 陸居則螻蟻得意焉. 且夫齊, 亦君之水也, 君已有齊, 奚以薛爲? 君若無齊, 城薛猶且無益也." 靖郭君大悅, 罷民弗城薛也.

45-1. 못생긴 여자가 슬기로운 말로 왕을 깨우치다 1

제나라에 한 부인이 있었는데, 필적할 이가 아무도 없을 만큼
[無雙=無匹] 지극히 못생겼기 때문에 그 여자를 무혼녀(無婚女)[40]라고
불렀다. 그 사람의 모양을 보면, 절구 머리에 쑥 들어간 눈을 하고, 키
가 장정 같고 골격이 컸으며, 들창코에 목젖이 있었고, 목이 두껍고
머리숱이 적었으며, 허리가 굽고 가슴이 튀어나왔으며, 피부는 칠흑
같이 검었다. 나이가 30이 되도록 받아주는 사람이 없어서, 스스로
시집가려고 했으나 시집갈 수가 없었고 떠돌고 내버려져도 누구도 챙
겨주려 하지 않았다. 이에 드디어 짧은 갈옷의 먼지를 털고 깨끗이 씻
은 후에 스스로 선왕(宣王)을 뵈러 갔다. 한번 뵙기를 원하며 알자(謁
者)에게 일러 말했다.

"첩은 제나라의 시집 못 간 여자입니다. 임금의 빼어난 덕에 대해
들었으니, 바라건대 후궁에서 청소하는 일을 하고자 합니다. 사마문
(司馬門) 밖에서 머리를 조아리고 있을 테니 왕께서 허락해주시기를
바랍니다."

알자가 이를 보고했다. 선왕이 이때 마침 점대(漸臺)에서 술자리를
열고 있었는데, 모시는 사람들이 듣고 입을 가리며 크게 웃지 않는
자가 없었다. 이들이 말하기를 "이는 세상에서 가장 낯 두꺼운[强顔]
강안
여자로구나"라고 하니, 이에 선왕이 마침내 불러서 그 여자를 보고
말했다.

---

40 혼(婚)은 불타는 모양으로, 불타지 않은 여자 즉 남에게 정감을 일으키지 않을 정도로 못
생긴 여자를 말한다. 유향의 『열녀전』에는 '무염녀(無鹽女)'로 나와 있다.

"옛날에 돌아가신 임금께서 과인에게 비필(妃匹)을 얻어주셔서 모두 이미 여러 자리가 갖춰져 있다. 과인이 오늘 정나라와 위나라의 노래[41]를 듣고는 시름을 읊조리고 있다가, 초나라의 남겨진 노래에는 눈이 휘둥그레지며 기운이 났다. 지금 부인이 고향 땅의 벼슬 없는 백성에게도 받아들여지지 않으면서 만승의 임금에게서 구하려고 욕심내고 있으니, 진실로 기이한 재주가 있는가?"

무혼녀가 대답했다.

"없습니다. 솔직히 말씀드리자면 남몰래 대왕의 훌륭하신 의로움[美義]을 사모해왔습니다."
　　　　미의

왕이 "비록 그렇다 해도 무엇을 잘하는가?"라고 말하자, 한참 후에 말했다.

"일찍이 남몰래 숨는 것을 잘했습니다."

왕이 말했다.

"몸을 숨기는 법은 정말로 과인이 원하는 바이니, 시험 삼아 한번 해보자."

말이 채 끝나기도 전에 갑자기 보이지 않았다. 선왕이 크게 놀라 은신술 책을 빼내서 읽고 물러나서도 생각했지만, 또한 밝힐 수 없었다. 다음 날 다시 불러서 물었지만, 은신술에 대해서는 다시 대답하지 않은 채 다만 눈을 치켜뜨고 이를 악물며 손을 들어 팔꿈치를 가볍게 두드리면서 말하기를 "위태롭구나, 위태롭구나"라고만 했다. 이와 같은 것을 네 차례 반복하니, 선왕이 말했다.

"가르침을 받고자 하노라."

41　공자는 이 두 나라 노래를 음란하다고 평했다.

齊有婦人, 極醜無雙, 號曰無鹽女. 其爲人也, 臼頭深目, 長壯大節, 昂鼻結喉, 肥項少髮, 折腰出胸, 皮膚若漆. 行年三十, 無所容人, 衒嫁不售, 流棄莫執. 於是乃拂拭短褐, 自詣宣王, 願一見, 謂謁者曰: "妾, 齊之不售女也, 聞君王之聖德, 願備後宮之掃除. 頓首司馬門外, 唯王幸許之." 謁者以聞. 宣王方置酒於漸臺, 左右聞之, 莫不掩口而大笑, 曰: "此天下強顏女子也." 於是宣王乃召見之, 謂曰: "昔先王爲寡人取妃匹, 皆已備有列位矣. 寡人今日聽鄭衛之聲嘔吟感傷, 揚腉楚之遺風. 今夫人不容鄉里布衣, 而欲干萬乘之王, 亦有奇能乎?" 無鹽女對曰: "無有. 直竊慕大王之美義耳." 王曰: "雖然, 何喜." 良久曰: "竊嘗喜隱." 王曰: "隱固寡人之所願也, 試一行之." 言未卒, 忽然不見矣. 宣王大驚, 立發隱書而讀之, 退而惟之, 又不能明. 明日, 復更召而問之, 又不以隱對, 但揚目銜齒, 舉手拊肘曰: "殆哉! 殆哉!" 如此者四. 宣王曰: "願遂聞命."

45-2. 못생긴 여자가 슬기로운 말로 왕을 깨우치다 2

무혼녀가 말했다.

"지금 대왕께서 임금 노릇 하는 제나라는, 서쪽에는 연횡하려는 진(秦)나라에 대한 근심이 있고 남쪽으로는 강대한 원수 초나라가 있습니다. 밖으로 두 나라에 대한 어려움이 있건만, 안으로는 간신들이 모여 있고 백성은 나라에 기대지 못하고 있습니다. 대왕께서 춘추 40의 굳센 남자이면서도 제대로 서지 못해서, 여러 자식을 아끼지 않고 여러 여자만 아끼시며 사사로이 좋아하는 사람만 높이고 정작 믿어야 할 사람에게는 소홀하십니다. 일단 산꼭대기가 무너지고 부서지게 되면 사직을 안정시킬 수 없으니, 이것이 첫 번째 위태로움입니다.

점대(漸臺)는 다섯 겹으로 되어 황금과 백옥, 푸른 비취로 장식한 지라, 늘어진 구슬과 옥이 끊어진 곳 없이 잇달아 꾸며져 있지만, 만민은 피로함이 극에 달해 있으니, 이것이 두 번째 위태로움입니다.

뛰어난 사람들은 산림에 엎드려 숨어 있고 아첨하는 무리가 대왕 좌우에서 강한 힘을 가지고 있으며 간사하고 거짓된 자들이 조정에 서 있고 간언하는 사람들은 들어갈 수가 없으니, 이것이 세 번째 위태로움입니다.

술이 옥잔을 채우는 일이 밤에서 아침으로 이어지고 여자 악사와 배우들이 제 마음대로 크게 웃는데 밖으로 제후의 예를 닦지 않고 안으로 나라의 다스림을 잡아 쥐지 못하고 있으니, 이것이 네 번째 위태로움입니다.

그래서 말하기를 '위태롭구나, 위태롭구나'라고 했습니다."

이에 선왕은 갑자기 소리도 내지 못한 채 생각이 황천까지 들어갔다가 갑자기 밝아지더니, 한숨을 쉬며 크게 탄식해 말했다.

"무혼군 말이 아프구나! 내가 지금 마침내 과인의 위태로움을 한 번 들었는데, 과인의 위태로움이 거의 온전치 않구나."

이에 점대 세우는 것을 멈추고, 여악을 그만두게 하고, 아첨하는 무리를 물리치고, 새기고 쪼아서 만든 장식들을 없애고, 병마를 정비하고, 나라의 창고를 채우고, 사방에 공문(公門)을 열어 바른말 하는 사람들을 불러들이되 나아가 미천한 사람들에게까지 이어지게 했다. 길(吉)한 날을 골라 태자를 세우고, 자모(慈母)를 나아가게 하고, 숨은 여인들을 드러내고, 무혼녀를 제배해 왕후로 삼았다. 이에 나라가 크게 안정되었으니, 추녀의 힘이었다.

無鹽女曰: "今大王之君國也, 西有衡秦之患, 南有强楚之讎, 外有二國之難, 內聚姦臣, 衆人不附. 春秋四十, 壯男不立, 不矜衆子, 而矜衆婦, 尊所好而忽所恃. 一旦山陵崩弛, 社稷不定, 此一殆也. 漸臺五重, 黃金白玉, 琅玕龍疏, 蕈蕈珠璣, 莫落連飾, 萬民罷極, 此二殆也. 賢者伏匿於山林, 諂諛强於左右, 邪僞立於本朝, 諫者不得通入, 此三殆也. 酒漿沉湎, 以夜續朝, 女樂俳優, 縱橫大笑, 外不脩諸侯之禮, 內不秉國家之治, 此四殆也. 故曰: '殆哉! 殆哉!'" 於是宣王掩然無聲, 意入黃泉, 忽然而昂, 喟然而嘆曰: "痛乎無鹽君之言, 吾今乃一聞寡人之殆, 寡人之殆幾不全." 於是立停漸臺, 罷女樂, 退諂諛, 去雕琢, 選兵馬, 實府庫, 四闢公門, 招進直言, 延及側陋, 擇吉日, 立太子, 進慈母, 顯隱女, 拜無鹽君爲王后, 而國大安者, 醜女之力也.

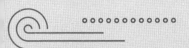

【권3】 잡사 3(雜事三)

이런저런 이야기 (3)

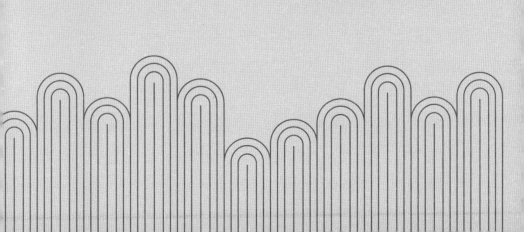

46. 백성과 더불어 좋아하면 된다

양나라 혜왕[1]이 맹자에게 일러 말했다.

"과인에게는 병이 있으니, 과인은 색을 좋아한다."

맹자가 말했다.

"왕께서 색을 진실로 좋아하신다면 왕께 무슨 어려움이 있겠습니까?"

왕이 말했다.

"어찌해야 하는가? 색을 좋아해도 왕 노릇을 할 수 있는가?"

맹자가 말했다.

"태왕(太王)께서도 색을 좋아했습니다. 『시경』(「대아(大雅)·면(綿)」편)에 이르기를 '고공단보(古公亶父-태왕)가 아침에 말을 달려 서쪽 칠수 가부터 기산 아래에 이르렀다. 강씨 여인과 함께 이곳에 와서 집터를 보았다'라고 했습니다. 태왕께서는 그 왕비를 사랑하시어 나고 들때면 반드시 함께했으니, 그때에는 안으로는 남편 없는 여인이 없고 밖으로는 홀아비가 없었습니다. 왕께서 만일 여색을 좋아하시되 백성과 더불어 같이한다면 백성은 왕께서 여색을 싫어하실까 봐 두려워할 뿐입니다."

왕이 말했다.

---

1 『맹자(孟子)』에는 제나라 선왕(宣王)과 하는 말로 되어 있다.

"과인에게는 병이 있으니, 과인은 용맹함을 좋아한다."

맹자가 말했다.

"왕께서 용맹함을 진실로 좋아하신다면 왕께 무슨 어려움이 있겠습니까?"

왕이 말했다.

"어찌해야 하는가? 용맹함을 좋아해도 왕 노릇을 할 수 있는가?"

맹자가 말했다.

"『시경』(「대아(大雅)·황의(皇矣)」편)에 이르기를 '임금께서 분연히 성내어 군사들을 거느리시고, 그 무리를 막으시어 주나라의 복을 도탑게 하시고 천하에 본을 보이셨다'라고 했으니, 이것이 문왕의 용맹함입니다. 문왕이 한번 성내자 천하 백성이 편안해졌습니다. 지금 왕께서 진실로 한번 성내어 천하 백성이 편안해진다면 백성은 왕께서 용맹함을 좋아하지 않을까 봐 두려워할 뿐입니다."[2]

---

2 백성과 더불어 함의 중요성을 강조하는 이 같은 말하기는 『논어』「요왈(堯曰)」편 2에도 나온다.
자장이 말했다.
"5가지 아름다움이란 어떤 것입니까?"
공자가 말했다.
"군자는 은혜를 베풀되 허비하지 않고, 백성을 수고롭게 하되 원망을 품지 않게 하고, 하고자 하되 탐하지 않고, 태연하되 교만하지 않고, 위엄을 갖추되 사납지 않다."
자장이 말했다.
"무엇을 일러 은혜를 베풀되 허비하지 않는다고 합니까?"
공자가 말했다.
"백성이 이로워하는 것에 맞춰 이롭게 해주니, 이것이 실로 은혜를 베풀되 허비하지 않는 것이 아니겠는가!
수고할 만한 것을 잘 가려서 수고롭게 하니 또 누가 원망하겠는가?
어질고자 해서 어짊을 얻었으니 또 무엇을 탐하겠는가?
군자는 많거나 적거나 작거나 크거나 상관 않고서 감히 남을 업신여기지 않으니, 이것이

梁惠王謂孟子曰: "寡人有疾, 寡人好色." 孟子曰: "王誠好色, 於王何有?" 王曰: "若之何? 好色可以王?" 孟子曰: "大王好色. 詩曰: '古公亶父, 來朝走馬, 率西水滸, 至於岐下. 爰及姜女, 聿來胥宇', 大王愛厥妃, 出入必與之偕. 當是時, 內無怨女, 外無曠夫. 王若好色, 與百姓同之, 民唯恐王之不好色也." 王曰: "寡人有疾, 寡人好勇." 孟子曰: "王若好勇, 於王何有?" 王曰: "若之何? 好勇可以王?" 孟子曰: "詩曰: '王赫斯怒, 爰整其旅, 必按徂旅, 以篤周祜, 以對于天下', 此文王之勇也. 文王一怒, 而安天下之民. 今王亦一怒, 而安天下之民, 民唯恐王之不好勇也."

47-1. 순자가 군사에 대해 말하다 1

손경(孫卿, 기원전 298~기원전 238년경)³과 임무군(臨武君)이 조나라

실로 태연하되 교만하지 않은 것이 아니겠는가?

군자는 의관을 바르게 하고 첨시(瞻視-시선)를 존엄하게 해서 의연해 사람들이 바라보며 두려워하니, 이것이 실로 위엄을 갖추되 사납지 않은 것이 아니겠는가?"

3 전국시대 말기 조(趙)나라 사람으로 성은 순(荀)씨고 이름은 황(況)이다. 순경(荀卿) 또는 손경자(孫卿子) 등으로 존칭된다. 『사기』에 전기가 전하는데, 정확성은 없지만 50세(일설에는 15세) 무렵에 제(齊)나라에 유학했고 진(秦)나라와 조나라에서 유세했다. 다시 제나라로 돌아가 직하(稷下)의 학사 중 최장로(最長老)로 존경받았다. 뒷날 그곳을 떠나 초(楚)나라 춘신군(春申君)의 천거로 난릉(蘭陵)의 수령이 되었다. 기원전 238년, 춘신군이 암살되자 벼슬에서 물러나 그곳에서 문인 교육과 저술에 전념하며 여생을 마쳤다. 저술은 당시 이미 성문(成文)으로 된 부분이 있었지만, 현존하는 『순자』 20권 32편은 유향(劉向)이 당시 있었던 322편을 편집해 『손경신서(孫卿新書)』 32편으로 편찬한 것을, 당나라 양량(楊倞)이 순서를 바꾸고 주를 붙여서 『손경자(孫卿子)』라 했다가 나중에 간단히 『순자』라 불리게 된 것이다.

효성왕(孝成王, ?~기원전 245년)⁴ 앞에서 전쟁에 대해 토의했다.

왕이 말했다.

"전쟁의 요체에 관해 묻기를 청하노라."

임무군이 대답했다.

"위로는 하늘의 때를 얻고 아래로는 땅의 이로움을 얻으며 뒤에 발병해도 먼저 이르는 것이 군사를 쓰는 요체입니다."

손경이 말했다.

"그렇지 않습니다. 신이 듣건대 옛 도리에 무릇 싸움에서 군사를 쓰는 법은 백성이 하나 됨에 있다 했으니, 화살이 조화롭지 못하면 예(羿)⁵라 해도 작은 것을 맞힐 수가 없고, 말 6마리가 어울리지 않으면 조보(造父)⁶라 해도 말을 몰아 멀리까지 갈 수 없으며, 선비와 백성이 서로 친하고 화합하지 않으면 탕왕과 무왕이라 해도 이길 수 없습니다. 그래서 전쟁을 잘하는 것은 백성과 서로 잘 화합됨에 힘쓸 뿐입니다."

---

4 이름은 단(丹)이고, 혜문왕(惠文王)의 아들이다. 즉위 초, 진(秦)나라가 조나라를 공격해 성 3개가 함락되었다. 4년 진나라가 한(韓)나라의 상당(上黨)을 공격하니, 상당수(上黨守) 풍정(馮亭)이 지키지 못하고 상당을 들어서 조나라로 들어왔다. 7년 진나라의 반간계(反間計)에 속아 조괄(趙括)로써 염파(廉頗)를 대신해 장군으로 삼아 진나라의 장평(長平)과 일전을 벌였는데, 조나라가 대패해 전사한 장병이 40여 만 명에 이르렀다. 진나라 군대가 진군해 한단(邯鄲)을 포위하니, 초(楚)나라와 위(魏)나라가 와서 구원했다. 15년 연나라가 조나라를 공격하자 염파를 장군으로 삼아 반격해 대승을 거두고 연나라 장군 육복(栗腹) 등을 죽였다. 18년 진나라가 공격해 조나라의 유차(楡次) 등 성 37개를 함락시켰다. 21년 동안 재위했다.
5 요임금 때의 신하로, 활을 잘 쏘았다고 한다.
6 주나라 때 말을 잘 몰던 사람이다.

孫卿與臨武君議兵於趙孝成王前. 王曰: "請問兵要?" 臨武君對曰: "上
得天時, 下得地利, 後之發, 先之至, 此用兵之要術也." 孫卿曰: "不然.
臣之所聞, 古之道, 凡戰, 用兵之術, 在於一民, 弓矢不調, 羿不能以中
徵; 六馬不和, 造父不能以御遠; 士民不親附, 湯武不能以勝. 故善兵者,
務在於善附民而已."

47-2. 순자가 군사에 대해 말하다 2

임무군이 말했다.

"그렇지 않습니다. 무릇 군대에서 귀하게 여기는 바는 세(勢-형세)
의 이로움입니다. 가장 좋은 것은 변화로써 속이고 공격해 빼앗는 것
입니다. 그것을 잘 이용하는 자는 (변화의) 급작스러움이 어디서 나오
는 줄을 알지 못하게 합니다. 손자와 오자가 이런 도리를 쓰면 천하에
대적할 자가 없습니다. 이로써 보건대 어찌 반드시 백성과 부합하는
것을 기다리겠습니까?"

손경이 말했다.

"그렇지 않습니다. 신이 말하는 바는 임금다운 임금의 용병으로,
임금이 해야 할 일입니다. 임무군의 말한 바 형세의 이로움이란, 가장
좋은 것은 변화로 속이고 공격해 빼앗는 것이지만 어진 사람의 군사
는 속일 수가 없습니다. 속일 수 있는 것은 게으르고 오만한 자이며
떨어져 홀로 된 자입니다. 임금과 신하, 위와 아래 사이에 (유대감이)
풀어져서 덕(德)이 떠나가는 것입니다. 그러므로 걸왕의 계략으로 걸
왕을 속이는 것은 오히려 요행이 있을 수 있지만, 걸왕이 요임금을 속

이는 것은 비유하자면 마치 달걀로 바위를 치는 것과 같고 마치 손가락으로 끓는 물을 휘젓는 것과 같으며 마치 새가 활활 타는 불을 밟아 끄려는[羽蹈烈火] 것과 같아서 들어가면 타 죽을 뿐이니, 또한 어떻게 속일 수가 있겠습니까? 그러므로 어진 사람의 군사는 단단하기가 마치 막야(莫邪-명검)의 날카로운 날과 같아서 닿기만 해도 끊어져버리고, 예리하기가 마치 막야의 날카로운 검 끝과 같아서 부딪치기만 해도 뚫려버립니다. 둥글게 진을 치고 방위(方位)를 굳게 지키면 마치 바윗돌과 같으니, 건드리는 자는 뜻을 이루지 못한 채 물러날 뿐입니다. 이러니 또 어떻게 속일 수 있겠습니까?

우도열화

臨武君曰: "不然, 夫兵之所貴者, 勢利也; 所上者, 變詐攻奪也. 善用之者, 奄忽焉莫知所從出, 孫吳用之, 無敵於天下. 由此觀之, 豈必待附民哉!" 孫卿曰: "不然, 臣之所言者, 王者之兵, 君人之事也. 君之所言者, 勢利也, 所上者, 變詐攻奪也, 仁人之兵不可詐也. 彼可詐者, 怠慢者也, 落單者也, 君臣上下之間, 渙然有離德者也. 若以桀詐桀, 猶有幸焉, 若以桀詐堯, 譬之若以卵投石, 若以指撓沸, 若羽蹈烈火, 入則焦沒耳, 夫又何可詐也. 故仁人之兵, 鋌則若莫邪之利刃, 嬰之者斷, 銳則若莫邪之利鋒, 當之者潰. 圓居而方止, 若盤石然, 觸之者隴種而退耳. 夫又何可詐也?

47-3. 순자가 군사에 대해 말하다 3

그러므로 어진 사람의 군사는 누가 삼군을 이끌어도 같은 힘을

내니, 위아래가 한마음이 되어 신하가 임금에게 나아가는 것과 아랫
사람이 윗사람에게 나아가는 것이 마치 자식이 부모를 섬기듯이 하
고 마치 동생이 형을 섬기듯이 하며 마치 손과 발이 머리와 눈을 막
아주고 가슴과 배를 덮어주는 것과 같습니다. 속이고 나서 공격하는
것은 먼저 놀라게 한 뒤에 공격하는 것과 똑같은데, 무릇 또한 어떻게
속일 수 있겠습니까? 또 저 사납고 어지러운 임금은 장차 누구와 더
불어 이르겠습니까? 그가 함께 이르러야 할 사람은 반드시 그 백성이
어야 합니다. 백성이 나를 자기 몸같이 여기고, 기뻐하기를 부모와 같
이 여기며, 내 냄새를 좋아하기를 향기 나는 풀처럼 해야 하는데, 도
리어 그 윗사람을 돌아보는 것이 마치 얼굴에 경(黥-묵형)을 친 죄인
보듯이 하고 원수처럼 여깁니다. 사람의 실상이 비록 걸왕이나 도척
(盜跖-큰 도둑)이라 해도 어찌 기꺼이 자신이 미워하는 바를 위해 자
신이 좋아하는 사람을 해치겠습니까? 이는 다른 사람의 자손을 시켜
서 그 부모를 해치게 하는 것과 같습니다. 『시』(「대아(大雅)·장발(長發)」
편)에 이르기를 '용맹하신 무왕께서 깃대를 세우시고 군세게 도끼를
잡으니, 마치 훨훨 타는 불길 같아서 감히 우리를 해칠 수 없구나'라
고 했으니, 이를 일러 말한 것입니다."

효성왕과 임무군이 "좋다"라고 말했다.

故仁人之兵, 或將三軍同力, 上下一心, 臣之於君也, 下之於上也, 若子之
事父也, 若弟之事兄也, 若手足之捍頭目而覆胸腹也. 詐而襲之, 與先驚
而後擊之一也, 夫又何可詐也? 且夫暴亂之君, 將誰與至哉? 彼其所與
至者, 必其民也. 民之親我, 驩然如父母, 好我芳如椒蘭, 反顧其上, 如
灼黥, 如仇讎. 人之情, 雖桀跖豈有肯爲其所惡, 而賊其所好者哉! 是指

使人之孫子, 而賊其父母也. 詩曰: '武王載旆, 有虔秉鉞, 如火烈烈, 則

莫我敢曷', 此之謂也." 孝成王臨武君曰: "善."

48. 동맹을 설득해 나라를 구하다

옛날 진(秦)나라와 위(魏)나라가 동맹[與國]을 맺고 있었는데, 제나

라와 초나라가 맹약을 맺고 위나라를 공격하고자 했다. 위나라가 진

나라에 사신을 보내 구원해줄 것을 청하느라 사신을 태운 수레의 덮

개를 서로 바라볼[冠蓋相望] 정도로 많이 보냈지만, 진나라 구원군

은 오지 않았다. 위나라에 당저(唐且)라는 사람이 있었는데, 나이가

90여 세였다. (당저가) 위나라 임금에게 일러 말했다.

"늙은 신하가 서쪽으로 가서 진나라를 설득하기를 청하오니, 군사

에 명을 내려 먼저 신이 나가도록 해주시겠습니까?"

위나라 임금이 말했다.

"삼가 허락하노라."

드디어 수레를 갖춰[約=具] 보냈다. 당저가 진나라 임금을 알현했

는데, 진나라 임금이 말했다.

"지팡이 짚은 어르신[丈人]이 지치고 피곤하신데 마침내 여기까

지 멀리 오느라 매우 힘들었겠소. 위나라가 와서 구하기를 여러 차례

했으니, 과인은 위나라의 위급함을 잘 알고 있소."

당저가 답해 말했다.

"대왕께서 이미 위나라의 위급함을 아시는데도 구함이 이르지

않았으니, 이는 대왕의 모신(謀臣)들이 빠뜨린 바일 것입니다. 또 무

릇 위나라는 만승의 나라입니다. 동쪽의 울타리를 자처하며 관과 띠를 받았고 봄가을로 제사를 올리기 때문에 진나라의 강함으로도 충분히 함께할 만합니다. 지금 제나라와 초나라의 병사들이 이미 위나라 교외에 있는데 대왕의 구원은 아직 닿지 않았으니, 위나라가 위급해져서 땅을 베어내어 제나라·초나라와 맹약을 맺게 되면 왕께서 비록 구해주려고 하셔도 어찌 미칠 수 있겠습니까? 이 만승의 위나라가 망하면 강대한 제나라와 초나라, 두 나라와 대적하게 됩니다. 가만히 살피건대, 대왕을 위해 계책을 세우는 신하들이 실수한 것이라고 생각합니다."

진나라 임금이 놀라서 깨닫고는 급히 병사를 내어 (위나라를) 구하기 위해 빠르게 가니, 제나라와 초나라가 이를 듣고 병사를 물려서 떠났고 위나라는 다시 예전으로 돌아갔다. 당저가 한 번 유세해 강한 진나라의 도움을 굳혀서 위나라의 근심을 풀어내고 제나라와 초나라의 군대를 흩어버린 것이다. 한 번 일어나 적의 창끝을 꺾고 어려움을 없앴으니, 말[辭]의 공로다. 공자가 이르기를 "말 잘하는 사람은 재아(宰我)와 자공(子貢)이다"[7]라고 했고, 그래서 『시』(「대아(大雅)·판(板)」편)에서는 "말이 모이면 사람들이 합쳐지고, 말이 가까우면 사람들이 안정된다"라고 했다. 당저가 말을 하고 위나라는 그 말에 의지했으니, 그래서 (말은) 그칠 수가 없다.

---

7 『논어』 「선진(先進)」 편 2에 나오는 말이다.
공자가 말했다.
"덕행(德行)에는 안연(顏淵)·민자건(閔子騫)·염백우(冉伯牛)·중궁(仲弓)이요, 언어(言語)에는 재아(宰我)·자공(子貢)이요, 정사(政事)에는 염유(冉有)·계로(季路)요, 문학(文學)에는 자유(子游)·자하(子夏)니라."

昔者, 秦魏爲與國, 齊楚約而欲攻魏. 魏使人求救於秦, 冠蓋相望, 秦救
不出. 魏人有唐且者, 年九十餘, 謂魏王曰: "老臣請西說秦, 令兵先臣出,
可乎?" 魏王曰: "敬諾." 遂約車而遣之. 且見秦王, 秦王曰: "丈人罔然
乃遠至此, 甚苦矣. 魏來求數矣, 寡人知魏之急矣." 唐且答曰: "大王已
知魏之急而救不至, 是大王籌策之臣失之也. 且夫魏一萬乘之國也. 稱
東藩, 受冠帶, 祠春秋者, 爲秦之强, 足以爲與也. 今齊楚之兵已在魏郊
矣, 大王之救不至, 魏急則割地而約齊楚, 王雖欲救之, 豈有及哉? 是亡
一萬乘之魏, 而强二敵之齊楚也. 竊以爲大王籌策之臣失之矣." 秦王
懼然而悟, 遽發兵救之, 馳騖而往, 齊楚聞之, 引兵而去, 魏氏復故. 唐
且一說, 定彊秦之筴, 解魏國之患, 散齊楚之兵, 一擧而折衝消難, 辭之
功也. 孔子曰: "言語宰我·子貢." 故詩曰: "辭之集矣, 民之洽矣; 辭之懌
矣, 民之莫矣." 唐且有辭, 魏國賴之, 故不可以已.

49. 천리마를 얻는 법

연(燕)나라 역왕(易王, 기원전 332~기원전 321년 재위) 시절, 나라가 크
게 어지러워지자 제나라 민왕(閔王, ?~기원전 284년)[8]이 군대를 일으켜

---

8 전국시대 제나라의 국군(國君)으로, 성은 전(田)씨이고 이름은 지(地) 또는 수(遂)다. 민왕
(閔王) 또는 혼왕(湣王)이라 불리며, 선왕(宣王)의 아들이다. 재위하면서 맹상군(孟嘗君)
을 재상으로 삼고 광장(匡章)을 장군으로 삼았다. 일찍이 여러 차례 초(楚)나라 군대를 격
파했고, 한(韓)나라, 위(魏)나라와 연합해서 진(秦)나라를 공격해 함곡관(函谷關)으로 들
어갔다. 12년 소진(蘇秦)을 재상으로 등용해 진(秦)나라 소왕(昭王)과 동서제(東西帝)로
병칭되었는데, 소진의 권유에 따라 제호(帝號)를 없애고 합종(合縱)해 진나라에 맞섰다.
15년 송(宋)나라를 공격해 멸망시켰다. 17년 연(燕)나라와 진나라, 초나라, 삼진(三晉)이 연

연나라를 쳐서 도륙한 뒤 그 보물과 기물들을 실어서 돌아갔다. 역왕이 죽고 연나라가 다시 일어날 수 있게 된 것은 태자가 세워져서 연나라 왕이 되었기 때문인데, 이 사람이 연나라 소왕(昭王)이다. 소왕은 뛰어났기에 자리에 나아가자 몸을 낮추고 폐백을 두텁게 해 뛰어난 자들을 불러들였다.

(소왕이) 곽외(郭隗)[9]에게 일러 말했다.

"제나라는 내[孤] 나라의 어지러움을 틈타 연을 쳐서 깨뜨렸으나, 고(孤)는 연나라가 작고 힘이 적어서 보복하기에는 부족하다는 잘 알고 있다. 그러나 뛰어난 선비를 얻어서 더불어 나라를 함께해 돌아가신 왕의 치욕을 갚는 것이 고의 바람이다. 선생께서 쓸 만한 사람을 보고 추천하면 그 사람을 얻어서 섬기겠노라."

외(隗)가 말했다.

"신이 듣건대, 옛날 임금 중에 천금을 가지고 천리마를 구하려는 사람이 있었습니다. 3년 동안 얻을 수가 없었다가, 말이 이미 죽었는데 그 뼈를 500금에 사 가지고 돌아와서 임금에게 보고한 일이 있었습니다. 임금이 크게 화를 내며 말하기를 '구하는 것은 살아 있는 말

합해서 제나라를 공격해 연나라의 장수 악의(樂毅)가 임치(臨淄)에서 제나라 군대를 대파하자 부리나케 거(莒)로 달아났다. 초나라 장수 요치(淖齒)가 제나라를 구하자 그를 제상(齊相)에 임명했다. 요치가 연과(燕瓜)와 제나라를 나누려는 생각으로 혼왕을 살해했다. 17년 동안 재위했고, 시호는 혼(湣)이다.

9   전국시대 연(燕)나라 사람이다. 연나라 소왕(昭王)이 제(齊)나라에 복수하고자 인재를 구할 때 방법에 대해 그에게 물었다. 그러자 그가 천금시마(千金市馬) 이야기로 깨우치면서 "먼저 저부터 시작하십시오[先從隗始]"라고 말했다. 이에 왕이 기뻐해 그를 위해 궁(宮)을 짓고 스승의 예로 대우했다. 아울러 황금대(黃金臺)를 지어 현자(賢者)를 초빙하니, 악의(樂毅)와 추연(鄒衍), 극신(劇辛) 등의 인재들이 다퉈 찾아와서 국력이 부강해졌다고 한다. 여기서 나온 고사성어가 '선종외시(先從隗始)'다.

인데, 어찌 죽은 말을 가지고 500금을 버릴 수 있겠는가?'라고 하자, 연(涓) 땅 사람이 대답해 말하기를 '죽은 말이 장차 시장에서 500금 인데, 하물며 살아 있는 말은 어떻겠습니까? 천하가 반드시 대왕은 말을 살 줄 안다고 여겨서 좋은 말이 이제 이르게 될 것입니다'라고 했습니다. 이에 1년도 되지 않아 천리마가 도착한 것이 2마리였습니다. 왕께서 진실로 반드시 선비를 이르게 하기를 원하신다면 청컨대 저부터 시작하십시오. 제가 장차 일을 보게 되면 하물며 저보다 뛰어난 사람들은 어떻겠습니까? 어찌 천리마가 멀리 있겠습니까?"

이에 소왕이 외를 위해 집을 지어주고 스승으로 삼았다. 악의(樂毅)가 위나라로부터 오고 추연(鄒衍)[10]이 제나라로부터 오며 극신(劇辛, ?~기원전 242년)[11]이 조나라로부터 오는 등 선비들이 연나라로 다퉈 달려왔다. 연왕이 죽은 사람을 조문하고 고아를 살피면서 백성과 더불어 달고 쓴 일을 같이한 지 28년 동안, 연나라는 크게 부유해졌고 병사들은 즐거이 지내면서 싸움을 가볍게 여기게 되었다. 이에 마침내 악의를 상장군으로 삼아 진(秦)나라와 초나라, 삼진(三晉-위(魏)나라·조(趙)나라·한(韓)나라)과 함께 제나라를 정벌하기로 했다. 악의를 옆에 끼고서 뛰어난 이를 얻은 결과였다.

---

10 추연(騶衍)으로도 쓴다. 전국시대 제(齊)나라 사람으로, 직하(稷下)에 살면서 위(魏)나라와 연(燕)나라, 조(趙)나라 등을 다니면서 제후들의 존경을 받았다. 연나라 소왕(昭王)이 석궁(石宮)을 지어 맞아서 그를 스승으로 섬겼다. 천문(天文)에 대해 논하기를 좋아해 '담천연(談天衍)'으로 불렸다. 맹자보다 약간 늦게 등장해 음양오행설(陰陽五行說)을 제창했다.

11 전국시대 조(趙)나라 사람으로, 연나라 소왕(昭王)이 현자(賢者)를 초빙할 때 조나라에서 연나라로 와서 국정을 맡았고, 진(秦)나라와 초(楚)나라, 삼진(三晉)을 연합시켜 제(齊)나라를 공격했다. 연왕 희(喜) 13년 연나라의 장수가 되어 조나라를 공격했다가 조나라 장수 방난(龐煖)에게 살해당했다.

燕易王時, 國大亂, 齊閔王興師伐燕, 屠燕國, 載其寶器而歸. 易王死, 及燕國復, 太子立爲燕王, 是爲燕昭王. 昭王賢, 即位卑身厚幣, 以招賢者. 謂郭隗曰: "齊因孤國之亂, 而襲破燕, 孤極知燕小力少, 不足以報, 然得賢士與共國, 以雪先王之醜, 孤之願也. 先生視可者得身事之." 隗曰: "臣聞古人之君, 有以千金求千里馬者, 三年不能得, 馬已死, 買其骨五百金, 反以報君. 君大怒曰: '所求者生馬, 安用死馬捐五百金.' 涓人對曰: '死馬且市之五百金, 況生馬乎? 天下必以王爲能市馬, 馬今至矣.' 於是不期年, 千里馬至者二. 今王誠欲必致士, 請從隗始. 隗且見事, 況賢於隗者乎? 豈遠千里馬哉?" 於是昭王爲隗築宮而師之, 樂毅自魏往, 鄒衍自齊往, 劇辛自趙往, 士爭走燕. 燕王吊死問孤, 與百姓同甘苦二十八年, 燕國殷富, 士卒樂軼輕戰. 於是遂以樂毅爲上將軍, 與秦楚三晉合謀以伐齊. 樂毅之筴, 得賢之功也.

50-1. 뛰어난 아버지의 옛 신하를 버리고 난 뒤에
그를 원망하다 1

악의가 소왕을 위해 세운 계책은 반드시 제후의 병사를 기다린 후에야 마침내 제나라를 정벌할 수 있다는 것이었다. 이에 악의를 사신으로 삼아 제후들에게 보내서 드디어 네 나라의 병사를 합하고 연합해서는 제나라를 공격해 크게 깨뜨렸다. 제나라 민왕이 도망쳐서 겨우 몸만 빠져나가 거(莒) 땅에 숨으니, 악의가 그를 쫓아 드디어 성 70여 개를 도륙하고 임치(臨淄)를 남김없이 항복시켰다. 오직 거(莒)와 즉묵(即墨)만 아직 함락하지 못했지만, 연나라의 보물과 기물을 남김없이 다시 거둬 돌아옴으로써 역왕의 치욕을 되갚아주었다[復=報].
복 보

악의는 감사의 인사를 하고 제후의 병사들을 물러나게 한 뒤 홀로 거와 즉묵을 포위했다. 이때 전단(田單)[12]이 즉묵의 영(令-태수)으로 있었는데, 악의가 군사를 잘 쓰는 것을 근심했지만 전단은 속임수를 쓸 수가 없었고 악의를 제거하고 싶었지만, 소왕이 또한 뛰어나서 기꺼이 참소를 들으려 하지 않았다.

마침 소왕이 죽고 혜왕이 세워지자 전단은 사람을 시켜 혜왕에게 참소했고, 혜왕이 기겁(騎劫)으로 하여금 악의를 대신하게 하니 악의는 조나라로 가서 돌아오지 않았다. 연나라 기겁이 곧 장군이 되자, 전단이 크게 기뻐하며 속임수를 써서 연나라 군대를 크게 깨뜨린 뒤 기겁을 죽이고 성 70여 개를 남김없이 다시 거둬들였다. 이때 제나라 민왕이 이미 죽었기 때문에, 전단이 거 땅에서 태자를 구해 세워서 제나라 양왕으로 삼았다. 연나라 혜왕은 크게 부끄러워하며 스스로 악의를 교체해 이런 화란에 이르게 된 것을 후회했다.

樂毅爲昭王謀, 必待諸侯兵, 齊乃可伐也. 於是乃使樂毅使諸侯, 遂合連四國之兵以伐齊, 大破之. 閔王亡逃, 僅以身脫, 匿莒, 樂毅追之, 遂

---

12 제(齊)나라 명장이자 공족의 후예다. 연나라 장수 악의(樂毅)가 이끄는 5국 연합군의 총공격에 의해 제나라의 성읍(城邑) 70여 개가 한꺼번에 함락되는 전무후무한 국란을 겪을 당시, 즉묵(卽墨) 태수를 역임하면서 망국 직전의 제나라를 지키기 위해 고군분투했다. 세자 법장(法章)이 거주(莒州) 땅에 피신해 있다는 사실을 알고 그를 영입해 양왕(襄王)으로 즉위시켰다. 그 후 참소와 유언비어에 의해 당대의 명장 악의가 연나라로 소환되고 기겁(騎劫)이 제나라에 주둔하게 되자 그 틈을 타 신묘한 작전으로 연나라 군사를 대패시켰다. 이에 호응해 제나라 성 70여 개가 일제히 독립함으로써 연나라 세력을 제나라에서 완전히 축출하는 데 특등 공신이 되었다. 제나라를 수복하고 수도 임치(臨淄)에 입성한 후에도 양왕을 도와 국정을 훌륭하게 운영했다.

屠七十餘城, 臨淄盡降, 唯莒卽墨末下, 盡復收燕寶器而歸, 復易王之辱.
樂毅謝罷諸侯之兵, 而獨圍莒卽墨. 時田單爲卽墨令, 患樂毅善用兵,
田單不能詐也, 欲去之, 昭王又賢, 不肯聽讒. 會昭王死, 惠王立, 田單
使人讒之惠王, 惠王使騎劫代樂毅, 樂毅之趙不歸. 燕騎劫旣爲將軍,
田單大喜, 設詐大破燕軍, 殺騎劫, 盡復收七十餘城. 是時齊閔公已死,
田單得太子於莒, 立爲齊襄王. 而燕惠王大慚, 自悔易樂毅, 以致此禍.

50-2. 뛰어난 아버지의 옛 신하를 버리고 난 뒤에
그를 원망하다 2

혜왕이 마침내 사람을 시켜 악의에게 글을 보내 말했다.

"과인이 변변치 못해 그대 뜻을 받들고 고분고분 따르지 못해서,
그래서 그대가 나라를 버리고 돌아갔으니 분명 과인이 아버지만 못
했다. 감히 그 바라는 바를 말해도 그대가 기꺼이 들어주지 않는구
나. 그래서 사신을 보내 어리석은 뜻을 펴려고 하니, 그대는 진실로
나를 잘 깨우쳐다오.

속담에 이르기를 '어진 사람은 가벼이 끊지 않고, 지혜로운 자는
가벼이 원망하지 않는다'라고 했다. 그대와 돌아가신 임금 사이는 세
상에서 훤히 아는 바이다. 과인은 잘못이 있다면 그대가 덮어주기를
바랐지, 그대가 드러내놓고 (과인을) 버릴 것을 염려하지는 않았다. 허
물이 있으면 그대가 가르치고 인도해주기를 바랐지, 그대가 드러내놓
고 죄줄 것을 걱정하지는 않았다. 과인의 죄를 백성은 듣지 못했는데,
그대가 몰래 떠나며 원망을 드러냄으로써 과인을 버리는 바람에 과

인은 반드시 죄가 있게 되었다. 그래서 그대가 두터운 정을 마저 다하지 못한 것을 원망하고 있다. 속담에 이르기를 '(덕이) 두터운 자는 다른 사람을 버리지 않음으로써 스스로를 이롭게 하고, 어진 자는 몸을 위대롭게 하여 이름을 얻지 않는다'라고 했다. 그러므로 다른 사람의 반듯하지 않은 것을 덮어주는 것이 덕을 두텁게 하는 것이고, 다른 사람의 허물을 구해주는 것이 어짊의 도리다. 세상에 있는 과인의 기울어짐을 돌려놓고 과인의 허물을 구해주는 것이 그대가 어찌 바라는 바가 아니겠는가? 지금 그대가 선왕에게서 은덕을 두텁게 받아 존귀함이 이뤄졌는데도 가벼이 과인을 버리는 것을 마음 편히 한다면, 기울어진 것을 바로 하고 허물에서 구해주는 것을 그대에게서 얻기는 어려울 것 같다. 또 세상에는 두터움과 엷음이 있기 때문에 베푸는 바는 다르지만, 일을 행함에는 얻음도 있고 잃음도 있기 때문에 근심하는 바는 같다.

지금 과인은 아비를 닮지 않은[不肖] 죄를 지고 있고 그대는 오랫
_{불초}
동안 쌓았던 두터운 은택을 잃었으니, 그대에게는 선택해서 가져갈 수 있는 것이 없다. 나라에 봉토가 있는 것은, 마치 집에 울타리가 있어서 즐거움을 더해주고 잘못을 가려주는 것과 같다. 집 안이 서로 화목하지 못하면 이웃집과의 송사에 나가서도 미처 계책이 통하지 못하게 된다. 원망과 잘못이 아직 드러나지 않았을 때 드러내놓고 버리게 되면 두터움을 다한 것이 아니다.

惠王乃使人遺樂毅書曰: "寡人不佞, 不能奉順君志, 故君捐國而去, 寡
人不肖明矣, 敢謁其願而君弗肯聽也, 故使使者陳愚志, 君誠論之. 語
曰: '仁不輕絶, 智不輕怨.' 君於先王, 世之所明知也, 寡人望有非, 則君

覆蓋之, 不虞君明棄之也; 望有過則君教誨之, 不虞君明罪之也. 寡人之罪, 百姓弗聞, 君微出明怨, 以棄寡人, 寡人必有罪矣. 然怨君之未盡厚矣. 語曰: '厚者不捐人以自益, 仁者不危軀以要名.' 故覆人之邪者, 厚之行也, 救人之過者, 仁之道也. 世有復寡人之邪, 救寡人之過, 非君惡所望之. 今君厚受德於先王之成尊, 輕棄寡人以快心, 則覆邪救過, 難得於君矣. 且世有厚薄, 故施異; 行有得失, 故患同. 今寡人任不肖之罪, 而君有失厚之累, 於爲君擇無所取. 國有封疆, 猶家之有垣墙, 所以合好覆惡也. 室不能相和, 出訟鄰家. 未爲通計也. 怨惡未見而明棄之, 未爲盡厚也.

50-3. 뛰어난 아버지의 옛 신하를 버리고 난 뒤에
그를 원망하다 3

과인이 비록 덕은 없지만, 아직 은나라 주왕과 같은 어지러움만은 못하고, 그대가 비록 뜻을 얻지는 못했지만 상용(商容)[13]과 기자(箕子)[14]와 같이 더럽혀진 바에는 미치지 않았다. 그러나 안으로는 과인에게 남김없이 다하지 않았고 밖으로 원망을 드리냈으니, 아마도 이

---

13 중국 은(殷)나라 주왕(紂王) 때의 대부(大夫)다. 주왕에게 직간하다가 쫓겨났다. 주(周)나라 무왕(武王)이 은을 이기고 그의 집 앞을 지나며 경의를 표했다.

14 주왕(紂王)의 제부(諸父) 또는 서형(庶兄)이라고 한다. 자작(子爵)에 봉해지고, 기(箕)에 봉국을 받았다. 주왕이 폭정을 행하자 충간했지만 듣지 않았다. 나중에 비간(比干)이 살해당하는 것을 보고는 두려워 머리를 풀어헤치고 거짓으로 미친 척하다가 감옥에 갇혔다. 주나라 무왕(武王)이 상나라를 멸망시킨 뒤 석방되었다. 무왕이 기자를 방문해 대화를 나눈 내용이 『서경(書經)』 「홍범(洪範)」이라고 한다.

는 (그대의) 높은 뜻을 해치고 행실이 야박하다고 하기에 충분할 것이다. 그렇지 않고 정말로 그대의 높은 뜻을 이루고 그대의 마땅함을 밝힐 수 있다면 과인이 비록 악명을 얻는다 해도 받아들이는 것이 어렵지 않겠지만, 본래 과인의 얇은 덕을 드러내도 그대가 두터운 덕을 얻지 못하고 과인의 이지러진 것을 들어 올려도 그대가 영예를 얻지 못하니, 이는 한 번에 양쪽이 모두 다 잃는 것이다. 의로운 사람은 다른 사람을 헐뜯지 않음으로써 스스로에게 보탬이 되는데, 하물며 다른 사람을 해침으로써 스스로 손해를 보려고 하는가? 바라건대 그대는 과인이 덕이 없는 것을 가지고 지난 일의 아름다움에 누를 끼치지 않았으면 한다.

옛날 유하계(柳下季)[15]가 노나라에서 관리가 되어 세 번 쫓겨나도 (나라를) 떠나지 않았는데, 누가 말하기를 떠날 만하지 않으냐고 하자 유하계가 말하기를 '정말로 다른 사람과 다르다면 어디를 가서도 쫓겨나지 않겠습니까? 오히려 또 쫓겨날 것입니다. 차라리 내 나라에 있을 뿐입니다'라고 했다.[16] 유하계가 쫓겨나는 것을 스스로 허물로 여

---

15 유하혜(柳下惠)를 말하는데, 춘추시대 노(魯)나라 사람으로 대부를 지냈다. 성은 전(展)씨이고 이름은 획(獲)이며 자는 금(禽)이다. 유하(柳下)는 식읍(食邑)의 이름이고, 혜(惠)는 시호다. 유사사(柳士師)로도 불린다. 일찍이 사사(士師)라는 관직을 지내면서 형옥(刑獄)을 맡았는데, 세 번 쫓겨나자 사람들이 떠나기를 권했다. 그러자 그는, 바른 도리로 남을 섬긴다면 어디를 간들 쫓겨나지 않겠으며 도를 굽혀 남을 섬길 바에는 하필 부모의 나라를 떠나겠느냐고 대답했다.

16 『논어』 「미자(微子)」편 2에 나오는 말이다.
유하혜가 세 번 쫓겨나자 어떤 사람이 말했다.
"그대는 떠나지 않습니까?"
(유하혜가) 말했다.
"곧은 도리로 사람을 섬기면 어디를 가도 세 번 쫓겨나지 않겠습니까? 구부러진 도리로 다른 사람을 섬긴다면 어찌 반드시 부모의 나라를 떠나겠습니까?[柳下惠爲士師, 三黜. 人曰
유하혜 위 사사   삼출   인왈

기지 않은 것은 자기가 이룬 바를 잊지 않았기 때문이고, 떠나는 것을 마음속에 두지 않은 것은 멀고 가까운 것은 의논할 바가 아니었기 때문이다.

과인의 죄를 나라 안 사람들이 알지 못하는데, 과인에 대해 말하는 자는 세상에 두루두루 있다. 속담에 '어진 사람은 (사귐을) 가벼이 끊지 못하고, 지혜로운 사람은 (남이) 이룬 공로를 가볍게 보지 않는다'라고 했다. 공로를 가볍게 여기고 큰 것을 버리는 사람은 원수가 되고, 가벼이 끊고 이익을 두텁게 여기는 것은 원망을 가져온다. 원수가 되어 버려지고 원망을 사서 더럽혀지는 것은, 마땅히 멀리 있는 사람에게나 있는 것이지 그대에게 바라는 것이 아니다. 지금 과인은 죄가 없는데 그대는 어찌 원망하고 있는가? 바라건대 그대는 분한 마음을 버리고 노여움을 다독거리고 돌아가신 왕을 좇아 따르던 것으로써 다시 과인을 가르쳐달라. 과인은 그대가 말한 '장차 마음을 기쁘게 받들어서 너의 허물이 이뤄지게 하고, 선왕(의 은혜)을 돌아보지 않음으로써 너의 잘못을 드러내겠다'라는 것을 헤아려보니, 과인으로 하여금 나아가면 처음으로 돌아갈 수 없게 하고 물러서면 허물을 바꿀 수 없게 했으니, 이는 그대가 만든 바이고 오직 그대가 꾸민 것이다. 여기에 과인의 어리석은 뜻을 삼가 남김없이 알리는 바이다."

寡人雖不肖, 未如殷紂之亂也; 君雖未得志, 未如商容箕子之累也. 然不內盡寡人, 明怨於外, 恐其適足以傷高義而薄於行也. 非然, 苟可以成君之高, 明君之義, 寡人雖惡名, 不難受也. 本以明寡人之薄, 而君不得

'子未可以去乎?' 曰 '直道而事人, 焉往而不三黜? 枉道而事人, 何必去父母之邦?']"
자 미가이 거호   왈   직도 이 사인   언왕 이 불삼출   왕도 이 사인   하필 거 부모지방

厚, 揚寡人之毁, 而君不得榮, 是一擧而兩失也. 義者不毁人以自益, 況傷人以自捐乎? 願君無以寡人之不肖, 累往事之美. 昔者, 柳下季爲理於魯, 三紲而不去, 或曰可以去矣, 柳下季曰: '苟與人異, 惡往而不紲乎? 猶且紲也, 寧故國耳.' 柳下季不以紲自累, 故自業不忘, 不以去爲心, 故遠近無議. 寡人之罪, 國人不知, 而議寡人者遍天下. 諺曰: '仁不輕絕, 知不簡功.' 簡功棄大者, 仇也; 輕絕厚利者, 怨也. 仇而棄之, 怨而累之, 宜在遠者, 不望之乎君. 今寡人無罪, 君豈怨之乎? 願君捐忿和怒, 追順先王, 以復敎寡人, 寡人意君之曰: '呈將快心以成而過, 不顧先王以明而惡', 使寡人進不得循初, 退不得變過, 此君所制, 唯君圖之. 此寡人之愚志, 敬以盡謁之."

50-4. 뛰어난 아버지의 옛 신하를 버리고 난 뒤에 그를 원망하다 4

악의가 사람을 시켜 연왕에게 글을 바쳐서 말했다.

"신이 불초해 왕의 명을 받들어 잇지 못한 것은, 좌우 신하들의 마음에 따라서 죽음에 이르게 될 것을 두려워했기 때문이며 선왕의 눈밝음을 손상해 족하(足下)의 마땅함에 해가 될까 봐서였습니다. 그래서 도망쳐 숨어 불초한 죄를 스스로 짊어지니, 감히 핑계 대는 말을할 수가 없었던 것입니다. 지금 왕께서 죄를 꾸짖었습니다만, 곁에 모시는 자들이 선왕께서 신을 길러주던[畜臣] 까닭을 살피지 못하고 신
축신
이 선왕을 섬기던 마음을 분명하게 하지 못할 것을 두려워해 감히 글로써 대답하지 않을 수 없습니다.

신이 듣건대, 빼어나고 뛰어난 임금은 녹을 사사로이 가까운 자에게 주지 않고 공로가 많은 자에게 주며 벼슬을 자기를 따르는 총애하는 자에게 주지 않고 능력이 마땅한 자에게 준다고 했습니다.

樂毅使人獻書燕王曰: "臣不佞, 不能奉承王命, 以順左右之心, 恐抵斧鉞之罪, 以傷先王之明, 有害足下之義. 故遁逃自負, 以不佞之罪, 而不敢有辭說. 今王數之以罪, 恐侍御者不察先王之所以畜臣之理, 不白乎臣之所以事先王之心, 故不敢以書對. 臣聞賢聖之君, 不以祿私親, 功多者授之; 不以官隨愛, 能當者處之.

50-5. 뛰어난 아버지의 옛 신하를 버리고 난 뒤에
그를 원망하다 5

옛말에 이르기를 '살피는 것을 잘하면서 벼슬을 주는 사람은 공업을 이루는 임금이 되고, 행실을 살피면서 친교를 맺는 사람은 이름을 세우는 선비가 된다'라고 했습니다. 신이 배운 바로써 선왕께서 하셨던 바를 살펴보면 뛰어닌 임금의 마음이 있있습니다. 그렇기에 위(魏)나라에 임시로 사절이 되어 갔을 때 저는 몸소 연나라를 살필 수 있었습니다. 선왕께서 지나치게 들어 써주셔서 빈객 중에서 발탁해 뭇 신하들 위에 세우시고는 부형들과 상의하지 않고 아경(亞卿)으로 삼으시니, 신 스스로 명령을 받들고 가르침을 이어받았다고 여겨서 요행히 죄를 짓지 않을 수 있었으며, 그래서 명을 받으면 사양하지 않았습니다.

선왕께서 신에게 명해 말씀하시기를 '나는 제나라에게 원한이 쌓여 있고 분노가 깊다. 가볍고 약한 것을 헤아리지 않고 제나라와 전쟁을 하고 싶다'라고 하시니, 신이 답해 말했습니다. '무릇 제나라는 패왕이 남긴 공업과 싸움에 이겨 남겨진 일이 있어서 군대를 막고 싸우는 데서 공을 세우는 것에 익숙하니, 왕이 만일 공격하고자 하시면 반드시 천하와 함께 도모해야 합니다. 도모한다면 조나라에 가서 결맹을 맺는 것보다 좋은 것이 없습니다. 또 회수 북쪽 송나라 땅은 초나라와 위나라가 원하는 바입니다. 조나라가 만일 허락하면 초나라, 위나라와 맹약을 맺은 뒤 힘을 다해 네 나라가 공격한다면 제나라를 가히 크게 깨뜨릴 수 있습니다.'

선왕께서 '좋다' 하시니 신이 곧 명을 받고 부절을 갖춰서 남쪽으로 내려가 조나라에 사신으로 갔고, 돌아와서 복명한 후 병사를 일으켜 제나라를 쳤습니다. 천하의 도리와 선왕들의 신령함으로써 황하 북쪽의 땅들이 돌아가신 왕을 따라서 일어났고, 제수(濟水) 가에 있던 군대도 명을 받아서 승리했습니다. 가볍게 무장한 군사와 정예병사가 오랫동안 달려 제나라에 이르니 제나라 왕은 숨어서 달아나 거(莒) 땅으로 간신히 몸만 벗어날 수 있었고, 구슬과 옥, 재화와 보물, 수레와 갑주, 진기한 기물들을 모두 거둬들여 연나라로 들이게 되었습니다. 대려(大呂-주나라의 큰 종(鐘))는 원영(元英)에 늘어놓고, 옛 쇠솥은 역실(歷室)에 되돌려놓고, 제나라 기물은 영대(靈臺)에 놓아두었습니다. 계구(薊丘)에 심은 것은 문수(汶水) 가에 심었던 대나무였습니다. (춘추시대) 오패(五霸) 이래로 큰 공로가 성대하기가 돌아가신 왕께 미치는 자는 없었습니다. 돌아가신 왕께서는 자신의 뜻을 시원하게 이루었다고 여기셨고, 신이 명령을 놓치지 않은 것으로 말미암아 땅을 찢어 신을 봉해서 이 작은 나라의 제후가 되게 하셨습니다.

신이 듣건대, 뛰어나고 빼어난 임금은 (신하가) 공을 세우면 버리지 않기 때문에 사책(史冊)에서 드러나게 되고, 일찍이 앞서서 알아채는 선비는 이름을 이루고서 훼손되지 않기 때문에 후세에도 칭송을 받게 된다고 했습니다. 이처럼 돌아가신 왕께서는 원한을 갚고 부끄러움을 씻어내며 만승의 제나라를 없애어 800년 동안 쌓인 것을 거둬들이셨으니, 급기야 뭇 신하들을 버리시는[17] 날에도 남겨진 명령과 조서는 뒤를 잇는 사람들의 마땅한 모범이 되어 정사를 잡고 일을 맡은 자들은 법령을 가지런히 해서 서자와 얼자(孼子-불만 있는 자)들을 고분고분하게 하고 백성에게까지 베풀어지게 했으니, 모두가 후세에게 가르칠 만한 것들입니다.

신이 듣건대 '일을 잘 일으키는 자가 반드시 잘 완성하는 것은 아니며, 시작을 잘한 자가 반드시 잘 끝맺는 것은 아니다'라고 했습니다. 옛날 오자서의 말을 합려(闔閭)가 들어주어서 오나라는 멀리 초나라 수도인 영(郢) 땅까지 발자취를 남겼지만, 부차(夫差)는 그렇다고 여기지 않아서 말가죽 자루[鴟夷]를 내려주어 강에 빠뜨렸으니, 부차는 (오자서가 내놓은) 앞선 논의가 공을 세울 수 있을지를 헤아리지 않았기에 자서를 물에 빠뜨리고도 뉘우치지 않았습니다. 자서는 왕이 (자기와) 같이 생각하지 않는다는 것을 일찍 알아채지 못해 강물 속에 빠지게 되도록 바뀌지 않았던 것입니다. 화를 면하고 온전히 움직여서 선왕의 자취를 밝히는 것이 신이 생각하는 가장 좋은 계책이고, 어그러지고 욕된 비방을 당해서 선왕의 눈 밝음을 떨어뜨리는 것이

---

17 임금의 죽음을 에둘러 표현하는 말이다.

신의 가장 큰 걱정입니다. 예측하지 못한 죄를 입고서 요행을 이로움으로 삼는 것은 마땅히 감히 (계책으로) 내지 못할 바입니다.

신이 듣건대, '군자는 사귐을 끊어도 나쁜 말을 하지 않고 신하를 떠나보내도 나쁜 소리를 내지 않는다'라고 했습니다. 신이 비록 덕이 없지만 여러 차례 군자의 가르침을 받들었습니다. 신은 (왕께서) 옆에 모시는 사람들이 해대는, 가깝게 사귐에 관한 이야기로 인해 멀리 떨어져 있는 (저의) 행동을 살피지 못할까 두렵습니다. 그래서 감히 글로 사죄를 드립니다."

故曰: '察能而授官者, 成功之君也; 論行而結交者, 立名之士也.' 臣以所學, 觀先王擧措, 有高世主之心. 故假節於魏, 以身得察於燕, 先王過擧, 擢之賓客之中, 立之群臣之上, 不謀父兄, 以爲亞卿, 臣自以爲奉令承敎, 可幸無罪, 故受命不辭. 先王命臣曰: '我有積怨深怒於齊, 不量輕弱, 欲以齊爲事.' 臣對曰: '夫齊者霸王之餘業, 戰勝之遺事, 閑於兵革, 習於戰攻. 王若欲攻之, 必與天下圖之, 圖之莫若往結趙. 且淮北宋地, 楚·魏之願也. 趙若許, 約楚·魏盡力, 四國攻之, 齊可大破也.' 先王曰: '善.' 臣乃受命具符節南使趙, 顧反, 起兵攻齊. 以天下之道, 先王之靈, 河北之地, 隨先王而擧之, 齊上之兵, 受命而勝之. 輕卒銳兵, 長驅至齊, 齊王遁逃走莒, 僅以身免, 珠玉貨寶, 車甲珍器, 皆收入燕. 大呂陳於元英, 故鼎返於歷室, 齊器設於寧臺, 薊丘之植, 植於汶篁. 五伯以來, 功業之盛, 未有及先王者. 先王以爲快其志, 以臣不捐令, 故裂地而封臣, 使比小國諸侯. 臣聞賢聖之君, 功立不廢, 故著於春秋; 蚤知之士; 名成而不毁, 故稱於後世. 若先王之報怨雪醜, 夷萬乘之齊, 收八百年之積, 及其棄群臣之日, 餘令詔後嗣之義法, 執政任事, 循法令, 順庶孽, 施及萌隷, 皆可以教後世. 臣聞善作者不必善成, 善始者不必善終.
昔伍子胥說聽於闔閭, 吳爲遠跡至郢, 夫差不是也, 賜之鴟夷, 沈之江,
故夫差不計先論之可以立功也, 沈子胥而不悔, 子胥不蚤見王之不同量
也, 故入江而不化. 夫免身而全動, 以明先王之跡, 臣之上計也; 離釁辱
之誹, 墮先王之明, 臣之大恐也. 臨不測之罪, 以幸爲利, 義之所不敢出
也. 臣聞君子絕交無惡言, 去臣無惡聲. 臣雖不肖, 數奉教於君子. 臣恐
侍御者親交之說, 不察疏遠之行, 故敢以書謝."

51-1. 옥중에서 임금에게 글을 올리다 1

제나라 사람 추양(鄒陽, 기원전 206~기원전 129년)[18]이 양(梁)나라에
빈객으로 머물고 있었는데, 어떤 사람이 효왕에게 그를 참소하자 효
왕이 화가 나서 붙잡아 장차 죽이려고 했다. 추양이 빈객으로 머무르
다가 참소를 당하자 스스로 억울해, 마침내 옥중에서 글을 지어 올려
서 변명해 말했다.

"신이 듣건대 충성스러운 사람은 보답을 받지 않는 일이 없고 믿
음을 얻은 사람은 의심을 받지 않는다[忠無不報 信不見疑]고 했습니
　　　　　　　　　　　　　　충 무 불 보 신 불 견 의
다. 신은 늘 그렇다고 생각했는데 한갓 빈말일 뿐이었습니다.

---

18 전한 제군(齊郡) 임치(臨淄) 사람이다. 문변(文辨)으로 명성을 얻었다. 경제(景帝) 때 오왕
　　(吳王) 유비(劉濞)의 문하에서 활동하며 오왕에게 한(漢)나라에 모반하지 말 것을 상소했
　　지만 받아들여지지 않았다. 나중에 양효왕(梁孝王)에게 투항해 문객이 되었다. 양승(羊勝)
　　등의 참소로 투옥되었는데, 간곡한 상소문을 올려 석방되었다. 그 글이 바로 「옥중상양왕
　　서(獄中上梁王書)」다. 양왕(梁王)의 상객(上客)이 되었다.

옛날에 형가(荊軻, ?~기원전 227년)[19]가 연(燕)나라 (태자) 단(丹)의 마땅함을 사모해서 흰 무지개가 해를 꿰뚫는 일[白虹貫日-지성(至誠)
백홍관일
이 감천(感天)해 나타나는 조짐]이 있었지만 (정작) 태자는 그를 두려워했습니다. 위선생(衛先生-전국시대 진나라 모사인데 이름은 전해지지 않는다)이 진(秦)나라를 위해 (조나라) 장평(長平)의 일을 획책했을 때 태백성이 묘성(昴星)을 범했지만, 소왕(昭王)은 그를 의심했습니다. 무릇 (형가와 위선생의) 정성은 하늘과 땅을 바꾸었건만 두 임금을 진실로 일깨워주지는 못했으니 어찌 슬프지 않겠습니까? 지금 신은 충성을 다하고 열렬함을 남김없이 드러내어 의견을 다 말씀드림으로써 대왕께서 알아주시기를 원했지만, 좌우에 있는 자들이 밝지 못해 결국은 옥리에게 신문을 당하고 세상 사람들의 의심을 사게 됐습니다. 이는 형가와 위선생이 다시 살아난다 해도 연나라와 진나라는 깨닫지 못한다는 뜻입니다. 대왕께서는 이 점을 깊이 살펴주시기 바랍니다.

옛날에 (변화卞和라는) 옥공(玉工)이 보옥을 바쳤지만, 초나라 임금은 그를 주살했고, 이사(李斯)도 충성을 다했지만, 호해(胡亥)는 그를 극형에 처했습니다. 때문에 기자(箕子)는 미친 척했고 접여(接輿)는

---

19 전국시대 말기 위(衛)나라 사람으로, 협사(俠士)다. 원래 선조는 제(齊)나라 귀족이었는데 위나라로 옮겨 가 살았다. 위나라 사람들은 그를 경경(慶卿)이라 불렀다. 독서와 칼 쓰기를 좋아했다. 진(秦)나라가 위나라를 멸망시키자 연(燕)나라로 왔는데, 연나라 사람들은 그를 형경(荊卿) 또는 형숙(荊叔)이라 불렀다. 당시 진나라가 이미 한(韓)나라와 조(趙)나라를 멸망시켰기 때문에 연나라의 태자 단(丹)이 진왕 정(政=秦始皇)을 죽이려고 모의해 형가
진시황
의 친구 전광(田光)과 사귀었는데, 전광이 그를 추천해 상경(上卿)의 존대를 받았다. 연왕 희(喜) 28년 진나라의 망명한 장군 번오기(樊於期)의 목과, 안에 비수를 넣은 연나라 독항(督亢)의 지도를 가지고 진나라에 사신으로 가서 기회를 노려 죽이려고 했다. 진왕 정에게 지도를 바치는데, 지도를 펼쳐지자 비수가 드러났다. 칼을 뽑아 찔러 죽이려고 했으나 실패하고 그 자리에서 피살되었다.

세상을 피해 살았으니, 그것은 바로 이런 우환을 만나게 될까 두려웠기 때문입니다. 바라건대 대왕께서는 옥공과 이사의 뜻을 잘 살펴서 앞으로는 초나라 임금과 호해처럼 듣지 마시어 신이 기자와 접여에게 비웃음을 당하지 않게 해주십시오.

齊人鄒陽客游於梁, 人或讒之於孝王, 孝王怒, 繫而將欲殺之. 鄒陽客游, 見讒自冤, 乃從獄中上書. 其辭曰: "臣聞忠無不報, 信不見疑, 臣常以爲然, 徒虛言爾. 昔者, 荊軻慕燕丹之義, 白虹貫日, 太子畏之; 衛先生爲秦畫長平之計, 太白蝕昂, 昭王疑之. 夫精變天地, 而信不諭兩主, 豈不哀哉? 今臣盡忠竭誠, 畢義願知, 左右不明, 卒從吏訊, 爲世所疑, 是使荊軻衛先生復起, 而燕秦不悟也. 願大王熟察之. 昔者, 玉人獻寶, 楚王誅之; 李斯竭忠, 胡亥極刑, 是以箕子狂佯, 接輿避世, 恐遭此變也. 願大王熟察玉人李斯之意, 而後楚王胡亥之聽, 無使臣爲箕子接輿所歎.

51-2. 옥중에서 임금에게 글을 올리다 2

신이 듣건대 비간(比干)은 심장이 도려내지고 오자서(伍子胥)는 말가죽 주머니에 담겨 강물에 던져졌다고 합니다. 신이 처음에는 그것을 믿지 않았지만, 마침내 지금은 그것이 사실임을 알겠습니다. 바라건대 대왕께서는 깊이 살피시어 (신을) 조금이라도 가엾게 여겨주십시오.

속담에 이르기를 '흰머리가 될 때까지도 늘 새로 만난 듯한 사람이 있는가 하면, 길거리에서 잠깐 만나고서도 오랜 친구와 같은 사람이 있다'라고 했습니다. 어째서 그렇겠습니까? 이는 바로 상대방의 마음을 아느냐 알지 못하느냐에 달렸습니다. 그래서 번오기(樊於期)는 진나라에서 도망쳐 연나라로 가서 형가에게 자신의 머리를 베어줌으로써 연나라 태자 단이 진나라 임금을 죽이려 했던 일을 받들도록 했고, 왕사(王奢)는 제(齊)나라에서 도망쳐 위(魏)나라로 가서는 성에 올라 스스로 목숨을 끊음으로써 제나라를 물리치고 위나라를 보존하도록 했습니다. 무릇 왕사와 번오기는 각각 제나라나 진나라와 새로운 관계를 맺은 것도 아니고 연나라와 위나라와 오랜 인연이 있었던 것도 아니었습니다. 그들이 제나라와 진나라를 떠나 연나라 태자와 위나라 임금을 위해 목숨을 바친 것은, 그 주군들의 행위가 자신들의 뜻과 합치하고 마땅함을 사모하는 바가 끝이 없었기 때문입니다.

이런 이유 때문에 소진(蘇秦)은 천하에서 믿음을 얻지 못했지만, 연나라를 위해 미생(尾生)처럼 믿음을 지켰고, (중산의 장수였던) 백규(白圭)는 싸워서 성 6개를 잃은 다음에 (위나라로 도망쳐) 위(魏)나라를 위해 중산(中山)을 함락시켰습니다. 어째서 그렇겠습니까? 이는 두 주군과 두 신하가 심장을 도려내고 간을 잘라내듯이 서로를 믿었기 때문입니다. 어찌 근거 없는 말[浮辭=虛言]에 마음이 움직였겠습니까?
부사   허언

臣聞, 比干剖心, 子胥鴟夷, 臣始不信, 乃今知之. 願大王熟察之, 少加憐焉. 諺曰: '有白頭而新, 傾蓋而故.' 何則? 知與不知也. 昔者, 樊於期逃秦之燕, 籍荊軻首以奉丹之事; 王奢去齊之魏, 臨城自剄, 以卻齊而存魏. 王奢樊於期, 非新於齊秦, 而故於燕魏也, 所以去二國, 死兩君者, 行合於志, 而慕義無窮也. 是以蘇秦不信於天下, 爲燕尾生, 白圭戰亡六城, 爲魏取中山, 何則? 誠有以相知也. 蘇秦相燕, 燕人惡之於燕王,

燕王按劍而怒, 食之以駃騠: 白圭顯於中山, 中山人惡之於魏文侯, 文
侯投以夜光之璧. 何則? 兩主二臣, 剖心析肝相信, 豈移於讒辭哉!

51-3. 옥중에서 임금에게 글을 올리다 3

그래서 여자는 아름답든 추하든 후궁으로 들어가면 질투[妒=妬]
를 받게 되고, 선비는 뛰어나든 그렇지 못하든 조정에 들어가면 시샘
[嫉]을 받게 되기 마련입니다. 옛날에 사마희(司馬喜)는 송나라에서
발꿈치를 잘리는 형벌을 받았지만 결국 중산에서 재상이 됐고, 범수
(范雎)는 위(魏)나라에서 갈비뼈가 부러지고 이빨이 부서졌으나 결국
(진나라의) 응후(應侯)가 됐습니다. 이 두 사람은 다 자신들의 계획이
반드시 그렇게 되리라는 것을 믿어 사사로이 붕당을 만들려는 마음
을 버리고 홀로 자신을 세웠기 때문에 질투하고 시샘하는 사람들로
부터 벗어날 수 있었습니다. 그래서 신도적(申徒狄)은 (은나라 주왕(紂
王)이 자신의 간언을 받아들여 주지 않자 그를 깨우칠 목적으로) 큰 돌을 끌
어안고 강물에 몸을 던졌고, 서연(徐衍)은 돌을 등에 지고 바다로 뛰
어들었던 것입니다. (이들은) 세상이 그들을 받아주지 않더라도 의로
움에 입각했기 때문에 구차스럽게 조정에서 붕당을 만들어 주상의
마음을 바꾸려 들지는 않았습니다.

그러므로 백리해(百里奚)는 길에서 걸식했지만, 진(秦)나라 목공
(穆公)은 그에게 정사를 맡겼고, 영척(甯戚)은 수레 밑에서 소를 먹이
고 있었지만, 제(齊)나라 환공(桓公)은 그에게 나라를 맡겼습니다. 이
두 사람이 어찌 조정에서 평소 벼슬을 하며 주위 사람들의 칭찬에 힘

입은 다음에야 두 임금이 그들을 썼겠습니까? 마음이 서로 통하고 행동이 서로 합치되면 아교나 옻으로 칠한 것보다 더 견고해져서 형제라도 그들을 갈라놓을 수가 없으니, 어찌 다른 사람들의 말에 혹할 리 있겠습니까?

故女無美惡, 居宮見妬; 士無賢不肖, 入朝見嫉. 昔司馬喜臏於宋, 卒相中山; 范雎拉脅折齒於魏, 卒爲應侯. 此二人者, 皆信必然之畫, 捐朋黨之私, 挾孤獨之交, 故不能自免於嫉妬之人也. 是以申屠狄蹈流之河, 徐衍負石入海, 不容於世, 義不苟取, 比周於朝, 以移主上之心. 故百里奚乞食於道路, 繆公委之以政, 寧戚飯牛車下, 而桓公任之以國. 此二人者, 豈藉官於朝, 假譽於左右, 然後二主用之哉! 感於心, 合於行, 堅於膠漆, 昆弟不能離, 豈惑於衆口哉!

51-4. 옥중에서 임금에게 글을 올리다 4

따라서 한쪽 말만 들으면 간사함이 생겨나고, 한 사람에게 모든 것을 맡기면 어지러움이 생겨나는 법입니다. 옛날에 노(魯)나라는 계손(季孫)의 말만 듣고서 공자를 내쫓았고 송(宋)나라는 자염(子冉)의 계책만 믿고서 묵적(墨翟)을 감옥에 가두었으니, 무릇 공자와 묵적의 (뛰어난) 말솜씨로도 참소하고 아첨하는 자[讒諛]로부터 스스로 벗어날 수 없었고 두 나라는 위태로워졌습니다. 어째서 그렇겠습니까? 여러 사람의 입은 쇠라도 녹일 수 있고, 헐뜯는 말이 쌓이면 뼈라도 녹일 수 있기 때문입니다. 진(秦)나라는 오랑캐 사람 유정(由呈=由余)을 써서 중국을 제패했고, 제나라는 월나라 사람 자장(子臧)을 써서 위왕(威王)과 선왕(宣王)을 강대하게 할 수 있었습니다. 이 두 나라가 어찌 풍속에 얽매여 이끌리거나 한쪽으로 치우친 근거 없는 말에 사로잡힌 일이 있었겠습니까? 공정하게 듣고 여러 쪽을 나란히 보았기 때문에 한 시대에 광명을 드리울 수 있었던 것입니다. 따라서 뜻이 맞으면 호(胡)나 월(越)나라 사람도 형제가 될 수 있으니 유여나 자장이 바로 이런 경우이고, 뜻이 맞지 않으면 골육지친이라도 원수가 될 수 있으니 요임금의 아들 단주(丹朱), 순임금의 아우 상(象), 주공의 아우 관숙(管叔)과 채숙(蔡叔)이 바로 그런 경우입니다. 지금 임금께서 진실로 제나라와 진나라의 눈 밝음[明]을 쓰시고 송나라와 노나라처럼 듣는 것[聽]을 뒤에 버려두시면 오패(五伯)는 말할 것도 없고 삼왕(三王)까지도 얼마든지 쉽게 다다를 수 있을 것입니다.

이렇기 때문에 빼어난 임금은 깊이 깨닫는 바가 있어서 (간신배인) 자지(子之)의 마음을 덜어내고 전상(田常) 같은 (간신으로서의) 뛰어남[賢]을 좋아하지 않습니다. (주나라 무왕은) 비간(比干)의 후손을 봉해주고 주왕(紂王)에게 배가 갈려 죽은 임산부의 무덤을 손질해주었기 때문에 그의 공업이 천하를 덮고도 남았습니다. 어째서 그렇겠습니까? 좋은 일을 하고자 함을 싫증 내지 않았기 때문입니다.

저 진(晉)나라 문공은 자신의 원수(-발제(勃鞮))를 제 몸과 같이 여김으로써 제후들의 강력한 패자[强伯]가 됐고, 제(齊)나라 환공은 자신의 원수(-관중(管仲))를 써서 천하를 바로잡았습니다. 어째서 그렇겠습니까? (원수를) 자애롭고 어질고 성대하고 조심하는 마음[慈仁殷勤]으로 대해주었기 때문이니, 이는 공허한 말로 꾸며낼 수 있는 것이 아닙니다.

故偏聽生姦, 獨任成亂. 昔魯聽季孫之說逐孔子, 宋信子冉之計逐墨翟,
夫以孔墨之辯, 而不能自免於讒諛, 而二國以危. 何則? 衆口鑠金, 積毀
銷骨. 是以秦用戎人由余而霸中國, 齊用越人子臧而強威宣, 此二國豈
拘於俗, 牽於世, 繫奇偏之辭哉! 公聽並觀, 垂名當世. 故意合, 則胡越
爲兄弟, 由余子臧是也; 不合, 則骨肉爲仇讎, 朱象·管蔡是也. 今人主
如能用齊秦之明, 後宋魯之聽, 則五伯不足侔, 三王易爲比也. 是以聖王
覺悟, 捐子之心, 能不說於田常之賢. 封比干之後, 脩孕婦之墓, 故功業
覆於天下. 何則? 欲善無厭也. 夫晉文公親其讎, 而強霸諸侯; 齊桓公用
其仇, 而一匡天下, 何則? 慈仁殷勤, 誠加於心, 不可以虛辭借也.

51-5. 옥중에서 임금에게 글을 올리다 5

저 진나라는 상앙(商鞅, ?~기원전 338년)[20]의 법을 쓰기에 이르자
동쪽으로 한(韓)나라와 위(魏)나라를 약화시켜 마침내 천하에서 가
장 강대한 나라로 우뚝 서게 되었지만 결국 상앙을 거열형에 처했습
니다. 월나라는 대부 종(種)의 계책을 써서 오나라 임금을 사로잡고
중국의 패자가 되었지만, 종을 주륙했습니다. 이 때문에 손숙오(孫叔
敖)는 세 번이나 재상의 자리에서 물러났지만 후회하지 않았고, 오릉

---

20 전국시대(戰國時代) 진(秦)나라의 정치가. 진나라 효공에게 채용되어 부국강병의 계책을
    세워서 여러 방면에 걸친 변법(變法)을 단행해 후일 진 제국 성립의 기반을 세웠다. 20년간
    진나라의 재상(宰相)으로 있으면서 엄격한 법치주의 정치를 펼쳐 나라를 강국으로 성장시
    켰으나, 한편으로는 그 때문에 많은 사람의 원한을 샀다. 기원전 338년 효공이 죽고 아들
    인 혜문왕(惠文王)이 즉위하자 상앙은 반역죄로 몰려서 체포되어 처형되었다.

(於陵)의 자중(子仲)은 삼공의 자리도 사양한 채 다른 사람의 집에서 정원에 물이나 주는 일을 했습니다. 지금 임금께서 진실로 교만하고 방자한 마음을 없애고 (공이 있는 사람에게) 보답하겠다는 마음을 품고서 뱃속을 열어 속내를 보여주고 간과 쓸개까지 내줌으로써 다움을 베풀고 끝까지 함께하며 선비에게 모든 것을 아낌없이[不愛] 내어
불애
주신다면 (포악스러운) 걸왕의 개마저도 요임금을 향해 짖게 할 수 있고 (유명한 도둑인) 도척의 손님이라도 허유를 찔러 죽이게 할 수 있을 터이니, 하물며 만승의 권력을 가지시고 빼어난 임금의 자질을 갖추신 분이라면 어떻겠습니까? 그렇다면 형가가 연나라 태자 단을 위해 진나라 왕을 찔러 죽이려다 실패해서 그의 온 집 안이 연좌되어 죽은 일이나, 요리(要離)가 오나라 왕 합려의 부탁으로 공자 경기(慶忌)를 죽이려고 했을 때 먼저 경기가 자신을 믿게 하기 위해 일부러 죄를 짓고서 합려에게 자신의 오른팔을 자르고 처자식을 불태워 죽이도록 한 일은 말할 필요도 없을 것입니다.

명월주(明月珠)와 야광벽(夜光璧)을 몰래 길에 던져놓으면 칼을 쥐고서 서로 곁눈질하지[眄] 않는 사람이 없는 것은 어째서입니까? 아
면
무런 까닭 없이 눈앞에 보배가 나타났기 때문입니다. 구불구불한 나무뿌리일지라도 만승의 그릇이 될 수 있는 까닭은 좌우에 있는 사람들이 먼저 그 모양을 꾸미기 때문입니다. 그렇기 때문에 아무런 까닭 없이 눈앞에 나타나면 수주(隋珠)나 화벽(和璧)이라고 해도 원한만 살 뿐 고마워하지 않을 것이지만, 어떤 사람이 미리 말을 해준다면 마른 나무와 썩은 등걸일지라도 공을 세워 잊히지 않으려 할 것입니다. 지금 저 천하의 벼슬도 없는 선비[布衣之士]들은 곤궁한 지경에 있기 때
포의 지 사
문에 요(堯)임금과 순(舜)임금의 도리를 알고 이윤(伊尹)과 관중(管仲)

의 말솜씨를 지니며 관룡봉(關龍逢)과 비간의 뜻을 품고 있다 해도 평소 용납될 수 있는 어떤 주변 세력도 갖고 있지 못하기 때문에, 아무리 온 영혼을 다 쏟아 당대의 임금에게 충성을 바치고 싶어 하더라도 임금은 반드시 칼을 쥐고서 노려볼 것입니다. 이는 벼슬도 없는 선비를 마른나무와 썩은 등걸의 쓰임[資]만도 못하게 만듭니다.

至夫秦用商鞅之法, 東弱韓魏, 立強天下, 而卒車裂商君; 越用大夫種之謀, 擒勁吳, 霸中國, 卒誅其身. 是以孫叔敖三去相而不悔; 於陵仲子辭三公, 爲人灌園. 今世主誠能去驕傲之心, 懷可報之意, 披心腹, 見情素, 墮肝膽, 施德厚, 終與之窮通, 無愛於士, 則桀之狗, 可使吠堯, 跖之客, 可使刺由. 況因萬乘之權, 假聖王之資乎? 然則荊軻之沈七族, 要離燔妻子, 豈足爲大王道哉! 明月之珠, 夜光之璧, 以闇投入於道路, 衆無不按劍相眄者, 何則? 無因至前也. 幡木根柢, 輪囷離奇, 而爲萬乘器者, 以左右先爲之容也. 故無因而至前, 雖出隨侯之珠, 夜光之璧, 祇足以結怨而不見德, 故有人先游, 則以枯木朽株, 樹功而不忘. 今使天下布衣窮居之士, 身在貧賤, 雖蒙堯舜之術, 挾伊管之辯, 素無根柢之容, 而欲竭精神, 開忠信, 輔人主之治, 則人主必襲按劍相眄之跡矣. 是使布衣不得當枯木朽株之資也.

51-6. 옥중에서 임금에게 글을 올리다 6

이 때문에 빼어난 임금이 세상에 제도를 펴고 풍속을 바로잡으려 할 때는 오직 도공이 돌림판 위에서 여러 그릇을 만들듯이 바뀌 나갑니다. 그래서 비루하고 현란한 말에 이끌리거나 많은 사람의 입에 오르내리는 말에 마음을 빼앗기는 일이 없는 것입니다. 그러므로 진시황은 중서자(中庶子) 몽가(蒙嘉)의 말만 듣고서 형가의 말을 믿었다가 몰래 감춰 둔 비수에 찔릴 뻔했으나, 주나라 문왕은 경수(涇水)와 위수(渭水) 가에서 사냥하다가 여상(呂尙)을 만나서 수레에 태워 돌아와 그의 도움으로 천하를 다스리는 왕이 됐습니다.

진나라는 좌우를 믿었다가 죽을 뻔했지만, 주나라 문왕은 까마귀가 한곳에 모여 앉듯이 우연히 여상을 등용해서 제왕이 됐습니다. 어째서 그렇겠습니까? 주나라 문왕은 속박되는 말 따위를 넘어서고 어느 하나에 한정되지 않는 의견을 발휘해서 오직 밝고 넓은 도리를 내다볼 수 있었기 때문입니다. (그런데) 지금 임금께서는 아첨해 따르는 말에 빠지고 휘장 안에 있는 애첩들의 견제에 이끌려서 뛰어난 선비들을 대우하는 것이 마치 소와 천리마를 똑같은 먹이로 기르는 것과 다름없으니, 이것이 바로 포초(鮑焦)[21]가 세상에 대해 분노하면서 부귀의 즐거움에 머무르지 않았던 까닭입니다.

신이 듣건대 '의관을 잘 갖추고 조정에 들어오는 사람은 사사로운 이익을 위해 의로움을 더럽히지 않고, 명예를 갈고닦는 사람은 사사로운 욕심을 위해 행실을 그르치지 않는'라고 했습니다. 그래서 중

---

21 주(周)나라 때 사람으로, 은사(隱士)다. 깨끗함을 지켜 세상과 임금을 비난하면서 스스로 밭을 갈아서 먹고 우물을 파서 마시면서 아내가 짠 베로 만든 옷이 아니면 입지 않았다. 자공(子貢)이 그를 만나서 나라도 임금도 인정하지 않는 자가 어찌 그 이익을 받느냐고 말하자 "염사(廉士)는 나아감을 신중히 하고 물러섬을 가벼이 하며, 현인은 쉽게 부끄러워하고 죽음을 가벼이 한다"라고 하면서 나무를 안은 채 서서 말라 죽었다. 그에 관한 이야기는 뒤에 따로 나온다.

자(曾子)는 마을의 이름이 (어머니를 이긴다는 뜻의) 승모(勝母)인 곳에 들어가지 않았고, 묵자(墨子)는 마을의 이름이 (주왕(紂王)의 음탕한 음악의 제목과 같은) 조가(朝歌)인 곳에서 수레를 되돌렸습니다. (그런데) 지금 임금께서는 천하의 탁월한 선비[寥廓之士]들을 위엄 갖춘 무거운 권세로써 눌러 엎드리게 만들고 세력 있는 지위만을 제일로 쳐서 위협함으로써 얼굴을 돌려 행실을 더럽히면서까지 아첨을 좋아하는 사람들을 섬기게 하고, 좌우에는 오직 가까운 사람들만 두려 합니다. 이리되면 (뜻 있는) 선비들은 바위굴 속에 엎드려 죽을 수밖에 없으니, 어찌 정성과 신명을 다해 대궐로 종종걸음을 쳐서 들어가는 자가 있겠습니까?"

글이 효왕에게 올라가자 효왕은 양을 풀어주고 마침내 상객(上客)으로 삼았다.

是以聖王制世御俗, 獨化於陶鈞之丘, 能不牽乎卑亂之言, 不惑乎衆多之口. 故秦皇帝任中庶子蒙之言, 以信荊軻之說, 故匕首竊發, 周文王校獵涇渭, 載呂尙而歸, 以王天下. 秦信左右而弒, 周用烏集而王, 何則? 以其能越攣拘之語, 馳域外之議, 獨觀於昭曠之道也. 今人主沈於諂諛之辭, 牽於帷墻之制, 使不羈之士, 與牛驥同皁, 此鮑焦之所以忿於世, 而不留於富貴之樂也. 臣聞, 盛飾以朝者, 不以私行義; 砥礪名號者, 不以利傷行. 故里名勝母, 而曾子不入; 邑號朝歌, 墨子回車. 今使天下寥廓之士, 籠於威重之權, 脅於勢位之貴, 回面汙行, 以事諂諛之人, 求親近於左右, 則士有伏死崛穴巖藪之中耳, 安有盡精神而趨闕下者哉!"書奏孝王, 孝王立出之, 卒爲上客.

【권4】 잡사 4(雜事四)

이런저런 이야기 (4)

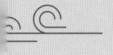

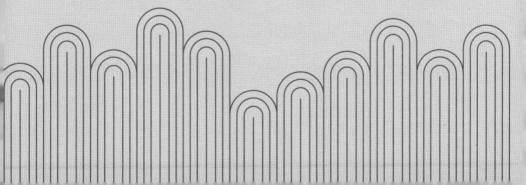

52. 자기보다 뛰어난 사람을 맞는 자리에 천거해 쓰도록 하다

관중이 제나라 환공에게 말했다.

"무릇 밭을 개간해서 고을을 처음 만들고 밭을 넓혀 곡식을 심어서 땅의 이로움을 남김없이 다하게 하는 일은 신이 영척(甯戚)만 못하니 (그를) 전관(田官)으로 두실 것을 청합니다. 오르내릴 때 읍해 양보하며 나아가고 물러서는 것이 숙달되어 있는 바는 신은 습붕(隰朋)보다 못하니 대행(大行)으로 두실 것을 청합니다. 조정에 일찍 들어와 늦게 나가고 임금의 안색을 범하면서도 나아가서 간언하는 것이 반드시 충성스러우며 부귀도 중하게 여기지 않고 죽음도 피하지 않는 일은 신이 동곽아(東郭牙)만 못하니 간신(諫臣)으로 두실 것을 청합니다. 옥사를 결정할 때 어느 쪽에도 치우치지 않으며 죄가 없으면 꾸며 대지 않고 허물이 없으면 죽이지 않는 일은 신이 현녕(弦寧)보다 못하니 대리(大理)로 두실 것을 청합니다. 너른 들과 넓은 동산에서 수레바퀴를 매지 못하고 병사들이 미처 등도 돌리지 못했지만, 북을 치면 삼군의 병사들이 죽음을 마치 집에 돌아가는 듯 보게 하는 일은 신이 왕자성보(王子成甫)만 못하니 대사마(大司馬) 관직에 두실 것을 청합니다. 임금께서 나라를 다스리고 군사를 강하게 하고 싶으시다면 이 다섯 사람이면 충분하고, 만약 패왕이 되고 싶으시다면 저 관이오가 여기 있습니다."

관중은 능히 사람 볼 줄을 알았고 환공은 능히 뛰어난 사람에게 일을 맡길 줄 알았으니 아홉 차례 제후들을 모은 까닭이며, 한 번에 천하를 바로잡는 데 병사와 수레를 쓰지 않은 것은 관중의 공로다.

『시』(「대아(大雅)·문왕(文王)」편)에 이르기를 "많고 많은 선비가 있어 문왕이 편안하도다"라고 했으니, 환공이 아마도 이와 비슷할 것이다.

管仲言齊桓公曰: "夫墾田刱邑, 闢田殖穀, 盡地之利, 則臣不若甯戚, 請置以爲田官. 登降揖讓, 進退閑習, 則臣不若隰朋, 請置以爲大行. 蚤 入晏出, 犯君顏色, 進諫必忠, 不重富貴, 不避死亡, 則臣不若東郭牙, 請 置以爲諫臣. 決獄折中, 不誣無罪, 不殺無辜, 則臣不若弦寧, 請置以爲 大理. 平原廣圍, 車不結軌, 士不旋踵, 鼓之而三軍之士, 視死若歸, 則 臣不若王子成甫, 請署以爲大司馬. 君如欲治國強兵, 則此五子者足矣, 如欲霸王, 則夷吾在此." 夫管仲能知人, 桓公能任賢, 所以九合諸侯, 一匡天下, 不用兵車, 管仲之功也. 詩曰: "濟濟多士, 文王以寧", 桓公其 似之矣.

53. 임금이 뛰어난 이를 믿고 쓰면 억지로 하지 않아도 다스려진다

유사(有司-해당 부서)가 제나라 환공에게 일을 청하니 환공이 말했다.
"중보(仲父-환공이 관중을 높여 부른 칭호)에게 보고하라!"
유사가 또 청하자 환공이 말했다.
"중보에게 보고하라."
이와 같은 일이 세 번 있었다.

곁에서 모시는 자가 말했다.

"첫 번째에도 중보에게 보고하라 하고 두 번째에도 중보에게 보고하라 하시니, 쉽습니다! 임금 노릇 하기가!"

환공이 말했다.

"내가 중보를 얻지 못했을 때는 어려웠지만, 이미 중보를 얻고 나서는 어찌 그것이 쉽지 않겠는가!"

그래서 왕이 된 자는 사람을 얻기 위해 힘을 쓰고, 뛰어난 이를 얻으면 일이 쉬워진다. 순임금이 자리에 있을 때 여러 뛰어난 이를 들어 쓰자, 의상을 길게 드리우고 자기 몸을 공손히 하면서 아무것도 하지 않아도 천하가 다스려졌다.[1]

탕왕과 문왕이 이윤과 여상을 쓰고 성왕이 주공과 소공을 쓰자 형벌이 있어도 쓸 필요가 없었고 병사는 누워서 움직이지 않아도 되었으니, 여러 뛰어난 사람을 썼기 때문이다.

환공이 관중을 쓴 것은 작은 일이었기 때문에 패자에는 이르렀지만, 왕도를 행하는 임금이 될 수는 없었다. 그래서 공자가 말하기를 "관중은 그릇이 작았도다!"[2]라고 했으니, 이는 대개 환공을 만난 것

---

1 『논어』「위령공(衛靈公)」편 4는 이를 말한 것이다.
   공자가 말했다. "무위(無爲)하면서 잘 다스린 자는 아마도 순(舜)임금일 것이다. 무릇 무엇을 했던가? 자기 몸을 공손히 하면서 바르게 남면(南面)했을 뿐이다."
2 논어』「팔일(八佾)」편 22에 나오는 말이다.
   공자가 말했다.
   "관중(管仲)은 그릇이 작았도다!"
   어떤 사람이 말했다.
   "관중은 검박했습니까?"
   공자가 말했다.
   "관중은 삼귀(三歸)를 두었고 가신들 일을 통합해 겸직시키지 않았으니, 어찌 검박했다고

은 좋게 여겼지만, 왕도를 행하는 임금으로 만들지 못한 것을 애석하게 여긴 것이다. 눈 밝은 임금을 만났더라면 그렇지 않고 쓰이는 바가 컸으리라.

『시』(「대아(大雅)·문왕(文王)」편)에 이르기를 "많고 많은 선비가 있어 문왕이 편안하도다"라고 했으니, 이를 일러 말한 것이다.

有司請事於齊桓公, 桓公曰: "以告仲父." 有司又請, 桓公曰: "以告仲父." 若是者三. 在側者曰: "一則告仲父, 二則告仲父, 易哉爲君." 桓公曰: "吾未得仲父則難, 已得仲父, 曷爲其不易也." 故王者勞於求人, 佚於得賢. 舜擧衆賢在位, 垂衣裳, 恭己無爲, 而天下治. 湯文用伊·呂, 成王用周·邵, 而刑措不用, 兵偃而不動, 用衆賢也. 桓公用管仲則小也, 故至於霸, 而不能以王. 故孔子曰: "小哉, 管仲之器", 蓋善其遇桓公, 惜其不能以王也. 至明主則不然, 所用大矣. 詩曰: "濟濟多士, 文王以寧", 此之謂也.

54. 어진 신하에게 기대하는 것

공계성(公季成)[3]이 위(魏)나라 문후(文侯)에게 일러 말했다.
"전자방(田子方)[4]은 비록 뛰어난 사람이지만 봉토가 있는 군후가 아닌데도 임금께서는 늘 예를 가지런히 하며 함께하시니, 가령 자방보다 뛰어난 사람이 있다면 임금께서는 또 무엇을 더해주시겠습니까?"

문후가 말했다.

"자방과 같은 사람에게서 의견을 얻는 바를 기대하지 않는다. 자방은 어진 사람이다. 어진 사람이란 나라의 보물이고, 지혜로운 사람은 나라에서 쓰이는 기물이며, 널리 알고 두루 통하는 선비[博通士]는 나라에서 높이는 사람이다. 그래서 나라에 어진 사람이 있으면 뭇 신하들이 다투지 않고, 나라에 지혜로운 선비가 있으면 주변 제후들에 대한 근심이 없으며, 널리 알고 두루 통하는 선비가 있으면 임금이 높고 굳건함으로 들어가게 되니, (그런 이들에게는) 의견을 얻는 바를 기대하지 않는 것이다."

공계성은 스스로 교외로 물러나 사흘 동안 죄를 청했다.

公季成謂魏文侯曰: "田子方雖賢人, 然而非有土之君也, 君常與之齊禮, 假有賢於子方者, 君又何以加之?" 文侯曰: "如子方者, 非成所得議也. 子方, 仁人也. 仁人也者, 國之寶也; 智士也者, 國之器也; 博通士也者, 國之尊也. 故國有仁人, 則群臣不爭, 國有智士, 則無四鄰諸侯之患, 國有博通之士, 則入主尊固, 非成之所議也." 公季成自退於郊三日請罪.

라 문후(文侯)의 스승이 되었다.

55. 그가 올리는 사람을 보라

위나라 문후에게는 계성(季成)이라는 이름의 동생과 적황(翟黃, 翟璜)이라는 이름의 벗이 있었다. 문후가 그들을 재상으로 삼고 싶었으나 결정할 수 없어서 이극(李克)[5]에게 물었더니, 극이 대답해 말했다.

"임금께서 만일 재상을 두려 하신다면, 그래서 묻건대 악상(樂商)과 왕손구단(王孫苟端) 중 누가 뛰어납니까?"

문후가 "좋은 질문이다"라고 말했다.

왕손구단은 덕이 모자랐는데 적황이 올렸고, 악상은 뛰어났는데 계성이 올렸다. 그런 까닭에 계성이 재상이 되었다. 사람을 볼 줄을 알면 사리에 밝으며 뛰어난 이를 올리면 높은 상을 받으니, 계성은 뛰어난 이를 알아보았기 때문에 문후가 재상으로 삼은 것이다. 계성, 적황 모두 가까운 신하 또는 혈족이었지만, 올리는 자의 뛰어남으로 분별했으니 이극 말이 바르다 할 것이다.

魏文侯弟曰季成, 友曰翟黃. 文侯欲相之而未能決, 以問李克, 克對曰: "君若置相, 則問樂商與王孫苟端庸賢?" 文侯曰: "善." 以王孫苟端爲不肖, 翟黃進之; 樂商爲賢, 季成進之, 故相季成. 故知人則哲, 進賢受上賞, 季成以知賢, 故文侯以爲相. 季成, 翟黃, 皆近臣親屬也, 以所進者賢別之, 故李克之言是也.

---

5 전국시대 초기 위(魏)나라 사람으로, 자하(子夏)의 제자다. 위나라 문후(文侯)가 중산(中山)을 멸하고 태자 격(擊)을 중산군(中山君)에 임명했을 때 적황(翟璜)의 천거로 중산상(中山相)이 되었다.

56. 사람을 넓고 고르게 올리도록 해야 한다

맹상군(孟嘗君)⁶이 백규(白圭)⁷에게 물었다.

"위나라 문후는 명성이 환공보다 더한데도 공업이 오패(五霸)에 미치지 못하는 것은 어째서입니까?"

백규가 대답해 말했다.

"위문공은 자하(子夏)를 스승으로 모셨고 전자방을 벗으로 두었으며 단간목을 공경했으니, 이것이 명성이 환공을 넘는 까닭입니다. 재상을 고를 때 말하기를 '계성과 적황 중에 누가 쓸 만한가?'라고 했으니, 이것이 바로 공로가 패자 중의 으뜸이 되지 못한 까닭입니다. 사사로이 아끼는 사람을 가지고서 공적으로 천거하는 것을 막았으니, 직분에 있는 자들이 그 일에 감히 무어라 할 수 없었기 때문에 공로가 없어졌습니다. 그러나 이름이 드러나서 영예로운 것은 세 선비가 날개를 달아준 것입니다. 만일 세 선비를 재상으로 삼았더라면 왕도를 행하는 임금의 공업이 이뤄졌을 것이니, 어찌 단지 패자이겠습니까!"

孟嘗君問於白圭曰: "魏文侯名過於桓公, 而功不及五伯, 何也?" 白圭
對曰: "魏文侯師子夏, 友田了方, 敬段干木, 此名之所以過於桓公也. 卜

---

6 전국시대 제(齊)나라 사람으로, 공족(公族)이고 전국시대 말기 사군(四君)의 한 사람이다. 맹상군은 시호 또는 봉호라고도 한다. 전영(田嬰)의 아들이고, 아버지의 봉작(封爵)을 이어 설공(薛公)으로 불렸으며, 제나라에서 재상을 지냈다. 선왕(宣王)의 서제(庶弟)인 아버지의 뒤를 이어, 설(薛) 땅에서 천하의 인재들을 모아 후하게 대접해 명성과 실력을 과시했다. 식객(食客)이 1000여 명을 헤아렸다.

7 전국시대 주(周)나라 사람이다.

相則曰: '成與黃庸可', 此功之所以不及王伯也. 以私愛妨公擧, 在職者不堪其事, 故功廢, 然而名號顯榮者, 三士翊之也. 如相三士, 則王功成, 豈特霸哉!"

57. 임금과 신하의 역할

진나라 평공(平公, ?~기원전 532년)이 숙상(叔尙)에게 물어 말했다.

"옛날에 제나라 환공은 아홉 번 제후를 모으고 한 번에 천하를 바로잡았다는데, 임금의 공인지 신하의 공인지 알지 못하겠다."

숙상이 대답해 말했다.

"관중은 마름질하고 자르는 것을 잘했고 습붕은 깎아내고 꿰매는 일을 잘했으며 빈서무(賓胥無)는 옷 끝의 마무리를 잘했으니, 환공은 옷 입는 것을 알 뿐이었습니다. 진실로 그 신하들의 힘입니다."

사광이 옆에서 모시면서 말했다.

"신이 5가지 맛을 가지고 비유해보겠습니다. 관중은 끊고 자르는 일을 잘했고 습붕은 굽고 볶는 것을 잘했으며 빈서무는 맛을 가지런히 하여 조화롭게 하는 일을 잘했습니다. 국이 익으면 받들어 올리는데, 임금이 먹지 않겠다면 누가 능히 억지로 먹일 수 있겠습니까? 진실로 임금의 힘입니다."

晉平公問於叔尙曰: "昔者齊桓公九合諸侯, 一匡天下, 不識其君之力乎? 其臣之力乎?" 叔尙對曰: "管仲善制割, 隰朋善削縫, 賓胥無善純緣, 桓公知衣而已. 亦其臣之力也." 師曠侍曰: "臣請譬之以五味. 管仲善斷割之, 隰朋善煎熬之, 賓胥無善齊和之. 羹以熟矣, 奉而進之, 而君不食, 誰能強之. 亦君之力也."

58. 임금이 한 말의 무게 - 제환공

옛날에 제나라 환공과 노나라 장공(莊公)[8]이 가(柯) 땅에서 회맹하려 할 때, 노나라 대부 조귀(曹劌)가 장공에게 일러 말했다.

"제나라가 노나라를 침략해서 성 밑까지 이르러, 성이 무너지고 경계까지 바짝 밀린 것은 임금께서 의도하신 것이 아니겠지요?"

장공이 말했다.

"아! 과인의 삶이 죽음만 못했다."

조귀가 말했다.

"그렇다면 임금께서는 그 임금을 대등하게 청해야 하고, 신하는 그 신하들을 대등하게 청해야 합니다."

마침내 만나자 두 임금이 단으로 나아갔는데, 둘이 서로 읍할 때 조귀가 손에 든 칼을 빼어 들고 나아가 단 위에서 환공을 압박하며 말했다.

"성을 무너뜨리고 경계까지 바짝 다가온 것은 임금께서 의도하신

---

8   이름은 동(同)이고, 환공(桓公)의 아들이다. 9년 제나라 환공(桓公)의 요청에 따라 도망쳐 온 제나라 공자(公子) 규(糾)를 죽이고 관중(管仲)을 제나라로 송환했다. 다음 해 조귀(曹 劌)의 계획에 따라 장작(長勺)에서 제나라 군사를 격파했다. 13년 제나라와 가(柯)에서 맹 약을 맺었다. 처음에 당씨(黨氏)의 맹임(孟任)을 받아들여 반(般)을 낳았다. 또 제애강(齊 哀姜)을 아내로 받아 부인으로 삼았지만, 자식은 없었다.

것이 아닙니까?"

관중이 말했다.

"그렇다면 그대는 무엇을 원하시오?"

조귀가 말했다.

"바라건대 문양의 땅을 청합니다."

관중이 환공에게 일러 말했다.

"임금께서는 이에 허락해주십시오."

환공이 허락했다.

조귀가 맹세할 것을 청하자 환공이 마침내 함께 맹세했다. 맹세가
끝나자 칼을 버리고 물러섰다.

좌우에서 말했다.

"강제로 맺은 맹세는 배신해도 됩니다. 조귀는 원수입니다. 청컨
대 맹세를 뒤집어서 조귀를 토벌하소서."

관중이 말했다.

"억지로 맺은 맹세는 뒤집을 수 있으나 임금이 (맹세를) 저버릴 수
는 없고 조귀가 원수가 될 수는 있지만, 임금이 원수가 될 수는 없으
니, 세상에 믿음을 드러내시기 바랍니다."

마침내 맹세를 뒤집지 않았다. 천하의 제후들이 모두 만족해하며
[翕然] 돌아갔으니, 견(鄄)에서의 회합, 유(幽)에서의 맹약 때는 제후
흡연
가운데 오지 않는 자가 없었다. 양곡(陽穀)의 회합, 관택(貫澤)의 맹약
때는 멀리 있는 나라들까지 모두 와서, 남쪽으로 가서 강한 초나라를
정벌해 푸른 띠풀 꿰미[菁茅][9]가 이르게 했고 북쪽으로 산융을 정벌
청모

---

9 띠풀의 일종으로, 삼척모(三脊茅)라고도 한다. 고대에서 청모초(菁茅草)를 볏단으로 만들

해 연나라를 위해 길을 열었다. 망해가는 나라 셋을 존속시키고 끊어진 제사 하나를 이어주었으며, 주나라 왕실을 높이고 아홉 번 제후들을 모아서 한 번에 천하를 바로잡았다. 공로가 삼왕의 다음이며 오패의 첫 번째가 되었으니, 이는 가 땅의 맹세에서 일어난 믿음에 뿌리를 둔 것이다.

昔者, 齊桓公與魯莊公爲柯之盟, 魯大夫曹劌謂莊公曰: "齊之侵魯, 至於城下, 城壞壓境, 君不圖與?" 莊公曰: "嘻! 寡人之生不若死." 曹劌曰: "然則君請當其君, 臣請留其臣." 及會, 兩君就壇, 兩相相揖, 曹劌手劍拔刀而進, 迫桓公於壇上曰: "城壞壓境, 君不圖與?" 管仲曰: "然則君何求?" 曹劌曰: "願請汶陽田." 管仲謂桓公曰: "君其許之." 桓公許之, 曹劌請盟, 桓公遂與之盟. 已盟, 摽劍而去. 左右曰: "要盟可倍, 曹劌可讎, 請倍盟而討曹劌." 管仲曰: "要盟可負, 而君不負; 曹劌可讎, 而君不讎, 著信天下矣." 遂不倍. 天下諸侯, 翕然而歸之, 爲鄄之會, 幽之盟, 諸侯莫不至焉. 爲陽穀之會, 貫澤之盟, 遠國皆來, 南伐強楚, 以致菁茅之貫; 北伐山戎, 爲燕開路, 三存亡國, 一繼絕世, 尊事周室, 九合諸侯, 一匡天下, 功次三王, 爲五伯長. 本信起乎柯之盟也.

고 그 위에 술을 부어 걸러서 제사를 지냈다. 청모는 초나라의 특산물로, 은나라를 멸하고 주나라가 서자 주나라 왕은 주 왕실의 제사에 사용될 술을 거르기 위해 매년 청모초를 공물로 바치게 했는데, 후에 주 왕실의 힘이 쇠약해지자 초나라는 청모를 바치지 않았다.

59. 임금이 한 말의 무게 - 진문공

진나라 문공이 원(原)나라를 치면서 대부들과 더불어 닷새를 기약했는데, 닷새가 지나도 원이 떨어지지 않자 문공이 영을 내려 물러나게 했다. 군리(軍吏)가 말했다.

"원 땅은 사흘이 지나지 않아서 장차 떨어질 것인데, 임금께서는 기다리지 않으십니까?"

임금이 말했다.

"원을 얻고 말을 잃는 것은 내가 하지 않는 바이다."

원의 사람들이 이를 듣고 말하기를 "임금의 마땅함이 이와 같다면 항복하지 않을 수 없다"라고 하면서 마침내 항복했다. 온(溫) 땅의 사람들도 이를 듣고 역시 항복을 청했으니, "원을 정벌하니 온이 항복했다"라는 옛말은 이를 일컬음이다. 이에 제후들이 섬겨 따르게 되니, 마침내 조(曹)나라를 치고 위(衛)나라를 벌했다. 천토(踐土) 땅에서 회합하고 온(溫) 땅에서 맹약한 뒤 남쪽으로 내려가서 강한 초나라를 깨뜨리고, 주나라 왕실을 높이 섬겨서 마침내 패자의 공업을 이루었다. (공업이) 위로 제나라 환공 다음이었으니, 이는 원을 정벌할 때 생겨난 믿음에 뿌리를 둔 것이다.

晉文公伐原, 與大夫期五日, 五日而原不降, 文公令去之. 軍吏曰: "原不過三日, 將降矣, 君不待之?" 君曰: "得原失信, 吾不爲也." 原人聞之曰: "有君義若此, 不可不降也", 遂降. 溫人聞之, 亦請降, 故曰: "伐原而溫降", 此之謂也. 於是諸侯歸之, 遂侵曹伐衛. 爲踐土之會, 溫之盟後南破強楚, 尊事周室, 遂成霸功. 上次齊桓, 本信由伐原也.

60. 임금이 한 말의 무게 - 조양자

옛날 조나라의 중모(中牟) 땅에서 반란을 일으키자 조나라 양자(襄子)¹⁰가 군대를 이끌고 그곳을 쳤는데, 포위가 끝나기도 전에 성에 스스로 무너진 담이 10개였다. 양자가 징을 쳐서 군대를 물러나게 했다. 군리가 말했다.

"주군께서 중모의 죄를 주벌하시는데 성이 스스로 무너졌으니, 이는 하늘이 돕는 일입니다. 주군께서는 어찌 물러나십니까?"

양자가 말했다.

"내가 숙향에게 듣기로 '군자는 이로울 때 사람을 능멸하지 않고 험한 곳에 사람을 밀어 넣지 않는다'라고 했다. 성을 고치게 한 후 공격하라."

중모가 그 뜻을 듣고 마침내 항복을 청했다. 『시경』(「대아(大雅)·상무(常武)」편)에 이르기를 "왕이 이미 믿음이 충만하시니 서주의 오랑캐가 이미 항복했도다"라고 한 것은 이를 일컬음이다. 양자는 드디어 지씨(知氏)를 멸망시키고 대나라를 병합해 (조나라를) 천하의 강한 나라로 만들었으니, 그 뿌리는 중모를 쳤던 일에서 말미암은 것이다.

昔者, 趙之中牟叛, 趙襄子率師伐之, 圍未合而城自壞者十堵, 襄子擊金而退士. 軍吏曰: "君誅中牟之罪, 而城自壞, 是天助也. 君曷爲去之?"

---

10 춘추시대 말기 진(晉)나라 사람으로, 조앙(趙鞅)의 아들이다. 조앙이 그가 현명한 것을 보고 태자 백로(伯魯)를 폐하고 그를 세웠다. 일찍이 대왕(代王)을 죽이기로 계획을 세우고 병사를 일으켜서 대(代) 땅을 평정했다. 조양자 4년에 지백(智伯), 한(韓), 위(魏)와 연합해 범씨(范氏)와 중항씨(中行氏)의 옛 땅을 나눠 가지고 진(晉)나라 출공(出公)을 축출했다.

襄子曰: "吾聞之於叔向曰: '君子不乘人於利, 不迫人於險.' 使之城而後攻." 中牟聞其義, 乃請降. 詩曰: "王猶允塞, 徐方既來", 此之謂也. 襄子遂滅知氏, 并代爲天下強, 本由伐中牟也.

61-1. 싸움에도 도리가 있다 1

초나라 장왕이 정나라를 쳐서 이겼다. 정나라 임금이 항복을 위해 어깨를 드러낸[肉袒] 채 왼손에는 띠로 만든 깃발을 잡고 오른손에는 휘어진 칼을 들고서 장왕을 맞이하며 말했다.

"과인은 국경을 지키는 좋은 신하가 없어서 천하의 재앙을 막지 못했습니다. 군왕이 우매해 치욕이 저희 고을에 이르게 되었으니, 임금께서 이 죄지은 사람을 불쌍히 여기시어 못 쓰는 땅이라도 내려주십시오. 오직 임금의 명을 따르겠습니다."

장왕이 말했다.

"그대가 신하에게 서로 오가는 말을 못 하게 했기 때문에, 그래서 과인으로 하여금 그대 임금의 얼굴을 보게 하고 미미한 일이 여기까지 온 것이오!"

장왕이 손수 깃발을 손에 쥐고 좌우로 흔들어 군대를 지휘해서 7리를 물러나게 하니, 장군 자중(子重)이 나아가 간언해 말했다.

"저 남쪽 영(郢)과 정나라와의 거리가 몇천 리 떨어져 있고 여러 대부 중에도 죽은 자가 몇 사람 있으며 이 전쟁에서 죽은 자가 수백 명인데, 지금 이기고도 갖지 않는 것은 부질없이 백성의 힘을 잃는 것이 아니겠습니까?"

장왕이 말했다.

"내가 듣건대 옛날에는 사발에 구멍 나지 않고 가죽이 좀먹지 않으면 밖으로 내보내지 않았다고 했으니, 이는 군자가 예를 무겁게 여기고 이익을 가볍게 여기는 것이다. 그 사람이 필요한 것이지 그 땅이 필요한 것은 아닌데, 사람들을 살던 곳에서 옮기게 하면서 죄를 없애주지 않는 것은 상서로운 일이 아니다. 내가 상서롭지 못한 것을 가지고 천하에 서게 된다면 재앙이 내 몸에 미치게 되는 것이 며칠이나 걸리겠는가."

楚莊王伐鄭, 克之. 鄭伯肉袒, 左執茅旌, 右執鸞刀, 以迎莊王, 曰: "寡人無良邊陲之臣, 以干天下之禍. 是以使君王昧焉, 辱到弊邑, 君如憐此喪人, 錫之不毛之地. 唯君王之命." 莊王曰: "君之不令臣交易爲言, 是以使寡人得見君王之玉面也, 而微至乎此!" 莊王親自手旌, 左右麾軍, 還舍七里, 將軍子重進諫曰: "夫南郢之與鄭相去數千里, 諸大夫死者數人, 斯役死者數百人, 今剋而不有, 無乃失民力乎?" 莊王曰: "吾聞之, 古者盂不穿, 皮不蠹, 不出四方, 以是君子重禮而賤利也. 要其人不要其土, 人告徙而不赦, 不祥也. 吾以不祥立乎天下, 菑之及吾身, 何日之有矣."

61-2. 싸움에도 도리가 있다 2

이윽고 진(晉)나라에서 정나라를 구하려고 온 군대가 도착해 싸움을 청했는데, 장왕이 허락하자 장군 자중이 간언을 올려 말했다.

"진나라는 강한 나라이며 길이 가까워서 (군사의) 힘이 새롭지만,

초군은 피로한 기세이니, 임금께서는 청한 바를 허락하지 말아야 합니다."

장왕이 말했다.

"안 된다. 강한 자를 내가 피하고 약한 자를 내가 위협한다면, 이래서야 과인은 천하에 설 수 없다."

마침내 군대를 돌려 진나라 군을 쫓아가서 장왕이 북채를 끌어당겨 북을 치니 진나라 군대가 크게 패했다. 진나라 사람들은 강을 건너 남쪽으로 왔다가 마침내 패하자 급히 달아나서 강을 건너 북쪽으로 가려고 했는데, 끝내 서로 배를 다퉈 칼로 찍어 끌어당기기도 하고 배 안에서 손가락으로 (뱃전을) 움켜쥐기도 했다.

장왕이 말했다.

"아! 우리 두 임금이 서로 돕지 못하는 것이지, 백성이 무슨 죄가 있겠는가!"

마침내 군대를 물려 진나라 군사들을 놓아줘 버렸다. 『시경』(「대아(大雅)·증민(烝民)」편)에 이르기를 "부드러워도 삼키지 않고 강해도 뱉지 아니하니, 홀아비와 과부를 업신여기지 않고 포악하고 사나운 자를 두려워하지 않도다"라고 했으니, 장왕을 일컬음이다.

既而晉人之救鄭者至, 請戰, 莊王許之, 將軍子重進諫曰: "晉, 強國也, 道近力新, 楚師疲勢, 君請勿許." 莊王曰: "不可. 強者我避之, 弱者我威之, 是寡人無以立乎天下也." 遂還師以逐晉寇, 莊王援枹而鼓之, 晉師大敗. 晉人來渡河而南, 及敗, 奔走欲渡而北, 卒爭舟, 而以刃擊引, 舟中之指可掬也, 莊王曰: "嘻, 吾兩君之不能相也, 百姓何罪." 乃退師, 以軼晉寇. 詩曰: "柔亦不茹, 剛亦不吐. 不侮鰥寡, 不畏強禦", 莊王之謂也.

62. 임금과 신하가 스스로를 탓하니, 위아래의 뜻이 맞자
적이 두려워하며 돌아가다

진(晉)나라 사람들이 초나라를 쳤는데, 삼사(三舍)[11]에 이르렀는데도 공격을 그치지 않자 (초나라) 대부들이 말했다.

"공격할 것을 청합니다."

장왕이 말했다.

"선군(先君-돌아가신 임금)이 계실 때는 진나라가 초나라를 치지 못했다가 내 때에 이르러 진나라가 초나라를 치게 되었으니, 이는 과인의 잘못이다. 여러 대부의 욕됨을 어떻게 해야 하겠는가?"

대부들이 말했다.

"선군이 계실 때는 진나라가 초나라를 치지 못했다가 신들의 시절에 이르러 진나라가 초나라를 치게 되었으니, 이는 신들의 잘못입니다. 공격할 것을 청합니다."

장왕이 머리를 숙이고 울다가 일어나서 여러 대부에게 절을 했다.

진나라 사람들이 이를 듣고 말했다.

"임금과 신하들이 다퉈 허물이 자기에게 있다 하고 또 임금이 그 신하들에게 자기를 낮추기를 이와 같이 하니, 이른바 위와 아래가 한 마음이고 삼군이 같은 힘을 내니 공격해서는 안 된다."

마침내 밤에 군대를 돌렸다. 공자가 이를 듣고 말했다.

"초나라 장왕은 패자이지만 아마도 도리에 맞을 것이다. 선비에게

---

11 군대의 하루 행군 거리가 평균 30리로, 이를 사(舍)라고 했다. 삼사란 90리나 진격해 온 것을 말한다.

자기를 낮춰서 한마디 말로 적을 돌아서게 하고 사직을 편안케 했으니, 그 패업이 진실로 마땅하지 않겠는가?"

『시경』(「대아(大雅)·민로(民勞)」 편)에 이르기를 "멀리 있는 사람을 너그럽게 대하고 가까이 있는 사람을 잘 길러주시니, 우리 왕으로 모셨다네"라고 한 것은 이를 일컬음이다.

晉人伐楚, 三舍不止, 大夫曰: "請擊之." 莊王曰: "先君之時, 晉不伐楚, 及孤之身, 而晉伐楚, 是寡人之過也. 如何其辱諸大夫也?" 大夫曰: "先君之時, 晉不伐楚, 及臣之身, 而晉伐楚, 是臣之罪也. 請擊之." 莊王俛泣而起, 拜諸大夫. 晉人聞之曰: "君臣爭以過爲在己, 且君下其臣猶如此, 所謂上下一心, 三軍同力, 未可攻也." 乃夜還師. 孔子聞之曰: "楚莊王霸其有方矣. 下士以一言而敵還, 以安社稷, 其霸不亦宜乎?" 詩曰: "柔遠能邇, 以定我王", 此之謂也.

63. 상을 사양하면서 공이 있는 자에게 주게 하다

진(晉)나라 문공이 장차 위나라 수도 업(鄴)을 치려고 할 때 조최(趙衰, ?~기원전 622년)[12]가 업을 이기는 방법을 말했다. 문공이 이를 써

---

12 춘추시대 진(晉)나라 사람으로, 맹자여(孟子餘)로도 불리고 시호가 성(成)이라 조성(趙成)으로도 불린다. 조성자(趙成子) 또는 성계(成季) 등으로도 썼다. 공자(公子) 중이(重耳)를 따라 외국에서 19년 동안 유랑하면서 온갖 고생과 위험을 극복했고, 중이가 귀국해 문공(文公)으로 즉위하는 것을 도운 공으로 원대부(原大夫)가 되었다. 얼마 뒤 경(卿)이 되고, 상군(上軍) 장수를 맡았다. 선진(先軫)과 난기(欒枝) 등을 천거해 진나라 문공이 패업(霸

서 업을 이기게 되자 장차 조최에게 상을 주려고 했는데, 조최가 말했다.

"임금께서는 장차 상을 끄트머리에 주시겠습니까, 상을 그 뿌리에 주시겠습니까? 그 끄트머리에 주시려면 말을 탄 사람이 있고, 뿌리에 주시려면 신은 그것을 극호(郤虎)에게서 들었습니다."

공이 극호를 불러서 말했다.

"최(衰)가 업(鄴)을 이기는 방법을 말해서 드디어 이겨 장차 상을 주려 했는데, 대개 그대에게서 들었기 때문에 그대가 마땅히 상을 받아야 한다고 했다."

극호가 대답해 말했다.

"말하기는 쉽고 행하기는 어려운데, 신은 말한 사람입니다."

공이 말했다.

"그대는 사양하지 말라."

극호가 감히 굳게 사양할 수 없어서 마침내 상을 받았다.

晉文公將伐鄴, 趙衰言所以勝鄴, 文公用之而勝鄴, 將賞趙衰. 趙衰曰: "君將賞其末乎? 賞其本乎? 賞其末則騎乘者存; 賞其本則臣聞之郤虎." 公召郤虎曰: "衰言所以勝鄴, 遂勝, 將賞之, 曰: 蓋聞之子, 子當賞." 郤虎對曰: "言之易, 行之難, 臣言之者也." 公曰: "子無辭." 郤虎不敢固辭, 乃受賞.

業)을 완성하는 일을 돕게 했다. 진나라 양공(襄公) 3년, 중군(中軍)으로 중군장(中軍將) 선차거(先且居)가 팽아(彭衙)에서 진(秦)나라 군대를 격파하는 것을 도왔다. 영공(靈公)의 왕위 옹립에 공헌한 조순(趙盾)의 아버지다.

64. 원한을 덕으로 갚다

양(梁)나라 대부 중에 송취(宋就)라는 사람이 일찍이 변경 현령이 되었는데, 초나라와 가깝게 이웃하고 있었다. 양나라 변정(邊亭 변경 주둔지 막사)과 초나라 변정에서 모두 오이를 심었는데, 각각 어느 정도 수량이 되었다. 양나라 변정 사람들은 애써 힘을 써서 여러 차례 오이에 물을 대주어 오이 모양이 좋았지만, 초나라 사람들은 게을러서[窳] 드물게 오이에 물을 대주어 오이 모양이 나빴으니, 초나라 현령이 그로 말미암아 양나라 오이 모양이 좋은 바를 가지고서 자기 정(亭)의 오이가 나쁜 것에 대해 화를 내었다. 초정의 사람들이 양정의 뛰어남을 마음속으로 미워해, 그 참에 밤에 가서 양정의 오이를 몰래 손톱으로 긁어버렸더니 모두가 죽은 것이 마치 불타버린 것 같았다. 양정에서 이를 알아채고 정의 치안 관리[亭尉]에게 가서 자신들 또한 몰래 가서 보복해 초나라 마을의 오이를 긁어버리고 싶다고 청하니, 정위가 송취에게 이를 청했다. 송취가 말했다.

"어찌 이렇게 원망과 재앙의 길을 거짓으로 꾸밀 수 있겠는가! 남이 악하다고 해서 또한 악해지려 하니, 어찌 치우침이 심한가? 만일 내가 자식들을 가르친다면 반드시 매일 저녁 다른 사람을 시켜 초정에 몰래 가서 그 오이에 물을 잘 대주게 하고는 (초정 사람들이) 알지 못하게 하겠다."

이에 양정 사람들이 마침내 매일 저녁 몰래 초정의 오이에 물을 대주었는데, 초정에서 아침이 되어 오이밭에 가보니 또 모두 물이 대어져 있었고 오이가 나날이 잘 자랐다. 초정에서 괴이하게 여겨 살펴보니 곧 양정에서 한 일이었다. 초나라 현령이 듣고 크게 기뻐하며 그 참에 갖춰서 초나라 왕에게 보고하니, 초나라 왕이 듣고는 허전하고 부끄러운 생각에 스스로 민망해하면서 관리에게 알려 말했다.

"몰래 오이를 긁은 자가 다른 죄는 짓지 않았는가? 이는 양나라가 몰래 양보한 것이다."

마침내 두터운 선물로 사례하고 양나라 왕에게 교유할 것을 청했다. 초나라 왕은 매번 이 이야기를 칭찬했고 양나라 왕은 믿음으로 보여주었으니, 옛날에 양나라와 초나라가 잘 지낸 것은 송취로 말미암아 비롯된 것이다. 항간에서 말하기를 "패배가 바뀌어서 공을 이루고, 재앙으로 인해 복이 된다"라고 했으니, 노자가 말한 "원한을 덕으로 갚는다"[13]라는 말은 이를 이름이다. 무릇 사람이 이미 좋지 못한데 어찌 본받겠는가!

梁大夫有宋就者, 嘗爲邊縣令, 與楚鄰界. 梁之邊亭, 與楚之邊亭, 皆種瓜, 各有數. 梁之邊亭人, 劬力數灌其瓜, 瓜美, 楚人窳而稀灌其瓜, 瓜惡, 楚令因以梁瓜之美, 怒其亭瓜之惡也. 楚亭人心惡梁亭之賢己, 因往夜竊搔梁亭之瓜, 皆有死焦者矣. 梁亭覺之, 因請其尉, 亦欲竊往報搔楚亭之瓜, 尉以請宋就. 就曰: "惡是何可構怨禍之道也. 人惡亦惡, 何偏之甚也. 若我教子必每暮令人往竊爲楚亭夜善灌其瓜, 勿令知也." 於是梁亭乃每暮夜竊灌楚亭之瓜, 楚亭旦而行瓜, 則又皆以灌矣, 瓜日以美. 楚亭怪而察之, 則乃梁亭之爲也. 楚令聞之大悅, 因具以聞楚王, 楚王聞之, 怒然愧以意自閔也, 告吏曰: "微搔瓜者, 得無有他罪乎? 此梁之陰讓也." 乃謝以重幣, 而請交於梁王. 楚王時則稱說, 梁王以爲

---

13 『도덕경』 제63장에 나오는 말이다.

信, 故梁楚之歡, 由宋就始. 語曰: "轉敗而爲功, 因禍而爲福", 老子曰: "報怨以德", 此之謂也. 夫人既不善, 胡足效哉!

65. 형벌과 은혜를 제대로 쓰다

양나라에 일찍이 의심스러운 옥사가 있었는데, 뭇 신하들의 절반은 죄가 마땅하다고 보았고 절반은 죄가 없다고 보았으며 양나라 왕 또한 의심스러워했다.

양나라 왕이 말했다.

"도(陶)나라 주공(朱公)[14]이 벼슬 없는 신분으로도 나라를 부유하고 가지런하게 했으니, 반드시 기이한 지혜가 있을 것이다."

마침내 주공을 불러서 물어 말했다.

"양나라에 의심스러운 옥사가 있었다. 옥리의 절반은 죄라고 보고 절반은 죄에 해당하지 않는다고 보았다. 과인도 역시 의심스러우니, 우리 그대가 이것을 판결한다면 어찌하겠는가?"

주공이 말했다.

"신은 비천한 백성으로 옥사를 다루는 일은 알지 못합니다. 비록 그러하나, 신의 집에는 흰 벽옥이 2개 있습니다. 그 색이 서로 같고 지

---

14 춘추시대 월(越)나라 공신(功臣)으로, 이름은 여(蠡-범려)다. 월왕 구천(句踐)을 도와 오왕 부차(夫差)를 쳐서 이겼지만, 높은 명성을 얻은 뒤에는 오래 머물기 어렵다고 하면서 벼슬을 내어놓고 미인 서시(西施)와 더불어 오호(五湖)에 배를 띄우고 놀았다고 한다. 나중에 치이자피(鴟夷子皮)라 자칭하며 재물을 모았다가 백성에게 나눠 주었고, 다시 도(陶) 땅으로 가서 호를 도주공이라 일컬으며 수만금을 모아 대부호가 되었다.

름도 서로 같으며 광택도 서로 같은데, 그 값이 하나는 1000금이고 다른 하나는 500금입니다."

왕이 말했다.

"지름, 색, 광택이 서로 같은데 하나는 1000금이고 하나는 500금인 것은 어째서인가?"

주공이 말했다.

"옆에서 보면 하나의 두께가 배가 넘기 때문에 1000금입니다."

양왕이 말했다.

"좋도다."

그래서 옥사가 의심스러우면 덜어내는 쪽을 따르고 상(賞)주는 것이 의심스러우면 보태어주는 쪽을 따르니[15], 양나라 사람들이 크게 기뻐했다. 이로 말미암아 보건대, 담이 얇으면 먼저 무너지고 비단이 얇으면 먼저 찢어지며 그릇이 얇으면 먼저 훼손되고 술이 엷으면 먼저 쉬게 되니, 무릇 얇으면서 세월이 가도 오래갈 수 있는 것은 거의 없다. 그러므로 나라를 갖고서 백성을 기르고 정사와 교화를 베푸는 사람은 마땅히 두텁게 해주는 것이 마땅할 뿐이다.

梁嘗有疑獄, 群臣半以爲當罪, 半以爲無罪, 雖梁王亦疑. 梁王曰: "陶之朱公, 以布衣富侔國, 是必有奇智." 乃召朱公而問曰: "梁有疑獄, 獄吏半以爲罪, 半以爲不當罪. 雖寡人亦疑, 吾子決是奈何?" 朱公曰: "臣鄙民也, 不知當獄. 雖然, 臣之家有二白璧, 其色相如也, 其徑相如也,

---

15 『서경』「대우모(大禹謨)」에 나오는 "죄가 의심스러우면 가볍게 쓰고, 공이 의심스러우면 무겁게 내려주어라. 차라리 법을 굽히는 것이 낫다"와 정신이 통한다.

其澤相如也. 然其價, 一者千金, 一者五百金." 王曰: "徑上色澤相如也,
一者千金, 一者五百金, 何也?" 朱公曰: "側而視之, 一者厚倍, 是以千
金." 梁王曰: "善." 故獄疑則從去, 賞疑則從與, 梁國大悅. 由此觀之, 牆
薄則前壞, 繒薄則前裂, 器薄則前毀, 酒薄則前酸, 夫薄而可以曠日持
久者, 殆未有也. 故有國畜民施政教者, 宜厚之而可耳.

66. 어진 마음으로 거머리를 먹다

초나라 혜왕(惠王, ?~기원전 432년)[16]이 차가운 채소절임[菹=葅]을
먹는데, 거머리가 들어 있었다. 그로 인해 드디어 삼키게 되니 배에
병이 생겨 음식을 먹지 못하게 되었다. 영윤이 들어와서 물었다.

"왕께서는 어떻게 이런 병을 얻게 되었습니까?"

왕이 말했다.

"내가 차가운 채소절임을 먹다가 거머리를 보았는데, 잠깐 생각해
보니, 꾸짖고 나서 그 죄를 주지 않을 수 있겠는가? 이는 법을 못 쓰
게 만들고 위엄을 세우지 않는 것이니, 나라를 다스리는 방법이 아니
었다. (그렇다면) 꾸짖고 벌을 주면 어찌 되는가? 그러면 주방 요리사
는 먹는 것을 감시하는 법에 따라 모두 사형에 해당하니, 마음으로
또한 차마 할 수가 없었다. 그래서 나는 거머리를 본 것이 두려웠지

---

16 웅씨(熊氏)이고 이름은 장(章)이며 소왕(昭王)의 아들이다. 10년 백공승(白公勝)의 위협을
   받았는데, 섭공자고(葉公子高)의 도움으로 구조를 받고 백공승을 죽인 뒤 비로소 복위할
   수 있었다. 나중에 진(陳)나라와 채(蔡)나라, 기(杞)나라 등을 멸망시켰다. 57년 동안 재위
   했다.

만, 그로 인해 마침내 삼켜버렸다."

영윤이 자리에서 일어나 두 번 절하고 나서 하례하며 말했다.

"신이 듣건대 '큰 도리는 따로 가깝게 여기는 것이 없고, 오직 다움이 있으면 이를 돕는다'라고 했습니다. 임금께서 어진 다움을 가지셔서 하늘이 받들어주는 바가 있으니, 병은 해가 되지 않습니다."

바로 그날 저녁에 혜왕의 변에서 거머리가 나왔고, 그리하여 그의 오랜 병과 마음속에 쌓인 것들이 모두 낫게 되었다. 하늘이 다 보고 듣고 있으니 제대로 살피지 않을 수 없다.

楚惠王食寒菹而得蛭, 因遂吞之, 腹有疾而不能食. 令尹入問曰: "王安得此疾也?" 王曰: "我食寒菹而得蛭, 念, 譴之而不行其罪乎? 是法廢而威不立也, 非所以使國聞也; 譴而行其誅乎? 則庖宰食監法皆當死, 心又不忍也. 故吾恐蛭之見也, 因遂吞之." 令尹避席再拜而賀曰: "臣聞, '大道無親, 惟德是輔.' 君有仁德, 天之所奉也, 病不爲傷." 是夕也, 惠王之後蛭出, 故其久病心腹之積皆愈. 天之視聽, 不可不察也.

67. 재상이 민심을 듣고 정사를 펴다

정나라 사람들이 향교(鄕校)에 머물면서 정사를 집행한 것이 잘되었는지 못 되었는지 토의했는데, 연명(然明)이 자산(子産, 기원전 580~기원전 522년경)[17]에게 일러 말했다.

---

17 춘추시대 정(鄭)나라 사람으로, 자는 자산 또는 자미(子美)이고 성은 국(國)씨이며 이름

"어찌하여 향교를 허물어버리지 않습니까?"

자산이 말했다.

"어찌 그리할 수 있겠습니까? (향교는) 무릇 사람들이 아침저녁으로 노닐면서 정치의 잘한 짐과 못한 점에 대해 의견을 내는 곳입니다. 그들이 좋다고 하는 것은 내가 장차 시행하고, 나쁘다고 하는 바는 내가 장차 고칩니다. 이는 나의 스승이니, 어떻게 허물 수 있겠습니까? 나는 나라를 위해 충성과 믿음으로써 원망을 덜어낸다고 들었지, 위세를 만들어서 원망을 막는다는 것은 듣지 못했습니다. 비유하면 마치 강물을 막는 것과 같아서, 크게 터져 물이 넘쳐나면 다치는 사람이 틀림없이 많아져서 구할 수 없으니 작게 터주는 것만 못합니다. 그렇기 때문에 내가 들을 수 있게 (향교의 의견을) 끌어들여서 맞는 약을 씁니다."

연명이 말했다.

"사리에 어두웠습니다[蔑]. 마침내 지금 당신이 믿고 섬길 만하다
          멸
는 것을 알았습니다. 소인은 실로 재주가 없지만, 만일 과감하게 행하시면 아마도 정나라 사람들이 실로 의지할 것이니 어찌 몇몇 신하들뿐이겠습니까?"

중니[孔子]가 이 말을 듣고 말했다.
    공자

은 교(僑)이다. 공손교(公孫僑) 또는 공손성자(公孫成子)로도 불린다. 정나라 목공(穆公)의 후손으로, 기원전 543년 내란을 진압하고 재상이 되었다. 정나라 간공(簡公) 23년 정경(正卿)이 되어 집정(執政)했다. 정치와 경제 개혁을 하고, 북쪽의 진(晉)나라와 남쪽의 초(楚)나라 등 대국 사이에 끼여 어려운 처지에 있던 정나라에서 외교적으로 성공을 거두었다. 중국 최초의 성문법을 정해 인습적인 귀족 정치를 배격하고 농지를 정리해 전부(田賦)를 설정, 국가 재정을 강화하는 등 내정에도 힘썼다. 미신적인 행사를 배척하는 등 합리적이고 인간주의적 활동을 함으로써 공자(孔子) 사상의 선구가 되었다.

"이로 말미암아 사람을 살펴보건대, 자산이 어질지 못하다고 말하는 것을 나는 믿지 못하겠다."

鄭人游於鄉校, 以議執政之善否. 然明謂子產曰: "何不毀鄉校?" 子產曰: "胡爲? 夫人朝夕游焉, 以議執政之善否. 其所善者, 吾將行之; 其所惡者, 吾將改之. 是吾師也, 如之何毀之? 吾聞爲國忠信以損怨, 不聞作威以防怨. 譬之若防川也, 大決所犯, 傷人必多, 吾不能救也, 不如小決之, 使導吾聞而藥之也." 然明曰: "蔑也, 乃今知吾子之信可事也. 小人實不材, 若果行, 此其鄭國實賴之, 豈惟二三臣." 仲尼聞是語也, 曰: "以是觀人, 謂子產不仁, 吾不信也."

68. 임금과 신하가 곤궁한 시절을 잊지 않다

(제나라) 환공(桓公)이 관중(管仲), 포숙(鮑叔)[18], 영척(甯戚)[19]과 함께

---

18 춘추시대 제(齊)나라 사람이다. 젊어서 관중(管仲)과 친하게 사귀었는데, 관중 집이 가난하고 어머니가 연로해서 항상 관중을 도와주며 막역지교(莫逆之交)를 나누었다. 제나라 양공(襄公) 때 공자(公子) 소백(小白)의 사부가 되었다. 나중에 제나라가 혼란에 빠지자 공자 소백을 따라 거(莒)로 달아났고, 관중은 공자규(公子糾)를 따라 노(魯)나라로 달아났다. 양공이 피살되자 규와 소백이 군주의 자리를 다투었는데, 관중이 소백의 귀로를 습격해 소백의 대구(帶鉤-허리띠)를 맞추었다. 소백이 죽은 척하고는 먼저 귀국해 왕위에 오르니, 그가 환공(桓公)이다. 환공이 포숙을 재상으로 삼으려고 하자 사양하면서 투옥된 관중을 석방해 그를 재상의 자리에 앉히라고 권했다. 환공이 그 말을 따라 관중을 재상에 임명했다.

19 춘추시대 위(衛)나라 사람으로, 집 안이 가난해 남의 수레를 끌어주면서 살았다. 제(齊)나라 환공(桓公)이 이르자 소뿔을 두드리며 「백석가(白石歌)」를 불렀는데, 환공이 듣고 불러다가 이야기를 나눈 뒤에 뛰어난 자임을 알고 대부(大夫)로 삼았다.

술을 마셨다. 환공이 포숙에게 일렀다.

"잠깐 과인을 위해 축수(祝壽)를 해주겠는가?"

포숙이 술을 받들고 일어서서 말했다.

"우리 임금께서 도망쳐서 거(莒) 땅에 계셨던 것을 잊지 마시기를 빕니다. 관중은 그가 묶여서 노나라로 끌려간 일을 잊지 않게 해주시고, 영자는 수레 아래에서 소에게 여물을 먹이던 일을 잊지 않게 해주십시오."

환공이 자리를 피해 두 번 절하고 말했다.

"과인과 두 대부가 모두 다 그대의 말을 잊지 않으면 제나라 사직은 반드시 무너지지 않을 것이오."

이 말은 늘 곤궁했을 때를 생각해서 반드시 교만해지지 말라는 뜻이다.

桓公與管仲, 鮑叔, 甯戚飲酒. 桓公謂鮑叔: "姑爲寡人祝乎?" 鮑叔奉酒而起曰: "祝吾君無忘其出而在莒也, 使管仲無忘其束縛而從魯, 使甯子無忘其飯牛於車下也." 桓公避席再拜曰: "寡人與二大夫, 皆無忘夫子之言, 齊之社稷, 必不廢矣." 此言, 常思困隘之時, 必不驕矣.

69. 임금이 신하에게 죄를 지으면 용서받을 길이 없다

환공이 사냥을 갔다가 맥구(麥丘)에 이르러 맥구 고을 사람을 보고는 그에게 물었다.

"그대는 누구인가?"

대답해 말했다.

"맥구 고을 사람입니다."

공이 말했다.

"나이가 몇인가?"

대답해 말했다.

"여든셋입니다."

공이 말했다.

"아름답구나. 장수(長壽)함이여! 그대는 그대의 장수로써 과인을 축수해달라."

맥구 고을 사람이 말했다.

"주군을 축원합니다. 주군께서 오래오래 장수하시어, 돈과 옥을 천하게 여기시고 사람을 보물로 여기소서."

환공이 말했다.

"좋구나! 지극한 덕은 외롭지 않고 좋은 말은 반드시 다시 반복해야 하니, 그대는 반복해달라."

맥구 고을 사람이 말했다.

"주군을 축원합니다. 주군께서 배움을 부끄럽게 여기지 않게 하시어, 아랫사람에게 묻는 것을 부끄럽게 여기지 않으시고 뛰어난 이를 곁에 두시며 간언하는 사람을 얻으소서."

환공이 말했다.

"좋구나! 지극한 덕은 외롭지 않고 좋은 말은 반드시 세 번 해야하니, 그대는 다시 해달라."

맥구 고을 사람이 말했다.

"주군을 축원합니다. 주군께서 뭇 신하들과 백성에게 죄를 짓지 않도록 해주십시오."

환공이 갑자기 얼굴빛을 바꾸며 말했다.

"내가 듣건대 자식은 부모에게 죄를 짓고 신하는 임금에게 죄를 짓는다고 했지, 일찍이 임금이 신하에게 죄를 짓는다는 말은 들어본 적이 없다. 이 한마디 말은 저 두 번의 말과 짝이 되지 않으니, 그대는 바꿔서 해야 할 것이다."

맥구 고을 사람이 앉아서 절을 하고 일어서서 말했다.

"이 한마디 말은 저 두 번의 말에서 자라난 것입니다. 자식이 부모에게 죄를 짓는 것은 고모나 숙부로 인한 것이어서, 풀고자 하면 아버지가 능히 용서할 수 있습니다. 신하가 임금에게 죄를 짓는 것은 편벽된 측근들로 인한 것이어서, 사죄하면 임금이 능히 용서할 수 있습니다. (그러나) 옛날 걸왕이 탕왕에게 죄를 짓고 주왕이 무왕에게 죄를 지은 것은 곧 임금이 그 신하에게 죄를 지은 것인데, 사죄할 수 없기에 지금까지 용서받지 못했습니다."

공이 말했다.

"좋도다. 나라의 복과 사직의 신령함에 힘입어 과인이 여기에서 그대를 얻게 되었다."

그를 부축해 수레에 태우고 스스로 말을 몰아 돌아가서, 조정에서 예를 갖추고 맥구에 봉해 정사를 결단하게 했다.

桓公田, 至於麥丘, 見麥丘邑人, 問之: "子何爲也?" 對曰: "麥丘邑人也."
公曰: "年幾何?" 對曰: "八十有三矣." 公曰: "美哉壽乎! 子其以子壽祝
寡人." 麥丘邑人曰: "祝主君. 使主君萬壽, 金玉是賤, 人爲寶." 桓公曰:
"善哉! 至德不孤, 善言必再, 吾子其復之." 麥丘邑人曰: "祝主君. 使主君無羞學, 無下問, 賢者在傍, 諫者得人." 桓公曰: "善哉! 至德不孤, 善言必三, 吾子其復之." 麥丘邑人曰: "祝主君, 使主君無得罪群臣百姓." 桓公怫然作色曰: "吾聞之, 子得罪於父, 臣得罪於君, 未嘗聞君得罪於臣者也. 此一言者, 非夫二言者之匹也. 子更之." 麥丘邑人坐拜而起曰: "此一言者, 夫二言之長也. 子得罪於父, 可以因姑鴟叔父, 而解之父能赦之. 臣得罪於君, 可以因便辟左右, 而謝之君能赦之. 昔桀得罪於湯, 紂得罪於武王, 此則君之得罪於其臣者也, 莫爲謝, 至今不赦." 公曰: "善, 賴國家之福, 社稷之靈, 使寡人得吾子於此." 扶而載之, 自御以歸, 禮之於朝, 封之以麥丘, 而斷政焉.

70. 공자가 노나라 임금에게 일상의 느낌을 통해 나라 다스리는 법을 말하다

애공이 공자에게 물어 말했다.

"과인은 깊은 궁 안에서 태어나 부인들 속에서 자랐기 때문에, 일찍이 슬픔을 알지 못하고 일찍이 근심을 알지 못하며 일찍이 수고로움을 알지 못하고 일찍이 두려움 을 알지 못하며 일찍이 위태로움을 알지 못한다."

공자가 자리를 피해 일어나 말했다.

"우리 임금께서 물으신 것은 곧 빼어난 임금의 물음입니다. 저는 소인이라 어찌 제대로 말씀드릴 수 있겠습니까?"

애공이 말했다.

"아니다. 그대는 자리에 앉으라. 그대가 아니고서는[微=非] 들을
미 비

수 없을 것이다."

공자가 자리에 앉은 후 말했다.

"임금께서 사당 문을 들어설 때 동쪽 계단으로 오르다가 고개를 들어 서까래와 용마루를 보고 고개를 숙여 돌아가신 선조의 기물을 보면, 그들이 쓰던 물건은 남아 있는데 그들은 없습니다. 임금께서 이것을 슬프다고 생각하시면 슬픔이 어찌 장차 오지 않겠습니까?

임금께서 이른 새벽에 빗질하고 관을 쓰고 날이 밝자마자 조회에 드셨는데, 한 가지 일에라도 응하지 않음이 있으면 어지러움의 실마리가 됩니다. 임금께서 이것을 근심이라고 생각하시면 근심이 어찌 장차 오지 않겠습니까?

임금께서 동틀 무렵부터 정사를 돌보시다가 해가 기울어 물러나시게 되면 제후의 자손들은 반드시 임금의 문 뜰에 서 있어야 합니다. 임금께서 이것을 수고스럽다고 생각하시면 수고로움이 어찌 장차 오지 않겠습니까?

임금께서 노나라 도성의 네 문을 나서시어 노나라 사방의 교외를 바라보면 망한 나라의 옛터가 늘어선 것이 반드시 몇 개 있을 것입니다. 임금께서 이것을 두렵다고 생각하시면 두려움이 어찌 장차 오지 않겠습니까?

제가 듣건대 임금이란 배와 같고 뭇 백성은 물과 같다고 합니다. 물은 배를 실어줄 수도 있고 배를 엎을 수도 있습니다. 임금께서 이것을 위태롭다고 생각하시면 위태로움이 어찌 장차 오지 않겠습니까? 무릇 나라의 칼자루를 잡고 백성의 위에 있는 것은 위태롭기가 마치 썩은 줄로 날뛰는 말을 제어하는 것과 같습니다. 『주역』(천택리괘(天澤履卦))에서 '호랑이의 꼬리를 밟는다'라고 했고 『시경』(「소아(小雅)·

소민(小旻)」편)에 이르기를 '마치 얇은 얼음을 밟고 있듯이[如履薄在=
如履薄氷]'라고 했으니, 진실로 위태롭지 않습니까?"
여리박빙

애공이 두 번 절하고 말했다.

"과인이 비록 어리석고 둔하지만, 이 말을 받들기를 청하노라."

哀公問孔子曰: "寡人生乎深宮之中, 長於婦人之手, 寡人未嘗知哀也,
未嘗知憂也, 未嘗知勞也, 未嘗知懼也, 未嘗知危也." 孔子辟席曰: "吾
君之問, 乃聖君之問也, 丘小人也, 何足以言之?" 哀公曰: "否. 吾子就
席. 微吾子, 無所聞之矣." 孔子就席曰: "君入廟門, 升自阼階, 仰見榱棟,
俯見几筵, 其器存, 其人亡, 君以此思哀, 則哀將安不至矣? 君昧爽而櫛
冠, 平旦而聽朝, 一物不應, 亂之端也, 君以此思憂, 則憂將安不至矣?
君平旦而聽朝, 日昃而退, 諸侯之子孫, 必有在君之門廷者, 君以此思
勞, 則勞將安不至矣? 君出魯之四門, 以望魯之四郊, 亡國之墟, 列必有
數矣, 君以此思懼, 則懼將安不至矣? 丘聞之, 君者舟也, 庶人者水也,
水則載舟, 水則覆舟, 君以此思危, 則危將安不至矣. 夫執國之柄, 履民
之上, 懍乎如腐索御奔馬. 易曰: '履虎尾', 詩曰: '如履薄在', 不亦危乎?"
哀公再拜曰: "寡人雖不敏, 請事斯語矣."

71. 제환공이 망한 나라 터를 둘러보고 망한 까닭을 듣다

옛날에 제나라 환공이 들판에 나가서 사냥하다가, 망한 나라의 옛
성과 곽씨(郭氏)의 빈터를 보고는 들에 사는 사람에게 물어 말했다.
"이것은 누구의 빈터인가?"

들에 사는 사람이 대답했다.

"이것은 곽씨의 빈터입니다."

환공이 말했다.

"곽씨라는 사람은 어쩌다가 빈터가 되었는가?"

들에 사는 사람이 대답했다.

"곽씨는 좋은 것을 좋아했고 나쁜 것을 미워했습니다."

환공이 말했다.

"좋은 것을 좋아하고 나쁜 것을 미워하는 것은 사람이 좋은 일을 행한 것인데, 빈터가 된 까닭이 무엇인가?"

들에 사는 사람이 대답했다.

"좋은 것을 좋다고 했지만, 능히 행하지 못했고 나쁜 것을 미워했지만 능히 제거하지 못했으니, 이것이 빈터가 된 까닭입니다."

환공이 돌아와서 이 말을 관중에게 하니 관중이 말했다.

"그 사람이 누구입니까?"

환공이 "모른다"라고 하자 관중이 말했다.

"임금 또한 1명의 곽씨일 수 있습니다."

이에 환공이 들에 사는 사람을 불러서 상을 내려주었다.

昔者, 齊桓公出遊於野, 見亡國故城郭氏之墟. 問於野人曰: "是爲何墟?" 野人曰: "是爲郭氏之墟." 桓公曰: "郭氏者曷爲墟?" 野人曰: "郭氏者善善而惡惡." 桓公曰: "善善而惡惡, 人之善行也, 其所以爲墟者, 何也?" 野人曰: "善善而不能行, 惡惡而不能去, 是以爲墟也." 桓公歸, 以語管仲, 管仲曰: "其人爲誰?" 桓公曰: "不知也." 管仲曰: "君亦一郭氏也." 於是桓公招野人而賞焉.

72. 진문공이 망한 나라 터를 둘러보고 망한 까닭을 듣다

진나라 문공이 곽(虢) 땅에서 사냥하다가, 한 늙은 사내를 만나서 물어 말했다.

"곽나라가 곽 땅으로 된 지가 오래다. 그대가 여기에 거처한 지 오래된 것 같은데, 곽나라가 망한 것에 대해서 들은 이야기가 있는가?"

대답해 말했다.

"곽나라 임금은 결단하지 못했고 간언을 받아들이지 못했습니다. 결단을 못 하고 또 능히 사람을 쓰지 못하니, 이것이 곽나라가 망한 까닭입니다."

문공이 사냥을 그치고 돌아오다가 조최(趙衰)를 만나서 (이 이야기를) 알려주었다.

조최가 말했다.

"지금 그 사람은 어디에 있습니까?"

임금이 말했다.

"나는 그와 같이 오지 않았다."

조최가 말했다.

"옛날의 군자는 그 말을 듣고서 그 사람을 쓰고 지금의 군자는 그 말을 듣고도 그 사람을 버리니, 슬프구나! 진나라가 근심되는구나!"

진문공이 마침내 불러서 상을 주니, 이에 진나라가 좋은 말을 즐거이 받아들임으로써 문공은 결국 패자가 되었다.

晉文公田於虢, 遇一老夫而問曰: "虢之爲虢久矣. 子處此故矣, 虢亡其
有說乎?" 對曰: "虢君斷則不能, 諫則無與也. 不能斷又不能用人, 此虢

之所以亡." 文公以輟田而歸, 遇趙衰而告之. 趙衰曰: "今其人安在?" 君
曰: "吾不與之來也." 趙衰曰: "古之君子, 聽其言而用其人, 今之君子, 聽
其言而棄其身, 哀哉! 晉國之憂也." 文公乃召賞之, 於是晉國樂納善言,
文公卒以霸.

73. 무덤가를 지나다가 죽은 신하가 인재 천거한 이야기를
듣다

진(晉)나라 평공이 구원(九原-경대부들의 묘지)을 지나다가 탄식하
며 말했다.

"아! 이 땅에 감춰진 시신 중에 내 좋은 신하들이 많구나. 만일 죽
은 사람을 일으킬 수 있다면 나는 장차 누구와 함께 돌아갈까?"

숙향(叔向)이 대답해 말했다.

"조무(趙武-조문자)와 더불어 가지 않을까요?"

평공이 말했다.

"그대는 그대의 스승을 편드는 것 같다."

대답해 말했다.

"신이 조무의 사람됨에 대한 말을 들은 것이 있습니다. 일어서면
마치 옷을 이기지 못하는 것 같았고 말을 하면 마치 입에서 나오지
못하는 것 같았지만, 그러나 그 몸으로 초가집 아래에서 천거한 선비
가 46명이었는데 모두 다 그 뜻을 얻었고 관청에서 깊이 신뢰했습니
다. 급기야 문자(文子)가 죽었을 때 46명 모두가 빈객의 자리에 나아
갔으니, 이는 사사로운 은덕이 없었기 때문입니다. 신은 그래서 뛰어

나다고 생각합니다.”

평공이 말했다.

“좋은 말이다.”

무릇 조무는 뛰어난 신하로서, 진나라 재상이 되어 세상에 싸움이 없게 한 것이 9년 동안이었다.

『춘추』에서 말하기를 “진나라 조무는 사람을 얻는 데 힘을 남김없이 썼다”라고 했다.

晉平公過九原而歎曰: “嗟呼! 此地之蘊吾良臣多矣. 若使死者起也, 吾將誰與歸乎?” 叔向對曰: “與趙武乎?” 平公曰: “子黨於子之師也.” 對曰: “臣聽言趙武之爲人也. 立若不勝衣, 言若不出於口, 然其身擧士於白屋下者四十六人, 皆得其意, 而公家甚賴之. 及文子之死也, 四十六人皆就賓位, 是以無私德也. 臣故以爲賢也.” 平公曰: “善.” 夫趙武賢臣也, 相晉, 天下無兵革者九年. 春秋曰: “晉趙武之力盡得人也.”

74. 지혜롭고 어진 사람이 세워지는 것이 마땅하다

(초나라) 섭공(葉公) 제량(諸梁)이 악왕부(樂王鮒)에게 물었다.

“진나라 대부 조문자의 사람됨이 어떠합니까?”

대답했다.

“배우기를 좋아하고, 사리로써 간언하면[規諫] 받아들입니다.”
                                          규간
섭공이 말했다.

“의심스러운 것이 아직 다 끝나지 않았습니다.”

대답해 말했다.

"배움을 좋아하는 것은 지혜이며, 사리로써 간언하면 받아들이는 것은 어짊입니다. 강물이 문산(汝山)에서 나오는데, 그 발원지는 마치 항아리 주둥이 같습니다만 초나라에 이르면 그 폭이 10리나 되니, 다른 일이 없다면 그 하류는 더 넓을 것입니다. 사람이 배움을 좋아하고 사리로써 간언하면 받아들일 경우 그가 세워지는 것이 마땅합니다."

『시경』(「대아(大雅)·억(抑)」편)에 이르기를 "지혜가 있는 사람은 좋은 말을 고해주면 덕을 따라 행한다"라고 한 것은 이를 가리킨 것이다.

葉公諸梁問樂王鮒曰: "晉大夫趙文子爲人何若?" 對曰: "好學而受規諫." 葉公曰: "疑未盡之矣." 對曰: "好學! 智也; 受規諫, 仁也. 江出汝山, 其源若甕口, 至楚國, 其廣十里. 無他故, 其下流多也. 人而好學受規諫, 宜哉其立也." 詩曰: "其惟哲人, 告之話言, 順德之行", 此之謂也.

75. 마음속의 슬픔이 나무와 돌에게도 전해지다

종자기(鍾子期)[20]가 밤에 경쇠 치는 소리를 들었는데 자못 비감해,

---

20 춘추시대 초(楚)나라 사람으로 음률(音律)을 잘 구별했다. 전하는 말로, 백아(伯牙)가 연주하는 거문고 소리를 들으면 종자기는 그가 높은 산을 생각하거나 물이 흐르는 것을 생각하고 있다는 것을 알아차렸다고 한다. 이로 인해 지음(知音)이라는 말이 나왔다. 종자기가 죽자 백아는 자신의 음악을 알아주는 사람이 없어진 것을 한탄하면서 거문고의 줄을 끊어버렸다고 한다. 이것을 백아절현(伯牙絶絃)이라 한다.

불러서 사연을 물어 말했다.

"어째서 그대의 경쇠 치는 소리는 이렇게 슬픈가?"

대답해 말했다.

"신의 아비가 사람을 죽여서 제명을 얻지 못했고, 신의 어미는 요행히 살았으나 관청의 노비가 되었으며, 신도 살아났지만, 관청에서 경쇠를 치고 있습니다. 신이 신의 어미를 보지 못 한 지 지금 3년인데, 어제 관청의 일로 시장에서 어미를 보았습니다. 뜻은 속량하고 싶지만, 재물이 없고 이 몸 또한 관청의 것이라, 그래서 슬픈 것입니다."

종자기가 말했다.

"슬픔은 마음속에 있는 것이지 손에 있는 것이 아니고 나무에 있는 것도 아니고 돌에 있는 것도 아닌데, 마음에 있는 슬픔에 나무와 돌이 응답하는 것은 지극히 열렬하기[誠] 때문일 것이다."
성

남의 임금 된 자가 진실로 지극한 열렬함으로 마음을 움직이면 만백성은 반드시 응하고 감화되어 옮겨 오게 되니, 요순의 열렬함이 모든 나라를 감화시키고 하늘과 땅을 움직여, 그래서 세외(世外) 오랑캐들도 풍속을 쫓고 봉황과 기린이 날아올라 춤을 추며 아래로는 미물에게까지 미쳐서 모두가 자기 자리를 얻게 되었다.

『주역』(풍택중부괘(風澤中孚卦))에서 이르기를 "신실하고 사심이 없으면 물고기까지도 감동해 길(吉)하다고 한다"라고 한 것은 이를 가리킨 것이다.

鍾子期夜聞擊磬者而悲, 且召問之曰: "何哉! 子之擊磬若此之悲也." 對曰: "臣之父殺人而不得生, 臣之母得生而爲公家隷, 臣得生而爲公家擊磬. 臣不睹臣之母三年於此矣, 昨日爲舍市而睹之. 意欲贖之而無財,

身又公家之有也, 是以悲也." 鍾子期曰: "悲在心也, 非在手也, 非木非
石也, 悲於心而木石應之, 以至誠故也." 人君苟能至誠動於內, 萬民必
應而感移, 堯舜之誠, 感於萬國, 動於天地, 故荒外從風, 鳳麟翔舞, 下
及微物, 咸得其所. 易曰: "中孚虛魚吉", 此之謂也.

76. 마음속에 열렬함을 가지니 바위를 쏴서 뚫다

용맹한 군사가 한 번 울부짖으면 삼군이 모두 피해서 물러나니,
이것이 군사의 열렬함이다. 옛날에 초나라 웅거자(熊渠子)가 밤에 길
을 가다가 넓적한 돌을 보고는 호랑이가 엎드려 있다고 생각해서 활
을 당겨 쏴았더니 화살이 화살 깃털까지 깊이 박혔는데, 내려다보고
서야 바위인 줄 알게 되었다. 물러나서 다시 쏴았는데, 화살은 부러지
고 (바위에는) 맞은 흔적도 없었다. 웅거자는 열렬한 마음을 드러내었
으니, 이 때문에 돌과 바위도 열 수 있었다.

하물며 사람의 마음은 어떻겠는가? 노래를 하는데 어울리지 않
고 움직여도 따르지 않으면 적중해도 반드시 온전하지 못한 바가 있
을 것이다. 무릇 자리에서 일어나지 않고도 천하를 바르게 하는 사람
은 그것을 자기 몸에서 구한다.

공자가 말하기를 "그 몸을 바르게 하면 영을 내리지 않아도 행해
지고, 그 몸이 바르지 않으면 비록 영이 있어도 따르지 않는다"[21]라고
했으니, 돌아가신 뛰어난 임금이 두 손을 맞잡고 인사하면서 지휘했

---

21 『논어』 「자로(子路)」 편 6에 나오는 말이다.

는데도 사방에서 귀순해 온 까닭은 열렬함과 다움이 지극해 이미 밖으로 드러났기 때문이다.

그래서 『시경』(「대아(大雅)·상무(常武)」 편)에 이르기를 "임금의 계책이 진실로 충실하니, 서주 땅 오랑캐들이 항복해왔네"라고 했으니 이를 가리킨 것이다.

勇士一呼, 三軍皆辟, 士之誠也. 昔者, 楚熊渠子夜行, 見寢石以爲伏虎, 關弓射之, 滅矢飮羽, 下視, 知石也. 卻復射之, 矢摧無跡. 熊渠子見其誠心, 而金石爲之開, 況人心乎? 唱而不和, 動而不隨, 中必有不全者矣. 夫不降席而匡天下者, 求之己也. 孔子曰: "其身正, 不令而行; 其身不正, 雖令不從." 先王之所以拱揖指揮, 而四海賓者, 誠德之至, 已形於外. 故詩曰: "王猶允塞, 徐方旣來", 此之謂也.

77. 임금은 다움을 쌓고 몸을 삼갈 뿐, 하늘에 빌지 않는다

제나라에 혜성이 나타나자 제나라 임금이 태축(太祝)에게 푸닥거리를 하게 했는데, 안자(晏子, 기원전 578~기원전 500년)[22]가 말했다.

---

22 이름은 영(嬰), 자는 중(仲)이다. 안자(晏子)라고 존칭해 불리며, 안평중(晏平仲)이라고도 한다. 춘추시대 제나라의 상대부(上大父)로, 조정에서는 군주를 충직하게 보좌했고 외교 무대에서는 당당하게 원칙과 예의를 지켜 제나라의 위상을 높였다. 이런 능력과 처신 때문에 제후국 사이에서 명성이 자자했다. 탁월한 정치가로 영공, 장공, 경공까지 세 왕을 모시면서 약 40년 동안 제나라 정치를 주도하고 외교 활동을 이끌었다. 시호는 평(平)이다. 저서로 『안자춘추』가 있다.

"무익하고 다만 속임수를 취할 뿐입니다. 하늘의 도리는 사람이 어찌할 수 없고 임금에게 두 마음을 품은 것도 아닌데 어찌 푸닥거리를 하겠습니까? 또 무릇 하늘에 혜성이 있어서 좋지 않은 행실[穢德]을 제기하게 된다면 임금께 불미한 일이 없으신데 또 어찌 푸닥거리입니까? 만일 덕이 더러워졌다면 푸닥거리가 무슨 도움이 되겠습니까? 『시경』(「대아(大雅)·대명(大明)」편)에 이르기를 '오직 여기 문왕께서는 조심하고 삼가며 상제를 밝게 섬기시어 많은 덕을 품고서 그 덕을 어기지 않으시니, 이로써 사방의 나라를 받으셨다'라고 했습니다. 임금께서 덕을 어김이 없고 사방 나라들이 장차 이를 참인데, 혜성이 무슨 걱정이 되겠습니까? 일시(逸詩)에 이르기를 '나에게는 달리 거울이 될 바가 없으니, 하나라와 상나라가 어지러워져서 백성이 끝내 흩어져 없어졌기 때문이다'라고 했습니다. 만일 덕이 어그러지면 어지러운 백성이 장차 흩어져 없어집니다. 그러면 점치는 관리라도 보필할 수 없습니다."

공이 기뻐하며 드디어 그치게 했다.

齊有彗星, 齊侯使祝禳之, 晏子曰: "無益也, 祇取誣焉. 天道不諂, 不貳其君, 若之何禳也. 且夫天之有彗, 以除穢德, 君無穢德, 又何禳焉? 若德之穢也, 禳之何益? 詩云: '惟此文王, 小心翼翼, 昭事上帝, 聿懷多福, 厥德不回, 以受方國.' 君無違德, 方國將至, 何患於彗? 詩曰: '我無所監, 夏后及商, 用亂之故, 民卒流亡.' 若德之回, 亂民將流亡. 祝史之無能補也." 公說, 乃止.

78. 임금의 어짊에 하늘의 재앙이 복으로 바뀌다

송(宋)나라 경공(景公, ?~기원전 469년)²³ 때 형혹(熒惑-화성)이 심수(心宿)에 머무는 일이 생기자²⁴ 임금이 놀라서 자위(子韋)를 불러 물었다.

"형혹이 심수에 있는데 어찌 된 일인가?"

자위가 말했다.

"형혹은 하늘의 벌이고 심수는 송나라의 분야이니, 재앙이 임금 몸에 닥친다는 뜻입니다. 그러나 재상에게 옮겨 가게 할 수 있습니다."

임금이 말했다.

"재상은 나라를 다스려야 하는데 (재앙을) 옮겨서 죽게 하는 것은 상서롭지 못하니, 과인이 스스로 감당하기를 청한다."

자위가 말했다.

"백성에게 옮길 수 있습니다."

임금이 말했다.

"백성이 죽으면 장차 누가 임금이라 부르겠는가? 차라리 홀로 죽

---

23 원공(元公)의 아들이다. 사마향퇴(司馬向魋, 桓魋)를 총애했는데, 동생 공자지(公子地)와 공자진(公子辰)이 복종하지 않고 소(蕭)를 근거지로 반란을 일으켰다. 30년 조(曹)나라가 송나라를 배신하고 진(晉)나라와 가까워지자 군사를 풀어 조나라를 멸망시켰다. 36년 향퇴를 공격하니, 향퇴가 위(衛)나라로 달아났다. 48년 동안 재위했다.

24 화성은 색깔이 붉고 불타는 것처럼 빛나는데, 지구에서 볼 때 화성이 움직이는 궤적이나 밝기의 변화가 일정하지 않아 사람을 미혹시킨다고 해서 붙여진 이름이다. 형혹은 적성(赤星)으로도 불리는데, 붉은 별은 재난의 별로서 가뭄·역병·전란·죽음 등 흉한 현상을 상징한다. 심수는 동쪽의 푸른 용 7수 가운데 한 수다. 고대 점성학에서는 심수의 세 별 중 가운데 별인 두 번째 심수[心宿二]를 제왕, 군주의 상징으로 봤고, 첫 번째 심수와 세 번째 심수를 각각 태자와 서자에 해당하는 것으로 여겼다. 그러므로 형혹이 심수에서 진행 방향을 바꾸는 현상은 '큰 인물이 역성혁명을 일으키고 군주가 궁을 떠나게 될' 대흉의 징조로 여겨졌다.

을 뿐이다."

자위가 말했다.

"한 해에다 옮길 수 있습니다."

임금이 말했다.

"한 해에 기근이 들면 백성이 굶주려 반드시 죽고 만다. 남의 임금
이 되어 백성을 죽여서 자기가 살려고 한다면 그 누가 나를 임금이라
하겠는가? 이는 과인의 명이 정말로 다한 것이다. 그대는 다시는 말하
지 말라."

자위가 돌아서서 뛰어갔다가, 북쪽으로 두 번 절한 뒤 말했다.

"신이 감히 임금께 하례드립니다. 하늘은 높은 곳에 있으면서 아
래 세상의 소리를 듣습니다. 임금께서 어진 말을 세 번 하신 바가 있
으니, 하늘은 반드시 세 번 임금께 상을 내리실 것입니다. 지금 금성
이 세 번을 옮겨 임금께서는 수명을 21년 늘리게 될 것입니다."

임금이 말했다.

"그대가 어떻게 그것을 아는가?"

대답해 말했다.

"임금께 3가지 좋은 말이 있었기 때문에 세 번 상을 내리시는 것
입니다. 별은 반드시 3사(舍-1사는 30리)를 물러날 터인데 1사에 일곱
별을 가니, 3에 7을 곱해 21년입니다. 그래서 수명이 21년 늘었다고 말
씀드렸습니다. 신이 청컨대 섬돌 아래 엎드려 가만히 살펴보게 하셨
다가, 별이 옮겨 가지 않으면 청컨대 신을 죽여주십시오."

왕이 말했다.

"좋도다."

그날 밤에 별이 과연 세 차례 옮겨 가니, 자위의 말과 같았다.

노자가 말했다.

"능히 나라의 상서롭지 못한 일을 받아들이는 자를 일러 천하의 왕이라 한다."[25]

宋景公時, 熒惑在心, 公懼, 召子韋而問焉: "熒惑在心, 何也?" 子韋曰: "熒惑, 天罰也; 心, 宋分野也, 禍當君身. 雖然, 可移於宰相." 公曰: "宰相, 使治國也, 而移死焉, 不詳. 寡人請自當也." 子韋曰: "可移於民!" 公曰: "民死, 將誰君乎? 寧獨死耳." 子韋曰: "可移於歲." 公曰: "歲饑, 民餓必死, 爲人君欲殺其民以自活, 其誰以我爲君乎? 是寡人之命固盡矣. 子無復言." 子韋還走, 北而再拜曰: "臣敢賀君. 天之處高而聽卑, 君有仁之言三, 天必三賞君. 今夕星必徙三舍, 君延壽二十一歲." 公曰: "子何以知之?" 對曰: "君有三善, 故三賞. 星必三舍, 舍行七星, 星當一年, 三七二十一. 故曰延壽二十一年. 臣請伏於陛下, 以伺之, 星不徙, 臣請死之." 公曰: "可." 是夕也, 星果三徙舍, 如子韋言. 老子曰: "能受國之不祥, 是謂天下之王也."

79. 상서롭다고 믿고서 욕심을 부리다

송나라 강왕(康王, ?~기원전 286년)[26] 때 성 한구석에서 참새가 매를

---

25 『도덕경』 제78장에 나오는 말이다.

26 문공(文公)의 9세손으로, 척성군(剔成君)의 동생이다. 척성을 공격해 내쫓고 자립해 군(君)이 되었다. 나라를 세운 지 11년부터 스스로 왕이라 불렀다. 일찍이 동쪽으로는 제(齊)나라를 물리치고 서쪽으로는 위(魏)나라를 물리쳤으며 남쪽으로는 초(楚)나라를 물리치고

낳는 일이 있어서 관리에게 점을 치게 했더니 이렇게 말했다.

"작은 것이 큰 것을 낳았으니, 반드시 천하의 패자가 될 것입니다."

강왕이 크게 기뻐하며, 이에 등나라를 없애고 설나라를 정벌해서 회수의 북쪽 땅을 취했다. 마침내 더욱 스스로를 믿고서 패업을 미리 이루고자 욕심을 내어, 하늘에 활을 쏘고 땅에 매질하며 사직의 신주를 베고 불사르며 말했다.

"위엄으로써 하늘과 땅의 귀신들을 엎어지게 했다."

나라의 원로 중 간언하는 신하를 꾸짖고, 목 잘린 시신에 관만 씌워놓게 해 용맹함을 보이고, 허리가 굽은 사람의 등을 쪼개고, 아침에 물을 건너가는 자의 정강이를 끊어버리니, 나라 사람들이 크게 놀랐다. 제나라가 이를 듣고 공격해 왔으나 백성이 흩어져서 성을 지킬 수 없었고, 왕은 마침내 아후(兒侯)의 집으로 도망쳤지만 끝내 병을 얻어서 죽었다. 그러므로 상서로움을 보았더라도 해서는 안 될 짓을 하게 되면 상서로움이 도리어 재앙이 되는 것이다.

신 유향이 어리석으나 「홍범전[檻範傳→鴻範傳]」을 미뤄 헤아려보
_{함범전} _{홍범전}
니 송나라 사(史)의 점은 틀렸습니다. 이것은 흑상(黑祥)으로, 전(傳)에서 흑청(黑靑=黑眚)이라 이른 것입니다. 마치 노나라에서 구관조
_{흑생}
[鴝鵒]를 일컬어 흑상(黑祥)이라고 부르는 것과 같으니, 제대로 듣지도
_{구욕}
않은 채 허물이 될 일을 급하게 한다는 그런 뜻입니다. 매라는 것은

등(滕)나라를 멸망시키면서 교만하게 한 시대를 횡행했다. 또 주색(酒色)을 좋아해 신하들이 간언으로 말리면 곧 활을 쏘아 죽여버렸다. 제후들이 모두 걸송(桀宋)이라 불렀다. 43년 동안 재위했다.

검은색으로서 참새를 잡아먹으니 참새에게 크게 해를 끼치고, 참새는 가로채고 싸우는 동물로서 함부로 탐내는 무리입니다. 참새가 매를 낳는다는 것은, 송나라 임금이 장차 급하고 사나워서 다투고 공격하며 빼앗고 탐내는 행위를 지으면서 간언을 물리침으로써 큰 재앙이 생기게 하여 스스로를 해친다는 말입니다. 그러므로 참새가 성벽 구석에서 매를 낳았다는 것은 이로써 나라가 망한다는 말로서 재앙이 장차 나라를 해치게 됨을 밝힌 것이건만, 강왕은 깨닫지 못하고 끝내 망해서 없어지고 말았습니다. 이는 본받고 경계해야 할 바입니다.

宋康王時有爵生鷂於城之陬, 使史占之, 曰: "小而生巨, 必霸天下." 康王大喜, 於是滅滕伐薛, 取淮北之地. 乃愈自信, 欲霸之前成, 故射天笞地, 斬社稷而焚之曰: "威嚴伏天地鬼神." 罵國老之諫臣者, 爲無頭之冠以示有勇, 剖傴者之背, 鍥朝涉之脛, 而國人大駭. 齊聞而伐之, 民散城不守, 王乃逃兒侯之館, 遂得病而死. 故見祥而爲不可, 祥反爲禍.

臣向愚以檻範傳推之, 宋史之占非也. 此黑祥, 傳所謂黑眚者也, 猶魯之有鴝鵒爲黑祥也. 屬於不謀其咎急也. 鷂者, 黑色食爵, 大於爵害, 爵也攫擊之物, 貪叨之類. 爵而生鷂者, 是宋君且行急暴擊伐貪叨之行, 距諫以生大禍, 以自害也. 故爵生鷂於城陬者, 以亡國也, 明禍且害國也, 康王不悟, 遂以滅亡, 此其效也.

【권5】 잡사 5(雜事五)

이런저런 이야기 (5)

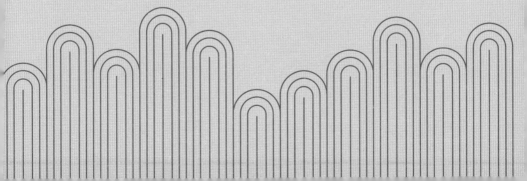

80. 제대로 배워야 제대로 다스린다

노나라 애공이 자하(子夏)¹에게 물어 말했다.

"반드시 배운 이후에야 나라를 편안케 하고 백성을 보호하는 것이 가능한 것인가?"

자하가 말했다.

"배우지 않고서 능히 나라를 편안케 하고 백성을 보호할 수 있다는 말은 일찍이 들어본 적이 없습니다."

애공이 말했다.

"그러면 오제(五帝)는 스승이 있었는가?"

자하가 말했다.

"있었습니다. 신이 듣건대, 황제(黃帝)는 대진(大眞)에게 배웠고, 전욱(顓頊)은 녹도(綠圖)에게 배웠고, 제곡(帝嚳)은 적송자(赤松子)에게 배웠고, 요(堯)는 윤수(尹壽)에게 배웠고, 순(舜)은 무성부(務成跗)에게 배웠고, 우(禹)는 서왕국(西王國)에게 배웠고, 탕(湯)은 위자백(威子伯)

---

1   자하(子夏)는 자이고 이름은 복상(卜商)이다. 진(晋)나라 온(溫) 사람으로, 공자 문하의 수제자인 공문십철로 꼽혔다. 복상은 공자 제자 중에서도 문학으로 이름이 높았는데, 그는 "벼슬하면서 여유가 있으면 공부하고, 공부하면서 여유가 있으면 벼슬하라", "널리 배우고 의지를 돈독히 하라"는 등의 주장을 펼쳤다고 『논어』「자장(子張)」편에 기록되어 있다. 복상은 군주들에게 『춘추』를 읽고 교훈을 얻으라고 주장하는 한편, 군주는 색을 멀리하고 신하는 충성으로 군주를 모시며 신의로써 친구를 사귀라고도 했다.

에게 배웠고, 문왕(文王)은 교시자사(鮫時子斯)에게 배웠고, 무왕(武王)은 곽숙(郭叔)에게 배웠고, 주공(周公)은 태공(太公)에게 배웠고, 중니(仲尼)는 노담(老聃)에게 배웠다고 했습니다. 이 열한 성인이 이런 스승을 만나지 못했다면 공로와 업적이 천하에 드러나지 못했고 이름이 천세에 전해지지 않았을 것입니다."

『시경』(「대아(大雅)·가락(假樂)」편)에 이르기를 "허물도 없고 잊지도 않으며 옛 법도를 따르는구나"라고 한 것은 이를 이른 것이다. 무릇 배우지 않고 옛 도리에 밝지도 않으면서 능히 나라를 편안케 하는 바는 없었다.

> 魯哀公問子夏曰: "必學而後可以安國保民乎?" 子夏曰: "不學而能安國
> 保民者, 未嘗聞也." 哀公曰: "然則五帝有師乎?" 子夏曰: "有. 臣聞, 黃
> 帝學乎大眞, 顓頊學乎綠圖, 帝嚳學乎赤松子, 堯學乎尹壽, 舜學乎務成
> 跗, 禹學乎西王國, 湯學乎威子伯, 文王學乎鮫時子斯, 武王學乎郭叔,
> 周公學乎太公, 仲尼學乎老聃. 此十一聖人, 未遭此師, 則功業不著乎天
> 下, 名號不傳乎千世." 詩曰: "不愆不忘, 率由舊章", 此之謂也. 夫不學不
> 明古道, 而能安國者, 未之有也.

81. 배움이란 하늘이 내려준 바를 온전히 하기 위한 것이다

여자(呂子)가 말했다.

"신농(神農)은 실로(悉老)에게 배웠고, 황제는 대진에게 배웠고, 전욱은 백이보(伯夷父)에게 배웠고, 제곡은 백초(伯招)에게 배웠고, 제요

202

는 주문보(州文父)에게 배웠고, 제순은 허유(許由)에게 배웠고, 우는 대성집(大成執)에게 배웠고, 탕은 소신(小臣)에게 배웠고, 문왕과 무왕은 태공망과 주공 단에게 배웠고, 제환공은 관이오와 습붕에게 배웠고, 진문공은 구범과 수회에게 배웠고, 진목공은 백리해와 공손지에게 배웠고, 초장왕은 손숙오와 심윤축에게 배웠고, 오왕 합려는 오자서와 문지의에게 배웠고, 월왕 구천은 범려와 대부 종에게 배웠으니, 이는 모두 빼어난 왕이 배운 바다.

또 무릇 하늘이 사람을 낳고서는, 그 귀를 가지고 들을 수 있게 했으니 그 들은 것을 배우지 않으면 귀머거리보다 못하게 되고, 그 눈은 볼 수 있도록 했으니 보고도 배우지 못하면 장님보다 못하게 되고, 그 입은 말할 수 있도록 했으니 그 말을 배우지 못하면 벙어리만도 못하게 되고, 그 마음은 생각할 수 있도록 했으니 그 생각을 배우지 않으면 미치광이보다 못하게 된다. 그러므로 무릇 배움을 능히 더하지 못하면 천성을 어기는 것이다. 능히 하늘이 낳아준 바를 온전히 하면서 무너뜨리지 않는 것이야말로 좋은 배움이라고 말할 수 있다."

呂子曰: "神農學悉老, 黃帝學大眞, 顓頊學伯夷父, 帝嚳學伯招, 帝堯學州文父, 帝舜學許由, 禹學大成執, 湯學小臣, 文王武王學人公望周公旦, 齊桓公學管夷吾隰朋, 晉文公學咎犯隨會, 秦穆公學百里奚公孫支, 楚莊王學孫叔敖沈尹竺, 吳王闔閭學伍子胥文之儀, 越王勾踐學范蠡大夫種, 此皆聖王之所學也. 且夫天生人而使其耳可以聞, 不學其聞則不若聾; 使其目可以見, 不學其見則不若盲; 使其口可以言, 不學其言則不若暗; 使其心可以智, 不學其智則不若狂. 故凡學非能益之也, 違天性也. 能全天之所生而勿敗之, 可謂善學者矣."

82. 탕왕이 그물로 새와 짐승을 잡다

탕왕이 사냥 그물에 축원하는 사람이 네 면에 그물 치는 것을 보았다.

그가 빌었다.

"하늘에서 떨어지는 것이 모이고, 땅에서 나오는 것들이 모이고, 사방에서 온 것들이 모여서, 모두 내 그물에 붙어라."

탕왕이 말했다.

"아! 남김없이 (다 잡으려) 한다면 걸왕의 그 용렬함이 이와 같지 않겠는가?"

탕왕이 마침내 그물의 삼면을 풀고 한쪽 면만 남겨두고서 다시 고쳐 빌었다.

"옛날에는 거미가 그물을 치고 지금은 사람이 (하늘의) 명을 따르니, 왼쪽으로 가고 싶으면 왼쪽으로 가고, 오른쪽으로 가고 싶으면 오른쪽으로 가고, 높은 곳으로 가고 싶으면 높은 곳으로 가고, 아래쪽으로 가고 싶으면 아래쪽으로 가라. 나는 명을 어긴 자를 잡겠다."

한남(漢南-한수 남쪽)의 나라들에서 이를 듣고 말하기를, "탕왕의 덕이 새와 짐승들에게까지 미치는구나" 하고는 마흔 나라가 이에 귀의했다. 사람이 네 면에 그물을 쳐도 반드시 새를 잡을 수 있는 것은 아닌데, 탕왕이 세 면을 제거한 채 그 한 면만 세우고도 마흔 나라를 그물로 잡았으니 새를 그물로 잡는 것이 헛된 일이 아닐 것이다.

湯見祝網者置四面, 其祝曰: "從天墜者, 從地出者, 從四方來者, 皆離吾網." 湯曰: "嘻! 盡之矣, 非桀其庸爲此?" 湯乃解其三面, 置其一面, 更教之祝曰: "昔蛛蝥作網, 今之人循序, 欲左則左, 欲右則右, 欲高則高, 欲下則下, 吾取其犯命者." 漢南之國聞之曰: "湯之德及禽獸矣", 四十國歸之. 人置四面, 未必得鳥, 湯去三面, 置其一面, 以網四十國, 非徒網鳥也.

83. 나라의 주인 된 자는 스스로 나라를 주관한다

주나라 문왕이 영대(靈臺)를 만들면서 연못과 늪을 파고 있었는데, 땅을 파자 죽은 사람의 뼈가 나오니 관리가 문왕에게 보고했다.

문왕이 말했다.

"다시 장사지내주어라."

관리가 말했다.

"이를 주관할 사람이 없습니다."

문왕이 말했다.

"천하를 소유한 사람은 천하의 일을 주관하고, 한 나라를 소유한 사람은 한 나라의 일을 주관한다. 과인이 진실로 나라의 주인이라면 또 어찌 주관하는 사람을 구하겠는가?"

드디어 관리에게 명을 내려 수의와 관으로써 다시 장사지냈다. 세상에서 이를 듣고 모두 말했다.

"문왕이 뛰어나니 은택이 오래된 해골에까지 미치는구나! 그렇다면 또 하물며 살아 있는 사람에게는 어떻겠는가?"

누구는 보물을 얻어 나라를 위태롭게 하는데 문왕은 썩은 뼈를 얻어 그 뜻을 깨우치게 하니, 천하가 마음을 돌렸다.

周文王作靈臺, 及爲池沼, 掘地得死人之骨, 吏以聞於文王. 文王曰:
"更葬之." 吏曰: "此無主矣." 文王曰: "有天下者, 天下之主也; 有一國者,
一國之主也. 寡人固其主, 又安求主?" 遂令吏以衣棺更葬之. 天下聞之,
皆曰: "文王賢矣, 澤及枯骨, 又況於人乎?" 或得寶以危國, 文王得朽骨
以喻其意, 而天下歸心焉.

84. 자기를 해치려는 자를 들어 써서 재상으로 삼다

관중이 제나라 공자 규의 사부가 되고 포숙이 공자 소백의 사부
가 되었는데, 제나라 공손무지(公孫無知-양공의 사촌 동생)가 양공을
죽이자 공자 규는 노나라로 달아나고 소백은 거나라로 달아났다. 제
나라 사람들이 무지를 죽이고 노나라에서 공자 규를 맞이하려고 하
자, 공자 규와 소백이 다퉈 들어오려고 했다. 관중이 활로 소백을 쏘
았으나 허리띠 고리에 맞았고, 소백이 거짓으로 죽은 체하며 드디어
먼저 들어오게 되었으니 이 사람이 바로 제나라 환공이다. 공자 규
는 죽고, 관중은 노나라로 달아났다. 환공이 세워지고 나라가 안정되
자 사람을 시켜 관중을 노나라로부터 맞이하면서, 마침내 세워서 중
보(仲父)라고 부르며 나라를 맡겨서 다스리게 했다. 그리하여 (환공은)
아홉 번 제후를 모으고 한 번에 천하를 바로잡아서 오패의 첫 번째
패자가 되었다.

管仲傅齊公子糾, 鮑叔傅公子小白, 齊公孫無知殺襄公, 公子糾奔魯,
小白奔莒. 齊人誅無知迎公子糾於魯, 公子糾與小白爭入. 管仲射小白,

中其帶鉤, 小白佯死, 遂先入, 是爲齊桓公. 公子糾死, 管仲奔魯, 桓公立國定, 使人迎管仲於魯, 遂立以爲仲父, 委國而聽之. 九合諸侯, 一匡天下, 爲五伯長.

85. 자기에게 도둑질한 자를 써서 나라를 안정시키다

이부수(里鳧須)는 진나라 공자 중이(重耳)의 창고를 지키는 자였다. 공자 중이가 진나라를 빠져나가 도망하자 이부수도 몰래 보물과 재물을 가지고 도망갔는데, 공자 중이가 나라로 돌아와 임금으로 세워지자 이부수가 방문해 뵙기를 청했다. 문공이 바야흐로 머리를 감고 있었는데, 알자(謁者)가 복명하자 문공이 머리카락을 움켜쥔 채로 그에게 말했다.

"내 이부수인가?"

말했다.

"그렇습니다."

부수에게 일러 말했다.

"너는 가히 무슨 면목이 있어 다시 나를 보려고 하는가?"

알자가 이부수에게 말을 전하니 부수가 대답해 말했다.

"신이 듣건대 머리를 감게 되면 (머리를 숙이므로) 그 마음이 엎어진다고 했습니다. 마음이 엎어지면 말이 어그러져 나온다는데, 임금께서 머리를 감고 계십니까? 어떻게 말이 어그러져 있습니까?"

알자가 문공에게 말을 전하니, 그를 만나서 말했다.

"너는 내 재보를 훔쳐서 도망갔었다. 내가 너에게 '가히 무슨 면목이 있어 다시 나를 보려 하는가'라고 말했는데 너는 말하기를 '어떻게 임금의 말씀이 어그러져 있습니까?'라고 하니, 이 말은 대체 무슨 뜻인가?"

부수가 말했다.

"그렇습니다. 임금께서 나라로 돌아오셨지만, 나라의 절반은 스스로 편안하지 못합니다. 임금께서는 나라의 절반을 버리려 하십니까, 아니면 차라리 진나라 전부를 보전하고자 하십니까?"

문공이 말했다.

"무슨 말인가?"

부수가 말했다.

"임금에게 죄를 지은 자 중에 부수보다 더 큰 사람이 없습니다. 임금께서 부수를 용서하시고 드러내시어 나가실 때 오른쪽에 두시면, 부수와 같이 죄가 무거워도 임금께서 오히려 용서하시는데 하물며 부수보다 가벼운 자들은 어떻겠습니까?"

문공이 말했다.

"명을 내리겠다."

마침내 그를 용서하고 다음 날 나라에 나가서 다닐 때 오른쪽에 있게 하니, 모두 한마음이 되어 진나라가 다 평안해졌다.

항간에 말하기를 "환공은 자신을 해치려는 자에게 (나라를) 맡겼고, 문공은 자신의 물건을 도둑질한 자를 썼다"라고 했다. 그래서 말하기를 "눈 밝은 임금은 계책이 있는 자에게는 맡기지만 성내는 자에게는 맡기지 않는다. 어두운 임금은 성내는 자에게는 맡기지만 계책이 있는 자에게는 맡기지 않는다. 계책이 성냄을 이기는 것을 강하다고 하고, 성냄이 계책을 이기는 것을 망한다고 한다"라고 했으니, 바로 이를 말한 것이다.

里鳧須, 晉公子重耳之守府者也. 公子重耳出亡於晉, 里鳧須竊其寶貨
而逃, 公子重耳返國, 立爲君, 里鳧須造門願見. 文公方沐, 其謁者復,
文公握髮而應之曰: "吾鳧須邪?" 曰: "然." 謂鳧須曰: "若猶有以面目
而復見我乎?" 謁者謂里鳧須. 鳧須對曰: "臣聞之沐者其心覆, 心覆者
言悖, 君意沐邪? 何悖也?" 謁者復文公, 見之曰: "若竊我貨寶而逃. 我
謂汝猶有面目而見我邪? 汝曰: '君何悖也', 是何也?" 鳧須曰: "然. 君反
國, 國之半不自安也. 君寧棄國之半乎? 其寧有全晉乎?" 文公曰: "何謂
也?" 鳧須曰: "得罪於君者, 莫大於鳧須矣. 君謂赦鳧須, 顯出以爲右,
如鳧須之罪重也, 君猶赦之, 況有輕於鳧須者乎?" 文公曰: "聞命矣."
遂赦之, 明日出行國, 使爲右, 翕然晉國皆安.
語曰: "桓公任其賊, 而文公用其盜." 故曰: "明主任計不任怒, 闇主任怒
不任計. 計勝怒者強, 怒勝計者亡", 此之謂也.

86. 수레 아래에서 소여물을 먹이다가 발탁되다

영척이 제나라 환공에게 쓰이고 싶었으나 가난하고 힘들어서 나
아가지 못하다가, 이에 장사하는 무리를 위해 짐수레를 끌고 제나라
로 향하던 중에 어느 날 저녁 성곽 문 바깥에서 묵게 되었다. (마침)
환공이 교외에서 손님을 맞이하게 되어 밤에 문을 열었는데, 짐수레
를 물리치는 사람들이 든 횃불이 매우 성대했고 따르는 자들도 매우
많았다. 영척이 수레 아래에서 소에게 여물을 먹이다가 환공을 바라

보고는 비통한 생각이 들어서, 소뿔을 두드리며 빠르게 상나라 노래를 불렀다. 환공이 듣고는 마부의 손을 잡고 말하기를 "이상하구나. 이 노래를 부르는 사람은 보통 사람이 아니다" 하면서 뒤따르는 수레에 명을 내려 영척을 태웠다. 환공이 돌아오자 종자가 청해오니, 환공이 말했다.

"옷과 관을 내려주라! 장차 그를 만나볼 것이다."

영척이 알현해 환공에게 나라 안이 화합하는 것을 가지고 유세를 했고, 다음 날 다시 알현해서는 천하를 다스리는 것을 가지고 유세했다. 환공이 크게 기뻐하며 그를 쓰려고 하자, 뭇 신하들이 다퉈 말했다.

"객은 위(衛)나라 사람입니다. 제나라에서 500리 떨어져 있어 멀지 않으니, 사람을 시켜 물어보는 것만 못합니다. 정말로 뛰어난 사람이라면 그때 가서 맡겨도 늦지 않습니다."

환공이 말했다.

"그렇지 않다. 물어보았을 때 작은 단점이 있는지를 걱정하는 것은 작은 단점으로써 그가 지닌 큰 장점을 잊어버리는 것이니, 이것이 남의 주인 된 사람이 천하의 선비를 잃어버리는 까닭이다. 사람은 진실로 완전하기가 어려우므로 그 장점을 저울질해야 한다."

(그를) 찾아서 들어서 크게 쓰면서 직위를 내려 경으로 삼았다. 이렇게 들어 썼기 때문에 환공이 그를 얻었으니, 바로 패주가 될 수 있었던 까닭이다.

寧戚欲干齊桓公, 窮困無以進, 於是爲商旅, 賃車以適齊, 暮宿於郭門之外. 桓公郊迎客, 夜開門, 辟賃車者執火甚盛, 從者甚衆. 寧戚飯牛於車下, 望桓公而悲, 擊牛角, 疾商歌. 桓公聞之, 執其僕之手曰: "異哉! 此

歌者非常人也", 命後車載之. 桓公反至, 從者以請, 桓公曰: "賜之衣冠,
將見之." 寧戚見, 說桓公以合境內, 明日復見, 說桓公以爲天下. 桓公大
說, 將任之, 群臣爭之曰: "客衛人. 去齊五百里, 不遠. 不若使人問之.
固賢人也任之, 未晩也." 桓公曰: "不然, 問之, 恐有小惡, 以其小惡, 忘
人之大美, 此人主所以失天下之士也. 且人固難全, 權用其長者." 逐擧
大用之, 而授之以爲卿. 當此擧也, 桓公得之矣, 所以霸也.

87. 다섯 번 몸을 굽혀 사람을 얻다

제나라 환공이 말직에 있는 신하 직(稷)을 보려고 하루에 세 차례
나 갔는데도 볼 수가 없었는데, (이를 지켜보던) 종자가 말했다.

"만승의 주인께서 벼슬 없는 선비를 보고자 하루에 세 번이나 이
르심에도 보지 못했으니, 진실로 그만두시는 것이 좋을 것 같습니다."

환공이 말했다.

"그렇지 않다. 선비가 벼슬과 녹을 업신여기는 것은 실로 그 임금
을 가볍게 여기는 것이고, 그 임금이 패왕을 업신여기는 것은 또한 선
비를 가볍게 여기는 것이다. 설령 선생이 벼슬과 녹을 업신여긴다고
해서 내가 어찌 감히 패왕을 업신여길 수 있겠는가?"

다섯 번을 찾아간 후에야 만날 수 있었으니, 세상에서 이를 듣고
모두 말했다.

"환공은 벼슬 없는 선비에게도 오히려 몸을 굽히는데, 하물며 다
른 나라의 임금에게는 어떻겠는가?"

이에 서로 (무리를) 거느리고 와서 조현했으니, 오지 않는 이가 없

었다. 환공이 아홉 번 제후를 모으고 한 번에 천하를 바르게 할 수 있었던 까닭은 선비를 대우하는 것이 이와 같았기 때문이다. 『시경』(「대아(大雅)·억(抑)」편)에 이르기를 "덕행을 깨달으니 사방의 나라들이 고분고분해졌다"라고 했으니, 환공이 그렇게 한 사람일 것이다.

齊桓公見小臣稷, 一日三至不得見也, 從者曰: "萬乘之主, 見布衣之士, 一日三至而不得見, 亦可以止矣." 桓公曰: "不然. 士之傲爵祿者, 固輕其主; 其主傲霸王者, 亦輕其士. 縱夫子傲爵祿, 吾庸敢傲霸王乎?" 五往而後得見, 天下聞之, 皆曰: "桓公猶下布衣之士, 而況國君乎?" 於是相率而朝, 靡有不至. 桓公所以九合諸侯, 一匡天下者, 遇士於是也. 詩云: "有覺德行, 四國順之", 桓公其以之矣.

88. 어진 사람을 들어 써서 싸움의 빌미를 틀어막다

위(魏)나라 문후(文侯)가 단간목(段干木)²이 사는 마을을 지나다가 수레 난간에 기대어 절을 하자, 마부가 말했다.

"임금께서는 어째서 절을 하시는지요?"

말했다.

---

2 젊어서 가난하고 비천했는데, 자하(子夏)를 사사해 절조를 높여서 벼슬하지 않았다. 위나라 문후(文侯)가 보려고 그의 집을 찾았을 때 담을 넘어 피했다고 전한다. 문후가 궁궐을 나와 그의 집 앞을 지날 때면 반드시 수레에서 일어나 예를 표했다. 재상을 맡기를 부탁했지만 받지 않았다. 진(秦)나라가 병사를 일으켜 위나라를 공격하려 했다가, 그의 현명한 것과 위후(魏侯)가 예로써 대우한다는 소식을 듣고 침입하지 못하고 돌아갔다.

"여기는 단간목의 마을이 아니던가. 단간목은 대개 뛰어난 사람이니 내가 어찌 감히 절하지 않을 수 있는가. 또 내가 듣건대 단간목은 일찍이 기꺼이 자기를 가지고서(자기를 기준으로 삼아서) 과인을 바꾸려고 한 적이 없으니, 내가 어찌 감히 높이지 않겠는가? 단간목은 다움을 밝게 했지만, 과인은 땅덩이나 넓혔고, 단간목은 마땅함을 풍성하게 했지만, 과인은 재물이나 풍성하게 했다. 땅덩이는 다움만 못하고 재물은 마땅함만 못하니, 과인은 마땅히 그를 섬겨야 할 것이다."

드디어 녹봉이 100만에 이르고 때맞춰 가서 문안했으니, 나라 사람들이 모두 기뻐하면서 서로 칭송하며 말했다.

"우리 임금께서 바른 것을 좋아하시니 단간목이 존경을 받고, 우리 임금[思→君]께서 충성을 좋아하시니 단간목이 높아지는구나."
사   군

얼마 지나지 않아 진(秦)나라가 병사를 일으켜 위(魏)나라를 치고자 했는데, 사마당(司馬唐)이 또 진나라 임금에게 간언해 말했다.

"단간목은 뛰어난 사람이고, 위나라가 예로써 다스려지고 있다는 것을 세상에서 듣지 못한 사람이 없습니다. 병사를 보낼 수 없지 않겠습니까?"

진나라 임금이 그렇다고 생각해 마침내 병사를 출동하는 계획을 그만두고 위나라를 공격하지 않았다.

문후는 군사를 잘 썼다고 말할 수 있다. 무릇 군자가 군사를 잘 쓰면 그 형세를 보지 않더라도 공격하면 이미 성공하니, 아마도 이를 이르는 말이리라. 거친 사람이 군사를 쓰는 것은, 북소리가 나면 우레와 같고 크게 호령하면 하늘이 흔들리며 먼지가 하늘에 가득하고 쏟아지는 화살은 마치 비와 같다고 한다. 다친 사람을 부축하고 죽은 자를 수레에 실으며 창자를 밟고 피 웅덩이를 건너니, 죄 없는 백성 중에 죽은 자가 이미 연못 속에 가득 차게 된다. (그러고서도) 나라가 살아남을지 망할지 또 임금이 죽을지 살지는 오히려 알지 못하니, 어짊과 마땅함으로부터의 거리가 참으로 멀다고 하겠다.

魏文侯過段干木之閭而軾, 其僕曰: "君何爲軾?" 曰: "此非段干木之閭乎? 段干木蓋賢者也, 吾安敢不軾? 且吾聞段干木未嘗肯以己易寡人也, 吾安敢高之? 段干木光乎德, 寡人光乎地; 段干木富乎義, 寡人富乎財. 地不如德, 財不如義. 寡人當事之者也." 遂致祿百萬, 而時往問之, 國人皆喜, 相與誦之曰: "吾君好正, 段干木之敬; 吾思好忠, 段干木之隆." 居無幾何, 秦興兵欲攻魏, 司馬唐且諫秦君曰: "段干木, 賢者也, 而魏禮之, 天下莫不聞. 無乃不可加兵乎?" 秦君以爲然, 乃案兵而輟, 不攻魏. 文侯可謂善用兵矣. 夫君子善用兵也, 不見其形, 而攻已成, 其此之謂也. 野人之用兵, 鼓聲則似雷, 號呼則動天, 塵氣充天, 流矢如雨, 扶傷輿死, 履腸涉血, 無罪之民, 其死者已量於澤矣, 而國之存亡, 主之死生, 猶未可知也. 其離仁義亦遠矣.

89. 예와 마땅함으로 나라와 집 안을 다스리면 생기는 일

진(秦)나라 소왕(昭王, 기원전 324~기원전 251년)[3]이 손경(孫卿=荀子)
순자

---

3   진(秦)나라 무왕(武王)의 이복동생이다. 왕위를 이은 뒤 처음에는 어머니 선태후(宣太后)가 섭정했는데, 내란을 평정한 뒤 왕권을 강화시켰다. 친정(親政)을 하면서 위염(魏冉)과 범수(范雎) 등을 기용해 재상으로 삼고 사마조(司馬錯)와 백기(白起) 등을 장수로 삼아서 동진(東進) 정책을 펼쳐 한(韓)나라와 조(趙)나라, 위(魏)나라, 초(楚)나라 등과 싸워 승리

에게 말했다.

"유자(儒者)는 남의 나라에 보탬이 되지 않는다."

손경이 말했다.

"유자는 앞선 빼어난 왕[先王]을 본받고 예와 마땅함을 높이며 신
하 된 사람으로서 삼가면서 능히 자신의 윗사람을 귀한 곳에 이르게
합니다. 남의 임금 된 사람이 그를 쓰면 나아와서 우리 조정에 있고,
그냥 둔 채 쓰지 않으면 곧 물러나 백성과 섞여서 보답해 반드시 아랫
사람들을 고분고분하게 합니다. 비록 궁색하고 곤란해 몸이 얼고 굶
주려도 반드시 그릇된 도리로 먹으려 하지 않습니다. 송곳 꽂을 땅조
차 없더라도 사직을 지키는 큰 계책을 밝히고, 외쳐 불렀지만 (아무도)
능히 호응해주지 않더라도 만사를 이루고 백성을 기르는 방도에 통
달해 있습니다. 권세가 다른 사람 위에 있으면 왕공의 재목이고, 다
른 사람 아래에 있으면 사직의 신하요 임금의 보물이 됩니다. 비록 궁
핍한 집에 비가 새는 방에 숨어 지내더라도 다른 사람을 귀하게 하지
못하는 바가 없으니, 도리가 진실로 존재합니다.

중니가 노나라 사구(司寇)가 되자 심유씨는 아침에 양에게 (무게를
늘리기 위해) 물을 먹이는 일을 하지 못했고 공신씨는 그 처를 내보냈
으며 신궤씨는 국경을 넘어 도망갔고 노나라에서 소나 말을 파는 사
람들은 미리 팔 값을 정하지 않고 올바른 값을 알려서 기다렸습니다.
(중니가) 자기 마을에 사실 때는 마을 자제들이 그물로 잡은 것을 나

를 거두었다. 주나라 난왕(赧王)의 항복을 받고 산동(山東)의 여섯 나라가 맺은 합종책(合
縱策)을 와해시키면서 세력이 더욱 커졌다. 진나라가 이후 전국을 통일하는 데 기초를 닦
았다.

눌 때 부모가 있는 사람은 많이 가져갔으니, 효도와 공순함으로 교화되었습니다. 유자가 우리 조정에 있으면 정치가 아름다워지고 아래 직위에 있으면 풍속이 아름다워졌으니, 유자가 다른 사람의 아래에 있어도 이와 같습니다."

왕이 말했다.

"그렇다면 그가 다른 사람의 위에 있으면 어떠한가?"

손경이 대답해 말했다.

"그 사람됨이 넓고도 큽니다. 뜻이 안에서 정해지면, 예의와 절의가 조정에서 닦아지고 법칙과 도량이 관에서 바르게 되며 충성과 믿음, 아낌과 유익함이 아래에서 모습을 드러내어, 하나의 마땅하지 못한 일도 없고 1명이라도 죄 없는 자를 죽여서 천하를 얻는 일은 이뤄지지 않습니다. 만일 사람에게 마땅함과 믿음이 있어서 사해에 통하게 되면 천하의 밖에서도 거기에 응하게 됩니다. 마음속에 품어둔다면 이는 무엇이겠습니까? 즉 귀한 이름이 분명하게 드러나고 천하가 다스려져서, 가까이 있는 자들은 노래 부르고 즐거워하며 멀리 있는 자들은 힘을 다해 뛰어서 넘어오니, 사해 안이 마치 한집안 같고 한 무리 같아서 두루 통해 따르고 복속하지 않는 바가 없게 됩니다. 무릇 이를 일러서 남의 스승이라고 합니다. 『시경』(「대아(大雅)·문왕유성(文王有聲)」편)에 이르기를 "서쪽에서, 동쪽에서, 남쪽에서, 북쪽에서 복종하지 않을 생각이 없다"라고 한 것은 이를 가리키는 것입니다. 무릇 그가 남의 아래에 있는 것은 그가 남의 위에 있는 것과 똑같습니다. 이와 같은데, 어찌 유자가 남의 나라에 보탬이 없다고 하겠습니까?"

소왕이 말했다.

"좋도다."

秦昭王問孫卿曰: "儒無益於人國." 孫卿曰: "儒者法先王, 隆禮義, 謹乎臣子, 而能致貴其上者也. 人主用之, 則進在本朝; 置而不用, 則退編百姓, 而敵必爲順下矣. 雖窮困凍餒, 必不以邪道爲食, 置無錐之地, 而明於持社稷之大計, 叫呼而莫之能應, 然而通呼裁萬物, 養百姓之經紀. 勢在人上, 則王公之才也; 在人下, 則社稷之臣, 國君之寶也. 雖隱於窮閻漏屋, 人莫不貴之, 道誠存也. 仲尼爲魯司寇, 沈猶氏不敢朝飮其羊, 公愼氏出其妻, 愼潰氏踰境而走, 魯之鬻牛馬不豫賈, 布正以待之也. 居於闕黨, 闕黨之子弟, 罔罟分有親者取多, 孝悌以化之也. 儒者在本朝則美政, 在下位則美俗, 儒之爲人下如是矣." 王曰: "然則其爲人上何如?" 孫卿對曰: "其爲人也廣大矣. 志意定乎內, 禮節修乎朝, 法則度量正乎官, 忠信愛利形乎下, 行一不義, 殺一無罪, 而得天下, 不爲也. 若義信乎人矣, 通於四海, 則天下之外應之. 而懷之, 是何也? 則貴名白而天下治也, 故近者歌謳而樂之, 遠者竭走而趨之, 四海之內若一家, 通達之屬, 莫不從服. 夫是之謂人師. 詩曰: '自西自東自南自北, 無思不服', 此之謂也. 夫其爲人下也, 如彼爲人上也, 如此, 何爲其無益人之國乎?" 昭王曰: "善."

90. 가장 나쁜 옷을 갑옷이라 한다

전찬(田贊)이 (누덕누덕 기운) 유자 옷을 입고 형(荊=楚)나라 왕을
알현하니, 형나라 왕이 말했다.

"선생의 옷은 어찌 그리 나쁜가?"

찬이 대답해 말했다.

"옷 중에는 이보다 더 나쁜 것이 있습니다."

형나라 왕이 말했다.

"들어볼 수 있는가?"

대답해 말했다.

"갑옷이 이보다 나쁩니다."

왕이 물었다.

"무슨 말인가?"

대답해 말했다.

"겨울날에는 춥고 여름날에는 더우니, 갑옷보다 나쁜 옷이 없습니다. 저는 가난해 옷이 나쁩니다만, 지금 대왕께서는 만승의 주인으로서 부유함이 두텁기가 그 짝을 찾을 수 없는데도 갑옷을 사람에게 입히는 것을 좋아하십니다. 신은 이런 것을 취하지 않겠습니다.

임금께서 생각하시는 것이 그 마땅함을 위한 것입니까? 갑옷은 군대의 일로서, 남의 머리를 쪼개고 남의 배를 가르며 남의 성곽을 무너뜨리고 남의 아들과 딸을 매달아서, 그 명분은 영예롭지 못함이 또한 더욱 심합니다. 임금께서 생각하시는 것이 그 귀함을 위한 것입니까? 정말로 (귀하게 되고자) 다른 사람을 해치려고 생각하신다면 그 사람 또한 반드시 해치려고 생각할 것이고, 정말로 다른 사람을 위험에 처하게 하려고 생각하신다면 그 사람 또한 반드시 위험에 처하게 하려고 생각할 것이어서, 실제에서는 사람을 매우 편안치 못하게 할 뿐입니다. 이 둘을 대왕께서는 취해서는 안 됩니다."

형나라 왕이 아무런 대꾸도 하지 못했다.[4]

---

4   이 이야기는 『여씨춘추』「순세(順說)」 편에도 실려 있다.

옛날 위나라 영공이 진(陣) 치는 법을 묻자 공자는 제기 그릇을 말하면서, 병사의 일을 낮추고 예를 귀하게 여겨야 한다고 말했다.[5] 무릇 유자의 옷은 앞선 뛰어난 임금의 옷인데도 형나라 왕이 싫어했고 군대의 일은 나라의 흉기인데도 형나라 왕이 좋아했으니, 전찬에게 꺾인 바 있었지만 (끝내) 그 나라를 위태롭게 하고 말았다. 그래서 『춘추』에서 말하기를 "나라를 잘 다스리는 데는 군대가 없다"라고 했으니, 이를 이른 것이다.

田贊衣儒衣而見荊王, 荊王曰: "先生之衣, 何其惡也?" 贊對曰: "衣又有惡此者." 荊王曰: "可得而聞邪?" 對曰: "甲惡於此." 王曰: "何謂也?" 對曰: "冬日則寒, 夏日則熱, 衣無惡於甲矣. 贊貧, 故衣惡也, 今大王, 萬乘之主也, 富厚無敵, 而好衣人以甲. 臣竊爲大王不取也. 意者爲其義耶? 甲兵之事; 析人之音, 刳人之腹, 墮人城郭, 係人子女, 其名尤甚不榮. 意者爲其貴邪? 苟慮害人, 人亦必慮害之; 苟慮危人, 人亦必慮危之, 其實人甚不安之, 二者爲大王無取焉." 荊王無以應也. 昔衛靈公問陣, 孔子言俎豆, 賤兵而貴禮也. 夫儒服先王之服也, 而荊王惡之, 兵者, 國之凶器也, 而荊王喜之, 所以屈於田贊, 而危其國也. 故春秋曰: "善爲國者不師", 此之謂也.

5 『논어』 「위령공(衛靈公)」 편 1이다.
   위(衛)나라 영공(靈公)이 공자에게 진법에 관해 묻자 공자가 대답해 말했다.
   "조두(俎豆-제기)의 일이라면 일찍이 들어본 적이 있지만, 군대의 일에 대해서는 아직 배운 바 없습니다."
   (다음 날 드디어 떠났다.)

91. 동쪽으로 덧대어 집을 짓는 일은 아무것도 아니다

애공이 공자에게 물어 말했다.

"과인이 든건대 동쪽으로 덧대어 집을 지으면 상서롭지 못하다고 했는데, 믿을 수 있는 말인가?"

공자가 말했다.

"상서롭지 못한 것이 다섯입니다만, 동쪽으로 덧대어 짓는 것은 그중에 없습니다.

무릇 다른 사람이 손해를 보고 나는 이익을 보게 되면 몸이 상서롭지 못하고, 늙은이를 버리고 어린애를 차지하면 집 안이 상서롭지 못하고, 뛰어난 이를 버리고 덕이 없는 사람을 쓰면 나라가 상서롭지 못하고, 늙은이가 가르치지 않고 어린애가 배우지 않으면 풍속이 상서롭지 못하고, 빼어난 이가 엎드려 숨고 어리석은 자가 마음대로 권세를 휘두르면 천하가 상서롭지 못합니다. 그래서 상서롭지 못한 것이 다섯입니다만, 동쪽으로 덧대어 짓는 것은 그중에 없습니다.

『시경』(「소아(小雅)·소완(小宛)」 편)에 이르기를 '각자 너의 행실을 삼가라, 하늘의 명이 돕지 않는다'라고 했는데, 동쪽으로 덧대어 짓는 일이 천명을 이루는 데 관여된다는 말은 들어본 적이 없습니다."

哀公問於孔子曰: "寡人聞之, 東益宅不祥, 信有之乎?" 孔子曰: "不祥有五, 而東益不與焉. 夫損人而益己, 身之不祥也; 棄老取幼, 家之不祥也; 釋賢用不肖, 國之不祥也; 老者不教, 幼者不學, 俗之不祥也; 聖人伏匿, 愚者擅權, 天下之不祥也. 故不祥有五, 而東益不與焉. 詩曰: '各敬爾儀, 天命不又', 未聞東益之與爲命也."

92. 말 모는 것을 보고 임금을 깨우쳐주다

안연(顔淵)⁶이 대(臺)에서 노나라 정공(定公, ?~기원전 495년)⁷을 모시고 있었는데, 동야필(東野畢)이 대 아래에서 말을 몰고 있었다.

정공이 말했다.

"좋도다! 동야필이 말을 잘 모는구나."

안연이 말했다.

"잘한다면 잘하는 것이겠지만, 그러나 아마도 장차 말을 잃어버릴 겁니다."

정공이 기뻐하지 않으면서, 이를 가지고 좌우 측근들에게 알려주며 말했다.

"내가 듣건대 군자는 다른 사람을 헐뜯지 않는다고 하는데, 군자 또한 다른 사람을 헐뜯는구나."

안연이 기뻐하지 않고 계단을 밟고 내려와 가버렸다. 얼마 뒤에 말이 없어졌다는 것을 들었다. 정공이 자리를 딛고 일어나 말했다.

"당장 달려가서 가마로 안연을 청해 모셔라."

안연이 도착하자 정공이 말했다.

"지난번에 과인이 '잘하는구나, 동야필이 말을 잘 모는구나'라고 말하자 그대가 '잘한다면 잘하는 것이겠지만, 그러나 아마도 장차 말을 잃어버릴 겁니다'라고 말했는데, 그대가 어찌 그것을 알았는지를

---

6 공자의 수제자 안회(顔回)다.

7 소공(昭公)의 동생이다. 10년 공자(孔子)에게 재상의 일을 수행하게 했고, 제나라 경공(景公)을 협곡(夾谷)에서 만났다. 제후(齊侯)가 정공을 위협하자 공자가 예로써 따지니, 제후가 두려워하며 중지하고 침탈했던 노나라 땅도 돌려주었다. 15년 동안 재위했다.

알지 못하겠다."

안연이 말했다.

"신은 나라를 다스리는[政] 것으로 알았습니다. 옛날에 순임금은
사람을 잘 부렸고, 조보(造父)는 말을 잘 부렸습니다. 순은 자기 백성
을 궁하게 하지 않았고, 조보는 자기 말이 힘이 다 빠지게 하지 않았
습니다. 그래서 순은 백성을 잃지 않았고, 조보는 말을 잃지 않았습
니다. 지금 동야필이 말을 다루는 것은, 말에 올라 고삐를 잡고 말을
제어해서 바르게 하며 옆의 무리와 대오를 이루도록 버티면서 달리
는 것이 조정에서 예를 마친 것과 같이 하는데, 험한 길을 밟고 멀리
까지 가서 말의 힘이 다했는데도 (말이 더 달리도록) 요구하는 것이 그
치지 않으니, 이 때문에 말을 잃게 되리라는 것을 알았던 것입니다."

정공이 말했다.

"좋도다. 조금 더 해줄 수 있는가?"

안연이 말했다.

"짐승이 궁지에 몰리면 떠받고, 새가 궁지에 몰리면 쪼고, 사람이
궁지에 몰리면 속이게 됩니다. 옛날부터 지금에 이르게까지 그 아랫
사람을 궁지에 몰아넣고서 능히 위험이 없는 자는 있었던 적이 없습
니다. 『시경』(「정풍(鄭風)·대숙우전(大叔于田)」 편)에 이르기를 '고삐 잡
기를 베 짜듯이 하니, 양쪽 곁말은 춤추는 듯하네'라고 했으므로, 말
을 잘 모는 것을 가리킨 것입니다."

정공이 말했다.

"좋도다! 과인의 잘못이다."

顏淵侍魯定公于臺, 東野畢御馬于臺下. 定公曰: "善哉! 東野之御." 顏淵曰: "善則善矣. 雖然, 其馬將失." 定公不悅, 以告左右曰: "吾聞之, 君子不讒人, 君子亦讒人乎." 顏淵不悅, 歷階而去. 須臾馬敗聞矣, 定公躩席而起曰: "趨駕請顏淵." 顏淵至, 定公曰: "向寡人曰: '善哉, 東野畢御也', 吾子曰: '善則善矣. 雖然, 其馬將失矣.' 不識吾子何以知之也?" 顏淵曰: "臣以政知之. 昔者, 舜工於使人, 造父工於使馬. 舜不窮其民, 造父不盡其馬, 是以舜無失民, 造父無失馬. 今東野之御也, 上馬執轡, 御體正矣, 周旅炙驟, 朝禮畢矣, 歷險致遠, 而馬力殫矣, 然求不已. 是以知其失也." 定公曰: "善, 可少進與?" 顏淵曰: "獸窮則觸, 鳥窮則啄, 人窮則詐. 自古及今, 有窮其下能無危者, 未之有也. 詩曰: '執轡如組, 兩驂如舞', 善御之謂也." 定公曰: "善哉! 寡人之過也."

93. 호랑이가 무서워도 떠나지 못하다

공자가 산융씨가 있는 북쪽으로 가고 있을 때, 길에서 부인이 울고 있는데 그 곡소리가 매우 구슬펐다. 공자가 수레에 서서 물어 말했다.

"어찌 곡소리가 구슬픈 것이 이토록 지극합니까?"

부인이 대답해 말했다.

"지난해에 호랑이가 내 남편을 잡아먹더니, 올해는 호랑이가 내 아들을 잡아먹었습니다. 그래서 그렇게 슬픈 것입니다."

공자가 말했다.

"아! 이와 같은데 어찌 떠나지 않았습니까?"

대답했다.

"그 다스림이 고르고 그 관리가 가혹하지 않으니, 내가 이 때문에 떠나지 않은 것입니다."

공자가 자공(子貢)을 돌아보며 말했다.

"제자는 기억하라. 무릇 다스림이 고르지 않고 관리가 가혹한 것, 이는 호랑이나 이리와도 같다."

『시경』(「소아(小雅)·우무정(雨無正)」편)에 이르기를 "기근을 내려서 해치시고, 사방의 나라를 베고 벌하시니"라고 했으니, 무릇 (하늘은) 다스림이 고르지 않으면 마침내 사방의 나라까지도 베어서 벌하는데 하물며 두 사람쯤이야? 아마도 떠나지 않는 것이 마땅하지 않겠는가?

孔子北之山戎氏, 有婦人哭於路者, 其哭甚哀. 孔子立輿而問曰: "曷爲哭哀至於此也." 婦人對曰: "往年虎食我夫, 今虎食我子. 是以哀也." 孔子曰: "嘻, 若是, 則曷爲不去也?" 曰: "其政平, 其吏不苛, 吾以是不能去也." 孔子顧子貢曰: "弟子記之. 夫政之不平而吏苛, 乃等於虎狼矣." 詩曰: "降喪饑饉, 斬伐四國", 夫政不平也, 乃斬伐四國, 而況二人乎? 其不去宜哉?

94. 여러 차례 싸워 이겨도 나라가 망하는 까닭

위나라 문후가 이극(李克)[8]에게 물어 말했다.

---

8   또는 이태(李兌)라 한다. 위나라 문후(文侯)에게 사람 살피는 방법을 전하고 사치를 금하기를 주장했다. 위나라 재상을 지내며 변법을 시행했다. '농업'과 '법치'를 결합한 그의 생

"오나라가 망한 까닭이 무엇인가?"

이극이 대답해 말했다.

"자주 싸워서 자주 이겼기 때문입니다."

문후가 말했다.

"자주 싸워서 자주 이기면 나라의 복인데, 그것이 망한 까닭이라니 어째서인가?"

이극이 말했다.

"자주 싸우면 백성이 피로해지고 자주 이기면 임금이 교만해집니다. 교만한 임금이 피로한 백성을 다스리게 되니, 이것이 오나라가 망한 까닭입니다."

그래서 전쟁을 좋아해 병사를 궁하게 하면 망하지 않는 바가 없는 것이다.

魏文侯問李克曰: "吳之所以亡者, 何也?" 李克對曰: "數戰數勝." 文侯曰: "數戰數勝, 國之福也, 其所以亡, 何也?" 李克曰: "數戰則民疲, 數勝則主驕. 以驕主治疲民, 此其所以亡也." 是故好戰窮兵, 未有不亡者也.

95. 상벌이 분명해야 하는 까닭

조양자가 왕자유(王子維)에게 물어 말했다.

각은 상앙과 한비자에게 큰 영향을 미쳐서 일반적으로 그를 법가의 원조로 여긴다. 『이극(李克)』 7편을 지었다고 하나 1편만 전한다.

"오나라가 망한 까닭이 무엇입니까?"

대답해 말했다.

"오나라 임금이 인색하고, 그리고 차마 하지 못하는 바가 있었습니다."

양자가 말했다.

"오나라가 망한 것이 마땅하군요. 인색하면 뛰어난 이에게 상을 줄 수 없고, 차마 하지 못하면 간사한 자에게 벌줄 수 없습니다. 뛰어난 사람에게 상을 주지 못하고 죄가 있어도 벌을 주지 못한다면 망하지 않고 무엇을 기다리겠습니까?"

趙襄子問於王子維曰: "吳之所以亡者, 何也?" 對曰: "吳君丞而不忍." 襄子曰: "宜哉吳之亡也. 丞則不能賞賢, 不忍則不能罰姦. 賢者不賞, 有罪不罰, 不亡何待?"

96. 겉과 속을 서로 같게 하려면 제대로 이름 지어야 한다

공자가 계손씨를 모시고 앉아 있는데, 계손의 가신 통(通)이 말했다.

"주군께서 사람을 시켜 말을 빌렸는데, 그것을 줄까요?"

공자가 말했다.

"내가 듣건대, 신하에게서 가져가는 것을 일러서는 취한다고 하지 빌린다고 하지 않습니다."

계손이 깨닫고는 가신 통에게 알려주며 말했다.

"지금부터 앞으로는 임금이 가져가는 것을 일러서는 취한다고 하고 빌린다고는 하지 말라."

그러므로 공자가 말을 빌린다고 말하는 것을 바로잡으니 군신 사이의 마땅함이 정해졌다. 『논어』에서는 "반드시 이름을 바로잡겠다"[9]라고 했고 『시경』(「대아(大雅)·억(抑)」 편)에서는 "말로 말미암은 것을 바꾸지 않으면 구차하게 말함이 없다"라고 했으니, 삼가지 않을 수 있겠는가?

孔子侍坐於季孫, 季孫之宰通曰: "君使人假馬, 其與之乎?" 孔子曰: "吾聞, 取於臣謂之取, 不曰假." 季孫悟, 告宰通曰: "自今以來, 君有取謂之取, 無曰假." 故孔子正假馬之名, 而君臣之義定矣. 論語曰: "必也正名", 詩曰: "無易由言, 無曰苟矣", 可不愼乎?

---

9 『논어』 「자로(子路)」 편 3에 나오는 말이다.
자로(子路)가 말했다.
"위(衛)나라 군주가 스승님을 기다려 정치를 맡기려 하니, 스승님께서는 장차 무엇을 먼저 하시렵니까?"
공자가 말했다.
"반드시 이름부터 바로잡겠다."
자로가 말했다.
"이러하시다니! 스승님의 우활하심이여! (그렇게 해서야) 어떻게 (정치를) 바로잡으시겠습니까?"
공자는 말했다.
"한심하구나, 유(由-자로)야! 군자는 자기가 알지 못하는 것은 비워두고서 말을 하지 않는 법이다. 이름이 바르지 못하면 말이 순하지 못하고, 말이 순하지 못하면 일이 이뤄지지 못하고, 일이 이뤄지지 못하면 예악이 흥하지 못하고, 예악이 흥하지 못하면 형벌이 알맞지 못하고, 형벌이 알맞지 못하면 백성이 손발을 둘 곳이 없게 된다. 그래서 군자가 이름을 붙이면 반드시 말할 수 있고, 말할 수 있으면 반드시 행할 수 있는 것이니, 군자는 그 말에 있어 구차함이 없을 뿐이다."

97. 깊은 대궐에서 천하를 다스릴 수 있음은 가까이에 뛰어난 신하가 있기 때문이다

군자가 말했다.

"천자가 성곽으로 둘러싸인 대궐 가운데, 늘어진 장막의 안쪽, 너른 집 아래, 털로 짠 깔개 위에 머물면서 홑겹의 장막을 걷고 나서지 않아도 천하를 아는 것은 뛰어난 이가 좌우에 있기 때문이다."

그러므로 홀로 보는 것은 여럿과 더불어 보는 눈 밝음[明]만 못하고, 홀로 듣는 것은 여럿과 더불어 듣는 귀 밝음[聰]만 못하다.

> 君子曰: "天子居闈闕之中, 帷帳之內, 廣廈之下, 旃茵之上, 不出襜幄, 而知天下者, 以有賢左右也." 故獨視不如與衆視之明也, 獨聽不如與衆聽之也.

98. 신하가 말하지 않는 것이 나라의 근심이다

진나라 평공이 숙향에게 물어 말했다.

"나라의 근심 중에 어떤 것이 가장 큰가?"

대답해 말했다.

"대신이 무거운 봉록을 받으면서 지극한 간언을 하지 않고, 가까운 신하가 벌을 두려워해서 감히 말하려 하지 않고, 아래의 실상이 위로 통하지 않는 것, 이것이 근심 중에서 가장 큰 것입니다."

공이 말했다.

"좋도다."

이에 나라에 명을 내려 말했다.

"좋은 말을 올리려고 하는데 알자(謁者)가 제대로 통하지 않게 했다면, 죄는 사형에 해당한다."

晉平公問於叔向曰: "國家之患, 庸爲大?" 對曰: "大臣重祿而不極諫, 近臣畏罰而不敢言, 下情不上通, 此患之大者也." 公曰: "善." 於是令國曰: "欲進善言, 謁者不通, 罪當死."

99. 평소 누구를 사귀는가를 보면 그 사람을 알 수 있다

초나라에 관상을 잘 보는 사람이 있었는데, 말하는 바에 조금도 미진한 점이 없어서 나라 안에 소문이 났다. 장왕이 만나보고 실상을 물었더니 대답해 말했다.

"신은 관상을 보는 일에 능한 것이 아니라 사람의 사귐을 살피는 일에 능합니다.

벼슬이 없으면서 그 사귐이 모두 효성스럽고 공순하며 삼감[謹]을 도탑게 하면서 법령을 존중하고 따른다면 이와 같은 사람은 그 집 안이 반드시 날로 불어나고 그 몸도 반드시 날로 편안해지니, 이것이 이른바 복이 있는 사람입니다.

임금을 섬기는 관리가 그 사귐이 모두 열렬하고 믿음직스러우며, 이처럼 하는 사람과 잘 지내게 되면, 임금을 섬김이 날로 더해가고 관직도 날로 더해지니, 이것이 이른바 복이 있는 선비입니다.

임금이 눈 밝고 신하가 뛰어나며 좌우 측근은 충성심이 많아서 임금이 놓치는 것이 있으면 모두 감히 나눠 다퉈서 바른 간언을 올리기를 이와 같이 하면 나라가 날로 편안해지고 임금이 날로 높아지며 천하가 날로 부유해지니, 이것이 이른바 복이 있는 임금입니다.

신은 관상을 잘 보는 것이 아니라 사귐을 잘 살피는 것입니다."

장왕이 말했다.

"좋도다."

이에 곧 사방의 선비를 예를 갖춰 불러들여 맞아서 새벽부터 밤까지 게으름을 피우지 않았으니, 드디어 손숙오와 장군 자중의 무리를 얻어 경대부와 재상을 갖추게 됨으로써 마침내 패업의 공로를 이룩했다.

『시경』(「대아(大雅)·문왕(文王)」 편)에 이르기를 "뛰어난 신하가 많으니 문왕이 평안하시다"라고 한 것은 이를 가리킨 것이다.

楚人有善相人, 所言無遺策, 聞於國. 莊王見而問於情, 對曰: "臣非能相人, 能觀人之交也. 布衣也, 其交皆孝悌, 篤謹畏令, 如此者, 其家必日益, 身必日安, 此所謂吉人也. 官事君者也, 其交皆誠信, 有好善如此者, 事君日益, 官職日益, 此所謂吉士也. 主明臣賢, 左右多忠, 主有失皆, 敢分爭正諫如此者, 國日安, 主日尊, 天下日富, 此所謂吉主也. 臣非能相人, 能觀人之交也." 莊王曰: "善." 於是乃招聘四方之士, 夙夜不懈, 遂得孫叔敖, 將軍子重之屬, 以備卿相, 遂成霸功. 詩曰: "濟濟多士, 文王以寧", 此之謂也.

100. 나라가 망하고 몸이 죽는데도 까닭을 모르다 - 제민왕

제나라 민왕(閔王)[10]이 도망쳐서 위(衛)나라에 머물렀는데, (위나라로 도망칠 때) 날이 다하도록 달리면서 공옥단(公玉丹)에게 일러 말했다.

"내가 이미 망했는데, 그 까닭을 알지 못하겠다. 내가 망한 까닭이 무엇인가?"

공옥단이 대답해 말했다.

"신은 왕께서 이미 그것을 알고 있을 것이라 여겼는데, 왕께서는 이유를 아직 알지 못하십니까? 왕께서 망한 이유는 뛰어났기 때문입니다. 세상의 임금들이 모두 덕이 없어서 왕의 뛰어남을 미워했기 때문에 그로 인해 서로 병사를 합쳐서 왕을 공격했으니, 이것이 왕께서 망한 까닭입니다."

민왕이 억울해하면서 큰 한숨을 내쉬며 말했다.

"뛰어남이 진실로 이와 같이 괴로운 것인가?"

단이 다시 민왕에게 일러 말했다.

"옛사람이 한 말 중에 '천하에 근심이 없는 사람'이란 것이 있는데, 신이 그 이야기를 들었고 왕에게서 그 실상을 보았습니다. 왕께서 동제(東帝)라 불리면서 실제로 천하를 가지셨는데, 나라를 떠나 위나라에 머물면서도 용모가 살이 찌고 얼굴빛이 훤하시니 나라를 거듭 새롭게 하실 생각은 없으신 것 같습니다."

왕이 말했다.

"매우 좋은 말이다. 단(丹)은 과인이 스스로 나라를 떠나서 위나

---

10 민왕(湣王)이라고도 한다.

라에 머문다는 것을 알아주는구나. 허리띠가 세 마디나 늘었다."

마침내 스스로 뛰어나다고 여겨서 교만함이 가득하고 불손했다. 민왕이 달아나 위나라로 도망쳐 오자 위나라 임금은 궁을 피해 나오며 집으로 내어주고 신하라 칭하면서 갖춰 받들었으나 민왕은 불손할 뿐이었다. 이에 위나라 사람들이 몰래 공격하니 민왕은 추(鄒)와 노(魯)로 달아났다가, 교만한 모습 때문에 추와 노에서도 받아주지 않자 마침내 거나라로 도망갔다. 초나라에서 요치(淖齒)로 하여금 병사를 이끌어 제나라를 구하게 하면서 그 참에 민왕을 돕게 했으나, 요치는 민왕의 힘줄을 뽑아 종묘 대들보에 걸어두었다가 밤이 지나자 그를 죽였으며 연나라와 함께 제나라를 나누었다.

슬프도다! 민왕은 땅이 사방 수천 리나 되는 제나라 같은 큰 나라에 군림했는데, 그러나 제후와의 싸움에서 패해 땅은 연나라 소왕에게 빼앗기고 종묘는 망해 없어지고 사직은 제사를 잇지 못하고 궁실은 비어서 없어지고 몸은 망명해 도망쳐서 숨는 모습이 노예보다 더 심했는데도 오히려 망한 까닭을 알지 못해서 매우 가슴이 아픈데, 오히려 스스로 뛰어나다고 여기니 어찌 슬프지 않겠는가! 공옥단이 노예 노릇하는 중에도 아첨과 말재주로써 그를 이끈 것이 심하지 않은가! 민왕이 깨치지 못하고 있으면 쫓아가서 좋게 이끌어주어야 할 터인데, 욕됨을 영예로 여기게 하고 근심을 즐거움으로 여기게 함으로써 망함에 이른 것만으로도 늦었다 하겠거늘 끝내는 죽임을 당하게 했다.

齊閔王亡居衛, 盡日灸走, 謂公玉丹曰: "我已亡矣, 而不知其故? 吾所以亡者, 其何哉?" 公玉丹對曰: "臣以王爲已知之矣, 王故尙未之知耶? 王之所以亡者, 以賢也. 以天下之主皆不肖, 而惡王之賢也, 因相與合兵

而攻王, 此王之所以亡也." 閔王慨然太息曰: "賢固若是之苦邪?" 丹又
謂閔王曰: "古人有辭, 天下無憂色者, 臣聞其聲, 於王見其實, 王名稱東
帝, 實有天下, 去國居衛, 容貌充盈, 顏色發揚, 無重國之意." 王曰: "甚
善. 丹知寡人自去國而居衛也, 帶三益矣." 遂以自賢, 驕盈不遜. 閔王亡
走衛, 衛君避宮舍之, 稱臣而供具, 閔王不遜. 衛人侵之, 閔王去走鄒·
魯, 有驕色, 鄒·魯不納, 遂走莒. 楚使淖齒將兵救齊, 因相閔王, 淖齒擢
閔王之筋, 而縣之廟梁, 宿昔而殺之, 而與燕共分齊地. 悲乎! 閔王臨大
齊之國, 地方數千里, 然而兵敗於諸侯, 地奪於燕昭, 宗廟喪亡, 社稷不
祀, 宮室空虛, 身亡逃竄, 甚於徒隸, 尙不知所以亡, 甚可痛也, 猶自以
爲賢, 豈不哀哉! 公玉丹徒隸之中, 而道之諂佞, 甚矣! 閔王不覺, 追而
善之, 以辱爲榮, 以憂爲樂, 其亡晚矣, 而卒見殺.

101. 나라가 망하고 몸이 죽는데도 까닭을 모르다 - 정곽군

전날에 정곽군(靖郭君)이 그 백성을 잔인하게 죽이고 뭇 신하들
을 해치고 상하게 했기 때문에 나라 사람들이 장차 배반해 함께 쫓
아내려고 했는데, 그의 마부가 미리 알고 음식을 보따리에 싸서 실어
두었다. 급기야 반란이 일어나자 정곽군이 빠져나가 도망치다가 들에
이르렀는데, 배가 고팠다. 마부가 실어두었던 음식을 꺼내서 올리자
정곽군이 말했다.

"어떻게 알고 음식을 싸 왔는가?"

대답해 말했다.

"주군께서는 사납고 잔학하시므로 신하들이 도모한 지 오래되었

습니다."

정곽군이 화가 나서 먹으려 하지 않으면서 말했다.

"내 뛰어남이 지극히 소문났거늘, 무엇을 일러 사납고 잔학하다 하는가?"

마부가 두려워하며 말했다.

"신의 말이 지나쳤습니다. 군은 실로 뛰어나십니다만, 오직 뭇 신하들이 덕이 없어서 함께 뛰어난 사람을 해쳤습니다."

그런 후에야 정곽군이 기뻐했고, 그런 후에야 밥을 먹었다. 옛날 제나라 민왕이나 정곽군은 비록 죽음에 이르고 몸을 마치더라도 깨우치지 못하는 사람이다. 슬프도다!

先是, 靖郭君殘賊其百姓, 害傷其群臣, 國人將背叛共逐之, 其御知之, 豫裝齎食. 及亂作, 靖郭君出亡, 至於野而饑. 其御出所裝食進之, 靖郭君曰: "何以知之而齎食?" 對曰: "君之暴虐, 其臣下之謀久矣." 靖郭君怒, 不食曰: "以吾賢至聞也, 何謂暴虐?" 其御懼曰: "臣言過也. 君實賢, 唯群臣不肯共害賢." 然後靖郭君悅, 然後食. 故齊閔王·靖郭君, 雖至死亡終身不諭者也. 悲夫!

102. 나라에서 쫓겨나서야 허물을 알다

송나라 소공(昭公, ?~기원전 611년)[11]이 (나라를) 빠져나가 비(鄙) 땅

---

11 이름은 저구(杵臼)이고, 성공(成公)의 둘째 아들이다. 행동이 무도해 나라 사람들이 좋아

으로 도망치면서 한숨을 쉬며 탄식해 말했다.

"내가 망한 까닭을 알겠다. 내 조정 신하가 1000여 명인데 정사를 행하고 일을 일으킬 때마다 우리 임금은 빼어나다고 말하지 않는 자가 없었고, 옆에서 모시는 사람이 수백인데 옷을 갖춰 입고 곁에 서 있으면서 우리 임금이 아름답다고 말하지 않는 자가 없었다. 안팎에서 내 허물을 들은 적이 없으니, 이로써 여기까지 이르게 됐다."

송나라 임금을 가지고 살펴보면, 남의 임금 된 사람이 나라를 떠나고 사직을 잃는 까닭은 아첨하는 사람이 많아서다. 그나마 송나라 소공은 망하고 나서 능히 깨달을 수 있었으니, 아마도 나라를 되찾을 수 있을 것이다.

宋昭公出亡於鄙, 喟然嘆曰: "吾知所以亡矣. 吾朝臣千人, 發政舉事, 無不曰吾君聖者; 侍御數百人, 被服以立, 無不曰吾君麗者. 內外不聞吾過, 是以至此." 由宋君觀之, 人主之所以離國家, 失社稷者, 諂諛者衆也. 故宋昭亡而能悟, 蓋得反國云.

103. 나라 잃을 것을 나만 모르고 있었다

진나라 2세 호해(胡亥)가 공자였을 때 형제가 여럿이었는데, 황제의 명으로 술자리를 벌여 뭇 신하들을 대접하는 일이 있었다. 여러

하지 않았다. 사냥을 나갔을 때 할머니 양공부인(襄公夫人)이 위백(魏伯)을 시켜서 공격해 살해했다. 9년 동안 재위했다.

형제를 불러 음식을 내리고는 먼저 파하게 했는데, 호해가 계단을 내려가면서 뭇 신하들이 늘어놓은 신발 가운데 상태가 좋은 것을 보면 그 참에 밟아서 망가뜨리고 떠났다. 여러 형제 중 이를 듣고 본 사람이라면 크게 탄식하지 않는 이가 없었다.

2세가 자리에 나아가자, 모두 천하가 반드시 그를 버릴 것을 알았다. 2세는 조고(趙高)에게 빠져 있었으며 대신들을 가볍게 여기고 아래로 백성을 돌보지 않았다. 이에 진승(陳勝)이 관동에서 팔뚝을 떨치고 일어났고, 염락(閻樂)은 망이에서 난을 일으켰다. 염락은 조고의 사위로 함양령이었는데, 이졸(吏卒)들을 이끌고 도둑을 쫓는다고 속여 망이궁으로 쳐들어와서는 활로 공격해 2세를 몇 발 맞힌 뒤 칼로 치려고 했다. 2세가 두려워하며 (궁 안으로) 들어가 장차 스스로 죽으려 했는데, 단지 1명의 환자(宦者)만이 따를 뿐이었다. 2세가 말했다.

"어쩌다가 여기까지 이르게 되었는지 말해보라."

환자가 말했다.

"이를 안 지는 오래되었습니다."

2세가 말했다.

"너는 어째서 일찍 말하지 않았느냐?"

대답했다.

"말씀드리지 않아서 신이 여기까지 이를 수 있었습니다. 만일 신이 말씀드렸다면 죽은 지 오래되었을 것입니다."

그러자 2세는 한숨을 쉬며 후회했고, 드디어 스스로 목숨을 끊었다.

秦二世胡亥之爲公子也, 昆弟數人, 詔置酒饗群臣. 召諸子, 諸子賜食先罷, 胡亥下皆視群臣, 陳履狀善者, 因行踐敗而去. 諸子聞見之者, 莫

不太息. 及二世即位, 皆知天下必棄之也. 故二世惑於趙高, 輕大臣, 不
顧下民. 是以陳勝奮臂於關東, 閻樂作亂於望夷. 閻樂, 趙高之壻也, 爲
咸陽令, 詐爲逐賊, 將吏率入望夷宮, 攻射二世, 就數二世, 欲加刃. 二世
懼, 入將自殺, 有一宦者從之. 二世謂: "何謂至於此也?" 宦者曰: "知此
久矣." 二世曰: "子何不早言?" 對曰: "臣以不言, 故得至於此. 使臣言,
死久矣." 然後二世喟然悔之, 遂自殺.

104. 충신이 임금과 함께하면 어려움에 빠질 리 없다

제나라 임금이 안자에게 물어 말했다.

"충신이 임금을 섬기는 것은 어떠해야 하는가?"

대답해 말했다.

"어려움이 있어도 (같이) 죽지 않고, 나가서 망명해도 전송하지 않
습니다."

임금이 말했다.

"땅을 찢어서 나눠 주고 작위를 터주어서 귀하게 해주는데, 임금
이 어려움에 처했을 때 죽지 않고 나기서 망명할 때 전송하지 않는다
면 충성이라 이를 수 있겠는가?"

대답해 말했다.

"말을 해서 쓰이게 되면 죽을 때까지 어려움이 없으니 신하가 어
찌 죽겠습니까? 간언해서 따라주면 죽을 때까지 도망갈 일이 없는데,
신하가 어찌 전송하겠습니까? 만일 말을 해도 쓰이지 않다가 어려움
이 생겨서 죽는다면 이를 망령된 죽음이라고 하고, 간언해도 따라주

지 않다가 나가서 망명하게 되어 전송한다면 이는 속여서 만든 것입니다. 충신이라는 사람은 임금과 더불어 좋은 것을 능히 남김없이 다 할 수 있으므로 어려움에 빠질 리가 없습니다."

齊侯問於晏子曰: "忠臣之事君, 何若?" 對曰: "有難不死, 出亡不送." 君
曰: "列地而與之, 疏爵而貴之, 君有難不死, 出亡不送, 可謂忠乎?" 對
曰: "言而見用, 終身無難, 臣奚死焉? 諫而見從, 終身不亡, 臣奚送焉?
若言而不見用, 有難而死, 是妄死也; 諫不見從, 出亡而送, 是詐爲也.
故忠臣也者, 能盡善與君, 而不能陷於難."

105. 천하의 사냥개라도 흔적 없이는 쫓을 수 없다

송옥(宋玉)이 그 벗을 통해 초나라 양왕을 뵈었는데, 양왕이 그를 대접하는 데 특별한 바가 없었다. 송옥이 벗을 꾸짖자 그 벗이 말했다.

"무릇 생강과 계피는 땅으로 인해 생기지만 땅 때문에 매운 것이 아니고, 여자가 중매쟁이로 인해 시집을 가지만 중매쟁이 때문에 (시집간 집 안을) 내 몸같이 생각하는 것은 아니네. 그대가 왕을 미처 섬기지도 않았을 뿐인데 어찌 나를 원망하는가?"

송옥이 말했다.

"옛날에 제나라에 좋은 토끼가 있어서 동곽준(東郭逡)이라 불렀는데 대개 한 번 뛰면 500리를 달릴 수 있었고, 이에 제나라에 좋은 개가 있어 한로(韓盧)라고 불렀는데 또한 한 번 뛰면 500리를 달릴 수 있었네. 만일 멀리서 토끼 떼를 보고 가리킨다면 비록 한로라 하

더라도 여러 토끼가 남긴 먼지에조차 닿지 못할 것이요, 만일 흔적
을 쫓아서 줄을 풀어준다면 비록 동곽준이라 하더라도 또한 벗어날
수 없을 것이네. 지금 그대는 (초양왕에게) 속한 신하인데, 흔적을 쫓아
서 줄을 풀어줄 터인가 아니면 멀리에서 토끼 떼를 보고 가리킬 터인
가? 『시경』(「소아(小雅)·곡풍(谷風)」 편)에 이르기를 '편하고 즐거우니,
나를 버려서 남겨두려는가'라고 했으니 이를 말한 것이네."

그 벗이 말했다.

"내가 잘못했네, 내가 잘못했네."

宋玉因其友以見於楚襄王, 襄王待之無以異. 宋玉讓其友, 其友曰: "夫
薑桂因地而生, 不因地而辛; 婦人因媒而嫁, 不因媒而親. 子之事王未
耳, 何怨於我?" 宋玉曰: "昔者, 齊有良兔曰東郭䝤, 蓋一旦而走五百里,
於是齊有良狗曰韓盧, 亦一旦而走五百里. 使之遙見而指屬, 則雖韓盧
不及衆兔之塵, 若躡跡而縱緤, 則雖東郭䝤亦不能離. 今子之屬臣也,
躡跡而縱緤與? 遙見而指屬與? 詩曰: '將安將樂, 棄我如遺, 此之謂
也.' 其友人曰: "僕人有過, 僕人有過."

106. 임금을 섬기는데 형세가 맞지 않아 뜻을 얻지 못하다

송옥이 초나라 양왕을 섬겼으나 인정을 받지 못하니, 뜻을 얻지
못한 것이 얼굴빛에 드러났다.

누군가가 말했다.

"선생은 무슨 이야기를 말씀드려도 올라가지 못하는 이유는 그리

신 계획이 의심스러워서입니다."

송옥이 말했다.

"그렇지 않습니다. 그대는 어찌 저 검은 원숭이를 보지 못했습니까? 미땅히 그들이 계수나무 숲속에 살고 있을 때는 높은 나무 위에서 서로 즐거이 왔다 갔다 뛰어놀다가 용이 날고 새가 모이면 서글피 울고 길게 소리칩니다. 이런 때를 맞아서는 비록 예(羿)나 봉몽(逢蒙)이라 해도 눈을 똑바로 뜨고 볼 수가 없습니다. 급기야 원숭이가 탱자나무 가시 속에 있게 되면 무섭고 두려워서 벌벌 떨며 위태롭게 바라보기만 할 뿐 앞으로 나아가려 하지 않기 때문에, 뭇사람들이 모두 뜻을 이룰 수 있습니다. 이는 저 힘줄이 더 탱탱해지지 못하고 몸이 더욱 움츠러들어서 그런 것인데, 처한 형세가 편하지 않기 때문입니다. 무릇 처한 형세가 편하지 않으면 어찌 공적을 헤아려서 비교할 수 있겠습니까? 『시경』(「소아(小雅)·절남산(節南山)」 편)에서 말하지 않았습니까? '멍에를 말 4마리에 거니, 말 4마리가 목이 굵구나.' 무릇 오랫동안 멍에를 걸치고 있어 멀리 가보지도 못했으니 두꺼운 목덜미가 마땅하지 않겠습니까? 『주역』(택천쾌괘(澤天夬卦))에서 이르기를 '엉덩이에 살이 없어 그 가는 바를 머뭇거린다'라고 한 것은 이를 가리켜 말한 것입니다."

宋玉事楚襄王而不見察, 意氣不得形於顏色. 或謂曰: "先生何談說之不揚, 計畫之疑也." 宋玉曰: "不然. 子獨不見夫玄蝯乎? 當其居桂林之中, 峻葉之上, 從容游戲, 超騰往來, 龍興而鳥集, 悲嘯長吟. 當此之時, 雖羿逢蒙, 不得正目而視也. 及其在枳棘之中也, 恐懼而掉慄, 危視而蹟行, 衆人皆得意焉. 此彼筋非加急而體益短也, 處勢不便故也. 夫處

勢不便, 豈何以功校能哉? 詩不云乎? '駕彼四牡, 四牡項領.' 夫久駕而
長不得行, 項領不亦宜乎? 易曰: '臀無膚, 其行径趄', 此之謂也."

107. 가까이 있는 뛰어난 신하를 무시하다

전요(田饒)가 노나라 애공을 섬겼는데, 인정을 받지 못했다. 전요
가 애공에게 일러 말했다.

"신은 장차 임금을 떠날 터이니 큰고니를 들어 쓰십시오."

애공이 말했다.

"무슨 말인가?"

전요가 말했다.

"임금께서는 어찌 저 닭을 보지 않으십니까? 머리에 관을 쓰고 있
는 것은 문(文)이요, 발에 뒷발톱이 붙어 있는 것은 무(武)요, 적을 앞
에 두면 감히 싸우려고 하는 것은 용(勇)이요, 먹을 것을 보면 서로 부
르는 것은 인(仁)이요, 밤을 지켜 때를 놓치지 않는 것은 신(信)입니다.
닭이 비록 이런 5가지를 가지고 있어도 임금께서는 오히려 날마다 (닭
을) 삶아 드시는데, 왜 그렇겠습니까? 그 내력은 가까이 있기 때문입니
다. 무릇 큰고니는 한 번에 1000리를 날아 임금의 연못에 머무르면서
임금의 물고기와 자라를 잡아먹고 임금의 콩과 조를 쪼아 먹는데, 이
런 5가지가 없는데도 임금께서 오히려 귀하게 여기시는 것은 그 내력
이 멀리 있기 때문입니다. 신은 큰고니를 들어 쓰실 것을 청합니다."

애공이 말했다.

"그만두라. 내가 그대의 말을 적어놓겠다."

전요가 말했다.

"신이 듣건대, 그 밥을 먹는 사람은 그릇을 훼손하지 않고 그 나무 그늘에 찾아든 사람은 가지를 부러뜨리지 않는다고 했습니다. 선비가 있어도 쓰지 않는데 그 말을 글로 써서 무엇하겠습니까?"

마침내 떠나서 연나라로 갔다. 연에서 세워져 재상이 되었는데, 3년이 지나자 연나라 정사가 크게 안정되고 나라에 도적이 없어졌다. 애공이 듣고 분해하면서 크게 한숨을 쉬더니, 정침(正寢)을 피해 잠을 잔 지 석 달 만에 윗옷에서 소매를 잘라내고는 말했다.

"앞서 삼가지 못 하면 뒤에 후회가 온다 했으니, 어찌 다시 얻을 수 있겠는가?"

『시경』(「위풍(魏風)·석서(碩鼠)」 편)에 이르기를 "너를 떠나 저 즐거운 땅으로 가련다, 저 즐거운 땅으로 가련다. 즐거운 땅이여, 즐거운 땅이여! 내가 살 곳이로다"라고 했고 『춘추』에서 말하기를 "어려서 군주 곁에서 자랐으니 군주가 가볍게 여길 것입니다"라고 했으니, 이를 가리킨 것이다.

田饒事魯哀公而不見察. 田饒謂哀公曰: "臣將去君而檻鵠舉矣." 哀公曰: "何謂也?" 田饒曰: "君獨不見夫雞乎? 頭戴冠者, 文也; 足傅距者, 武也; 敵在前敢鬪者, 勇也; 見食相呼, 仁也; 守夜不失時, 信也. 雞雖有此五者, 君猶日瀹而食之, 何則? 以其所從來近也. 夫檻鵠一舉千里, 止君園池, 食君魚鱉, 啄君菽粟, 無此五者, 君猶貴之, 以其所從來遠也. 臣請檻鵠舉矣." 哀公曰: "止. 吾書子之言也." 田饒曰: "臣聞, 食其食者, 不毀其器; 蔭其樹者, 不折其枝. 有士不用, 何書其言爲?" 遂去之燕. 燕立爲相, 三年, 燕之政太平, 國無盜賊. 哀公聞之, 慨然太息, 爲之避寢

三月, 抽損上服, 曰: "不愼其前, 而悔其後, 何可復得?" 詩曰: "逝將去
汝, 適彼樂土, 樂土樂土, 爰得我所", 春秋曰: "少長於君, 則君輕之", 此
之謂也.

108. 선비와 비슷하지만, 선비가 아닌 사람을 좋아하다

자장(子張)[12]이 노나라 애공을 뵈었으나 이레 동안 애공이 예로써
대하지 않자 하인에게 말을 전해달라고 부탁한 뒤 떠났다.

"신이 듣건대 임금께서 선비를 좋아하신다고 했습니다. 그래서 천
릿길도 멀다고 여기지 않고 서리와 이슬을 이겨내며 흙먼지를 무릅쓴
채 옮겨 가기를 백번이나 거듭해서 발이 부르터도 감히 쉬지 못하고 임
금을 뵈었는데, 이레가 지나도 임금께서 예로 대하지 않으셨습니다. 임
금께서 선비를 좋아하는 것은 섭공자고(葉公子高-諸梁)가 용(龍)을 좋
아하는 것과 비슷함이 있습니다. 섭공자고는 용을 좋아해서, 갈고리로
용을 베껴 그리고 끌로써 용을 베껴 파서 집 안을 용 그림으로 조각해
꾸몄습니다. 이에 용이 듣고 내려와서 몰래 들창으로 머리를 넣고 꼬리
를 당에 두었더니, 섭공이 용을 보고는 (집을) 버리고 (몸을) 돌려 달아
났는데 혼백을 나간 채 무섭고 두려워 얼굴빛이 바뀌었습니다. 이는 섭

---

12 춘추시대 말기 진(陳)나라 사람이다. 이름은 전손사(顓孫師)이고, 자가 자장이다. 공자(孔
　子)보다 48세 연하다. 『논어』에 공자가 그를 다른 제자들과 견주면서 독특한 성격을 말하
　는 것으로 볼 때 특수한 위치에 있었음을 알 수 있다. 공자가 죽은 뒤 공문(孔門)은 8개 유
　파로 갈렸는데, 자장을 중심으로 한 학파는 다른 유가 학파보다 의협(義俠)의 성격을 크게
　띠어 맹자(孟子) 이후부터는 정통학파와는 거리가 멀어지게 된다.

공이 용을 좋아한 것이 아니라 무릇 용과 비슷하지만, 용이 아닌 것을 좋아했던 것입니다. 지금 신이 임금께서 선비를 좋아한다는 말을 듣고 천릿길을 멀다 않고 임금을 뵈었으나 이레 동안 예로써 대우하지 않았으니, 임금께서는 선비를 좋아하는 것이 아니라 무릇 선비와 비슷하지만, 선비가 아닌 사람을 좋아하시는 것입니다.[13] 『시경』(「소아(小雅)·습상(隰桑)」편)에 이르기를 '마음속에 품었으니 언제인들 잊을까'라고 했으니, 감히 말을 맡기고 떠납니다."

子張見魯哀公, 七日而哀公不禮, 託僕夫而去曰: "臣聞君好士. 故不遠 千里之外, 犯霜露, 冒塵垢, 百舍重趼, 不敢休息以見君, 七日而君不禮. 君之好士也, 有似葉公子高之好龍也. 葉公子高好龍, 鉤以寫龍, 鑿以 寫龍, 屋室雕文以寫龍, 於是夫龍聞而下之, 窺頭於牖, 拖尾於堂, 葉公 見之, 棄而還走, 失其魂魄, 五色無主. 是葉公非好龍也, 好夫似龍而非 龍者也. 今臣聞君好士, 不遠千里之外以見君, 七日不禮, 君非好士也, 好夫似士而非士者也. 詩曰: '中心藏之, 何日忘之', 敢託而去."

109. 늙은이의 쓰임새

옛날 초구(楚丘)선생이 나이 칠십에 갖옷을 입고 새끼줄로 띠를

---

13 『맹자』「진심하(盡心下)」편의 마지막에 나오는 말이다.
공자가 말했다.
"비슷한데 아닌 것을 미워한다[孔子曰 惡似而非者]."

묶은 채 맹상군을 찾아가서 알현하려고 했지만, 빨리 걸으려 해도 능히 나아갈 수가 없었다.

맹상군이 말했다.

"선생은 나이가 들고 춘추가 높으신데 어떻게 가르치려 하십니까?"

초구선생이 말했다.

"아! 나를 늙었다고 하셨습니까? 아! 만일 나를 시켜 수레를 쫓고 말을 잡게 하고, 돌을 던지고 뛰어오르게 하고, 고라니와 사슴을 쫓고 호랑이나 표범을 잡게 한다면, 나는 이미 죽었으니 어느 겨를에 늙을 수 있겠습니까? 아! 만일 나를 시켜서 바른말을 내어 제후를 상대하게 하는 것은 어떻습니까? 미심쩍은 것을 터주고, 주저하고 망설이는 것을 정해주게 하는 것은, 내가 바야흐로 장년이니 어찌 늙음이 있겠습니까?"

맹상군이 우물쭈물하다가 자리를 피했는데 얼굴에 부끄러운 빛이 있었다.

『시경』(「대아(大雅)·판(板)」편)에 이르기를 "늙은이가 정성스레 타일러도 젊은이는 교만하구나"라고 했으니, 늙은이는 계책을 남김없이 다 하고자 하지만 젊은이가 교만해 받아들이지 않는 것이다. 진나라 목공의 군대가 패배한 까닭이며, 은나라 주왕이 천하를 잃은 까닭이다. 그러므로 『서경』에서는 "늙은이의 말은 허물될 바가 없다"[14]라고 했고 『시경』(「노송(魯頌)·비궁(閟宮)」편)에서는 "나이를 서로 살핀다"라고 했으니, 늙은이의 말을 아름답게 쓰는 것은 나라를 안정되게 한다.

---

14 「주서(周書)·진서(秦誓)」편의 말로, 정확하게는 "詢玆黃髮, 則罔所愆"라고 되어 있다.

昔者, 楚丘先生行年七十, 披裘帶索, 往見孟嘗君, 欲趨不能進. 孟嘗君
曰: "先生老矣, 春秋高矣, 何以教之?" 楚丘先生曰: "噫! 將我而老乎?
噫! 將使我追車而赴馬乎? 投石而超距乎? 逐麋鹿而搏虎豹乎? 吾已
死矣! 何暇老哉! 噫! 將使我出正辭而當諸侯乎? 決嫌疑而定猶豫乎?
吾始壯矣, 何老之有!" 孟嘗君逡巡避席, 面有愧色. 詩曰: "老夫灌灌,
小子蹻蹻", 言老夫欲盡其謀, 而少者驕而不受也. 秦穆公所以敗其師,
殷紂所以亡天下也. 故書曰: "黃髮之言, 則無所愆", 詩曰: "壽胥與試",
美用老人之言以安國也.

110. 젊은이의 쓰임새

제나라에 여구공(閭丘邛)이란 사람이 있어 나이가 18세였는데, 선
왕(宣王)에게 가서 말했다.

"집이 가난하고, 부모는 늙으셨으니, 작은 일이라도 얻기를 원합니다."

선왕이 말했다.

"그대는 나이가 아직 어리니 허락할 수 없다."

여구공이 말했다.

"그렇지 않습니다. 옛날에 전욱은 나이 12세에 천하를 다스린 일
이 있고 진나라 항탁(項橐)은 7세에 성인의 스승이 되었으니, 이를 가
지고 보면 제가 비록 다움이 없을 뿐 나이는 어리지 않습니다."

선왕이 말했다.

"여덟 치 뿔이 난 망아지가 능히 무거운 짐을 지고 멀리까지 간
바는 있은 적이 없다. 이를 가지고 보면, 무릇 선비 또한 흰머리가 나

거나 머리가 벗겨진 이후에야 쓰일 수 있을 뿐이다."

여구공이 말했다.

"그렇지 않습니다. 무릇 한 척이라 해도 짧은 바가 있고, 한마디라 해도 긴 바가 있습니다. 화류(驊騮)와 녹기(綠驥)는 천하의 뛰어난 말입니다만, 살쾡이나 족제비와 더불어 가마솥과 부뚜막 사이에서 견주게 하면 그들의 빠름도 반드시 살쾡이나 족제비를 넘을 수 없습니다. 누런 거위와 흰 학은 한 번 날면 1000리를 갑니다만, 제비나 박쥐와 더불어 집의 지붕 아래 방 사이에서 견주게 하면 그 편한 점도 반드시 제비나 박쥐를 넘을 수 없습니다. 벽려(辟閭)와 거궐(巨闕)은 천하의 날카로운 기물이어서 바위에 쳐도 이가 빠지지 않고 바위를 찔러도 꺾이지 않습니다만, 대롱(管簥)과 더불어 눈에서 티끌을 빼내게 하면 그 편한 점도 대롱을 넘어설 수 없습니다. 이로 말미암아 살펴보면 흰 머리카락이나 벗겨진 머리와 제가 무엇이 다르겠습니까?"

선왕이 말했다.

"좋다. 그대가 좋은 말을 했다. 과인의 늙음이 어찌 보이는가?"

여구공이 대답해 말했다.

"무릇 닭은 시끌벅적한 곳에 있어도 종이나 북소리를 이겨내고 구름과 안개가 골짜기에 기득하면 해와 달의 밝음도 빼앗으니, 헐뜯는 사람을 옆에 두면 이것이 늙었다는 것입니다. 『시경』(「소아(小雅)·우무정(雨無正)」편)에 이르기를 '말을 들으려 해야 대답하고, 귀에 거슬리면 물러가는구나'라고 했으니, 어찌 나아감을 얻겠습니까?"

선왕이 수레 앞채를 잡으며 말하기를 "과인이 잘못했다" 하고는 마침내 수레에 태워 함께 돌아가서 그를 썼다. 그래서 공자가 말하기를 "어린 사람들은 두려워할 만하다. 장래(의 그들이) 지금만 못할 줄을 어찌 알겠는가?"[15]라고 했으니, 이를 두고 한 말이다.

齊有閭丘邛年十八, 道鞅宣王曰: "家貧親老, 願得小仕." 宣王曰: "子
年尙稚, 未可也." 閭丘邛曰: "不然, 昔有顓頊行年十二而治天下, 秦項橐
七歲爲聖人師. 由此觀之, 邛不肖耳, 年不稚矣." 宣王曰: "未有咫角驂
駒而能服重致遠者也. 由此觀之, 夫士亦華髮墮顚而後可用耳." 閭丘
邛曰: "不然. 夫尺有所短, 寸有所長. 驊騮綠驥, 天下之俊馬也, 使之與
狸鼬試於釜灶之間, 其疾未必能過狸鼬也; 黃鵠白鶴, 一擧千里, 使之
與燕服翼, 試之堂廡之下, 廬室之間, 其便未必能過燕服翼也; 辟閭巨
闕, 天下之利器也, 擊石不缺, 刺石不鈍, 使之與管槁決目出眯, 其便未
必能過管槁也. 由此觀之, 華髮墮顚與邛, 何以異哉?" 宣王曰: "善, 子
有善言. 何見寡人之晩也?" 邛對曰: "夫雞處讙噭, 則奪鍾鼓之音; 雲霞
充咽, 則奪日月之明. 讒人在側, 是見晩也. 詩曰: '聽言則對, 譖言則退',
庸得進乎?" 宣王拊軾曰: "寡人有過", 遂載與之俱歸而用焉. 故孔子曰:
"後生可畏, 安知來者之不如今", 此之謂也.

111. 옥돌도 제대로 살펴야 제값을 받는다

형나라 사람 변화(卞和)가 옥 덩어리를 얻어서 형나라 여왕(厲王)에
게 바쳤는데, 옥윤(玉尹-옥을 관리하는 관리)에게 살피게 하니 말했다.
"돌입니다."

---

15 『논어』 「자한(子罕)」 편 22에 나오는 말이다.

왕이 속였다고 여겨서 그의 왼쪽 다리를 끊었다. 여왕이 죽고 무왕(武王)이 자리에 나아가자 변화는 다시 옥 덩어리를 받들어서 무왕에게 바쳤다. 무왕이 옥윤에게 살피게 했더니 말했다.

"돌입니다."

또 속였다고 여기고는 그의 오른쪽 다리를 끊었다. 무왕이 죽고 공왕(共王)이 자리에 나아가자 변화가 마침내 옥 덩어리를 받들고 형산 가운데서 울기를 사흘 밤낮을 했는데, 눈물이 다 마르자 (눈에서) 피가 흘렀다.

공왕이 듣고는 사람을 시켜서 물어 말했다.

"천하에 형벌을 받은 사람이 많은데, 그대는 형벌을 받고 어찌 그렇게 슬피 우는가?"

대답해 말했다.

"보배로운 옥을 이름 붙여 부르기를 돌이라 하고 곧은 선비를 속였다고 해 욕을 보이니, 이것이 신이 슬퍼하는 까닭입니다."

공왕이 말했다.

"애석하다, 내 돌아가신 왕들의 정치에 어려움이 있었음이여. 돌을 갈라보면 쉬운 것을 사람의 다리를 자르다니! 무릇 죽은 사람은 다시 살아날 수 없고 끊어진 것은 다시 붙일 수 없다. 무엇을 들이주면 좋겠는가?"

마침내 사람을 시켜 그 옥돌을 갈아서 보물을 얻었으니, 그것을 이름 지어 화씨의 벽(璧)이라 했다.

그러므로 말한다. 구슬과 옥이라는 것은 임금이 귀하게 여기는 바이나, 변화가 비록 보물을 바쳤어도 그 아름다움이 미처 옥윤이 쓰일 만큼은 아니었던 것이다. 보물을 진상해도 장차 저런 어려움이 있는데, 하물며 뛰어난 이를 올리는 것은 어떻겠는가? 뛰어난 사람은 간신을 오히려 원수와 같이 여기며 용렬한 임금과는 뜻이 맞지 않는 다. 무릇 간신에게 원수를 천거해 뜻이 맞지 않는 임금에게 나아가 세 하는 것은 화씨의 구슬보다 1만 배나 어렵고, 또 양발이 없거나 잘 린 신하가 그 어려움을 밀쳐내는 것은 마치 산을 뽑는 것과 같으며, 1000년에 한 번 마치 발뒤꿈치를 잇듯이 된 연후에야(좋은 사람이 모인 후에야) 패왕의 임금이 일어난다. 그 뛰어난 데도 쓰이지 않는 일은 셀 수 없을 정도로 많으니, 그러므로 도리가 있는 사람이 주륙을 당하지 않으려면 마땅히 흰 옥 덩어리를 바치지 않아야 할 뿐이다.

荊人卞和得玉璞而獻之荊厲王, 使玉尹相之曰: "石也." 王以爲慢, 而斷 其左足. 厲王薨, 武王卽位, 和復捧玉璞而獻之武王. 武王使玉尹相之 曰: "石也." 又以爲慢, 而斷其右足. 武王薨, 共王卽位, 和乃奉玉璞而 哭於荊山中, 三日三夜, 泣盡, 而繼之以血. 共王聞之, 使人問之曰: "天 下刑之者衆矣, 子刑何哭之悲也?" 對曰: "寶玉而名之曰石, 貞士而戮 之以慢, 此臣之所以悲也." 共王曰: "惜矣, 吾先王之聽難. 剖石而易, 斬人之足! 夫死者不可生, 斷者不可屬. 何聽之殊也?" 乃使人理其璞而 得寶焉, 故名之曰和氏之璧. 故曰, 珠玉者, 人主之所貴也, 和雖獻寶, 而美未爲玉尹用也. 進寶且若彼之難也, 況進賢人乎? 賢人與姦臣, 猶 仇讎也, 於庸君意不合. 夫欲使姦臣進其讎於不合意之君, 其難萬倍於 和氏之璧, 又無斷兩足之臣以推其難, 猶拔山也, 千歲一合若繼踵, 然 後霸王之君興焉. 其賢而不用, 不可勝載, 故有道者之不戮也, 宜白玉之 璞未獻耳.

250

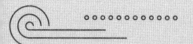

【권6】 자사(刺奢)

사치를 나무라는 이야기

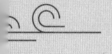

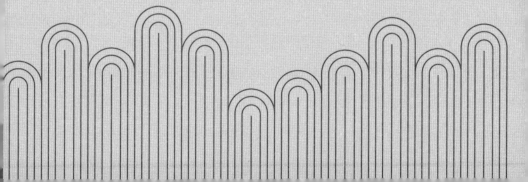

1. 하나라 걸왕이 쾌락을 마음껏 풀어내다

(하나라의 마지막 임금) 걸왕(桀王)이 요대(瑤臺)를 만들기 위해 백성의 힘을 다 써버리고 백성의 재물을 다 바닥나게 했으니, 술이 가득 찬 못을 파고 지게미로 둑을 쌓아서 음탕한 쾌락을 마음대로 풀어놓았다. 한 번 북을 치면 소처럼 마시는 자가 3000명이었으며, 뭇 신하들은 서로 붙잡아가면서 노래하며 말하기를 "강물이 콸콸 흐르네, 배와 노가 망가졌네, 우리 임금도 못 쓰게 되었네. 빨리 박(薄-탕의 도읍) 땅으로 돌아가세, 박은 정말로 크다네"라고 했고, 또 부르기를 "즐겁구나 즐거워. 말 4마리가 튼튼하구나, 고삐 6개가 윤이 나는구나. 나쁜 것을 버리고 좋은 것을 따르니, 어찌 즐겁지 않을까?"라고 했다.

이윤(伊尹)이 하늘의 명이 이른 것을 알고는 술잔을 들어 걸왕에게 고하며 말했다.

"군왕이 신의 말을 듣지 않으시니, 망하는 것은 금방입니다."

걸왕이 상을 치고 일어나서 가래 끓는 소리로 웃으며 말했다.

"그대는 어째서 요사스러운 말을 하는가. 내가 천하를 소유하는 것은 마치 하늘에 해가 있는 것과 같은데, 해가 없어질 일이 있는가? 해가 없어져야 나 또한 망하리라."

이에 (이윤이) 신발이 서로 닿을 정도로 재촉해 마침내 탕(湯)에게로 가니, 탕이 세워서 재상으로 삼았다. 그러므로 이윤이 관직을 버리고 은나라에 들어가자 은나라는 왕이 되고 하나라는 망했다.

桀作瑤臺, 罷民力, 殫民財, 爲酒池糟隄, 縱靡靡之樂. 一鼓而牛飲者三千人, 群臣相持歌曰: "江水沛沛兮, 舟楫敗兮, 我王廢兮, 趣歸薄兮, 薄亦大兮", 又曰: "樂兮樂兮, 四牡蹻兮, 六轡沃兮, 去不善而從善, 何不樂兮?" 伊尹知天命之至, 舉觴而告桀曰: "君王不聽臣之言, 亡無日矣." 桀拍然而作, 唾然而笑曰: "子何妖言, 吾有天下, 如天之有日也, 日有亡乎? 日亡吾亦亡矣." 於是接履而趣, 遂適湯, 湯立爲相. 故伊尹去官入殷, 殷王而夏亡.

2. 은나라 주왕이 녹대를 만들어 백성의 힘을 빼앗다

(은나라의 마지막 임금) 주왕(紂王)이 녹대(鹿臺)를 만들었다. 7년을 걸려서 완성했는데, 크기가 3리, 높이가 1000척이나 되어 가까이에서 구름과 비를 바라볼 수 있었다. 포락(炮烙)의 형벌을 만들어 죄 없는 사람을 주륙하고 백성의 힘을 빼앗았다. 억울함과 사나움이 백성에게 퍼지고 참혹함이 대신에게 가해지니, 천하가 그에게 반란을 일으키고 (모두가) 문왕(文王)의 신하가 되기를 바랐다. 마침내 주나라 군대가 이르자, (주왕의) 명령이 측근에게도 행해지지 않았다. 슬프다! 이런 때를 맞아 (주왕의 영을 듣는) 사내 1명이라도 얻으려 했으나 얻을 수 없었으니, 주왕이 스스로 불러들인 일이었다.

紂爲鹿臺, 七年而成, 其大三里, 高千尺, 臨望雲雨. 作炮烙之刑, 戮無辜, 奪民力. 冤暴施於百姓, 慘毒加於大臣, 天下叛之, 願臣文王. 及周師至, 令不行於左右. 悲乎! 當是時, 求爲匹夫不可得也, 紂自取之也.

3. 온 세상 땅을 다 끌어 써야 만들 수 있는 대

위(魏)나라 왕이 장차 중천대(中天臺-하늘에 닿는 대)를 세우고자 명을 내리며 말했다.

"감히 간언하는 자는 죽이겠다."

허관(許綰)이 삼태기를 짊어지고 삽을 쥔 채 들어와 말했다.

"듣건대 대왕께서 장차 중천대를 일으키려 하신다는데, 신이 힘을 보태기를 원합니다."

왕이 말했다.

"그대가 무슨 힘을 보탤 수 있는가?"

관이 말했다.

"비록 힘은 없지만, 능히 대를 헤아릴 수는 있습니다."

왕이 말했다.

"어떻게?"

말했다.

"신이 듣건대 하늘과 땅은 서로 1만 5000리가 떨어져 있으니, 지금 왕께서는 이를 반으로 해서 마땅히 7500리의 대를 세워야 합니다. 높이가 이미 이와 같으니 그 터는 모름지기 사방 8000리가 되어야 하는데, 왕이 가진 땅을 다 한다 하더라도 대의 터로 삼기에는 부족합니다. 옛날 요임금과 순임금이 제후를 세울 때의 땅이 사방 5000리였으니, 왕께서 반드시 이 대를 세우시려면 먼저 병사로써 제후를 치시어 남김없이 그 땅을 가지셔야 합니다. 그래도 오히려 부족하니, 또 사방의 오랑캐를 치시어 사방 8000리를 얻으면 마침내 대의 터로 삼을 수 있습니다. (그러나) 재목을 쌓아놓는 것과 사람의 무리와 창고에 저

축해놓은 것이 만과 억 단위를 헤아려야 하니, 8000리 외에도 마땅히 농사짓는 땅까지 남김없이 써야 왕의 대 짓는 일에 바치고 보낼 수 있습니다. 대를 짓는 준비가 모두 갖춰지면 곧 지을 수 있습니다."

위니리 왕이 입을 닫고 응하지 않다가, 마침내 대를 세우는 것을 그만두었다.

魏王將起中天臺, 令曰: "敢諫者死." 許綰負藁操鍤入曰: "聞大王將起中天臺, 臣願加一力." 王曰: "子何力有加?" 綰曰: "雖無力, 能商臺." 王曰: "若何?" 曰: "臣聞天與地相去萬五千里, 今王因而半之, 當起七千五百里之臺. 高既如是, 其趾須方八千里, 盡王之地, 不足以爲臺趾. 古者堯舜建諸侯, 地方五千里, 王必起此臺, 先以兵伐諸侯, 盡有其地猶不足, 又伐四夷, 得方八千里乃足以爲臺趾. 材木之積, 人徒之衆, 倉廩之儲, 數以萬億度, 八千里以外, 當盡農畝之地, 足以奉給王之臺者. 臺具以備, 乃可以作." 魏王默然無以應, 乃罷起臺.

4. 신하가 백성에게 칭찬을 받으면 임금도 좋다

위(衛)나라 영공(靈公, ?~기원전 493년)[1]이 날씨가 추운데도 연못을

---

1   헌공(獻公)의 손자다. 영공 13년 제표(齊豹)와 북궁희(北宮喜) 등이 난을 일으키자 달아났는데, 얼마 뒤 제표가 북궁희에게 죽임을 당한 뒤 돌아올 수 있었다. 33년 진(晉)나라와 맹약을 맺으면서 수모를 당하자 마침내 진나라에 반기를 들었다. 39년 태자 괴외(蒯聵)가 영공의 부인 남자(南子)를 죽이려다가 실패했다. 영공의 노여움을 두려워한 괴외가 송(宋)나라로 달아나고, 얼마 뒤 진나라로 들어갔다. 태자의 출분(出奔)에 화가 난 영공이 소자(少

파려고 하자 완춘(宛春)이 간언해 말했다.

"추운 날씨에 요역(徭役)을 일으키시니 백성이 상할까 두렵습니다."

임금이 말했다.

"날씨가 추운가?"

완춘이 말했다.

"임금께서는 여우 가죽옷을 입고 곰 가죽 털 자리에 앉아 계시며 방 귀퉁이에 화로가 있으니 이 때문에 춥지 않으십니다만, 지금 백성은 옷이 해져도 깁지 못하고 신이 터져도 밑창 댈 것이 없습니다. 임금께서는 춥지 않지만, 백성은 춥습니다."

임금이 "좋다" 하고서는 명을 내려 요역을 그만두게 하니, 좌우에서 간언해 말했다.

"임금께서 연못을 뚫은 것은 날씨가 추운 것을 몰라서인데, 완춘 때문에 알고 요역을 그만두게 하면 은덕은 완춘에게 돌아가고 원망은 임금께 돌아갑니다."

임금이 말했다.

"그렇지 않다. 완춘은 노나라의 신분 낮은 자였지만 내가 그를 들어 썼으니, 이 때문에 백성이 본 적이 없다. 지금 장차 백성에게 영을 내려 이를 보게 한다면 장차 춘은 평판이 좋아지고 과인은 춘의 좋은 점을 갖게 되니, 과인에게도 좋은 일이 아니겠는가?"

영공이 완춘에 대해 논한 것을 보면 왕의 도리를 안다고 할 수 있을 것이다.

子) 영(郢)을 세우려고 했는데, 영이 사양했다. 『논어』 「위령공」 편의 그 사람이다.

衛靈公以天寒鑿池, 宛春諫曰:"天寒起役, 恐傷民." 公曰:"天寒乎?"
宛春曰:"君衣狐裘, 坐熊席, 陬隅有灶, 是以不寒, 今民衣弊不補, 履決
不苴. 君則不寒, 民則寒矣." 公曰:"善", 令罷役, 左右諫曰:"君鑿池不
知天寒, 以宛春知而罷役, 是德歸宛春, 怨歸於君." 公曰:"不然. 宛春,
魯國之匹夫, 吾擧之, 民未有見焉. 今將令民, 以此見之, 且春也有善,
寡人有春之善, 非寡人之善與?" 靈公論宛春, 可謂知君之道矣.

5. 큰 집을 짓는 데 간언하는 신하가 없다

제나라 선왕이 큰 집을 짓는데, 큰 지붕의 넓이가 100묘(畝)이고
당 위에는 집 300개가 들어설 수 있었다. 제나라가 큰 나라인데도 갖
춘 지 3년이 지나도록 완성하지 않았지만, 뭇 신하들이 감히 간언할
수가 없었다.

향거(香居)가 선왕에게 물어 말했다.

"형나라 왕이 옛 뛰어난 왕의 예와 악을 내버리고 음란한 음악을
만들었는데, 감히 여쭙건대 지금 형나라 땅에 임금이 있습니까?"

왕이 말했다.

"임금이 없다."

"감히 여쭙건대 형나라 땅에 신하가 있습니까?"

왕이 말했다.

"신하가 없다."

향거가 말했다.

"지금 임금께서 큰 집을 지으시는데, 3년이 지나도록 이뤄지지 않

았지만, 뭇 신하들이 감히 간언하지 못하고 있습니다. 감히 여쭙겠는데 왕께서는 신하가 있으십니까?"

왕이 말했다.

"신하가 없다."

향거가 말했다.

"신은 떠날 것을 청합니다."

걸음을 빨리해 나가니, 왕이 말했다.

"향 선생은 머물도록 하라. 어찌 과인에게 간언하는 것이 늦었는가?"

급히 상서(尚書)를 불러 말했다.

"글로 써서 남겨라. 과인이 덕이 없어 큰 집을 지었는데, 향 선생이 과인을 그치게 했다."

齊宣王爲大室, 大蓋百畝, 堂上三百戶, 以齊國之大, 具之三年而未能成, 群臣莫敢諫者. 香居問宣王曰: "荊王釋先王之禮樂而爲淫樂, 敢問荊邦爲有主乎?" 王曰: "爲無主." "敢問荊邦爲有臣乎?" 王曰: "爲無臣." 居曰: "今主爲大室, 三年不能成, 而群臣莫敢諫者. 敢問王爲有臣乎?" 王曰: "爲無臣." 香居曰: "臣請避矣." 趨而出, 王曰: "香子留, 何諫寡人之晚也?" 遽召尚書曰: "書之. 寡人不肖, 爲大室, 香子止寡人也."

6. 우리 임금이나 다른 나라 왕이나 모두 걸주와 같다

조양자가 술을 마셨는데, 닷새 낮밤이 지나도록 술자리를 끝내지 않다가 시자(侍者)에게 일러 말했다.

"내가 나라의 선비를 열렬하게 대해주었더니, 무릇 술을 닷새 낮, 닷새 밤을 마셨는데도 이상하게 병이 나지 않았다."

우막(優莫)이 말했다.

"주군께서 힘을 쓰고 계시지만 주왕에게는 이틀이나 미치지 못합니다. 주왕은 이레 낮, 이레 밤이었는데 지금 주군께서는 닷새입니다."

양자가 두려워하며 우막에게 일러 말했다.

"그렇다면 내가 망하겠는가?"

우막이 말했다.

"망하지 않습니다."

양자가 말했다.

"주왕에게 미치지 못하는 것이 이틀뿐인데, 망하지 않고 무엇을 기다리겠는가?"

우막이 말했다.

"걸왕과 주왕이 망한 것은 탕왕과 무왕을 만났기 때문입니다. 지금 천하는 남김없이 걸왕이고, 주군께서는 주왕이십니다. 걸왕과 주왕이 나란히 세상에 있는데 어찌 능히 서로를 망하게 할 수 있겠습니까? 그러나 실로 위태롭긴 합니다."

趙襄子飮酒, 五日五夜, 不廢酒, 謂侍者曰: "我誠邦士也. 夫飮酒五日五夜矣, 而殊不病." 優莫曰: "君勉之, 不及紂二日耳. 紂七日七夜, 今君五日." 襄子懼, 謂優莫曰: "然則吾亡乎?" 優莫曰: "不亡." 襄子曰: "不及紂二日耳, 不亡何待?" 優莫曰: "桀紂之亡也遇湯武. 今天下盡桀也, 而君紂也. 桀紂並世, 焉能相亡, 然亦殆矣."

7. 임금이 예를 좋아하면 좌우에 예가 없는 자는 떠나간다

제나라 경공이 술을 마시며 즐거워하면서, 옷과 관을 풀고 스스로 장구를 치며 시자(侍者)에게 일러 말했다.

"어진 사람도 정말로 이것을 즐거워하는가?"

양구자(梁丘子)가 말했다.

"어진 사람의 귀와 눈도 또한 다른 사람과 같습니다. 어찌 홀로 이것이 즐겁지 않다 하겠습니까?"

공이 말했다.

"빨리 가마를 보내 안자(晏子)를 맞아들여라."

안자가 조복(朝服)을 입고 이르자 경공이 말했다.

"과인이 이 음악을 매우 즐거워한다. 선생과 더불어 같이하기를 바라니, 청컨대 예절은 떠나보내라."

안자가 대답해 말했다.

"임금의 말이 지나치십니다. 제나라 5척의 어린아이도 힘을 다하면 저를 이기고 또 임금을 이기지만 감히 어지럽히지 못하는 까닭은, 예를 두려워하기 때문입니다. 윗사람이 예가 없으면 그 아랫사람을 부릴 수 없고, 아랫사람이 예가 없으면 그 윗사람을 섬길 수 없습니다. 무릇 고라니나 사슴은 예가 없어서 아비와 새끼가 같은 먼지 구덩이에 있는 것입니다. 사람이 새나 짐승보다 귀한 까닭은 예가 있기 때문입니다.

『시경』(「패풍(邶風)·상서(相鼠)」 편)에 이르기를 '사람이 예가 없는데 어찌 죽음이 빠르지 않겠는가'라고 했으니, 그러므로 예는 버릴 수 없는 것입니다."

임금이 말했다.

"과인이 훌륭하지 못해 좌우에서 과인을 음란함에 빠뜨림이 여기에까지 이르렀으니, 청컨대 죽이겠다."

안자가 말했다.

"좌우의 신하는 죄가 없습니다. 임금께서 만일 예를 좋아하셨다면 좌우에 예가 있는 자는 오고 예가 없는 자는 떠났을 것입니다. 임금께서 만일 예를 미워하신다면 정말로 앞으로도 이와 같을 것입니다."

임금이 말했다.

"좋은 말이다.

청컨대 옷과 관을 바꿔 입고 다시 명을 받겠다."

마침내 술자리를 끝내고 다시 조복을 받들어 입고 앉으니, 잔을 세 번 올리고 안자가 종종걸음으로 나갔다.

齊景公飮酒而樂, 釋衣冠自鼓缶, 謂侍者曰: "仁人亦樂是夫?" 梁丘子曰: "仁人耳目亦猶人也? 奚爲獨不樂此也." 公曰: "速駕迎晏子." 晏子朝服以至, 公曰: "寡人甚樂此樂也. 願與夫子共之, 請去禮." 晏子對曰: "君之言過矣. 齊國五尺之童子, 力盡勝嬰而又勝君, 所以不敢亂者, 畏禮也. 上若無禮, 無以使其下; 下若無禮, 無以事其上. 夫麋鹿唯無禮, 故父子同麀. 人之所以貴於禽獸者, 以有禮也, 詩曰: '人而無禮, 胡不遄死', 故禮不可去也." 公曰: "寡人無良, 左右淫琨寡人, 以至於此, 請殺之." 晏子曰: "左右無罪. 君若好禮, 左右有禮者至, 無禮者去. 君若惡禮, 亦將如之." 公曰: "善. 請革衣冠, 更受命." 乃廢酒而更尊朝服而坐, 觴三行, 晏子趨出.

8. 뛰어난 임금이 신하의 작은 말에서 가르침을 찾아내다

위나라 문후가 기계(箕季)의 집 담장이 무너졌는데도 고쳐 쌓지 않는 것을 보았다.

문후가 물었다.

"왜 쌓지 않는가?"

대답해 말했다.

"때가 아닙니다. 그 담장이 구부러져서 반듯하지 않습니다."

물어 말했다.

"어째서 반듯하지 않은가?"

말했다.

"처음부터 그랬던 것 같습니다."

따르는 사람이 그의 동산에 있는 복숭아를 먹으려 하자 기계가 못 먹게 했다. 조금 지나서 해가 저물자 메조밥의 음식과 오이로 만든 국을 올렸다.

문후가 집을 나서자, 그 종복이 말했다.

"임금께서는 기계에게 얻은 것이 없으시군요. 아까 음식을 올릴 때 신이 몰래 살펴보니, 메조밥에 오잇국이었습니다."

문후가 말했다.

"내가 어찌 계에게서 얻은 것이 없겠는가? 나는 한 번 계를 만나서 4가지를 얻었다. 그 담장이 무너졌는데 다시 쌓지 않고 때를 기다리기 때문이라고 말한 것은, 나에게 농사짓는 때를 빼앗지 말라고 가르친 것이었다. 담이 구부러지고 반듯하지 않다는 말에 처음부터 그렇다고 대답한 것은, 나에게 봉토를 침범하지 말라고 가르친 것이었다. 따르는 사람이 동산의 복숭아를 먹으려 하자 기계가 못 먹게 한 것이 어찌 복숭아를 아껴서였겠는가! 이는 나에게 아랫사람이 윗사람을 범하게 하지 말라고 가르친 것이었다. 나에게 메조밥을 먹게 한 것이 어찌 게가 5가지 맛을 갖추지 못해서였겠는가! 나에게 백성에게서 많이 거둬들이지 말라고 가르친 것이니, 이 때문에 봉양한 음식을 줄인 것이었다."

魏文侯見箕季其牆壞而不築. 文侯曰: "何爲不築?" 對曰: "不時, 其牆枉而不端." 問曰: "何不端?" 曰: "固然." 從者食其園之桃, 箕季禁之. 少焉日晏, 進糲餐之食, 瓜瓠之羹. 文侯出, 其僕曰: "君亦無得於箕季矣. 曩者進食, 臣竊窺之, 糲餐之食, 瓜瓠之羹." 文侯曰: "吾何無得於季也? 吾一見季而得四焉. 其牆壞不築, 云待時者, 敎我無奪農時也. 牆枉而不端, 對曰固然者, 是敎我無侵封疆也. 從者食園桃, 箕季禁之, 豈愛桃哉! 是敎我下無侵上也. 食我以糲餐者, 季豈不能具五味哉! 敎我無多斂於百姓, 以省飮食之養也."

9. 신하의 어진 행실이 적국과의 싸움을 막아내다

사윤지(士尹池)가 형나라를 위해 송나라로 사신을 가게 되었다. 사성자한(司城子罕) 집에 머물게 되어 잔을 올리는데, 남쪽 집은 담장이 앞으로 튀어나와 바르지 못했고 서쪽 집은 고인 빗물이 사성자한의 집으로 흘러나오는 것이 그치지 않았다. 사윤지가 그 까닭을 물었더니 사성자한이 말했다.

"남쪽 집은 공인(工人)으로, 신발을 만드는 사람입니다. 내가 옮겨 보내려 했으나 그 아비가 말하기를 '내가 오직 신발을 만들어서 이미 3대가 밥을 먹고 있습니다. 지금 옮기면 송나라의 신발 묶는 자들이 내 거처를 알지 못하게 되어 내가 장차 밥을 먹을 수 없으니, 바라건 대 상국께서는 내가 밥을 먹지 못하게 되는 것을 근심해주십시오'라 고 해서 옮기지 못하게 했습니다. (또) 서쪽 집은 높고 우리 집은 낮아 서 큰 빗물이 우리 집을 지나가는 것이 이롭습니다. 이러한 까닭으로 막을 수가 없었습니다."

사윤지가 형나라로 돌아가니 마침 병사를 일으켜서 나아가 송나 라를 공격하려는 참이었는데, 사윤지가 왕에게 간언해 말했다.

"송나라는 공격할 수 없습니다. 그 임금은 뛰어나고 그 재상은 어 집니다. 뛰어난 사람은 능히 백성을 얻을 수 있고 어진 사람은 능히 사람을 쓸 수 있으니, 공격해도 공로가 없고 천하의 웃음거리가 될 것 입니다."

초나라는 송나라를 그냥 두고 정나라를 공격했다.

공자가 듣고 말했다.

"묘당(廟堂-재상의 근무처)의 윗자리에서 자기 몸을 닦으며 1000리 바깥에서 적을 꺾은 사람이란 곧 사성자한을 이른 말이다."

士尹池爲荊使於宋. 司城子罕止而觴之, 南家之牆, 擁於前而不直, 西家之潦, 經其宮而不止. 士尹池問其故, 司城子罕曰: "南家, 工也, 爲鞔者也. 吾將徙之, 其父曰: '吾特爲鞔, 已食三世矣. 今徙, 是宋邦之束鞔者, 不知吾處也, 吾將不食. 願相國之憂吾不食也.' 爲是故吾不徙. 西家高, 吾宮卑, 潦之經吾宮也利. 爲是故不禁也." 士尹池歸荊, 適興兵欲攻宋, 士尹池諫於王曰: "宋不可攻也. 其主賢, 其相仁. 賢者能得民, 仁者能用人, 攻之無功, 爲天下笑." 楚釋宋而攻鄭. 孔子聞之曰: "夫修之於廟堂之上, 而折衝於千里之外者, 司城子罕之謂也."

10. 가난한 자가 가진 부유함

노나라 맹헌자(孟獻子)[2]가 진(晉)나라에 빙문을 갔다. 선자(宣子)가 술잔을 올리며 세 차례 자리를 옮겼는데, 종석(鐘石-각종 악기)이 걸려 있는 곳에서 (더는) 옮기지 않고 모두 갖추게 되었다.

헌자가 말했다.

"쌓인 것이 풍부하구나!"

선자가 말했다.

"그대의 집이 어찌 우리 집과 비교하면 부유합니까?"

헌자가 말했다.

"우리 집은 매우 가난해서 오직 선비 2명만 있으니, 안회와 자무령(玆無靈)이라고 합니다. 우리나라를 편안하고 고르게 하며 백성으로 하여금 화합해서 협력하게 하는 것은 오직 이 두 사람뿐이니, 내가 여기에서 남김없이 말씀드립니다."

손님이 나가자 선자가 말했다.

"저 사람은 군자라서 뛰어난 이를 기르는 것을 부유함으로 여기고,

---

2 춘추시대 노(魯)나라 사람으로, 대부를 지냈다. 다섯 사람의 벗과 교유했는데, 스스로 세력 있는 가문임을 염두에 두지 않았고 세력에 아부하는 세속(世俗) 사람을 멀리했다.

266

나는 비루한 사람이라서 종석과 금옥을 부유함으로 여기는구나."

공자가 말했다.

"맹헌자의 부유함은 가히 『춘추』에 (기록해) 드러낼 수 있다."

魯孟獻子聘於晉. 宣子觴之三徙, 鐘石之縣, 不移而具. 獻子曰: "富哉

家!" 宣子曰: "子之家庸 與我家富?" 獻子曰: "吾家甚貧, 惟有二士, 曰

顏回, 玆無靈者. 使吾邦家安平, 百姓和協, 惟此二者耳! 吾盡於此矣."

客出, 宣子曰: "彼君子也, 以養賢爲富, 我鄙人也, 以鐘石金玉爲富." 孔

子曰: "孟獻子之富, 可著於春秋."

11. 사람은 곡식을 먹고, 새는 쭉정이를 먹는다

추(鄒)나라 목공(穆公)이 물오리에게는 반드시 쭉정이[秕]를 먹이
                                                    비
게 하면서 그것을 조로써 대신하지 못하도록 영을 내렸다. 이에 창고
에 쭉정이가 없게 되자 백성에게서 찾아 바꾸었는데, 두 가마니의 조
로써 한 가마니의 쭉정이를 얻었다. 담당자가 낭비라고 여겨 조를 먹
일 것을 청했더니 목공이 말했다.

"물러나라. 네가 알 수 있는 바가 아니다. 무릇 백성은 소를 배불
리 먹여서 밭을 갈며 폭염을 등에 지고 김을 매기를 부지런히 해 게
으름이 없는데, 어찌 새나 짐승을 위할 수 있겠는가? 곡식이란 사람
에게도 상등의 양식인데 어찌 그로써 새나 기르겠는가? 또 네가 아
는 것은 작은 계책이어서, 커다란 계산을 알지 못한다. 주나라 속담에
'주머니에서 새어나가도 속에 쌓여 있다'라고 했는데, 어찌 홀로 듣지

못했는가? 무릇 임금이란 백성의 부모다. 곡식을 가져다가 백성에게로 옮겨 간다 해도 이것이 나의 곡식이 아니겠는가? 새는 정말로 추나라의 쭉정이를 먹어야지, 추나라의 곡식을 해쳐서는 안 된다. 곡식이 창고에 있는 것과 백성에게 있는 것, 내가 무엇을 택해야겠는가?"

추나라 백성이 이를 듣고는 모두 사사로이 쌓아놓은 것과 관청에 있는 것이 한 몸이라는 것을 알았으니, 이를 일러 나라를 부유하게 할 줄을 안다고 말한다.

鄒穆公有令食鳧鴈必以粃, 無得以粟. 於是倉無粃, 而求易於民, 二石粟而得一石粃. 吏以爲費, 請以粟食之, 穆公曰: "去, 非汝所知也! 夫百姓飽牛而耕, 暴背而耘, 勤而不惰者, 豈爲鳥獸哉? 粟米, 人之上食, 奈何其以養鳥? 且爾知小計, 不知大會. 周諺曰: '囊漏貯中', 而獨不聞歟? 夫君者, 民之父母. 取之粟, 移之於民, 此非吾之粟乎? 鳥苟食鄒之粃, 不害鄒之粟也. 粟之在倉與在民, 於我何擇?" 鄒民聞之, 皆知私積與公家爲一體也, 此之謂知富邦.

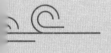

【권7】 절사(節士)

절개가 있는 선비

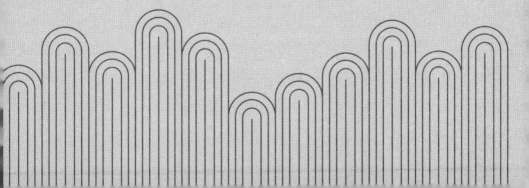

1. 임금의 마음속에 사사로움이 있으면 형벌이 어긋난다

요임금이 천하를 다스릴 때, 백성자고(伯成子高)가 세워져서 제후가 되었다. 요임금이 순임금에게 주고 순임금이 우왕에게 주니, 백성자고가 제후를 사양하고 밭을 갈았다. 우왕이 와서 보니 들에서 쟁기질하고 있었는데, 우왕이 빠르게 아랫자리로 와서 물어 말했다.

"옛날에 요임금이 천하를 다스릴 때 그대가 세워져서 제후가 되었고, 요임금이 순임금에게 줄 때 그대도 계셨습니다. 급기야 내가 자리에 있게 되자 그대는 제후를 사양하고 밭을 가시는데, 그 까닭이 무엇입니까?"

백성자고가 말했다.

"옛날에 요임금의 천하를 다스림은 천하를 들어서 다른 사람에게 전해주었으니 지극히 욕심이 없는 것이었고, 뛰어난 이를 택해서 그에게 합당한 자리를 주었으니 지극한 공[至公]에 이른 것입니다. 지극히 욕심이 없고 지극한 공을 행함을 천하에 보여주었으니, 그래서 상을 주지 않아도 백성이 힘쓰게 되고 벌을 주지 않아도 백성이 경외했습니다. 순임금도 또한 그러했습니다. 지금 임금께서 상과 벌을 내리는데도 백성의 욕심에는 또한 사사로움이 많으니, 이는 임금께서 마음속에 품고 있는 바가 사사로움이기 때문이며 백성이 이것을 알고 있기 때문입니다. 탐내고 다투는 실마리가 여기에서부터 시작되고 덕이 여기에 이르러 시들며 형벌이 여기에서부터 번성하니, 나는 차마 볼 수가 없어 이 들판에서 살고 있습니다. 지금 임금께서는 무엇을 얻으려고 나를 보고자 하십니까? 임금께서는 떠나시어 내 일을 늦추지 마십시오.”

밭을 갈며 돌아보지 않았다. 『서경』(「우서(虞書)·익직(益稷)」편)에서 말하기를 “바야흐로 형벌을 베풀되 오직 밝게 해야 할 것이요”라고 했는데, 우왕의 때에 이르러서는 할 수 없게 되었다. 『춘추』에서 말하기를 “오제는 맹세의 말을 하지 않았다”라고 한 것은 믿음이 두터웠기 때문이다.

堯治天下, 伯成子高立爲諸侯焉. 堯授舜, 舜授禹, 伯成子高辭爲諸侯而耕. 禹往見之, 則耕在野, 禹趨就下位而問焉, 曰:“昔者堯治天下, 吾子立爲諸侯焉, 堯授舜, 吾子猶存焉. 及吾在位, 子辭諸侯而耕, 何故?”伯成子高曰:“昔堯之治天下, 擧天下而傳之他人, 至無欲也, 擇賢而與之其位, 至公也. 以至無欲至公之行示天下, 故不賞而民勸, 不罰而民畏. 舜亦猶然. 今君賞罰而民欲且多私, 是君之所懷者私也, 百姓知之. 貪爭之端, 自此始矣, 德至此衰, 刑自此繁矣, 吾不忍見, 以是野處也. 今君又何求而見我? 君行矣, 無留吾事.”耕而不顧. 書曰:“旁施象刑, 維明”, 及禹不能. 春秋曰:“五帝不告誓”, 信厚也.

2. 하나라 걸왕이 간언을 듣지 않으니 충신이 죄인이 되다

걸왕이 주지(酒池)를 만들었는데 쇠솥배를 띄울 수 있었고, 지게미로 만든 언덕을 7리 밖에서도 볼 수 있었으며, 한 번 북을 울리면

술을 마시는 사람이 3000명이었다. 관룡봉(關龍逢)이 나아가서 간언해 말했다.

"남의 임금이 되어 몸으로는 예와 마땅함을 행하면서 백성을 사랑하고 재물을 아끼시면 나라가 편안해지고 몸도 오래 살게 됩니다. 지금 임금께서는 재물을 쓰는 것이 마치 마르지 않는 것처럼 하시고 사람을 쓰는 것은 능히 죽지 못할까 두려워하시니, 고치시지 않으면 하늘이 재앙을 반드시 내릴 것이고 하늘의 형벌이 반드시 이를 것입니다. 임금께서는 이에 고치소서."

선 채로 조정을 떠나지 않으니, 걸왕이 그 참에 죄수로 감옥에 잡아넣었다. 군자가 이를 듣고 말했다.

"하늘의 명이로다."

桀爲酒池, 足以鉉舟, 糟丘, 足以望七里, 一鼓而牛飮者三千人. 關龍逢進諫曰: "爲人君, 身行禮義, 愛民節財, 故國安而身壽也. 今君用財若無盡, 用人恐不能死, 不革, 天禍必降, 而誅必至矣. 君其革之." 立而不去朝, 桀因囚拘之. 君子聞之曰: "天之命矣夫."

3. 간언을 못 하면 충신이 아니고, 죽음을 무서워하면 용사가 아니다

주왕이 포락의 형벌을 만들었는데, 왕자 비간이 말했다.

"임금이 사나워서 간언을 못 하면 충신이 아니고, 죽음이 무서워서 말을 하지 않으면 용사가 아니다. 허물을 보면 간언을 하고 쓰이지 않으면 죽는 것이 충성의 지극함이다."

마침내 나아가 간언을 했다. 사흘 동안 조정을 떠나지 않으니, 주왕이 이참에 그를 죽였다. 『시경』(「소아(小雅)·교언(巧言)」 편)에 이르기를 "높은 하늘이여, 아주 이상하구나. 나는 삼갔으니 잘못이 없도다"라고 했는데, 잘못이 없어도 죽으니 정말로 슬프지 아니한가!

紂作炮烙之刑, 王子比干曰: "主暴不諫, 非忠臣也; 畏死不言, 非勇士也. 見過則諫, 不用則死, 忠之至也." 遂進諫, 三日不去朝, 紂因而殺之. 詩曰: "昊天太憮, 予愼無辜", 無辜而死, 不亦哀哉!

4. 절의를 지켜 임금 자리를 사양하다

조(曹)나라 공자 희시(喜時)는 자(字)가 자장(子臧)이며 조나라 선공의 아들이다. 선공(宣公, ?~기원전 578년)[1]이 제후들과 함께 진(秦)나라를 치다가 군중에서 죽었는데, 조나라 사람들이 자장을 시켜 상(喪)을 맞이하게 하고 공자 부추와 태자는 남아서 (조나라를) 지키게 했다. 부추가 태자를 죽이고 스스로를 세우자 자장은 부추가 임금 자리를 맡은 것을 보고는 선공의 장례를 치른 뒤 장차 망명하고자 했는데, 나라 안 사람들이 모두 따랐다. 부추가 세워져서 이에 조나라 성공(成公)이 되었다. 성공이 두려워하며 죄를 알린 뒤 또한 자장을

---

1   성은 희(姬), 이름은 강(彊)으로, 문공(文公)의 아들이다. 문공의 뒤를 이어 19년 동안 자리에 있었는데, 마수(麻隧)의 싸움에 참가해 군중에서 죽었다.

청하니, 자장이 마침내 돌아왔고 성공은 드디어 임금이 되었다. 뒤에
진(晉)나라 임금이 제후들과 회합을 가진 뒤 조나라 성공을 잡았고,
경사로 돌아가 주나라 천자에게 자장을 알현시켜서 그를 세우고자
했다.

이에 자장이 말했다.

"옛날의 기록이 있습니다. 가장 빼어난 것은 절의를 두루 통하게
하는 것, 그다음은 절의를 지키는 것, 맨 아래는 절의를 잃는 것이라
했습니다. 임금이 되는 것은 내 절의가 아닙니다. 비록 빼어날 수는
없지만, 감히 절의를 잃겠습니까?"

드디어 도망쳐서 송나라로 달아났다. 조나라 사람들이 여러 차례
(성공을 돌려보내 줄 것) 진(晉)나라 임금에게 청하자, (진나라 임금이) 말
했다.

"자장이 나라로 돌아오면 내가 너희 임금을 돌려주겠다."

이에 자장이 나라로 돌아가자 진나라는 마침내 천자에게 말씀을
올린 뒤 성공을 조나라로 돌려보냈다. 자장이 마침내 나라에 성공을
이르게 했으니, 성공이 임금이 되었다. 자장이 집 밖을 나가지 않자
조나라는 이에 편안해졌다. 자장은 천승의 나라를 사양했으니 뛰어
나다고 말할 수 있다. 그래서 『춘추』에서는 그가 뛰어나다고 여겨 그
후손들을 기렸다.

曹公子喜時, 字子臧, 曹宣公子也. 宣公與諸侯伐秦, 卒於師, 曹人使子
臧迎喪, 使公子負芻與太子留守. 負芻殺太子而自立, 子臧見負芻之當
主也, 宣公即葬, 子臧將亡, 國人皆從之. 負芻立, 是爲曹成公. 成公懼,
告罪, 且請子臧, 子臧乃返, 成公遂爲君. 其後晉侯會諸侯, 執曹成公,

歸之京師, 將見子臧于周天子而立之. 子臧曰: "前記有之. 聖達節, 次守節, 下失節, 爲君非吾節也. 雖不能聖, 敢失守乎?" 遂亡奔宋. 曹人數請晉侯, 謂: "子臧返國, 吾歸爾君." 於是子臧返國, 晉乃言天子歸成公於曹. 子臧遂以國致成公, 成公爲君, 子臧不出, 曹國乃安. 子臧讓千乘之國, 可謂賢矣, 故春秋賢而褒其後.

5. 나라를 받지 않음으로써 친족 사이의 다툼을 끊다

연릉계자(延陵季子)는 오나라 왕의 아들이었다. 정실 어머니 소생의 형제가 4명이었는데, 큰아들이 알(遏), 둘째가 여제(餘祭), 셋째가 이매(夷昧), 막내를 찰(札)이라 불렀다. 찰이 즉 계자인데, 가장 어리면서도 뛰어나 형제들이 모두 그를 아꼈다. (선왕의) 상을 마치고 장차 (장자 알이) 계자를 세우려고 하자, 계자가 사양하며 말했다.

"조나라 선공이 돌아가셨을 때 제후들과 조나라 사람들이 조나라 임금이 마땅하지 않다고 해서 장차 자장을 세우려고 했으나, 자장이 떠나서 끝내 할 수가 없었기 때문에 성공(成公=負芻)을 조나라 임금으로 삼았습니다. 이는 군자가 말한 능히 절의를 지킨 것입니다. 그대가 자리를 잇는 것이 마땅하니, 누가 감히 그대를 막겠습니까? 나라를 소유하는 것은 저의 절의가 아닙니다. 제가 비록 재주가 없지만, 바라건대 자장을 따르게 해서 절의를 잃지 않도록 해주십시오."

정말로 세워지면 집을 버리고 농사를 짓겠다고 하더니, 마침내 곧 버리고 떠나갔다.

알이 말했다.

"지금 이와 같이 억지로 계자에게 주면 계자는 반드시 받지 않을 것이니, 청컨대 (임금의 자리를) 자식에게 주지 말고 형제에게 주도록 해서 형제가 번갈아 왕이 되게 함으로써 계자에게 제후가 이르도록 하자."

모두 말했다.

"좋습니다."

그래서 여러 임금이 된 사람들은 모두 죽음을 가벼이 여기는 것을 용기로 삼아서, 먹고 마실 때는 반드시 빌기를 "하늘이 만일 우리 나라를 있게 하시려면 반드시 빨리 이 몸에 화가 있게 해주시오"라고 했다. 그래서 알이 죽자 여제가 세워지고, 여제가 죽자 이매가 세워졌다. 이매가 죽자 나라의 마땅함이 계자에게 가야 했는데, 계자가 사신으로 가서 미처 돌아오지 못한 틈을 타서 요(僚)라는 사람이 스스로를 세워 오나라의 왕이 되었다. 요는 (이매의) 큰아들 중 서자 형이었다. 계자가 사신을 마치고 돌아와서 임금에게 나아갔다. (이때) 알의 아들 공자광(公子光)은 부르기를 합려(闔閭)라고 했는데, (합려가) 기뻐하지 않으며 말했다.

"돌아가신 임금들께서 자식에게 주지 말고 동생들에게 주려고 하셨던 바는 무릇 계자를 위한 것이었으니, 장차 선군의 명을 따르려면 나라는 마땅히 계자에게 가야만 하고, 선군의 명을 따르지 않고 자식에게 준다면 내가 마땅히 세워져야 할 것이다. 요가 어찌 임금이 될 수 있겠는가?"

그리하여 전제(專諸)를 시켜서 요를 찔러 죽임으로써 나라가 계자에게 이르도록 했는데, 계자가 말했다.

"네가 우리 임금을 죽였는데 내가 너에게 나라를 준다면, 이는 너

와 내가 어지러움을 만드는 것이다. 네가 내 형(의 자식)을 죽였다고
해서 내가 또한 너를 죽이면, 이는 부자 형제 사이에 서로 죽이는 것
이 죽을 때까지 그치지 않게 만드는 것이다."

(이에) 물러나 연릉으로 가서 죽을 때까지 오나라에 들어오지 않았
으니, 그러므로 불러 이르기를 연릉계자라고 했다. 군자는 (그가) 나라
를 받지 않은 것을 마땅함이라 하고 죽이지 않은 것을 어질다고 했으
니, 이것이 『춘추』가 계자를 뛰어나다 해 높이고 귀하게 여기는 바다.

延陵季子者, 吳王之子也. 嫡同母昆弟四人, 長曰遏, 次曰餘祭, 次曰夷
昧, 次曰札. 札即曰季子, 最小而賢, 兄弟皆愛之. 既除喪, 將立季子, 季
子辭曰: "曹宣公之卒也, 諸侯與曹人不義曹君, 將立子臧, 子臧去之, 遂
不爲也, 以成曹君, 君子曰能守節義. 君義嗣也, 誰敢干君? 有國非吾節
也. 札雖不才, 願附臧, 以無失節." 固立之, 棄其室而耕, 乃舍之. 遏曰:
"今若是迮而與季子, 季子必不受. 請無與子而與弟, 弟兄迭爲君而致
諸侯乎季子." 皆曰: "諾." 故諸其爲君者皆輕死爲勇, 飮食必祝曰: "天
若有吾國, 必疾有禍於身." 故遏也死, 餘祭立; 餘祭死, 夷昧立. 夷昧死,
而國宜之季子也, 季子使而未還, 僚者, 長子之庶兄也, 自立爲吳王. 季
子使而還, 至則君適之. 遏之子曰王子光, 號曰闔閭, 不悅曰: "先君所
爲, 不與子而與弟者, 凡爲季子也. 將從先君之命, 則國宜之季子也, 如
不從先君之命而與子, 我宜當立者也. 僚惡得爲君?" 於是使專諸刺僚,
而致國乎季子, 季子曰: "爾殺吾君, 吾授爾國, 是吾與爾爲亂也. 爾殺
我兄, 吾又殺爾, 是父子兄弟相殺, 終身無已也." 去而之延陵, 終身不入
吳國, 故號曰延陵季子. 君子以其不受國爲義, 以其不殺爲仁, 是以春
秋賢季子而尊貴之也.

6. 어진 이는 입 밖에 내지 않은 말도 지킨다

연릉계자가 장차 서쪽으로 가서 진(晉)나라에 문안하러 가던 중에 보검을 차고서 서나라 임금에게 들렀는데, 서나라 임금이 칼을 보고서는 말은 안 했으나 얼굴빛이 갖고 싶어 하는 것 같았다. 연릉계자는 상국(上國)으로 가는 사신이 되었기에 바치지는 못했지만, 그 마음속으로는 허락한 상태였다. 진나라에 사신으로 갔다가 돌아오는데, 이미 서나라 임금이 초나라에서 죽었으므로 이에 칼을 풀어서 이어받은 임금[嗣君]에게 이르도록 했다. 종자가 말리면서 이르기를 "이는 오나라의 보물이라서 선물해서는 안 됩니다"라고 하자, 연릉계자가 말했다.

"내가 선물하려는 것이 아니다. 앞선 날에 내가 왔을 때 서나라 임금이 내 칼을 보고는 말을 하지는 않았지만 갖고 싶어 하는 기색이 있었는데, 내가 상국으로 가는 사신이 되었기에 바치지는 못했으나 내 마음속으로는 이미 허락했었다.

지금 죽었다고 해서 (칼을) 올리지 않는다면 이는 마음을 속이는 일이다. 칼을 아끼려고 마음을 속이는 것은 마음이 깐깐한[廉] 사람이 하지 않는 일이다."

마침내 칼을 풀어서 이어받은 임금에게 이르게 하니, 이어받은 임금이 말했다.

"선군의 명이 없어서 제가 감히 칼을 받을 수가 없습니다."

이에 계자가 칼을 서나라 임금의 묘에 두고서 바로 떠났다. 서나라 사람들이 아름답게 여기고는 노래해 말했다.

"연릉계자는 옛날의 인연을 잊지 못했네. 천금의 칼을 풀어 언덕

묘에 두었네."

延陵季子將西聘晉, 帶寶劍以過徐君, 徐君觀劍, 不言而色欲之. 延陵
季子爲有上國之使, 未獻也, 然其心許之矣. 使於晉, 顧反, 則徐君死於
楚, 於是脫劍致之嗣君. 從者止之曰: "此吳國之寶, 非所以贈也." 延陵
季子曰: "吾非贈之也. 先日吾來, 徐君觀吾劍, 不言而其色欲之, 吾爲上
國之使, 未獻也. 雖然, 吾心許之矣. 今死而不進, 是欺心也. 愛劍僞心,
廉者不爲也." 遂脫劍致之嗣君, 嗣君曰: "先君無命, 孤不敢受劍." 於是
季子以劍帶徐君墓即去. 徐人嘉而歌之曰: "延陵季子兮不忘故, 脫千
金之劍兮帶丘墓."

7. 아버지가 죽자 스스로 병구완을 잘못했다고 여기다

허나라 도공(悼公, ?~기원전 523년)이 학질을 앓다가 약을 먹고 독이
올라서 죽었는데, 태자 지(止)가 약을 맛보지 않은 것을 스스로 꾸짖
고는 그 (임금의) 자리에 서지 않았다. 그 동생 위(緯)와 더불어 오로지
곡하고 눈물만 흘렸는데, 죽을 먹어도 목이 메어서 건더기를 넘기지
못했다. 자기가 약을 맛보지 않은 것을 애통해하다가 해를 넘기지 못
하고 죽었으니, 그래서『춘추』에서는 의롭다고 했다.

許悼公疾瘧, 飮藥毒而死, 太子自責不嘗藥, 不立其位. 與其弟緯專哭
泣, 啜飦粥, 嗌不容粒. 痛己之不嘗藥, 未逾年而死, 故春秋義之.

8. 우애 있는 형제가 해침을 당하다

위(衛)나라 선공(宣公)에게는 아들 급(伋)과 수(壽)와 삭(朔)이 있었다. 급은 전모(前母)의 아들이고 수와 삭은 후모(後母)의 아들이었는데, 수의 어미와 삭이 모의를 해서 태자 급을 죽이고 수를 세우고 싶어 했다.

사람을 시켜 급과 함께 배를 타고 황하의 가운데로 가서 장차 빠뜨려 죽이게 했는데, 수가 알았지만 멈추게 할 수가 없었다. 그래서 더불어 함께 배를 타니, 배에 탄 사람이 급을 죽일 수 없었다.

바야흐로 배에 오를 때 급의 유모는 그가 죽을까 두려워서 걱정하며 시를 지었으니, 「이자승주(二子乘舟)」(『시경』「패풍(邶風)」)라는 시가 이것이다. 그 시에 이르기를 "두 아들이 배를 타니, 둥실둥실 점점 멀어지네. 삼가 아들들을 그리니, 마음속이 불안하네"라고 했다.

이에 수가 형이 또 해를 입을까 염려해 근심하며 생각하는 시[憂思之詩]를 지었으니, 「서리(黍離)」(『시경』「왕풍(王風)」)라는 시가 이것이다. 그 시에 이르기를 "가야 할 길 느릿느릿 더딘데, 마음속은 아득히 머네. 나를 아는 사람은 내 마음에 근심 있다 말하고, 나를 모르는 사람은 내가 무엇을 구한다 말하네. 아득히 푸른 하늘이여, 이는 누구 때문인가!"라고 했다.

다시 (수의 어미가) 급에게 제나라로 가게 한 뒤, 도둑을 시켜서 장차 깃발이 실린 것을 보면 노려서 급을 죽이라고 했다. 수가 급을 가지 못하게 말리자, 급이 말하기를 "아버지의 부절(符節)을 버리는 것은 자식의 도리가 아니다. 그럴 수 없다"라고 했다. 이에 수가 다시 그와 더불어 함께 갔는데, 수의 어미는 멈추게 할 수가 없어서 그 참에 경계해 말했다.

"수는 앞에 서지 말라."

수가 또 앞에 서서 몰래 급의 깃발을 가지고 앞장서 가니 제나라에 얼마 못 미쳐서 도둑이 보고서는 그를 죽였다. 급이 도착해 수의 죽음을 보자 자기를 대신해서 죽은 것을 아파해 눈물을 흘리면서 슬퍼하고 애달파했다.

마침내 그 시신을 싣고 돌아오다가 국경에 이르러 스스로 죽었으니, 형제가 함께 죽은 것이다. 그래서 군자는 이 두 사람을 의롭게 여기고 선공이 참소를 들어준 것을 마음 아파했다.

衛宣公之子伋也, 壽也, 朔也. 伋前母子也, 壽與朔子也, 壽之母與朔謀, 欲殺太子伋而立壽. 使人與伋乘舟於河中, 將沈而殺之, 壽知不能止也, 因與之同舟, 舟人不得殺伋. 方乘舟時, 伋傅母恐其死也, 閔而作詩, 二子乘舟之詩是也. 其詩曰: "二子乘舟, 汎汎其景, 顧言思子, 中心養養." 於是壽閔其兄之且見害, 作憂思之詩, 黍離之詩是也. 其詩曰: "行邁靡靡, 中心搖搖, 知我者, 謂我心憂; 不知我者, 謂我何求? 悠悠蒼天, 此何人哉?" 又使伋之齊, 將使盜見載旌, 要而殺之. 壽止伋, 伋曰: "棄父之節, 非子道也. 不可." 壽又與之偕行, 壽之母不能止也, 因戒之曰: "壽無爲前也." 壽又爲前, 竊伋旌以先行, 幾及齊矣, 盜見而殺之. 伋至, 見壽之死, 痛其代己死, 涕泣悲哀. 遂載其屍還, 至境而自殺, 兄弟俱死. 故君子義此二人, 而傷宣公之聽讒也.

9. 나라를 빼앗은 형을 피해 스스로 먹고살다

노나라 선공(宣公, ?~기원전 591년)²은 노나라 문공(文公)의 아들이다. 문공이 죽자 문공의 아들 자적(子赤)이 세워져서 노나라 임금이 되어야 했으나, 선공이 자적(子赤)을 죽인 다음 나라를 빼앗고 세워져서 노나라 임금이 되었다. 공자 힐(肸)은 선공과 어머니가 같은 동생인데, 선공이 자적을 죽이는 것을 힐은 비난했다. 선공이 그에게 녹봉을 주려 하자 말했다.

"나는 됐습니다. 형의 밥을 먹어서 무엇하겠습니까?"

그러고는 신발을 만들어 밥을 먹고살면서 죽을 때까지 선공의 밥을 먹지 않았으니, 그 어짊과 은혜가 두터웠고 그 절의가 단단했다. 그래서 『춘추』에서는 그를 아름답다 하고 귀하게 여겼다.

魯宣公者, 魯文公之子也. 文公薨, 文公之子赤立, 爲魯侯, 宣公殺子赤而奪之國, 立爲魯侯. 公子肸者, 宣公之同母弟也, 宣公殺子赤而肸非之. 宣公與之祿, 則曰: "我足矣! 何以兄之食爲哉?" 織履而食, 終身不食宣公之食, 其仁恩厚矣, 其守節固矣. 故春秋美而貴之.

---

2 이름은 퇴(俀) 또는 왜(倭)로 문공(文公)의 서자(庶子)였다. 문공이 죽자 양중(襄仲-公子遂)이 문공의 적자들인 오(惡)와 시(視)를 죽인 뒤 겨우 2살밖에 안 된 그를 왕으로 삼았다. 이때부터 노나라 공실(公室)은 점점 비천해지고 삼환(三桓)이 강해졌다. 15년 처음으로 묘(畝)에 세금을 징수했다. 18년 동안 재위했다.

10. 의심받기를 꺼려서 태자가 스스로 죽다

진(晉)나라 헌공(獻公)의 태자가 가서 영대(靈臺)에 이르렀는데, 뱀이 왼쪽 수레바퀴를 칭칭 감고 있자 마부가 말했다.

"태자께서는 내려서 절을 하십시오. 제가 듣건대, 임금의 아들이 뱀이 왼쪽 수레바퀴를 감고 있는 것을 보면 빨리 나라를 얻는다고 합니다."

태자가 끝내 행하지 않고 객사로 돌아갔다. 마부가 태자를 뵈니 태자가 말했다.

"내가 듣건대, 남의 자식 된 자는 남김없이 임금에게 온화하고 고분고분해야 하며, 사사로운 욕심을 행하지 않으며, 공손하고 엄중하게 명을 받고, 거스르지 않아서 임금을 편안케 해야 한다. 지금 내가 나라를 얻으면 이는 임금이 편안함을 잃는 것이니, 나라의 이익만 보고 임금의 안위를 잊는다면 자식의 도리가 아니요, 나라를 얻는 방법을 듣고서 그 요상한 물건에 절하는 것은 임금이 원하는 것이 아니다. 자식의 도리를 버리는 것은 효가 아니며, 임금이 원하는 것을 거스르는 것은 충성이 아니다. 네가 나에게 내려서 절하도록 하는 것은 거의 우리나라가 위태로워지기를 바라는 것이 분명하구나."

칼을 뽑아 죽으려고 하자 마부가 만류하며 말했다.

"무릇 상서롭거나 괴이한 조짐은 하늘의 도리이고, 공순하고 엄중하게 명을 받는 것은 사람이 행할 바입니다. 상서로움에 절을 하고 괴이한 것을 경계하는 것이 예(禮)이며, 공순하고 엄중하게 명을 받으면서 자기 몸으로써 임금을 한스럽게 하지 않는 것이 효(孝)입니다. 지금 태자께서 복을 보고도 절을 하지 않은 것은 예를 잃은 것이고, 몸을 죽여서 임금을 한스럽게 하는 것은 효를 잃는 것입니다. 한쪽으로 치우친 마음을 쫓아서 바른 행동을 버리는 것은 신이 듣던 바가 아닙니다."

태자가 말했다.

"그렇지 않다. 내가 나라를 얻는 것은 임금에게는 괴이한 일인데, 임금에게 괴이한 조짐에다 절하는 것을 예라고 말할 수 없다. 상서로운 조짐을 보고 임금의 편안함을 잊는 것은 나라를 해치는 일인데, 해치는 마음을 품고서 나라를 섬기는 것을 효라고 말할 수 없다. 속이려는 마음을 끼고서 천하를 다스리는 것이나 해치려는 마음을 품고서 임금을 섬기는 것은 기울어진[邪] 것 중에서도 가장 큰 것이니,
                                                 사
네가 나에게 행하게 한 것은 나라의 위태로움을 바라는 마음이 드러난 것이다."

마침내 칼에 엎어져서 죽었다.

군자가 말했다.

"진나라 태자가, 단지 마부가 뱀에게 절하라고 했을 뿐인데도 상서로움을 오히려 미워해 스스로 죽음에 이르게 된 것은, 나라를 탐낸다는 의심을 받게 되자 자기가 나라를 탐내지 않는다는 것을 보여줌으로써 임금을 편안케 하고자 하는 뜻을 진실로 드러낸 것이다. (그러나) 한 어리석은 마부의 지나가는 말 때문에 몸이 죽음에 이르게 되었으니, 자식의 도리를 없애고 제사를 끊어지게 했다. 효라고 말할 수는 없으나 꺼리는 것을 멀리했다고는 말할 수 있으니, 하나의 절의만 가진 선비라고 하겠다."

晉獻公太子之至靈臺, 蛇繞左輪, 御曰: "太子下拜. 吾聞國君之子, 蛇繞左輪者速得國." 太子遂不行, 返乎舍. 御人見太子, 太子曰: "吾聞爲人子者, 盡和順於君, 不行私欲; 恭嚴承命, 不逆君安. 今吾得國, 是君失安也, 見國之利而忘君安, 非子道也, 聞得國而拜其孽, 非君欲也. 廢子道, 不孝; 逆君欲, 不忠. 而使我行之, 殆欲吾國之危明也." 拔劍將死, 御止之曰: "夫禨祥妖孽, 天之道也; 恭嚴承命, 人之行也. 拜祥戒孽, 禮也; 恭嚴承命, 不以身恨君, 孝也. 今太子見福不拜, 失禮; 殺身恨君, 失孝. 從僻心, 棄正行, 非臣之所聞也." 太子曰: "不然. 我得國, 君之孽也, 拜君之孽, 不可謂禮. 見禨祥而忘君之安, 國之賊也, 懷賊心以事國, 不可謂孝. 挾僞意以御天下, 懷賊心以事君, 邪之大者也, 而使我行之, 是欲國之危明也." 遂伏劍而死. 君子曰: "晉太子徒御使之拜蛇, 祥猶惡之, 至於自殺者, 爲見疑於欲國也, 己之不欲國以安君, 亦以明矣. 爲一愚御過言之故, 至於身死, 廢子道, 絶祭祀. 不可謂孝, 可謂遠嫌, 一節之士也."

11. 목숨을 걸고 원군을 얻어 나라와 임금을 살리고는 숨다

신포서(申包胥)[3]는 초나라 사람이다. 오나라가 백거(柏擧)에서 초나

---

3 초(楚)나라 소왕(昭王) 때 대부를 지냈다. 초나라 임금 분모(蚡冒)의 후예라서 왕손포서(王孫包胥) 또는 분모발소(蚡冒勃蘇)로도 불린다. 오자서(伍子胥)와 친했다. 오자서가 오(吳)나라로 달아나면서 그에게 "나는 반드시 초나라를 멸망시키겠다"라고 하자, "그대는 분명 멸망시키겠지만, 내가 부활시키겠다"라고 대답했다. 소왕 10년 오자서의 계략을 좇은 오나라가 초나라를 침략해 수도 영(郢)을 함락하는 등 나라의 운명이 위태롭게 되자 그가 진(秦)나라에 들어가 애공(哀公)에게 구원병을 요청했다.

286

라 군대를 꺾고 마침내 초나라 도읍인 영(郢)에 들어오자, 소왕이 빠져나가 도망쳐서 수(隨) 땅에 머물렀다. 신포서는 명을 받지도 않은 채 진(秦)나라로 넘어가서 군대를 빌려달라고 하면서 말했다.

"오나라가 도리가 없는 일을 행함이 큰 돼지와 긴 뱀과 같아서 천하를 누에처럼 점점 먹어치우고 있으니, 초나라부터 시작해 상국(上國)을 쫓고 있습니다. 저희 임금이 사직을 잃고 달아나서 풀숲 속에 있으면서 미천한 신하에게 위급을 알리게 하며 말하기를 '오나라는 오랑캐이니, 오랑캐의 요구함은 싫증 내는 바가 없습니다. 초나라를 없애고 나면 곧 서쪽으로 가서 임금과 국경이 맞붙게 되는데, 만약 임금과 이웃하게 된다면 곧 변경의 근심이 될 것입니다. 오나라가 미처 평정하지 못한 틈을 타 임금께서 도모하신다면 임금의 영묘함을 얻어서 초나라를 위로하고 안심시킬 수 있을 것이니, 세상이 이로써 임금을 섬길 것입니다'라고 하셨습니다."

진나라 임금의 사신이 사양하면서 말했다.

"저희 임금께서 명을 들었으니, 그대는 이에 객관으로 가십시오. 장차 의논한 뒤 그대에게 알려드리겠습니다."

대답해 말했다.

"저희 임금께서는 달아나 풀숲에 계시면서 쉴 곳을 얻지 못했는데, 미천한 신하가 어찌 감히 편안함으로 나아가겠습니까?"

조정 담장에 기대선 채로 소리 내어 울었는데, 낮과 밤에도 소리가 끊어지지 않았으며 묽은 죽조차 입에 넣지 않은 채 이레 밤낮 동안 계속되었다. 진나라 애공이 시 「무의(無衣)」를 지어주면서 병사들이 지금 떠난다고 말했다. 포서가 아홉 번 머리를 조아리고 앉으니, 진나라 애공이 말했다.

"초나라는 이 같은 신하가 있는데도 망했는데 나는 이런 신하가 없으니, 내가 망하는 데는 시간이 걸리지 않겠구나."

이에 곧 군대를 내어 초나라를 구원하게 하니, 신포서가 진나라 군대를 이끌고 초나라에 도착했다. 진나라 대부 자만과 자호가 수레 500승을 이끌었는데, 자만이 말하기를 "내가 오나라 길을 모릅니다" 라고 했다. 먼저 초나라 사람들로 하여금 오나라 사람들과 싸우게 한 뒤 서로 부딪쳐서 오나라 군대를 크게 물리쳤다. 오나라 군대가 물러나고 나자 소왕이 나라를 되돌리고서 포서부터 시작해 상을 주려고 했는데, 포서가 말했다.

"임금을 보필하고 나라를 편안케 하는 것은 내 몸을 위해서가 아니고, 위급함을 구하고 해로움을 없애는 것은 이름을 위해서가 아닙니다. 공을 이뤄 상을 받는 것은 용기를 팔아먹는 것입니다. 임금이 이미 안정되었는데 또 무엇을 구하겠습니까?"

드디어 상을 피해 달아나서 죽을 때까지 보이지 않았다.

군자가 말했다.

"신선생이 명을 받지 않고서도 진나라로 넘어간 것은 충이고, 이레 밤낮으로 울음소리가 끊이지 않은 것은 두터움이고, 상을 받지 않은 것은 자랑하지 않음이다. 다만 상이란 좋은 일을 권하게 하는 바이니, 상을 사양한 것이 진실로 일반적인 모범이 될 수는 없다."

申包胥者, 楚人也. 吳敗楚兵於柏擧, 遂入郢, 昭王出亡在隨. 申包胥不受命而赴於秦乞師, 曰: "吳爲無道行, 封豕長蛇, 蠶食天下, 從上國始於楚. 寡君失社稷, 越在草莽, 使下臣告急曰: '吳, 夷狄也, 夷狄之求無厭. 滅楚則西與君接境, 若鄰於君, 疆場之患也, 逮吳之未定, 君其圖

之, 若得君之靈, 存撫楚國, 世以事君.'" 秦伯使辭焉, 曰: "寡君聞命矣,
子其就館. 將圖而告子." 對曰: "寡君越在草莽, 未獲所休, 下臣何敢卽
安." 倚於庭牆立哭, 日夜不絶聲, 水漿不入口, 七日七夜. 秦哀公爲賦無
衣之詩, 言兵今出. 包胥九頓首而坐, 秦哀公曰: "楚有臣若此而亡, 吾無
臣若此, 吾亡無日矣." 於是乃出師救楚, 申包胥以秦師至楚. 秦大夫子
滿子虎帥車五百乘, 子滿曰: "吾未知吳道", 使楚人先與吳人戰而會之.
大敗吳師. 吳師既退, 昭王復國, 而賞始於包胥, 包胥曰: "輔君安國, 非
爲身也; 救急除害, 非爲名也. 功成而受賞, 是賣勇也. 君旣定, 又何求
焉?" 遂逃賞, 終身不見. 君子曰: "申子之不受命赴秦, 忠矣, 七日七夜不
絶聲, 厚矣, 不受賞, 不伐矣. 然賞所以勸善也, 辭賞, 亦非常法."

12. 사관의 글은 무섭다

제나라 최저(崔杼, ?~기원전 546년)[4]는 제나라의 재상이었다. 장공
(莊公)을 시해했는데, '임금 시해[君弑]'란 글자는 역적[賊]이 되기 때
　　　　　　　　　　　　군시　　　　　　　　　　　적
문에 태사로 하여금 쓰지 못하게 막았지만, 태사가 들어주지 않고 마
침내 여저이라 쓰고는 말했다.

"최저가 그 임금을 시해했다."

최저가 그를 죽였지만, 그의 동생이 또 이어받아서 썼다. 최저가 또

4　최무자(崔武子) 또는 최자(崔子)로도 불린다. 영공(靈公) 때 정(鄭)나라와 진(秦)나라 등의
　　정벌에 공을 세웠다. 자신의 처와 사통한 장공(莊公)을 시해하고 경공(景公)을 세워서 전
　　권을 휘둘렀지만, 집 안의 불화를 틈탄 경봉(慶封)에 의해 멸문을 당했다.

동생을 죽이니, 죽은 자가 둘이었지만 그 동생이 또 이어받아서 다시 썼다. 마침내 내버려 두었다. 남쪽의 사씨(史氏=사관)가 바로 같은 집 안 이었는데, 태사가 남김없이 죽었다는 말을 듣고는 간책을 집어 들고 와서 다시 쓰려고 했다가 이미 썼다는 말을 듣고는 곧 되돌아갔다.

군자가 말했다.

"옛날의 좋은 사관이다."

齊崔杼者, 齊之相也. 弒莊公, 止太史無書君弒及賊, 太史不聽, 遂書賊曰: "崔杼弒其君." 崔子殺之, 其弟又嗣書之. 崔子又殺之, 死者二人, 其弟又嗣復書之. 乃舍之. 南史氏是其族也, 聞太史盡死, 執簡以往, 將復書之, 聞旣書矣, 乃還. 君子曰: "古之良史."

13. 믿음으로 나라를 지키고 자신을 지키다

제나라가 노나라를 공격해 잠정(岑鼎)을 요구했는데 노나라 임금이 다른 솥을 실어 보냈다. 제나라 임금이 믿지 않고 돌려보내며 가짜라고 하면서, 사람을 시켜 노나라 임금에게 알리기를 "유하혜가 맞다고 말하면 이 청을 받아들이겠다"라고 했다. 노나라 임금이 유하혜에게 청했는데, 유하혜가 대답해 말했다.

"군자가 잠정이라고 여기게 하고자 하면 나라(의 위기)는 벗어날 수 있을 것입니다만, 신 또한 여기에 나라가 있습니다. 신하의 나라를 깨뜨려야 임금의 나라가 (위기를) 벗어나게 되니 신하로서는 곤란한 바입니다."

노나라 임금이 마침내 진짜 솥을 보냈다. 유하혜는 믿음을 지켰다고 말할 수 있으니, 단지 자기 나라를 보존했을 뿐 아니라 노나라 임금의 나라도 보존하게 했다. 다른 사람에게 믿음을 주는 것은 중요하니, 마치 수레의 끌채[輗]나 멍에[軏]와 같다. 그래서 공자가 말하기를 "큰 수레에 끌채가 없고 작은 수레에 멍에가 없으면 이에[其=於是] 어떻게 수레가 갈 수 있겠는가?"[5]라고 했으니, 이를 말함이다.

齊攻魯, 求岑鼎, 魯公載他鼎往. 齊侯不信而反之, 以爲非也, 使人告魯君, 柳下惠以爲是, 因請受之. 魯君請於柳下惠, 柳下惠對曰: "君子欲以爲岑鼎也, 以免國也, 臣亦有國於此. 破臣之國, 以免君之國, 此臣所難也." 魯君乃以眞鼎往. 柳下惠可謂守信矣, 非獨存己之國也, 又存魯君之國. 信之於人, 重矣, 猶輿之輗軏也. 故孔子曰: "大車無輗, 小車無軏, 其何以行之哉", 此之謂也.

14. 어린아이는 떡을 보배로 여기고 뛰어난 이는 지극한
말을 보배로 여긴다

송나라 사람 중에 옥을 얻은 자가 사성자한(司城子罕)에게 바쳤는데, 자한이 받지 않았다.

---

5   『논어』「위정(爲政)」편 22의 일부다.
    공자가 말했다.
    "사람으로서 믿음이 없으면 그가 괜찮은 사람인지를 알지 못하겠다. 큰 수레에 끌채가 없고 작은 수레에 멍에가 없으면 이에[其=於是] 어떻게 수레가 갈 수 있겠는가?"

옥을 바친 사람이 말했다.

"이를 가지고 옥장이에게 보여주시면 옥장이도 보배라 할 것입니다. 그러므로 감히 바칩니다."

자한이 말했다.

"나는 탐내지 않는 마음을 보배로 삼는다. 그대가 보배라고 여기는 것은 나 같은 사람들로 하여금 모두 그 보배를 잃어버리게 하니, 다른 사람이 보배를 갖는 것만 못하다."

그래서 송나라의 덕이 높은 사람[長者]이 말했다.
_{장자}

"자한은 보배가 없는 것이 아니라 보배로 여기는 바가 다른 것이다. 지금 백금(白金)과 단서(摶黍-기장떡)를 가지고 어린아이에게 보여주면, 어린아이는 반드시 단서를 집을 것이다. 화씨의 벽옥과 많은 돈을 가지고 비루한 사람에게 보여주면, 비루한 사람은 반드시 많은 돈을 가질 것이다. 화씨의 벽옥과 도리와 다움의 지극한 말을 가지고 뛰어난 이에게 보여주면, 뛰어난 사람은 반드시 지극한 말을 가질 것이다. 그 앎이 더욱 세밀해지면 그 취하는 것도 더욱 세밀해지고, 그 앎이 더욱 거칠면 그 취하는 것도 더욱 거칠어진다. 자한이 보배로 여기는 바가 지극하다."

宋人有得玉者, 獻諸司城子罕, 子罕不受. 獻玉者曰: "以示玉人, 玉人以爲寶. 故敢獻之." 子罕曰: "我以不貪爲寶. 爾以爲寶, 若與我者, 皆喪寶也, 不若人有其寶." 故宋國之長者曰: "子罕非無寶也, 所寶者異也. 今以白金與摶黍以示兒子, 兒子必取摶黍矣; 以和氏之璧與百金以示鄙人, 鄙人必取百金矣; 以和氏之璧與道德之至言, 以示賢者, 賢者必取至言矣. 其知彌精, 其取彌精; 其知彌觕, 其取彌觕. 子罕之所寶者至矣."

15. 죽을 때까지 물고기를 먹을 수 있다

옛날에 정나라 재상에게 물고기를 보낸 사람이 있었는데, 정나라 재상이 받지 않았다. 누군가가 정나라 재상에게 일러 말했다.

"그대는 물고기를 좋아하는데 무슨 까닭으로 받지 않았습니까?"

대답해 말했다.

"내가 물고기를 좋아하기 때문에, 그래서 물고기를 받지 않았습니다. 물고기를 받고 녹봉을 잃으면 (앞으로는) 물고기를 먹지 못하게 되지만, 받지 않고 녹봉을 얻으면 죽을 때까지 물고기를 먹을 수 있습니다."

昔者, 有餽魚於鄭相者, 鄭相不受. 或謂鄭相曰: "子嗜魚, 何故不受?" 對曰: "吾以嗜魚, 故不受魚. 受魚失祿, 無以食魚; 不受得祿, 終身食魚."

16. 천자도 신하로 삼지 못하고 제후도 벗으로 삼지 못한다

원헌(原憲)[6]이 노니리에 머물 때, 집이 작고 초라했다. 생 쑥으로

---

6   공자의 제자다. 그는 올바른 길이 아닌 일을 하는 것을 부끄럽게 여길 줄 아는 인물이었다. 그가 수치에 관해 묻자 공자(孔子)는 "나라에 도리가 있는데도 하는 일 없이 녹봉이나 축내고, 나라에 도리가 없는데도 벼슬자리에 연연하면서 녹봉이나 축내는 것이 수치다"라고 일러주었다. 공자가 세상을 떠나자 궁벽한 땅에 가서 숨어 살았다. 위나라의 재상으로 있던 자공(子貢)이 방문했을 때 그는 해진 의관(衣冠)이지만 단정하게 차려입고 그를 맞았다. 자공이 곤궁하게 사는 것을 걱정하자 "도리를 배우고도 실천하지 못하는 것을 곤궁하다고 말하지, 나는 가난해도 곤궁하지는 않다"라고 대답해 자공을 부끄럽게 했다.

지붕을 잇고 쑥으로 엮어 만든 문에 항아리 주둥이로 만든 창이 있었으며 뽕나무를 잘라 문지도리를 만들어서 위는 비가 새고 아래는 축축했지만, 바르게 앉아서 거문고에 맞춰 노래를 불렀다. 자관(子贛)이 듣고서는 원헌을 찾아가 만났다. 살찐 말을 타고 가벼운 갖옷에다 속은 감색이고 겉은 하얀 옷을 입었는데, 큰 수레가 골목을 들어갈 수 없어서 걸어가야만 했다. 원헌이 뽕잎으로 만든 관을 쓰고 명아주 지팡이를 짚고 문에서 맞이했는데, 관을 똑바로 하면 갓끈이 끊어졌고 옷섶과 옷깃은 팔꿈치가 보였으며 신발을 신었는데 발뒤꿈치가 터져 있었다.

자관이 말했다.

"아! 선생은 무슨 병이 있습니까?"

원헌이 우러러보고 맞이하며 말했다.

"제가 듣건대, 재물이 없는 것을 일러 가난하다 하고 배워도 행할 수 없는 것을 일러 병들었다 했으니, 저는 가난한 것이지 병든 것이 아닙니다. 세상에 이름을 바라서 행동해, 이에 두루두루 사귀면서 배우는 것은 다른 사람을 위해서 하고 가르치는 것은 자기를 위해서 하며 어짊과 마땅함으로 사특함을 가리고 수레와 말에 장식을 하는 것과 같은 것은 제가 차마 할 수 없는 바입니다."

자관이 우물쭈물하다가 물러나서 얼굴에 부끄러운 빛을 띤 채 말도 못 하고 떠났다. 원헌이 지팡이를 짚고 신발을 끌면서 상나라 노래를 부르며 돌아서는데, 소리가 천지에 가득한 것이 마치 쇠와 돌에서 나오는 듯 천자도 신하로 삼지 못하고 제후도 벗으로 삼지 못하는 바였다. 그래서 마음을 기르는 사람은 자기 자신을 잊고 몸 또한 아끼지 않으니 어찌 능히 더럽힐 수 있겠는가! 『시경』(「패풍(邶風)·백주(柏舟)」

편)에 이르기를 "내 마음은 돌이 아니어서 굴릴 수 없고, 내 마음은 돗자리가 아니어서 돌돌 말 수 없네"라고 했으니, 이를 이른 말이다.

原憲居魯, 環堵之室, 茨以生蒿, 蓬戶甕牖, 揉桑以爲樞, 上漏下濕, 匡坐而弦歌. 子贛聞之, 乘肥馬, 衣輕裘, 中紺而表素, 軒車不容巷, 往見原憲. 原憲冠桑葉冠, 杖藜杖而應門, 正冠則纓絶, 衽襟則肘見, 納履則踵決. 子贛曰: "嘻, 先生何病也?" 原憲仰而應之曰: "憲聞之無財謂之貧, 學而不能行謂之病. 憲貧也, 非病也. 若夫希世而行, 此周而交, 學以爲人, 敎以爲己, 仁義之慝, 輿馬之飾, 憲不忍爲也." 子贛逡巡, 面有愧色, 不辭而去. 原憲曳杖拖履, 行歌商頌而反, 聲滿天地, 如出金石, 天子不得而臣也, 諸侯不得而友也. 故養志者忘身, 身且不愛, 庸能累之. 詩曰: "我心匪石, 不可轉也; 我心匪席, 不可卷也", 此之謂也.

17. 어려움에서 구해주고, 또 귀한 손님으로 올려서 대우하다

안자(晏子)가 진(晉)나라에 갈 때, 갖옷을 입고 꼴을 지고 길에서 쉬는 사람을 보고는 군사라고 여겨 사람을 시켜 묻게 했다.
말했다.
"어떤 일로 여기까지 오셨습니까?"
대답해 말했다.
"제나라 사람이 종으로 삼았습니다. 내 이름은 월석보입니다."
안자가 "아!" 하고는 급히 왼쪽 곁의 말을 풀어 그 말로 속량한 뒤 그를 태워서 같이 돌아왔는데, 객사에 이르러서는 인사도 하지 않고 들어가 버렸다. 월석보가 화가 나서 절교할 것을 청하자, 안자가 사람을 시켜 응대해 말했다.

"제가 미처 일찍이 교분을 얻은 적은 없지만, 지금 환난에서 그대를 벗어나게 해주었습니다. 그대에게는 제가 오히려 용납되지 못합니까?"

월석보가 말했다.

"내가 듣건대, 군자는 자기를 알아주지 않는 사람을 물리치고 자기를 알아주는 사람을 믿는다고 합니다. 내가 이에 교분을 끊을 것을 청합니다."

안자가 곧 나와서 그를 만나 말했다.

"지난번에는 손님의 얼굴을 보았는데, 지금은 손님의 뜻을 보았습니다. 제가 듣건대, 실상을 살피는 자는 명성에 머무르지 않고 행실을 보는 사람은 말을 살피지 않는다고 들었습니다. 제가 사죄를 하면 버리지 않겠습니까?"

월석보가 말했다.

"선생이 예로 대우하시니 감히 삼가 따르지 않을 수 없습니다."

안자가 마침내 상객으로 대우했다.

속된 사람들은 힘쓴 것이 있으면 은덕을 베풀었다고 여기고, 은덕을 베풀었다고 여기면 교만해진다. 안자는 힘쓴 것이 있으니, 다른 사람이 위험에 빠진 것을 벗어나게 해주었다. 그런데도 도리어 아랫사람에게 굽혔으니 속된 것과는 정말로 거리가 멀리 떨어져 있다. 이것이 공업을 보전하는 도리다.

晏子之晉, 見披裘負芻息於途者, 以爲君子也, 使人問焉. 曰: "曷爲而至此?" 對曰: "齊人累之. 吾名越石甫." 晏子曰: "嘻", 遽解左驂以贖之, 載

而與歸, 至舍, 不辭而入. 越石甫怒而請絶, 晏子使人應之曰: "嬰未嘗
得交也, 今免子於患, 吾於子猶未可邪?" 越石甫曰: "吾聞君子詘乎不
知己, 而信乎知己者, 吾是以請絶也." 晏子乃出見之曰: "向也見客之
容, 而今見客之意. 嬰聞, 察實者不留聲, 觀行者不幾辭. 嬰可以辭而無
棄乎?" 越石甫曰: "夫子禮之, 敢不敬從." 晏子遂以爲上客. 俗人之有
功則德, 德則驕. 晏子有功, 免人於危, 而反詘下之, 其去俗亦遠矣. 此全
功之道也.

18. 마땅하지 않은 재물을 멀리하다

자열자(子列子)[7]가 빈궁해 용모에 굶주린 빛이 있었다. (정나라 자양
의) 식객 중에 정나라 자양(子陽)에게 다음과 같이 일러준 사람이 있
었다.

"열자어구(列子禦寇)는 도가 있는 선비인데, 주군의 나라에 살면
서 궁핍하니 주군께서는 마침내 선비를 좋아하지 않습니까?"

자양이 관리에게 영을 내려 곡식 수십 섬을 보내도록 했는데, 자
열자가 나와서 심부름 온 자를 보며 두 번 절하고는 사양했다. 사자
가 돌아간 후에 자열자가 들어오자, 그 처가 바라보고는 가슴을 치며
말했다.

---

7 중국 전국시대 도가(道家)의 사상가로, 전설상의 인물로 보인다. 이름은 어구(禦寇)이고
   기원전 400년을 전후해 정(鄭)나라에 살았다고 전하나, 『사기(史記)』에는 그 전기가 보이
   지 않고 『장자(莊子)』「소요유(逍遙遊)」 편에 "열자는 바람을 타고 하늘을 날았다"라고 한
   것으로 미뤄보아 장자가 허구로 가정한 인물로 추정된다.

"들건대 도가 있는 사람이 되면 처와 자식이 모두 편안하고 즐겁다고 합니다만, 지금 처는 굶주린 모습을 하고 있습니다. 재상께서 허물로 여겨 선생에게 음식을 보냈는데, 선생이 또한 사양하니 설마 목숨을 다한 것은 아니겠지요?"

자열자가 웃으면서 일러주며 말했다.

"재상이 스스로 나를 안 사람이 아니라 다른 사람의 말로써 나를 알아서 다른 사람의 말로써 나에게 곡식을 보낸 것이니, 그가 나를 죄주려고 한다면 또 앞으로 다른 사람의 말로써 할 것이오. 이것이 내가 받지 않은 까닭이오. 또 다른 사람에게 받아서 먹고살게 되면 그가 어려울 때 죽지 않으면 마땅하지 않고, 그가 어려울 때 죽으면 도가 없는 사람이 되니 어찌 마땅하겠소!"

그 뒤 백성이 과연 난을 일으켜 자양을 죽였다. 자열자는 은미한 것을 보고서 마땅하지 않은 것을 없애고 멀리했다. 또 자열자는 안으로 굶주리고 추위에 떠는 걱정이 있으면서도 오히려 구차하게 얻지 않고, 이득을 보면 마땅함을 생각하고 이로운 것을 보면 해로운 것을 생각했으니, 하물며 부귀한 자리에 있을 때는 어떻겠는가? 그러므로 열자는 사람의 본성과 명(命)의 실상에 통달했으니, 절의를 능히 지켰다고 말할 수 있다.

子列子窮, 容貌有饑色. 客有言於鄭子陽者曰: "子列子禦寇, 蓋有道之士也, 居君之國而窮, 君乃爲不好士乎?" 子陽令官遺之粟數十秉, 子列子出見使者, 再拜而辭. 使者去, 子列子入, 其妻望而拊心曰: "聞爲有道者, 妻子皆佚樂, 今妻皆有饑色矣. 君過而遺先生食, 先生又辭, 豈非命也哉!" 子列子笑而謂之曰: "君非自知我者也, 以人之言而知我, 以人

之言以遺我粟也, 其罪我也, 又將以人之言. 此吾所以不受也. 且受人
之養, 不死其難, 不義也; 死其難, 是死無道之人, 豈義哉!" 其後, 民果
作難, 殺子陽. 子列子之見微除不義遠矣. 且子列子內有饑寒之憂, 猶
不苟取, 見得思義, 見利思害, 況其在富貴乎? 故子列子通乎性命之情,
可謂能守節矣.

19. 홀로 깨끗한 사람은 더러운 세상에서 어울려 살기 어렵다

굴원(屈原)이라는 사람은 이름은 평(平)으로, 초나라 왕실과 같은
성을 가진 대부였다. 두루 통하는 지혜와 행실이 맑고 깨끗해서 회왕
(懷王)이 그를 썼다. 진(秦)나라가 제후들을 삼키고 없애서 천하를 아
울러 합치고 싶어 했는데, 굴원이 초나라의 동쪽 사신이 되어 제나라
로 가서 교결을 맺고 강한 무리를 이루었다. 진나라가 이를 근심해 장
의(張儀, ?~기원전 309년)[8]를 초나라에 가게 해서 초나라의 높은 신하들
인 상관대부 근상(靳尙)의 무리, 상급령 자란(子蘭), 사마 자초(子椒)
에게 재물을 주고 안으로는 부인인 정수(鄭袖)에게 뇌물을 주어 함께

8　전국시대 위(魏)나라 사람으로, 소진(蘇秦)과 함께 귀곡자(鬼谷子)를 사사해 종횡술(縱橫
術)을 배웠다. 한때 화씨지벽(和氏之璧)을 훔친 도둑으로 몰려 초주검이 되기도 했다. 진
(秦)나라 혜문왕(惠文王) 9년, 진나라에 들어가서 재상이 되었다. 연횡책(連橫策)을 써서
진나라가 하서(河西)와 상군(上郡), 하동(河東) 등지를 차지하게 했다. 혜문왕 경원(更元)
2년 제(齊)나라, 초(楚)나라의 대신들과 교상(嚙桑)에서 만났다. 다음 해 위나라 또한 연횡
을 실행하며 혜시(惠施)를 쫓아내자 그를 재상으로 맞았다. 3년 뒤 위나라가 합종(合縱)을
써서 공손연(公孫衍)을 재상으로 임용하자 진나라로 돌아왔다. 진나라는 연횡책으로 인
해 영토도 넓어졌고 강대국이 되었으니, 이 공으로 무신군(武信君)에 봉해졌다. 진나라 무
왕(武王) 때 진나라를 떠나 위나라로 가서 재상이 되었지만 얼마 뒤 죽었다.

굴원을 헐뜯게 했다. 굴원이 마침내 나라 밖으로 추방되면서 이에 『이소(離騷)』를 지었다.

장의가 그 참에 초나라가 제나라와 교결을 끊는 것을 받아들이면 사례로 땅 600리를 주겠다고 하자, 회왕은 좌우의 간사한 계책을 믿고는 장의의 기울어진 말을 들어줘 마침내 강한 제나라의 큰 도움을 끊어버렸다. 초나라가 제나라와 절연하자 진나라가 속이고 6리만을 주니, 회왕이 크게 화를 내며 병사를 일으켜 진나라를 쳤다. 크게 싸운 것이 몇 차례였는데, 진나라 병사가 초나라 군대를 크게 깨뜨렸으니 목을 벤 것만도 수만 급이었다.

진나라가 사람을 시켜 한중의 땅을 가지고 회왕에게 사죄하기를 원했지만, (회왕은) 들어주지 않으면서 바라건대 장의를 얻으면 달게 받겠다고 했다. 장의가 말하기를 "장의 1명으로 한중 땅을 바꾸면 어찌 나를 아끼랴!" 하고는 갈 것을 청했다. 마침내 초나라에 이르자 초나라에서 그를 가두었으나, 상관대부의 무리와 함께 왕에게 말해 왕이 그를 돌려보냈다.

이때 회왕이 굴원의 계책을 쓰지 않아서 여기에 이르렀다고 뉘우치고는 이에 다시 굴원을 썼는데, 굴원이 제나라로 사신을 갔다가 돌아와서 장의가 이미 떠났다는 이야기를 듣고는 큰 소리로 왕에게 장의의 죄를 말했다. 이에 회왕이 사람을 시켜 쫓았지만 미치지 못했다. 뒤에 진나라에서 초나라에 딸을 시집보내어 회왕에게 환심을 산 뒤 남전(藍田)에서 회합하려 했다. 굴원이 진나라는 믿을 수 없다고 생각해 회합하지 말 것을 청했으나 뭇 신하들이 모두 회합을 하라고 말해 회왕이 마침내 회합에 참여했는데, 과연 잡혀서 감옥에 갇히어 진나라에서 객사(客死)하고 말았으니 천하의 웃음거리였다.

회왕의 아들 경양왕은 정말로 뭇 신하들이 회왕에게 아첨하고 그르치게 했다는 것을 알면서도 그 죄를 살피지 않고, 도리어 여러 헐뜯는 말을 들어줘 다시 굴원을 추방했다. 굴원이 눈 어두운 왕이 풍속을 어지럽히고, 모욕을 당하면서도 허허거리고 웃기만 하며, 옳은 것을 그르다 하고 깨끗한 것을 병들었다 하는 것을 미워해서, 세상을 차마 볼 수가 없어 스스로 연못에 몸을 던지려고 했다. 어부가 그를 막자 굴원이 말했다.

"세상 사람들 모두 취해 있는데 나만 혼자 깨어 있고, 세상이 모두 병들어 있는데 나만 홀로 깨끗하네. 내가 다만 듣건대, 새로 몸을 씻는 사람은 반드시 옷을 털고, 새로 머리를 감는 사람은 반드시 관을 탁탁 친다고 했다. 또 어찌 능히 쌀쌀한 모습을 할 수 있어, 다시 세상일에 허허거릴 수 있겠는가? 나는 차라리 연못에 빠져 죽으리라."

드디어 스스로 상수(湘水)와 박라(汨羅) 사이로 뛰어들어 죽었다.

屈原者, 名平, 楚之同姓大夫. 有博通之知, 淸潔之行, 懷王用之. 秦欲
呑滅諸侯, 幷兼天下, 屈原爲楚東使於齊, 以結强黨. 秦國患之, 使張儀
之楚, 貨楚貴臣上官大夫靳尙之屬, 上及令子蘭, 司馬子椒, 內賂夫人
鄭袖, 共譖屈原. 屈原遂放於外, 乃作離騷. 張儀因使楚絶齊, 許謝地
六百里, 懷王信左右之姦謀, 聽張儀之邪說, 遂絶强齊之大輔. 楚旣絶
齊, 而秦欺以六里, 懷王大怒, 擧兵伐秦. 大戰者數, 秦兵大敗楚師, 斬
首數萬級. 秦使人願以漢中地謝懷王, 不聽, 願得張儀而甘心焉. 張儀
曰: "以一儀而易漢中地, 何愛儀!" 請行. 遂至楚, 楚囚之, 上官大夫之屬
共言之王, 王歸之. 是時懷王悔不用屈原之策, 以至於此, 於是復用屈
原, 屈原使齊, 還聞張儀已去, 大爲王言張儀之罪. 懷王使人追之, 不及.

後秦嫁女于楚, 與懷王歡, 爲藍田之會. 屈原以爲秦不可信, 願勿會, 群
臣皆以爲可會, 懷王遂會, 果見囚拘, 客死於秦, 爲天下笑. 懷王子頃襄
王, 亦知群臣諂誤懷王, 不察其罪, 反聽群讒之口, 復放屈原. 屈原疾闇
王亂俗, 汶汶嘿嘿, 以是爲非, 以淸爲瘝, 不忍見於世, 將自投於淵. 漁
父止之, 屈原曰: "世皆醉, 我獨醒; 世皆瘝, 我獨淸. 吾獨聞之, 新浴者
必振衣, 新沐者必彈冠. 又惡能以其泠泠, 更世事之嘿嘿者哉? 吾寧投
淵而死." 遂自投湘水汨羅之中而死.

20. 아비의 죄로, 효와 충 사이에서 곧음을 찾다

초나라 소왕의 선비 중에 석사(石奢)라는 사람이 있었다. 그 사람
됨이 공명정대하면서 마땅함을 좋아해 왕이 죄를 다스리는 관리로
삼았는데, 이때 조정에 사람을 죽인 자가 있어서 석사가 쫓았더니 자
기의 아버지였다.

마침내 조정으로 돌아와서 말했다.

"살인자는 제 아비입니다. 아비로써 정령[政]을 이루면 불효가 되
고, 임금의 법을 행하지 못하면 불충이 됩니다. 죄를 느슨하게 하거나
법을 쓰지 못하게 했을 때 그 허물을 살피는 것이 제가 지켜야 할 바
이니, 도끼로써 허리를 끊는 형구[斧鑕]에 엎드리게끔 하는 명이 임금
께 있습니다."

임금이 말했다.

"쫓다가 미치지 못했는데 어찌 죄가 있겠는가? 그대는 이에 일을
다스리라."

석사가 말했다.

"자기 아비를 사사로이 하지 않았으니 효가 아니요, 임금의 법을 행하지 못했으니 충이 아니며, 죽을죄를 짓고도 살았으니 깨끗함이 아닙니다. 임금께서 용서하신 것은 윗사람의 은혜이고, 신이 감히 법을 잃을 수 없는 것은 아랫사람이 해야 할 바입니다."

끝내 부질에서 벗어나지 않고 목이 베어져 조정 뜰 가운데서 죽었다.

군자가 듣고 말했다.

"굳세구나, 본받을 일이다."

공자가 말하기를 "자식은 아비를 위해 숨고 아비는 자식을 위해 숨고, 곧음이 그 가운데 있다"[9]라고 했으며, 『시경』(「정풍(鄭風)·고구(羔裘)」편)에 이르기를 "저 내 아들은 나라에서 곧음을 맡고 있다"라고 했으니 석사를 일컬음이다.

楚昭王有士曰石奢. 其爲人也, 公正而好義, 王使爲理, 於是廷有殺人者, 石奢追之, 則其父也. 遂反於廷曰: "殺人者, 僕之父也. 以父成政, 不孝, 不行君法, 不忠. 弛罪廢法而伏其辜, 僕之所守也, 伏斧鑕命在君." 君曰: "追而不及, 庸有罪乎? 子其治事矣." 石奢曰: "不私其父, 非孝也; 不行君法, 非忠也; 以死罪生, 非廉也. 君赦之, 上之惠也, 臣不敢失法, 下之行也." 遂不離鈇鑕, 刎頭而死於廷中. 君子聞之曰: "貞夫法哉!" 孔子曰: "子爲父隱, 父爲子隱, 直在其中矣", 詩曰: "彼己之子, 邦之司直", 石子之謂也.

---

9   논어』 「자로(子路)」편 18에 나오는 말이다.

21. 법을 쓸 때는 그 책임도 져야 한다

진(晉)나라 문공이 나라로 돌아왔는데, 이리(李離)가 대리(大理-형옥 담당 최고 책임자)가 되어 실수로 죄 없는 사람을 죽여서 스스로 결박하고 말했다.

"신의 죄는 사형에 해당합니다."

문공이 영을 내려 말했다.

"관직에도 위아래가 있고 죄에도 가볍고 무거운 것이 있는데, 이는 아래 관리의 죄다."

이리가 말했다.

"신은 관에 있으면서 장(長)이 되어 아랫사람에게 자리를 양보하지 않았고, 받는 녹봉이 많아도 아랫사람에게 이익을 나눠 주지 않았습니다. 잘 못 듣고서 죄 없는 사람을 죽여놓고는 죽음이 두려워 아랫사람에게 맡기는 것은 마땅함이 아닙니다. 신의 죄는 사형에 해당합니다."

문공이 말했다.

"그대가 반드시 스스로 죄가 있다고 말하는데, 그러면 과인 또한 허물이 있을 것이다."

이리가 말했다.

"임금께서는 능력을 헤아려 관직을 주셨고 신은 직분을 받들어서 일을 맡았습니다. 신이 인수(印綬)를 받던 날에 임금께서는 명을 내려 말씀하시기를 '반드시 어짊과 마땅함으로 정사를 보필하라. 차라리 살리는 데에 잘못이 있더라도, 죽이는 일에는 실수가 없어야 한다'라고 하셨습니다. 신이 명을 받았는데도 실상에 맞게 하지 못해 (백성이)

은혜를 받을 길을 막고 가렸으니, 신의 죄와 같다면 이는 사형에 해당하지만, 임금께 무슨 허물이 있겠습니까? 또 다스림에는 법이 있어서, 실수로 살게 하면 (옥리를) 살려주고, 실수로 죽게 하면 (옥리를) 죽인다고 되어 있습니다. 임금께서 신이 능히 미미한 것을 듣고 의심스러운 것을 해결할 수 있다고 해서 신에게 법을 다스리도록 맡기셨는데 지금 저는 각박함이 심해서, 어짊과 마땅함을 돌아보지 않은 채 문서[文墨]만 믿었고 옳고 그름을 살피지 않은 채 진술하는 말만 들었으며 일의 실상을 정밀하게 살피지도 않은 채 죄 없는 사람을 매질하고 굴복시켜서 백성으로 하여금 원망하게 했습니다. 세상이 이를 들으면 반드시 우리 임금에 대해 이러쿵저러쿵 의견을 낼 것이고, 제후들이 들으면 반드시 우리나라를 가벼이 여길 것입니다. 백성에게 원망이 쌓이고 천하에 악명이 날려 권위가 제후들 사이에서 가벼워지게 만들었으니, 신의 죄와 같은 것은 무거운 죽음에 해당합니다."

문공이 말했다.

"내가 듣건대, 곧은데 구부러지지 않으면 더불어 갈 수 없고, 각이 져서 둥글지 않으면 더불어 오래 남을 수가 없다고 했다. 바라건대, 그대는 이로써 과인의 말을 들어달라."

이리가 말했다.

"제가 사사로움으로 나라의 법을 해친 것과 죄 없는 사람을 죽이고 마땅히 죽어야 할 사람을 살린 것, 이 2가지는 나라에서 가르침으로 삼을 바가 아니니 저는 감히 명을 받을 수가 없습니다."

문공이 말했다.

"그대는 어찌 관중이 남의 신하가 된 것을 듣지 못했는가? 몸이 욕을 당하고 임금이 방자해도, 더러운 일을 하면서 패업을 이루었다."

이리가 말했다.

"신은 관중 같은 뛰어남은 없이 욕되고 더러운 이름만 있고, 패왕
의 공업도 없이 허리띠를 맞추는 허물[射鉤之累]만 있습니다. 무릇 능
력으로써 벼슬에 임하지 못한 채 더러운 이름에 기대어 다른 사람을
다스리게 되더라도 임금께서는 비록 차마 법으로 형벌을 가하지 못
하시겠지만, 신은 진실로 감히 더러운 관리로 살면서 다스림을 어지
럽게 만들 수가 없습니다. 신은 명을 받겠습니다."

마침내 칼에 엎어져서 죽었다.

晉文公反國, 李離爲大理, 過殺不辜, 自繫曰: "臣之罪當死." 文公令之
曰: "官有上下, 罰有輕重, 是下吏之罪也, 非子之過也." 李離曰: "臣居官
爲長, 不與下讓位; 受祿爲多, 不與下分利. 過聽殺無辜, 委下畏死, 非義
也. 臣之罪當死矣." 文公曰: "子必自以爲有罪, 則寡人亦有過矣." 李離
曰: "君量能而授官, 臣奉職而任事, 臣受印綬之日, 君命曰: '必以仁義輔
政, 寧過於生, 無失於殺.' 臣受命不稱, 壅惠蔽恩, 如臣之罪乃當死, 君
何過之有? 且理有法, 失生即生, 失殺即死. 君以臣爲能聽微決疑, 故
任臣以理, 今離刻深, 不顧仁義, 信文墨, 不察是非, 聽他辭, 不精事實,
掠服無罪, 使百姓怨. 天下聞之, 必議吾君, 諸侯聞之, 必輕吾國. 積怨於
百姓, 惡揚於天下, 權輕於諸侯, 如臣之罪, 是當重死." 文公曰: "吾聞之
也, 直而不枉, 不可與往; 方而不圓, 不可與長存. 願子以此聽寡人也."
李離曰: "吾以所私害公法, 殺無罪而生當死, 二者非所以敎於國也, 離
不敢受命." 文公曰: "子獨不聞管仲之爲人臣邪? 身辱而君肆, 行汙而霸
成." 李離曰: "臣無管仲之賢, 而有辱汙之名, 無霸王之功, 而有射鉤之
累. 夫無能以臨官, 藉汙名以治人, 君雖不忍加之於法, 臣亦不敢汙官

亂治以生, 臣聞命矣." 遂伏劍而死.

22. 공로가 있는데 상이 없으면 원망이 멀리 있지 않다

진(晉)나라 문공이 (망명 생활에서) 돌아와 선비와 대부들에게 잔치를 열어 술을 마시게 했는데, 구범(咎犯)을 불러 장군으로 삼고 예릉(艾陵)을 불러 재상으로 삼고 봉토 100만을 주었다. 개자추(介子推)[10]는 벼슬이 없는데도 나이 때문에 자리에 나아갔다. 술잔이 세 번 돌자 개자추가 잔을 받들고 일어나서 말했다.

"아름다운 광채가 나는 용이 있었는데, 장차 있을 곳을 잃어버리자 뱀이 그를 좇아서 천하를 두루 유랑했습니다. 용이 깊은 연못 속으로 이미 들어가서 편안히 있을 곳을 얻었으나 뱀은 기름이 남김없이 말라버렸는데도 홀로 단비를 얻지 못했으니, 이는 무엇을 말하는 것입니까?"

문공이 말했다.

"아! 이는 과인의 허물이다. 내가 그대에게 벼슬을 내릴 것이니 조정에서 정사를 볼 때까지 기다리라. 내가 그대에게 봉지를 내리겠으니, 황하와 동양 사이를 주겠다."

개자추가 말했다.

---

10 진나라 문공이 망명 생활을 할 때 그를 모셨는데, 후에 문공이 왕위에 올랐으나 개자추를 등용하지 않았다. 실망한 그는 산에 들어가 살았는데, 문공이 산에 불을 질러도 나오지 않고 타 죽었다.

"제가 군자의 도리에 대해서 들은 바가 있습니다. 말씀을 드려서 자리를 얻는다면 도리가 있는 선비는 그 자리에 머물 수 없고, 다퉈서 재산을 얻는다면 염치 있는 선비는 받을 수 없습니다."

문공이 말했다.

"나에게 나라를 되찾아 얻게 한 사람은 그대다. 내가 장차 그대의 이름을 이루도록 하겠다."

개자추가 말했다.

"군자의 도리에 대해 듣건대, 남의 자식이 되어 그 아버지의 뜻을 능히 이루지 못하면 감히 그 뒤를 이었다고 할 수가 없고 남의 신하가 되어 임금의 허물을 살피지 못하면 감히 그 조정에 설 수가 없다고 했습니다. 그러니 저를 정말로 천하에서 찾을 수 없을 것입니다."

마침내 떠나서 개산(介山) 위로 올라갔다. 문공이 사람을 시켜 찾으려고 했으나 얻을 수가 없자, 그 때문에 제대로 된 잠자리를 피하기를 석 달 동안 하고 1년 동안 그의 이름을 불렀다. 『시경』(「위풍(魏風)·석서(碩鼠)」 편)에 이르기를 "떠나련다, 장차 너에게서 떠나가련다. 저기 즐거운 곳으로 가리라. 누가 오랫동안 울겠는가?"라고 했으니 이를 말한 것이다. 문공은 기다려도 기꺼이 나오지 않고 찾으려 해도 얻지 못하자 그 산을 불태우면 마땅히 나올 것이라고 했는데, 마침내 그 산을 태웠으나 끝내 나오지 않고 불타 죽었다.

晉文公反, 酌士大夫酒, 召咎犯而將之, 召艾陵而相之, 授田百萬. 介子推無爵齒而就位. 觴三行, 介子推奉觴而起曰: "有龍矯矯, 將失其所, 有蛇從之, 周流天下. 龍既入深淵, 得其安所, 蛇脂盡乾, 獨不得甘雨, 此何謂也?" 文公曰: "嘻! 是寡人之過也. 吾爲子爵, 與待旦之朝也; 吾爲

子田, 與河東陽之間." 介子推曰: "推聞君子之道. 謁而得位, 道士不居
也; 爭而得財, 廉士不受也." 文公曰: "使我得反國者, 子也. 吾將以成子
之名." 介子推曰: "聞君子之道, 爲人子而不能成其父者, 則不敢當其後;
爲人臣而不見察於其君者, 則不敢立於其朝. 然推亦無索於天下矣." 遂
去而之介山之上. 文公使人求之不得, 爲之避寢三月, 號呼期年. 詩曰:
"逝將去汝, 適彼樂郊, 誰之永號", 此之謂也. 文公待之不肯出, 求之不
能得, 以謂焚其山宜出, 及焚其山, 遂不出而焚死.

23. 지혜로운 신하가 쓰이지 못하자 원망을 품다

신도적(申徒狄)이 지금 세상을 (도리가 없다고) 비관해 장차 황하에
스스로 뛰어들려고 했는데, 최가(崔嘉)가 듣고 만류하며 말했다.

"내가 듣건대, 빼어난 사람이나 어진 선비가 천지의 사이로 나아
가게 되면 백성의 부모가 된다고 했습니다. 지금 발이 젖은 까닭은 물
에 빠진 사람을 구하지 못해서 그런 것 같은데, 그렇습니까?"

신도적이 말했다.

"그렇지 않습니다. 옛날 걸왕은 관룡봉(關龍逄)을 죽이고 주왕은
왕자 비간(比干)을 죽여서 천하를 잃었습니다. 오나라가 자서(子胥)를
죽이고 진(陳)나라가 설치(洩治-진(陳)나라의 충신)를 죽이자 그 나라가
없어졌습니다. 그러므로 나라가 망하고 집안이 없어지는 것은, 빼어난
사람이나 지혜로운 선비가 없어서가 아니라 쓰지 않아서입니다."

마침내 돌을 이고 강물 속으로 들어갔다.

군자가 듣고 말했다.

"깐깐하구나. 어질고 지혜로운데 내가 미처 보지 못했구나."

『시경』(「패풍(邶風)·북문(北門)」 편)에 이르기를 "하늘이 정말로 그리하는데 말해 무엇하랴"라고 한 것은 이를 말한 것이다.

申徒狄非其世, 將自投於河, 崔嘉聞而止之曰: "吾聞, 聖人仁士之於天地之間, 民之父母也. 今爲濡足之故, 不救溺人, 可乎?" 申徒狄曰: "不然. 昔者桀殺關龍逢, 紂殺王子比干, 而亡天下; 吳殺子胥, 陳殺洩治, 而滅其國. 故亡國殘家, 非無聖智也, 不用故也." 遂負石沈於河. 君子聞之曰: "廉矣乎, 如仁與智, 吾未見也." 詩曰: "天實爲之, 謂之何哉", 此之謂也.

24. 예의에 어긋나는 말을 듣고 스스로 굶어 죽다

제나라에 큰 기근이 들었을 때 검오(黔敖)가 길에서 밥을 지어 굶주린 사람들을 기다려 먹였는데, 굶주린 사람 중에 소매로 얼굴을 덮고 신을 모으고는 눈이 안 보이는 것처럼 오는 사람이 있었다. 검오가 왼손으로는 음식을 받혀 들고 오른손에는 물을 잡고 말했다.

"옜다[嗟]! 와서 먹어라!"

배고픈 사람이 눈을 들어 바라보며 말했다.

"나는 '옜다! 와서 먹어라!' 하면 먹지 않아 여기까지 이르게 되었소."

(검오가) 따라가서 사죄했지만, 끝내 먹지 않고 죽었다. 증자가 이를 듣고서 말했다.

"어둡구나. 그 '옜다' 소리에는 떠날 수 있겠지만, 이에 사죄했으니 먹어야 했다."

齊大饑, 黔敖爲食於路, 以待饑者而食之, 有饑者蒙袂接履貿貿然來.
黔敖左奉食, 右執飮曰: "嗟! 來食!" 餓者揚其目而視之曰: "予唯不食
嗟來之食, 以至於此也." 從而謝焉, 終不食而死. 曾子聞之曰: "微與.
其嗟也可去, 其謝也可食."

25. 굶어 죽더라도 도적의 밥은 먹지 않는다

동방에 선비가 있어 이름을 원정목(袁旌目)이라 했는데, 장차 갈
곳이 있어 길을 가다가 도중에 굶주리게 되었다. 고보(孤父)의 도적
구인(丘人)이 이를 보고는 항아리에 든 음식을 그에게 내려주었다. 원
정목이 세 번 먹고는 (정신이 돌아와서) 볼 수 있게 되자 얼굴을 들고 물
었다.

"그대는 누구십니까?"

대답했다.

"나는 고보의 도적 구인입니다."

원정목이 말했다.

"헉! 낭신은 도석이군요. 어째서 나에게 밥을 먹였습니까? 그렇다
면 나는 먹지 않겠습니다."

두 손으로 땅을 짚고는 (먹은 것을) 게워냈는데, 나오지 않자 캑캑
거리다가 마침내 땅에 엎어져 죽었다. 현의 이름이 승모(勝母-어머니를
이김)이면 증자는 들어가지 않았고, 읍의 이름이 조가(朝歌-아침부터
노래를 즐김)이면 (근검절약을 주창한) 묵자는 수레를 돌렸다. 그러므로
공자는 자리가 바르지 않으면 앉지 않았고 자른 것이 바르지 않으면

먹지 않았다고 하니[11], 도천(盜泉-도둑의 샘물)의 물도 마시지 않는 것이 올바름을 쌓는 길이다. 정목은 (도적의 음식을) 먹지 않고 죽었으니 깨끗함이 지극하다 할 것이다.

東方有士曰袁旌目, 將有所適, 而飢於道. 孤父之盜丘人也見之, 下壺餐以與之. 袁旌目三餔而能視, 仰而問焉, 曰: "子誰也?" 曰: "我孤父之盜丘人也." 袁旌目曰: "嘻! 汝乃盜也, 何爲而食我? 以吾不食也." 兩手據地而歐之, 不出, 喀喀然, 遂伏地而死. 縣名爲勝母, 曾子不入, 邑號朝歌, 墨子回車. 故孔子席不正不坐, 割不正不食, 不飮盜泉之水, 積正也. 旌目不食而死, 潔之至也.

26. 결백한 사람은 쉽게 부끄러워하고 가벼이 죽는다

포초(鮑焦)는 옷이 해어져서 살갗이 보였는데, 삼태기를 손에 들고 채소를 가지고 가다가 자공(子貢)을 만나서 길을 같이 가게 되었다.

자공이 말했다.

"그대는 어찌해 여기에 이르게 되었습니까?"

초가 말했다.

"천하에 남아 있는 덕교(德敎)라는 것이 많았다면, 내가 어찌 여기에까지 이르지는 않았을 것입니다. 내가 듣건대, 세상이 나를 알아주지 않는데도 (알아달라고) 행하기를 그치지 않는 것이 바로 행실을 망

가지게 하는 것이고, 윗사람이 자기를 알아주지 않는데도 (알아달라고) 요구하기를 멈추지 않는 것이 바로 깨끗함을 더럽히는 것이라고 합니다. 행실을 망치고 깨끗함을 더럽히면서 또한 버리지 못하고 있으니, 이익에 눈이 먼 사람입니다."

자공이 말했다.

"내가 듣건대, 그 세상을 비난하는 사람은 그 이익을 만들지 못하고 그 임금을 더럽다고 하는 사람은 그 땅을 밟을 수 없다고 했습니다. 지금 그대가 임금을 더럽다고 하면서 그 땅을 밟고 있고 세상을 비난하면서도 그 채소를 기르고 있으니, 이런 것들이 있을 수 있습니까?"

포초가 말했다.

"오호라. 내가 듣건대, 뛰어난 자는 무겁게 나아가지만 가볍게 물러나고 결백한 사람은 쉽게 부끄러워하면서 가벼이 죽는다고 합니다."

끝내 채소를 버리고 일어서서 낙수 가에서 말라 죽었다.

군자가 듣고 말했다.

"깨끗함이 억세구나! 무릇 산이 뾰족하면 높지 않고, 물이 좁으면 깊지 않으며, 특이한 행실을 하는 사람은 덕이 두텁지 않고, 뜻이 하늘과 땅에 의심스러운 사람은 그 사람됨이 상서롭지 못하다. 포자는 이른바 상서롭지 못하다고 할 수 있으니, 그 절도가 깊으면서도 얕은 것은 지극함으로 가다가 멈추었기 때문이다."

『시경』(「패풍(邶風)·북문(北門)」편)에 이르기를 "그만두어라. 하늘이 정말로 그리하는데 말해 무엇하랴"라고 했다.

鮑焦衣弊膚見, 挈畚將蔬, 遇子貢將於道. 子貢曰: "吾子何以至此也?"
焦曰: "天下之遺德敎者衆矣! 吾何以不至於此也? 吾聞之, 世不己知,

而行之不已者, 是爽行也; 上不己知, 而干之不止者, 是毀廉也. 行爽廉
毀, 然且不舍, 惑於利者也." 子貢曰: "吾聞之, 非其世者不生其利, 汙其
君者不履其土. 今吾子汙其君而履其土, 非其而將其蔬, 此諸之有哉?"
鮑焦曰: "嗚呼! 吾聞, 賢者重進而輕退, 廉者易醜而輕死." 乃棄其蔬而
立, 槁死於洛水之上. 君子聞之曰: "廉夫剛哉! 夫山銳則不高, 水狹而
不深, 行特者其德不厚, 志與天地疑者, 其爲人不祥. 鮑子可謂不祥矣,
其節度深淺, 適至而止矣." 詩曰: "已焉哉! 天實爲之, 謂之何哉?"

27-1. 주군의 유복자를 지켜서 원수를 갚게 하다 1

공손저구(公孫杵臼)와 정영(程嬰)은 진(晉)나라 대부 조삭(趙朔)의
빈객이었다. (애초에) 진나라 조천(趙穿)이 영공(靈公)을 시해할 때 조
순(趙盾)이 높은 대부였는데, 도망치다가 국경을 빠져나가지 못해서
돌아왔으나 도적을 토벌하지 못한 사실 때문에 『춘추』에서 그를 꾸
짖어서 말하기를 "순(盾)이 임금을 시해했다"라고 적었다. 도안가(屠
岸賈)라는 자는 영공에게 총애를 받았는데, 진나라 경공 때 도안가가
사구(司寇)가 되자 영공의 역적을 토죄하고 싶어 했다. 그러나 순이
이미 죽었기에 순의 아들 조삭을 주살하고 싶어서 여러 장수에게 두
루 알려서 말했다.

"순이 비록 알지 못했다지만 오히려 역적의 우두머리가 되었고,
역적이 곧 임금을 시해했습니다. 자손이 조정에 남아 있으니 어떻게
응징해 벌줄 수 있을까요? 청컨대 주살합시다."

한궐(韓厥)이 말했다.

"영공이 역적을 만났을 때 조순은 밖에 있었고, 우리 돌아가신 임금께서 죄가 없다고 하셨으니 주살할 수 없습니다. 지금 임금께 청해 장차 망령되게 주살하게 되면 망령되이 한 주살을 일러서 나라를 어지럽힌 신하[亂臣]_{난신}라 하고, 큰일이 있는데도 (먼저) 임금에게 말씀드리지 않았다면 바로 임금을 업신여기는 것[無君]_{무군}이 됩니다."

도안가가 들어주지 않자 한궐이 조삭에게 알려서 도망가도록 재촉했지만, 조삭은 도망가기를 내켜 하지 않으면서 말했다.

"선생이 반드시 조씨의 제사가 끊이지 않게만 해주신다면 나는 죽어도 한이 없습니다."

한궐이 (그 부탁을) 받아들일 것을 허락한 뒤 병을 칭하고 나오지 않았다. 도안가가 (임금께) 청하지 않고 제 마음대로 여러 장수에게 조씨가 궁에서 나올 때 공격하게 해서는 조삭, 조동, 조괄, 조영제를 죽인 뒤 그 족속을 모두 멸살시켰다.

조삭의 아내는 성공(成公-경공의 아버지)의 누이였는데, 배 속에 자식이 있어 달아나서 대궐에 숨었다.

공손저구가 정영에게 말했다.

"어째서 (따라) 죽지 않습니까?"

정영이 말했다.

"삭의 아내가 배 속에 아이가 있는데, 만일 요행히 아들이면 내가 그를 받들고 만일 여자라면 내가 천천히 죽으면 될 뿐입니다."

머지않아 삭의 아내가 무사히 아들을 낳았다. 도안가가 듣고는 궁을 수색했는데, 삭의 아내가 아이를 모시 옷감 속에 숨겨둔 채 빌기를 "조씨 종족이 멸족되려거든 너는 울고, 만일 멸족되지 않으려면 소리 내지 말라"라고 했다. 드디어 수색했지만 아이는 끝내 아무 소리도 내지 않았다.

벗어나게 되자 정영이 저구에게 일러 말했다.

"오늘 한 번 찾아서 얻은 것이 없으니 뒤에 반드시 또 되풀이할 것입니다. 어떻게 할까요?"

저구가 말했다.

"고아를 세우려다가 더불어 죽는 일이 어찌 어렵겠습니까?"

영이 말했다.

"고아를 세우는 일이 진실로 어려울 뿐입니다."

저구가 말했다.

"돌아가신 조씨 주군이 선생을 대우하기를 두텁게 하셨으니, 그대는 억지로 어려운 일을 하시고 나는 쉬운 일을 하겠습니다. 내가 먼저 죽을 것을 청합니다."

그리하여 두 사람은 꾀를 내어, 다른 어린아이를 얻어서 무늬 있는 보자기에 싸매어 업고 가서 산속에 숨긴 뒤 정영이 여러 장수에게 말했다.

"제가 능력이 없어서 고아를 세울 수가 없었습니다. 누가 능히 내게 천금을 준다면 내가 조씨의 고아가 있는 곳을 알려주겠습니다."

여러 장수가 모두 기뻐하면서 허락하고, 군대를 내어 영을 따라가서 저구를 공격했다.

저구가 말했다.

"소인이구나, 정영아! 궁을 나올 때 벌어진 어려움[下宮之難]에도 죽지 못하더니, 나와 더불어 조씨 고아를 숨기기로 꾀를 내어놓고는 지금 다시 배신을 하는구나. 비록 고아를 세우지는 못한다 하더라도 차마 배신을 하다니?"

316

(포대기를) 끌어안고 하늘을 향해 울부짖으며 말했다.

"조씨의 외로운 아이가 무슨 죄가 있습니까? 청컨대 살려주시고, 단지 저구만 죽이시오."

여러 장수가 허락하지 않고 마침내 저구와 아이를 아울러 죽였다.

公孫杵臼, 程嬰者, 晉大夫趙朔客也. 晉趙穿弑靈公, 趙盾時爲貴大夫, 亡不出境, 還不討賊, 故春秋責之, 以盾爲弑君. 屠岸賈者, 幸於靈公, 晉景公時, 賈爲司寇, 欲討靈公之賊. 盾已死, 欲誅盾之子趙朔, 遍告諸將曰: "盾雖不知, 猶爲賊首, 賊乃弑君. 子孫在朝, 何以懲罰? 請誅之." 韓厥曰: "靈公遇賊, 趙盾在外, 吾先君以爲無罪, 故不誅. 今請君將妄誅, 妄誅謂之亂臣, 有大事君不聞, 是無君也." 屠岸賈不聽, 韓厥告趙朔趣亡, 趙朔不肯, 曰: "子必不絕趙祀, 予死不恨." 韓厥許諾, 稱疾不出. 賈不請而擅與諸將攻趙氏於下宮, 殺趙朔, 趙同, 趙括, 趙嬰齊, 皆滅其族. 趙朔妻成公姊, 有遺腹, 走公宮匿. 公孫杵臼謂程嬰曰: "胡不死." 嬰曰: "朔之妻有遺腹, 若幸而男, 吾奉之, 即女也, 吾徐死耳." 無何而朔妻免生男. 屠岸賈聞之, 索於宮, 朔妻置兒袴中, 祝曰: "趙宗滅乎, 若號; 即不滅乎, 若無聲." 及索, 兒竟無聲. 已脫, 程嬰謂杵臼曰: "今一索不得, 後必且復之, 奈何?" 杵臼曰: "立孤與死, 庸難?" 嬰曰: "立孤亦難耳!" 杵臼曰: "趙氏先君遇子厚, 子強爲其難者, 吾爲其易者. 吾請先死." 而二人謀, 取他嬰兒, 負以文褓匿山中, 嬰謂諸將曰: "嬰不肖, 不能立孤. 誰能予吾千金, 吾告趙氏孤處." 諸將皆喜, 許之, 發師隨嬰攻杵臼. 杵臼曰: "小人哉程嬰! 下宮之難不能死, 與我謀匿趙氏孤兒, 今又賣之. 縱不能立孤兒, 忍賣之乎?" 抱而呼天曰: "趙氏孤兒何罪? 請活之, 獨殺杵臼也." 諸將不許, 遂幷殺杵臼與兒.

27-2. 주군의 유복자를 지켜서 원수를 갚게 하다 2

여러 장수가 조씨의 고아가 이미 죽은 것으로 생각하고 모두 기뻐했다. 그리하여 조씨의 진짜 고아는 비로소 살아날 수 있었고, 정영이 끝까지 더불어 산속에 숨어서 15년을 함께 살았다. 진나라 경공이 병이 들어 점을 치니, 큰 공로를 세운 사람의 자손을 높여야 한다고 나왔다.

경공이 한궐에게 묻자, 한궐이 조씨의 고아가 생존해 있는 것을 알고 있어서 마침내 말했다.

"진(晉)나라에 큰 공로를 세운 사람의 후예 중에서 제사가 끊어진 사람이 있다면 아마도 조씨가 아니겠습니까? 무릇 중항연(中行衍) 이래로 모두 영(嬴)씨 성입니다. 중항연은 사람의 얼굴에 새의 뾰족한 부리를 가졌는데, 상나라의 태무와 주나라의 천자들을 보좌했습니다. (그 후손들은) 주나라 천자를 도와 모두 밝은 덕이 있었으나 주나라 유(幽)왕과 여(厲)왕의 때에 미쳐 도리가 없어지자 숙대(叔帶)가 주나라를 떠나 진나라로 왔고, 와서 돌아가신 육후(繆侯)를 섬긴 이래로 성공(成公)까지 여러 세대를 걸쳐 공을 세워서 일찍이 제사가 끊기는 법이 없었습니다. 지금 우리 임금의 때에 이르러 오직 조씨의 종족을 없애니 나라 사람들이 그것을 슬퍼했고, 그래서 거북점으로 드러내 보인 것이므로 오직 임금께서는 그것을 생각해주십시오."

경공이 "조씨에게 일찍이 뒤를 이을 자손이 있는가"라고 묻자, 한궐이 실상을 갖춰 알렸다. 경공이 마침내 한궐과 함께 꾀를 내어, 조씨의 고아를 세우고자 불러서 궁중에 숨겨두었다. 여러 장수가 들어와 병문안했는데, 경공이 그 참에 한궐의 무리로 하여금 여러 장수를 위협해서 조씨의 고아를 만나보게 하니 고아의 이름은 무(武)였다. 여러 장수가 어쩔 수 없어서 마침내 말했다.

"하궁지난(下宮之難)은 도안가가 시킨 것으로, 임금의 명인 것처럼 지어내어 아울러 뭇 신하들에게 명을 내렸습니다. 그렇지 않으면 어찌 감히 난을 일으켰겠습니까? 임금의 병환이 조금 있으셔서 여러 신하가 진실로 장차 조씨의 뒤를 세워주실 것을 청하려고 했는데, 지금 임금의 명이 있으시니 여러 신하도 원하는 바입니다."

이에 드디어 조무를 불렀고, 정영은 두루두루 여러 장수에게 절을 했다. 마침내 모두는 정영·조씨와 함께 도안가를 공격해서 그 종족을 없애고 조씨의 땅을 다시 일으켜서 예전과 같이 했다.

조무가 관례를 하고 성인이 되자, 정영이 마침내 대부를 사양하며 조무에게 일러 말했다.

"하궁지난 때는 모두가 능히 죽을 수 있었는데, 내가 능히 죽을 수 없었던 것은 조씨의 뒤를 세우려는 생각 때문입니다. 이제 그대가 이미 세워져서 성인이 되었고 조씨의 종족은 다시 옛날로 돌아갔으니, 내가 장차 지하로 내려가 조맹과 공손저구에게 보고할 수 있게 되었습니다."

조무가 소리 내어 울면서 굳게 청하며 말했다.

"저는 뼈와 살의 괴로움을 가지고서 그대에게 죽을 때까지 보답하기를 원하는데, 그대는 차마 어찌 나를 버리고 죽는다고 하십니까?"

정영이 말했다.

"그럴 수는 없습니다. 저쪽은 내가 일을 이룰 수 있도록 하려고 모두 나보다 먼저 죽었으니, 지금 내가 내려가서 보고하지 않으면 이는 내 일이 이뤄지지 않은 것과 같습니다."

마침내 이에 죽었다. 조무는 삼년상을 입고 제사 지낼 식읍을 만들어서 봄가을로 제사를 지내면서 대대로 끊어지지 않게 했다.

군자가 말했다.

"정영과 공손저구는 믿음으로써 사귐이 두터운 선비라고 말할 수 있다. (그러나) 영이 스스로 죽어서 저승에서 보고하겠다고 한 것은 진실로 지나친 바가 있다."

諸將以爲趙氏孤兒已死, 皆喜. 然趙氏眞孤兒乃在, 程嬰卒與俱匿山中, 居十五年. 晉景公病, 卜之, 大業之冑者爲祟. 景公問韓厥, 韓厥知趙孤存, 乃曰: "大業之後, 在晉絶祀者, 其趙氏乎? 夫自中行衍皆嬴姓也, 中行衍人面鳥嶵, 降佐帝大戊及周天子, 皆有明德, 下及幽厲無道, 而叔帶去周適晉, 事先君繆侯, 至于, 世有立功, 未嘗絶祀. 今及吾君, 獨滅之趙宗, 國人哀之, 故見龜筴出現, 唯君圖之." 景公問: "趙尙有後子孫乎?" 韓厥具以實告. 景公乃以韓厥謀立趙氏孤兒, 召匿之宮中. 諸將入問病, 景公因韓厥之衆以脅諸將, 而見趙氏孤兒, 孤兒名武. 諸將不得已乃曰: "昔下宮之難, 屠岸賈爲之, 矯以君命, 竝命群臣. 非然, 庸敢作難? 微君之病, 群臣固將請立趙後, 今君有命, 群臣願之." 於是乃召趙武, 程嬰遍拜諸將. 遂俱與程嬰趙氏攻屠岸賈, 滅其族, 復興趙氏田邑如故. 趙武冠爲成人, 程嬰乃辭大夫, 謂趙武曰: "昔下宮之難皆能死, 我非不能死, 思立趙氏後. 今子旣立爲成人, 趙宗復故, 我將下報趙孟與公孫杵臼." 趙武號泣, 固請曰: "武願苦筋骨以報子至死, 而子忍棄我而死乎?" 程嬰曰: "不可. 彼以我爲能成事故, 皆先我死, 今我不下報之, 是以我事爲不成也." 遂以殺. 趙武服哀三年, 爲祭邑, 春秋祠之, 世不絶. 君子曰: "程嬰公孫杵臼, 可謂信交厚士矣. 嬰之自殺下報亦過矣."

28. 절연한 옛 벗을 구했으나 뜻이 달랐다

오나라 선비 중에 장서비(張胥鄙)와 담부오(譚夫吾)가 있었는데, 먼저 사귀었다가 후에 절교했다. 장서비가 죄가 있어서 붙잡혀 죽게 되자 담부오가 무리를 모아서 그를 빼내었는데, 나와서 길에 이르게 된 뒤에 (장서비는) 곧 그가 담부오라는 것을 알게 되었다. 이에 가는 길을 멈추고서 사양하며 말했다.

"뜻이 그대와는 같지 않아 처음에 사귀다가 나중에 끊었습니다. 내가 듣건대, 군자는 편안하다고 그 뜻을 마음대로 풀어놓지 않고 위태로운 것을 쉽게 행하지 않는다고 했습니다. 지금 내가 그대를 따라간다면, 이는 편하다고 뜻을 마음대로 풀어버리는 것이요 위태로운데도 쉽게 행하는 것입니다. 만약 내가 그대로 인해 살아난다 해도 돌아가서 잡혀 죽는 것만 못합니다."

오나라 임금 합려가 이를 듣고 관리에게 일러서 풀어주게 하니, 장서비가 말했다.

"내 뜻이 담부오와 같지 않아 그가 한 일을 받지 않은 것인데, 지금 관리가 이를 가지고 나를 내보내려 하는구나. 이는 담부오 때문에 죄를 면한 것이니, 내가 어찌 갑자기 받을 수 있겠는가?"

마침내 담벼락에 머리를 부딪쳐 죽었다.

담부오가 듣고서 말했다.

"내가 일을 받지 않았다는 것은 말장난이고, 알지 못하고 나왔다면 어리석은 것이다. 말장난한 것이라면 선비를 사귈 수 없고 어리석으면 임금을 섬길 수 없으니, 내가 행한 것이 헛되었다. 다른 사람이 내가 힘써서 살려준 것조차 미워하니, 나는 진실로 이 세상에 이렇게

서 있는 것이 부끄럽다."

마침내 목을 찔러서 죽었다.

군자가 말했다.

"담부오는 이에 선비의 면모를 잃었고, 장서비 역시 선비가 될 수 없다. 굳세고 용맹했다고는 할 수 있지만 절의를 얻었다고는 할 수 없다."

吳有士曰張胥鄙, 譚夫吾, 前交而後絶. 張胥鄙有罪, 拘將死, 譚夫吾合徒而取之, 出至於道, 而後乃知其夫吾也. 輟行而辭曰: "義不同於子, 故前交而後絶. 吾聞之, 君子不以安肆志, 不爲危易行. 今吾從子, 是安則肆志, 危則易行也. 與吾因子而生, 不若反拘而死." 閶闔聞之, 令吏釋之, 張胥鄙曰: "吾義不同於譚夫吾, 故不受其任矣, 今吏以是出我. 以譚夫吾故免也, 吾庸遽受之乎?" 遂觸牆而死. 譚夫吾聞之曰: "我任而不受, 佞也; 不知而出之, 愚也. 佞不可以接士, 愚不可以事君, 吾行虛矣. 人惡以吾力生, 吾亦恥以此立於世." 乃絶頸而死. 君子曰: "譚夫吾其以失士矣, 張胥鄙亦爲未得也. 可謂剛勇矣, 未可謂得節也."

29. 신하가 임금을 섬기는 것은 자식이 부모를 섬기는 것과 같다

소무(蘇武, ?~기원전 60년)[12]라는 사람은 옛 우장군 평릉후 소건(蘇

---

12 전한 경조(京兆) 두릉(杜陵) 사람으로, 흉노 정벌에 공을 세운 소건(蘇建)의 둘째 아들이다. 무제(武帝) 때 낭(郞)이 되고, 얼마 뒤 중감(中監)으로 옮겼다. 천한(天漢) 원년(기원전

建)의 아들이다. 효무황제 때 무관으로 체중감(移中監)이 되어 흉노로 사신을 가게 되었는데, 당시에 흉노의 사자들이 여러 차례 한나라에 투항한 적이 있어 흉노 또한 소무를 투항하게 해서 그 투항한 일들을 되갚고 싶어 했다. 선우가 귀인이 된 옛 한나라 사람 위율(衛律)을 시켜 무를 설득하게 했지만 따르지 않았다. 마침내 존귀한 작위와 두터운 봉록과 높은 자리를 베풀었으나 끝내 듣지 않자, 이에 율이 음식을 끊고서 주지 않았는데도 무는 며칠이 지나도록 항복하지 않았다. 또 무더운 날을 만나서는 털로 된 두꺼운 옷으로 여러 겹 싸서 햇볕에 드러내 놓았으나, 무의 마음과 뜻은 오히려 단단해져서 끝내 구부러지거나 흔들리지 않았다.

(무가) 일러 말했다.

"신이 임금을 섬기는 것은 자식이 부모를 섬기는 것과 같으니, 자식이 부모를 위해 죽는 것은 한스러울 바가 없습니다. 절개를 지키고 옮겨 가지 않는 것은 비록 도끼와 끓는 솥의 주살이 있다 해도 두렵지 않고, 높은 관직과 현달한 지위도 영예롭지 않습니다."

흉노 또한 이로 말미암아 진실로 그를 중하게 여겼다. 억류된 지 10여 년이 지났어도 무는 끝내 항복해 숙이지 않았으니, 절개를 지킨 신하라고 부를 수 있을 것이다. 『시경』(「패풍(邶風)·백주(柏舟)」 편)에 이

100년) 중랑장(中郞將)으로 흉노 지역에 사신으로 갔을 때 선우(單于)에게 붙잡혀 항복할 것을 강요당했으나, 이에 굴하지 않아 북해(北海) 부근에서 19년 동안 유폐되었다. 식음을 전폐한 채 눈을 먹고 가죽을 씹으면서도 지조를 지켰다. 흉노에게 항복한 옛 동료 이릉(李陵)이 설득했지만 굴복하지 않고 절개를 지켰다. 소제(昭帝) 시원(始元) 6년(기원전 81년) 흉노와 화친하자 석방되어 돌아와 전속국(典屬國)에 올랐고, 선제(宣帝)의 옹립에 가담해 그 공으로 관내후(關內侯)가 되었다. 80여 세로 병이 들어 죽었다.

르기를 "내 마음은 돌이 아니라서 빙글빙글 돌릴 수 없고, 내 마음은 돗자리가 아니라서 돌돌 말 수 없다"라고 했으니, 소무를 가리킨 말이라 하겠다.

흉노가 속여서 말하기를 무가 죽었다고 했는데, 뒤에 한나라에서 무가 살아 있음을 듣고는 사자를 시켜서 무를 구해 오게 하니 흉노가 그 마땅함을 사모해 무를 돌려보냈다. 한나라는 무를 높여 전속국(典屬國-새외의 나라들을 관장하는 벼슬)으로 삼아서 다른 신하들보다도 그 빼어남이 더 드러나도록 했다.

蘇武者, 故右將軍平陵侯蘇建子也. 孝武皇帝時, 以武爲栘中監使匈奴, 是時匈奴使者數降漢, 故匈奴亦欲降武以取當. 單于使貴人故漢人衛律說武, 武不從. 乃設以貴爵, 重祿, 尊位, 終不聽, 於是律絶不與飲食, 武數日不降. 又當盛暑, 以旃厚衣竝束之日暴, 武心意愈堅, 終不屈撓. 稱曰: "臣事君, 由子事父也, 子爲父死無所恨. 守節不移, 雖有鈇鉞湯鑊之誅而不懼也, 尊官顯位而不榮也." 匈奴亦由此重之. 武留十餘歲, 竟不降下, 可謂守節臣矣. 詩云: "我心匪石, 不可轉也; 我心匪席, 不可卷也", 蘇武之謂也. 匈奴紿言武死, 其後漢聞武在, 使使者求武, 匈奴欲慕義歸武. 漢尊武爲典屬國, 顯異於他臣也.

【권8】 의용(義勇)

마땅함과 용기가 있는 선비

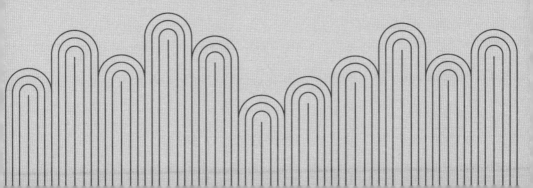

1. 억지로 맺은 임금과 신하 사이의 약속 때문에 스스로 죽다

(제나라) 진항(陳恒)¹이 간공(簡公)을 시해하고 맹약을 맺었는데, 맹약을 맺은 자들은 모두 그 집 안을 온전하게 해주었고 맹약을 맺지 않은 자들은 (온 집 안을) 죽였다.

석타인(石他人)이 말했다.

"옛날에 자기 임금을 섬기는 자는 모두 자기 (마음에 드는) 임금을 얻은 후에 그를 섬겼는데, 지금은 나에게 일러 말하기를 '네 임금을 버리고 나를 섬겨라'라고 한다. 나는 그럴 수 없다. 비록 그렇다 해도 맹약을 맺지 않으면 부모를 죽인다고 해서 (어쩔 수 없이) 따라서 맹약을 맺었지만, 이는 임금과 신하 사이에 예가 없는 것이다. 어지러운 세상에 태어나면 바르게 갈 수 없으니, 사나운 윗사람으로부터 위협을 받아서 도리와 마땅함을 얻지 못한다. 그러므로 비록 맹약을 맺은 일은 그로써 부모를 살리기는 했지만 물러나 스스로 죽는 것만 못하니, 예로써 임금을 대해야 하기 때문이다."

---

1 진성자(陳成子) 또는 전성자(田成子), 전상(田常)으로도 불린다. 춘추시대 제(齊)나라 사람으로, 전걸(田乞)의 아들이다. 제나라 간공(簡公) 때 감지(闞止)와 함께 좌우상(左右相)을 맡았다. 선조들의 전통을 계승해 대두(大斗)로 재어 양식으로 대여하고 소두(小斗)로 거둬들여서 민심(民心)을 얻었다. 간공 4년 감지와 간공을 공격해 살해하고 간공의 동생 오(驁)를 세워서 평공(平公)으로 삼았다. 스스로 재상이 되어 제나라 국정을 장악한 뒤 공족(公族) 가운데 강성한 이들을 모두 제거했다. 봉읍(封邑)을 확대하니, 이때부터 제나라의 권력은 전씨(田氏)가 독차지하게 되었다.

마침내 자살했다.

陳恒弑簡公而盟, 盟者皆完其家, 不盟者殺之. 石他人曰: "昔之事其君
者, 皆得其君而事之, 今謂他人曰: '舍而君而事我.' 他人不能, 雖然, 不
盟則殺父母也, 從而盟, 是無君臣之禮也. 生於亂世, 不得正行, 劫於暴
上, 不得道義. 故雖盟, 不以父母之死, 不如退而自殺, 以禮其君." 乃自
殺.

2. 지혜와 어짊과 용감함이 없으면 임금을 모실 수 없다

진항이 임금을 시해한 뒤 용사 여섯을 시켜 자연서(子淵棲)를 겁
박하니, 자연서가 말했다.

"그대는 나와 함께하고자 하는데, 내가 지혜롭다고 여기십니까?
신하가 임금을 시해하는 것을 알지 못했습니다. 내가 어질다고 생각
하십니까? 이익을 보고 임금에게 등을 돌리는 것은 어짊이 아닙니다.
내가 용감하다고 생각하십니까? 나를 무기로 겁을 주니, 두려워서 그
대와 함께한다면 용감한 것이 아닙니다. 나에게 이 3가지가 없다면
무엇을 가지고 그대를 보필하겠습니까? 만일 내가 이 3가지를 가지
고 있다면 끝내 그대를 따르지 않을 것입니다."

마침내 떠나갔다.

陳恒弑君, 使勇士六人劫子淵棲, 子淵棲曰: "子之欲與我, 以我爲知乎?
臣弑君, 非知也! 以我爲仁乎? 見利而背君, 非仁也! 以我爲勇乎? 劫我

以兵, 懼而與子, 非勇也. 使吾無此三者, 與何補於子? 若吾有此三者,
終不從子矣!" 乃舍之.

3. 힘이 없어도 임금의 위험을 보고만 있지 않는다

송나라 민공(閔公, ?~기원전 682년)²의 신하 장만(長萬)이 용기와 힘
[勇力]으로 소문이 났다. 장만이 노나라와 싸워서 군대가 패하고 노
　용력
나라에 붙잡혔는데, 궁중에서 죄수로 있다가 몇 달 후 송나라로 돌아
왔다. 민공과 더불어 박투를 하는데 부인들이 모두 곁에 있었다.

임금이 장만에게 말했다.

"노나라 임금과 과인을 비교하면 누가 아름다운가?"

장만이 말했다.

"노나라 임금이 아름답습니다. 천하 제후 가운데 오직 노나라 임
금뿐이니, 그가 임금이 된 것은 당연합니다."

민공은 괴로워하고 부인들은 시샘하더니, 이에 (민공이) 말했다.

"너는 노나라의 죄수였을 뿐이다. 어찌 알겠느냐?"

장만이 화가 나서 마침내 민공의 뺨을 주먹으로 치니, 입에서 이
가 떨어져 나가고 목구멍이 끊어져 죽었다. 구목(仇牧)이 임금이 죽었
다는 말을 듣고는 빠른 걸음으로 이르렀다. 문에서 장만을 만나 칼을

2　춘추시대 송나라의 국군(國君)으로, 이름은 첩(捷)이고 장공(莊公)의 아들이다. 10년 노
　(魯)나라를 공격해 승구(乘丘)에서 싸웠는데, 송나라 대부(大夫) 남궁만(南宮萬)이 포로
　로 잡혔다가 나중에 송나라의 요청으로 돌아왔다. 11년 가을, 민공은 남궁만과 사냥을 하
　던 중 '노나라 포로[魯囚]'라고 놀리다가 남궁만에게 살해당했다.
　　　　　　　　　　노수

들고 꾸짖자 장만이 팔뚝으로 구목을 쳐서 죽이니, 이가 문짝에 박혀서 드러날 정도였다. 구목은 무공이 뛰어난 사람을 두려워하지 않고 임금의 어려움을 보고 급히 쫓아오는 것이 뒤돌아볼 틈조차 없었다고 가히 이를 만하다.

宋閔公臣長萬以勇力聞. 萬與魯戰, 師敗, 爲魯所獲, 囚之宮中, 數月歸之宋. 與閔公搏, 婦人皆在側. 公謂萬曰: "魯君庸與寡人美?" 萬曰: "魯君美. 天下諸侯, 唯魯君耳, 宜其爲君也." 閔公矜, 婦人妒, 其言曰: "爾魯之囚虜爾, 何知?" 萬怒, 遂搏閔公頰, 齒落於口, 絶吭而死. 仇牧聞君死, 趨而至, 遇萬於門, 衛劍而叱之, 萬臂擊仇牧而殺之, 齒著於門闔. 仇牧可謂, 不畏彊禦矣, 趨君之難, 顧不旋踵.

4. 임금을 시해한 역적들과는 뜻을 같이하지 않는다

최저(崔杼)가 장공을 시해하려고 사대부 중에 맹약을 맺은 자들에게 영을 내리기를, 모두 칼을 빼 들고 들어가되 말을 머뭇거리고 손가락에 피를 묻히지 않은 자는 죽인다고 했다. 죽임을 당한 자가 10명이었고 차례가 안자(晏子-안영)에 이르렀는데, 안자가 피가 든 술잔을 받들고 하늘을 올려다보며 탄식해 말했다.

"아, 최자여! 앞으로 도리가 없어지겠구나, 자기 임금을 죽였으니."

맹약을 맺은 자들이 모두 보고 있는 중에, 최저가 안자에게 일러 말했다.

"그대가 나와 함께한다면 나는 그대와 함께 나라를 나눠 가지겠지만, 그대를 내가 함께하지 못한다면 나는 장차 그대를 죽이겠소. 곧은 칼로 찔릴 것인지 굽은 칼로 찢길 것인지는 오직 그대가 헤아리시오."

안자가 말했다.

"내가 듣건대, 이익 때문에 돌아서서 그 임금을 배반하는 것은 어질지 못함이며, 칼날에 겁이 나서 그 뜻을 잃는 것은 용기가 없는 것이라고 했소. 『시경』(「대아(大雅)·한록(旱麓)」편)에 이르기를 '화평하고 단아한 군자여, 복을 구하여 돌아서지 않는구나'라고 했으니, 나는 돌아서지 않겠다고 말하겠소. 곧은 칼로 찌르든 굽은 칼로 꿰든 나는 돌아서지 않겠소."

최자가 풀어주었다. 안자가 빠른 걸음으로 나와서 끈을 잡고 수레에 타자 마부가 장차 급히 달리려고 했는데, 안자가 그 손을 두드리며 말했다.

"호랑이와 표범이 산과 수풀에 있어도 그 명은 부엌에 달렸다. 빨리 달린다고 더 살 수 있는 것도 아니요 늦는다고 더 죽게 되는 것도 아니니, 가는 길을 잘 살피고 절도를 이룬 연후에 떠나자."

『시경』(「정풍(鄭風)·고구(羔裘)」편)에 이르기를 "저 사람이여, 목숨을 길고 변하지 않네"라고 했으니 안자를 이른 말이다.

崔杼弑莊公, 令士大夫盟者, 皆脫劍而入, 言不疾指不至血者死. 所殺十人, 次及晏子, 晏子奉桮血仰天歎曰: "惡乎, 崔子! 將爲無道, 殺其君." 盟者皆視之, 崔杼謂晏子曰: "子與我, 我與子分國; 子不吾與, 吾將殺子. 直兵將推之, 曲兵將勾之, 唯子圖之." 晏子曰: "嬰聞, 回以利而背其君者, 非仁也; 劫以刃而失其志者, 非勇也. 詩云: '愷悌君子, 求福不回',

嬰可謂不回矣. 直兵推之, 曲兵鉤之, 嬰之不回也." 崔子舍之. 晏子趨
出, 授綏而乘, 其僕將馳, 晏子拊其手曰: "虎豹在山林, 其命在庖廚. 馳
不益生, 緩不益死, 按行成節, 然後去之." 詩云: "彼己之子, 舍命不渝",
晏子之謂也.

5. 한 사람에게 상을 주어 1만 명이 부끄러워하게 하는 것은
   취할 바가 아니다

필힐(佛肸)[3]이 중모에서 반란을 일으키고, 쇠솥을 뜰에 두고 선비
와 대부들을 이르게 해서 말했다.

"나와 함께하는 사람은 땅을 받겠지만, 나와 함께하지 않는 자는
삶아 죽이겠다."

대부들이 모두 따랐다. 전비(田卑)의 앞에 이르렀는데, 전비는 중
모의 읍에 사는 사람이었다.

그가 말했다.

"마땅한 죽음이라면 도끼로 찍혀 죽는 죄라도 피하지 않을 것이
요, 마땅한 궁색함이라면 관원의 옷이라도 받지 않겠습니다. 마땅함
이 없는데도 살고 어질지 못한데도 부유하게 되는 것은 삶겨서 죽게
되는 것만 못합니다."

---

3 춘추시대 노(魯)나라 사람으로, 중모대부(中牟大夫)로 있었다. 중모를 거점으로 반란을 일
   으키고 사람을 보내 공자(孔子)를 초청했지만, 공자가 가지 않았다.

옷을 걷어붙이고 쇠솥으로 들어가려 하자, 필힐이 신발을 벗고 급히 뛰어가서 그를 살려 냈다. 조씨(趙氏)가 그 반란 소식을 듣고는 공격해서 (정권을) 차지했는데, 전비가 기꺼이 함께하라는 말을 듣지 않았음을 알고는 그를 찾아 상을 주려 했다.

전비가 말했다.

"그럴 수는 없습니다. 한 사람을 들어 써서 1만 명의 사내가 머리를 조아리게 하는 일은 지혜로운 사람이 행하는 바가 아니며, 한 사람에게 상을 주어 1만 명의 사내에게 부끄러움을 주는 일은 마땅함을 행하는 사람이 취할 바가 아닙니다. 내가 상을 받게 되면 중모의 선비들로 하여금 부끄러움과 마땅치 않은 마음을 품게 할 것입니다."

상을 사양하고 거처를 옮기면서 말했다.

"다른 사람에게 임해서 행하는 바에 도리가 없으니 나는 떠날 것이다."

마침내 남쪽으로 가서 초나라에 이르렀다.

佛肸以中牟叛, 置鼎於庭, 致士大夫曰: "與我者受邑, 不吾與者烹." 大夫皆從之. 至於田卑, 田卑, 中牟之邑人也. 曰: "義死不避斧鉞之罪, 義窮不受軒冕之服. 無義而生, 不仁而富, 不如烹." 襄衣將就鼎, 佛肸脫屨而生之. 趙氏聞其叛也, 攻而取之; 聞田卑不肯與也, 求而賞之. 田卑曰: "不可也. 一人擧而萬夫俛首, 智者不爲也; 賞一人以慚萬夫, 義者不取也. 我受賞, 使中牟之士, 懷恥不義." 辭賞徙處曰: "以行臨人, 不道, 吾去矣." 遂南之楚.

6. 선비는 마땅함이 없으면 따르지 않는다

초나라 태자 건(建)이 비무극(費無極)⁴의 참소로 쫓겨났다. 건에게
아들이 있었는데 승(勝)이라 했고, 나라 밖에 있을 때 자서(子西)가
승을 불러 백(白) 땅을 다스리게 해서 백공(白公)이라 불렀다. 승이 초
나라가 아버지를 쫓아낸 것을 원망해 장차 혜왕과 자사를 시해하려
고 했다. 역갑(易甲)을 얻고 싶어서, 병사로써 진을 치고 군대를 점검
하는 것을 역갑에게 보여주면서 말했다.

"나와 함께하면 부유함과 귀함을 걱정하지 않아도 되겠지만, 내
가 함께하지 못하게 된다면 바로 이것을 쓰겠다."

역갑이 웃으면서 말했다.

"일찍이 나의 마땅함에 대해 말한 적이 있는데, 그대는 그것을 잊
었습니까? 세워져서 천하를 얻어도 마땅하지 않으면 나는 감히 하지
못하고, 내게 군대로써 위협을 해도 마땅하지 않으면 나는 따르지 못
합니다. 지금 그대가 장차 그대의 임금을 시해하고자 나에게 그대를
따르라고 하는데, 내가 앞서 말한 마땅함이 아닙니다. 그대가 비록 이
익으로 내게 말해줘도 나는 차마 할 수 없습니다. 그대가 그대의 위
세를 행하니 나도 또한 내 마땅함을 밝혀야겠습니다. 그대에게 거스

---

4   참소와 아첨, 음모에 능해서 언장사와 작당해 초평왕의 즉위에 결정적인 공을 세운 투성연
(鬪成然)을 죽였고, 채나라 대부 조오(朝吳)를 추방했으며, 평왕으로 하여금 며느리를 취
하게 해서 미워하던 세자 건(建)을 송나라로 쫓겨가게 한 후 마침내 죽게 했다. 세자 건의
태부(太傅)였던 오사(伍奢) 부자를 처형했고, 좌윤 백극완(伯郤宛)을 죽이고 양씨(陽氏),
진씨(晉氏)의 양 집안을 도륙 내는 등 갖은 만행을 저질렀다. 이로 인해 초나라는 급격히
내정이 혼란해지고 국력이 기울어서 후에 오나라에 의해 미증유의 국난을 겪게 됐다.

르면 무기를 들고 싸우게 되고 그대에게 고분고분하면 비루하다는 소리를 듣게 되는데, 내가 듣건대 선비는 마땅함이 세워지면 서로 다투지 않고 죽음으로 가는 길이 비루하지 않아서 팔짱을 긴 채로 군대를 기다리면서 얼굴색도 변하지 않는다고 했습니다."

楚太子建以費無極之譖見逐. 建有子曰勝, 在外, 子西召勝, 使治白, 號曰白公. 勝怨楚逐其父, 將弑惠王及子西. 欲得易甲, 陳士勒兵, 以示易甲曰: "與我, 無患不富貴; 不吾與, 則此是也." 易甲笑曰: "嘗言吾義矣, 吾子忘之乎? 立得天下, 不義, 吾不敢也; 威吾以兵, 不義, 吾不從也. 今子將弑子之君, 而使我從子, 非吾前義也. 子雖告我以利, 威我以兵, 吾不忍爲也. 子行子之威, 則吾亦得明吾義也. 逆子以兵爭也, 應子以聲鄙也, 吾聞, 士立義不爭, 行死不鄙, 拱而待兵, 顏色不變也."

7. 명을 아는 선비는 이익 때문에 움직이는 일이 없다

백공승(白公勝, ?~기원전 479년)[5]이 장차 초나라 혜왕(惠王)을 시해

---

5   초평왕(楚平王) 손자라서 왕손승(王孫勝)으로도 불린다. 백(白)에 봉해지고, 대부가 되었다. 아버지 태자 건(建)이 음해를 입어 정(鄭)나라로 달아났다가 피살되자, 백공승은 오자서(伍子胥)를 따라 오(吳)나라로 달아났다. 초나라 혜왕(惠王) 2년, 그를 불러 대부로 삼고 백공이라 했다. 혜왕 6년에 원수를 갚고자 영윤(令尹) 자서(子西)에게 정나라를 공격할 병사를 청했는데, 자서가 허락했다. 그러나 병사를 일으키기 전에 진(晉)나라가 정나라를 공격했고, 초나라가 정나라를 구원하며 두 나라는 동맹을 맺었다. 화가 난 백공승은 자서와 사마(司馬) 자기(子期)를 죽이고 혜왕을 습격해 초나라 수도를 점령했다. 나중에 섭공(葉公) 자고(子高)와 싸우다가 패하자 목을 매어 자살했다.

하려고 하자 왕은 나라 밖으로 빠져나가 도망갔고, 영윤과 사마가 모두 죽었다.

칼을 빼 들고 굴려(屈廬)에게 권해 말했다.

"그대기 니외 함께하면 놓아주고, 그대가 나와 함께하지 않으면 그대를 죽이겠다."

굴려가 말했다.

"『시경』(「대아(大雅)·한록(旱麓)」 편)에 이르기를 '무성한 칡넝쿨이여, 나뭇가지에 뻗어 있구나. 즐겁고 화평한 군자여, 복을 구하려고 돌아서지 않는구나'라고 했습니다.

지금 그대는 그대의 숙부인 서(西)를 죽이고는 내게 복을 구하고 있으니, 가능하겠습니까? 또 내가 듣건대, 명을 아는 선비는 이익을 보고도 움직이지 않고 위험을 마주쳐도 무서워하지 않으며, 남의 신하 된 사람은 살아야 할 때 살고 죽어야 할 때 죽습니다. 이것이 바로 남의 신하 된 자의 예라고 할 수 있습니다. 위로는 천명을 알고 아래로는 신하 된 도리를 아는데, 어찌 겁줄 수 있겠습니까? 그대는 어찌 찌르지 않습니까?"

백공승이 마침내 그 검을 집어넣었다.

白公勝將弑楚惠王, 王出亡, 令尹司馬皆死. 拔劍而屬之於屈廬曰: "子與我, 將舍之; 子不與我, 將殺子." 屈廬曰: "詩有之曰: '莫莫葛藟, 肆於條枝, 愷悌君子, 求福不回.' 今子殺子叔父西求福於廬也, 可乎? 且吾聞, 知命之士, 見利不動, 臨危不恐; 爲人臣者, 時生則生, 時死則死. 是謂人臣之禮. 故上知天命, 下知臣道, 其有可劫乎? 子胡不推之?" 白公勝乃內其劍.

8. 다움과 행실이 깨끗해야 나라를 다스릴 수 있다

백공승이 이미 영윤과 사마를 죽이고 왕자 여(閭)를 왕으로 세우고 싶어 했다. 왕자 여가 기꺼워하지 않자 칼로 겁박하니, 왕자 여가 말했다.

"왕손으로서 초나라를 보필하고 도와서 왕실을 바로잡은 이후에 스스로를 보호하는 것이 내가 바라는 바입니다. 지금 그대가 위세를 빌려서 왕실을 사납게 대했고 죽이고 베어서 나라를 어지럽혔으니, 나는 비록 죽어도 그대를 따르지 못합니다."

백공승이 말했다.

"초나라의 무거움이 천하에 (짝이) 있은 적이 없다. 하늘이 그대에게 주는데 그대는 어째서 받지 않는가?"

왕자 여가 말했다.

"내가 듣건대, 천하를 사양하는 사람은 그 이익을 가벼이 여기는 것이 아니라 그 다움[德]을 밝게 하려는 것이고, 제후가 되려고 하지 않는 자는 그 지위를 싫어하는 것이 아니라 행실을 깨끗이 하기 위함이라고 했습니다. 지금 내가 나라만 보고 그 임금을 잊는다면 어질지 못한 것이며, 흰 칼날이 겁이 나서 마땅함을 잃으면 용기가 없는 것입니다. 그대가 비록 내게 이익됨을 말해주고 칼로써 위협해도 나는 할 수 없습니다."

백공승이 억지로 시켰지만 할 수 없자 마침내 그를 죽였다. 섭공 고(高)가 무리를 이끌어 백공을 주살했고, 혜왕이 나라에 돌아왔다.

白公勝既殺令尹司馬, 欲立王子閭以爲王. 王子閭不肯, 劫之以刃, 王

子閭曰: "王孫輔相楚國, 匡正王室, 而后自庇焉, 閭之願也. 今子假威
以暴王室, 殺伐以亂國家, 吾雖死, 不子從也." 白公勝曰: "楚國之重, 天
下無有. 天以與子, 子何不受?" 王子閭曰: "吾聞, 辭天下者, 非輕其利也,
以明其德也; 不爲諸侯者, 非惡其位也, 以潔其行爲. 今吾見國而忘主,
不仁也; 劫白刃而失義, 不勇也. 子雖告我以利, 威我以兵, 吾不爲也."
白公强之, 不可, 遂殺之. 葉公高率衆誅白公, 而反惠王於國.

9. 임금에게 어려움이 있으면 임금을 위해 죽는 것이
마땅하다 – 초나라 장선

백공의 난이 일어났을 때, 초나라 사람 중에 장선(莊善)이란 자가
그 어머니에게 말을 하고 장차 가서 죽으려고 하자 그 어머니가 말했다.

"자기 부모를 버리고 임금을 위해 죽으려는 것이 마땅하다고 말할
수 있느냐?"

장선이 말했다.

"제가 듣건대, 임금을 섬기는 자는 안으로는 녹을 받고 밖으로는
그 몸을 바친다고 합니다. 지금 어머니를 봉양할 수 있는 까닭이 임금
의 녹 때문인데, 몸이 어찌 죽지 않을 수 있겠습니까?"

마침내 인사를 하고 가서 대궐 문에 도착할 즈음, 수레 안에서 세
번이나 넘어지니 그 마부가 말했다.

"선생께서는 두려운가 봅니다."

말했다.

"두렵다."

"벌써 두려우시면 어째서 돌아가시지 않습니까?"

장선이 말했다.

"두려운 것은 내 사사로운 바이고, 마땅히 죽는 것은 내 공적인 것이다. 듣건대 군자는 사사로움으로써 공적인 것을 해치지 않는다고 했다."

대궐 문에 이르자 목을 찔러서 죽었다.

군자가 말했다.

"마땅함을 좋아했도다."

白公之難, 楚人有莊善者, 辭其母將往死之, 其母曰: "棄其親而死其君, 可謂義乎?" 莊善曰: "吾聞, 事君者, 內其祿而外其身. 今所以養母者, 君之祿也, 身安得無死乎!" 遂辭而行, 比至公門, 三廢車中, 其僕曰: "子懼矣." 曰: "懼." "既懼, 何不返?" 莊善曰: "懼者, 吾私也; 死義, 吾公也. 聞君子不以私害公." 及公門, 刎頸而死. 君子曰: "好義乎哉!"

10. 임금에게 어려움이 있으면 임금을 위해 죽는 것이 마땅하다 - 제나라 진부점

제나라 최저가 장공을 시해했을 때 진부점(陳不占)이란 사람이 있었는데, 임금이 어려움에 있다는 것을 듣고는 장차 그곳으로 가려고 했다. 떠날 즈음에 밥을 먹다가 숟가락을 떨어뜨리더니, 수레에 오르다가는 가로대를 놓쳤다.

마부가 말했다.

"겁내는 것이 이와 같은데, 가시는 것이 무슨 보탬이 있겠습니까?"

부점이 말했다.

"임금 때문에 죽는 것은 마땅함이고, 용기가 없는 것은 사사로움이다. 사사로움으로써 공적인 것을 해칠 수 없다."

마침내 갔지만, 싸우는 소리를 듣고는 무서워하다가 놀라서 죽었다. 사람들이 말했다.

"부점은 어진 사람의 용기를 가졌다고 말할 수 있다."

齊崔杼弑莊公也, 有陳不占者, 聞君難, 將赴之. 比去, 餐則失匕, 上車失軾. 御者曰: "怯如是, 去有益乎?" 不占曰: "死君, 義也; 無勇, 私也. 不以私害公." 遂往, 聞戰鬪之聲, 恐駭而死. 人曰: "不占可謂仁者之勇也."

11. 마음속에 미련이 남아 있다면 교분이 끊어진 게 아니다

지백 효(囂)의 시절에 선비 중에 장아자어(長兒子魚)라는 불리는 자가 있었는데, 지백과 절연하고 떠나갔다. 3년 뒤 장차 동쪽으로 가서 월나라로 향하다가, 가는 길에 지백 효가 죽임을 당했다는 말을 듣고는 마부에게 일러 말했다.

"수레를 돌려 돌아가자. 내가 장차 죽어야겠다."

마부가 말했다.

"선생께서 지백과 절연해 떠난 지가 3년인데 지금 돌아가서 죽게 되면, 이는 끊고 맺는 것의 구별이 없는 것입니다."

장아자어가 말했다.

"그렇지 않다. 내가 듣건대, 어진 사람은 (사랑을 아낌없이 다 주었기 때문에) 남은 사랑이 없고 충신은 (충성을 아낌없이 다 바쳤기 때문에) 남은 녹이 없다고 했다. 내가 지백의 죽음을 듣자 내 마음이 움직였으니, 이는 남은 녹이 (있어서) 내게 영향을 미친 것이다. 지금까지도 여전히 남아 있다면 내가 장차 가서 의탁하리라."

돌아가서 죽었다.

知伯罃之時, 有士曰長兒子魚, 絶知伯而去之. 三年, 將東之越, 而道聞
知伯罃之見殺也, 謂御曰: "還車反, 吾將死之." 御曰: "夫子絶知伯而
去之三年矣, 今反死之, 是絶屬無別也." 長兒子魚曰: "不然, 吾聞仁者
無餘愛, 忠臣無餘祿. 吾聞知伯之死而動吾心, 餘祿之加於我者. 至今
尚存, 吾將往依之." 反而死.

12. 작위와 봉록은 두루미가 받았는데, 그런 임금을 위해 죽는 자도 있다

위(衛)나라 의공(懿公)의 신하 중에 홍연(弘演)이라는 자가 있었는데, 멀리 사신을 가서 미처 돌아오지 못하고 있었다. 오랑캐가 위나라를 공격하자 그 백성이 말했다.

"임금에게 녹과 작위를 받은 것은 두루미[鶴]이고, 부유하게 된 자는 궁인(宮人)들이다. 임금이 궁인들과 두루미에게 싸우라고 시키면 어찌 갖춰서 싸우지 않겠는가?"

마침내 무너지자 (왕이) 달아났는데, 오랑캐가 뒤쫓아 가서 형택

(滎澤)에서 의공을 따라잡고는 그를 죽여서 살을 남김없이 먹어치우고 오직 그 간(肝)만 남겨두었다. 홍연이 이르러서는 간을 향해 사신을 다녀온 일에 대해 보고했고, 이를 마치자 하늘에다 소리치며 통곡하기를 슬픔을 다하고 나서야 그쳤다.

그리고 말했다.

"신이 청컨대 껍데기가 되고자 합니다."

스스로 자기 배를 찢어서 의공의 간을 안에 집어넣고 죽었다. 제나라 환공이 이를 듣고서 말했다.

"위나라가 망한 것은 도리가 없어서인데, 지금 이 같은 신하가 있으니 보존하지 않으면 안 되겠다."

이에 초구(楚丘)에서 위나라를 구했다.

衛懿公有臣曰弘演, 遠使未還. 狄人攻衛, 其民曰: "君之所與祿位者, 鶴也; 所富者, 宮人也. 君使宮人與鶴戰, 呈焉能戰?" 遂潰而去, 狄人追及懿公於滎澤, 殺之, 盡食其肉, 獨舍其肝. 弘演至, 報使於肝畢, 呼天而號, 盡哀而止. 曰: "臣請爲表." 因自刺其腹, 內懿公之肝而死. 齊桓公聞之曰: "衛之亡也以無道, 今有臣若此, 不可不存." 於是救衛於楚丘.

13. 비록 신분이 낮아도 법도에 맞지 않는 일은 그대로 보고 있지 않는다

천윤문(芉尹文)이란 사람은 형나라에서 사슴과 돼지몰이를 하는 사람이다. 사마 자기(子期)가 운몽에서 사냥을 하는데, (수레에) 실린

깃발 중 긴 것이 땅에 끌렸다. 천윤문이 칼을 빼 들고 수레 앞턱 가로
대에 맞춰 가지런하게 해서는 끊어버렸다. (옆에 있던) 수레 2대의 사
람들이 활집에서 활을 뽑고 화살통에서 화살을 꺼내어 메긴 뒤, 당긴
채로 쏘지는 않았다. 사마 자기가 수레 앞쪽 가로대에 몸을 붙이고서
물어 말했다.

"내가 그대에게 죄가 있는가?"

대답해 말했다.

"신은 그대의 깃발이 땅에 질질 끌려서 그런 것입니다. 임금의 깃
발은 수레의 뒤쪽 가로장[軫]에 맞춰서 가지런히 있어야 하고, 대부의
진
깃발은 앞쪽 가로대[軾]에 맞춰서 가지런히 있어야 합니다. 지금 그대
식
는 형나라의 이름난 대부이면서도 (임금과 대부의) 세 등급의 차이를
줄여버려 제가 끊어낸 것입니다. 하면 안 되는 일입니까?"

자기(子期)가 기뻐하며 그를 태우고 왕이 있는 곳으로 가니, 왕이
말했다.

"내가 듣건대 그대의 깃발을 끊은 일이 있다 했는데, 그 사람은 어
찌 있는가? 내가 죽여야겠다."

자기가 천윤문이 한 말을 알리자, 왕이 기뻐하며 강남령을 맡기
니 크게 잘 다스렸다.

芊尹文者, 荊之歐鹿彘者也. 司馬子期獵於雲夢, 載旗之長拽地. 芊尹
文拔劍齊諸軾而斷之, 貳車抽弓於韔, 援矢於筩, 引而未發也. 司馬子
期伏軾而問曰: "吾有罪於夫子乎?" 對曰: "臣以君旗拽地故也. 國君之
旗齊於軫, 大夫之旗齊於軾. 今子荊國有名大夫而減三等, 文之斷也.
不亦可乎?" 子期悅, 載之王所, 王曰: "吾聞有斷子之旗者, 其人安在?

吾將殺之." 子期以文之言告, 王悅, 使爲江南令, 而大治.

14. 절개가 있는 용사는 삶을 욕되게 하지 않는다

(노나라 대부) 변장자(卞莊子)가 용맹함을 좋아했는데, 어머니를 봉양하느라 전쟁에서 세 번이나 달아나자 사귀며 왕래하던 사람들이 그를 비난했고 임금도 그를 욕했다. 어머니가 죽고 3년이 지나자 제나라와 노나라가 싸움을 벌였는데, 변장자가 종군할 것을 청하면서 노나라 장군을 뵙고 말했다.

"처음에 어머니와 함께 살고 있어서 이 때문에 세 번이나 달아났습니다. 지금 어머니가 돌아가셨으니, 청컨대 책임을 틀어막아 귀신이 되어서도 돌아갈 바가 있게 해주십시오."

마침내 적에게 이르자, 싸워서 갑사의 머리 하나를 바치고는 말했다.

"이로써 첫 번째 패배를 틀어막았습니다."

또 들어가 하나의 머리를 얻어서 바치고는 말했다.

"이로써 두 번째 패배를 틀어막았습니다."

또 들어가 하나의 머리를 얻어서 바치고는 말했다.

"이로써 세 번째 패배를 틀어막았습니다."

장군이 말했다.

"너희 집안을 끝나게 하지 말고, 마땅히 멈춰라. 청컨대 형제가 되고 싶다."

장자가 말했다.

"세 번의 패배는 어머니를 봉양했기 때문이니, 이는 자식의 도리입니다. 지금 용사의 절개가 조금 갖춰져서 책임을 틀어막을 수 있었습니다. 제가 든건대, 절개가 있는 용사는 삶을 욕되게 하지 않는다고 했습니다."

마침내 되돌아가서 적을 열 사람을 죽이고는 죽었다.

군자가 말했다.

"세 번의 패배는 이미 책임을 다 틀어막았으나, 대를 잇지 못하고 제사가 끊어지게 했으니 효도는 미처 끝내지 못했다."

卞莊子好勇, 養母, 戰而三北, 交遊非之, 國君辱之. 及母死三年, 齊與魯戰, 卞莊子請從, 見於魯將軍曰: "初與母處, 是以三北. 今母死, 請塞責而神有所歸." 遂赴敵, 役一甲首而獻之曰: "此塞一北." 又入, 獲一甲首而獻之曰: "此塞再北." 又入, 獲一甲首而獻之曰: "此塞三北." 將軍曰: "母沒爾家, 宜止之. 請爲兄弟." 莊子曰: "三北以養母也, 是子道也. 今士節小具而塞責矣. 吾聞之節士不以辱生." 遂反敵殺十人而死. 君子曰: "三北已塞責, 滅世斷宗, 於孝未終也."

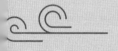

【권9】 선모상(善謀上)

좋은 계책 (상)

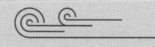
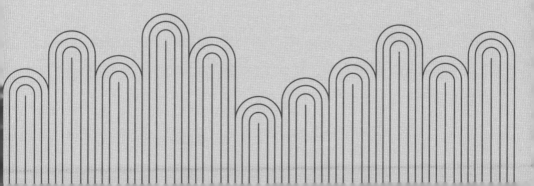

1. 지키기 어려운 약속을 하지 말았어야 한다 – 제나라 관중

제나라 환공 시대에, 강(江)나라와 황(黃)나라는 작은 나라인데 강수(江水)와 회수(淮水) 사이에 있었다. 가까이에 초나라가 있었는데 초나라는 큰 나라였고, 자주 침범하고 공격해 (두 나라를) 차지하려 해서 강나라와 황나라 사람들이 초나라를 근심했다. 제나라 환공이 바야흐로 (나라가) 남을지 없어질지, (제사를) 이을지 끊을지를 정함으로써 위태로운 나라를 구해주고 기울어진 나라를 도와주며 주나라 왕실을 높이고 오랑캐를 물리쳤는데, 양곡에서 회합하고 관택에서 맹약해 제후들과 더불어 바야흐로 초나라를 치려고 했다. 강나라 사람들과 황나라 사람들이 환공의 마땅함을 사모해 관택에서 열린 회맹에 왔다.

관중이 말했다.

"강나라와 황나라는 제나라와 멀고 초나라와는 가까워서 초나라에 유리한 나라인데, 만일 공격받았는데도 구해주지 못하면 제후들의 종주가 될 수 없으므로 받아들여서는 안 됩니다."

환공이 (관중의 말을) 들어주지 않고 마침내 맹약에 함께하게 했다. 관중이 죽은 뒤 초나라 사람들이 강나라를 치고 황나라를 없앴는데, 환공이 구해주지 못하니 군자가 이를 마음 아프게 여겼다. 이때부터 환공에 대한 믿음이 무너지고 다음이 약해져서 제후들이 기대지 않았으니, 마침내 천천히 쇠퇴해 다시 일어날 수가 없었다. 무릇 어질고 지혜로운 계책은 일이 닥치면 즉시 끊는 바가 있어야 하는데, 힘써도 구할 수 없으면 그들의 인질을 받아서는 안 되었다. 환공의 허물이고, 관중이 좋은 계책을 냈다고 할 수 있다. 『시경』(「대아(大雅)·탕(蕩)」편)에 이르기를 "일찍이 이를 들어주지 않았으니, 천명이 이미 기울어졌다"라고 했으니 이를 말하는 것이다.

齊桓公時, 江國, 黃國, 小國也, 在江之間. 近楚, 楚, 大國也, 數侵伐, 欲滅取之, 江人黃人患楚. 齊桓公方存亡繼絶, 救危扶傾; 尊周室, 攘夷狄, 爲陽穀之會, 貫澤之盟, 與諸侯方伐楚. 江人·黃人慕桓公之義, 來會盟於貫澤. 管仲曰: "江·黃遠齊而近楚, 楚爲利之國也, 若伐而不能救, 無以宗諸侯, 不可受也." 桓公不聽, 遂與之盟. 管仲死, 楚人伐江滅黃, 桓公不能救, 君子閔之. 是後桓公信壞德衰, 諸侯不附, 遂陵遲不能復興. 夫仁智之謀, 卽事有漸, 力所不能救, 未可以受其質. 桓公之過也, 管仲可謂善謀矣. 詩云: "曾是莫聽, 大命以傾", 此之謂也.

2. 임금을 설득해 패업의 바탕을 깔다 - 진나라 호언

진(晉)나라 문공 때, 주나라 양왕이 동생 태숙의 난 때문에 나라를 빠져나가 정나라로 망명하려 했으나 들어가지 못하게 되자 어려움을 노(魯)나라, 진(晉)나라, 진(秦)나라에 알리게 했다.

다음 해 봄 진(秦)나라 임금의 군대가 황하 가로 들어와서 천자를 맞이하려 했는데, 호언(狐偃, ?~기원전 629년)[1]이 진(晉)나라 문공에게 말했다.

"제후들의 마음을 얻는 데는 천자께 애쓰는 일만 한 것이 없습니다. 또한 (천자께 애쓰는 것은) 크고 마땅한 일이어서 제후들이 믿고 문후(文候)의 업을 계승하려 할 것입니다. 제후들에게 믿음을 보여주는 것은 지금 할 만합니다."

점을 쳐서 호언이 점괘를 말했다.

"길(吉)합니다. 황제(黃帝)가 판천(阪泉-황제와 치우가 싸웠던 들판)에서 싸웠던 조짐을 얻었습니다[遇]."

임금이 말했다.

"내가 감당하지 못한다(내게 해당하는 점괘가 아니다)."

대답해 말했다.

"주나라 예법이 아직 고쳐지지 않아서, 지금의 왕이 옛날의 제(帝)입니다."

임금이 말했다.

"산가지로 점을 쳐보자."

대나무 가지로 점을 치자 '대유가 규로 바뀌는 괘[大有之睽]'가 나오니, 말했다.

"길합니다. 제후가 자신의 재물[富]을 써서 천자를 형통하게 하는 괘이니, 싸움에서 이기고 천자가 형통하면 길하기가 어찌 크지 않겠습니까? 또 이 괘는 하늘이 연못이 되어 해를 받고 있는 모양으로, 천자가 마음을 내려놓고 임금을 맞이하는 것이니 정말 좋지 않겠습니까?

---

1   희(姬)성으로, 씨는 호(狐)이며 자는 자범(子犯)이다. 진문공(晉文公)과 오랫동안 망명 생활을 했다. 진문공이 자리에 오르자 상군좌(上軍佐)에 임명되어 성복 전투에서 초나라를 무찌르는 등의 많은 전공을 세웠다. 따로 구범(舅犯, 咎犯)으로도 불렸다.

'대유'가 '규'로 갔다가 다시 돌아오니, 정말로 바로 있을 곳입니다."

진(晉)나라 임금이 진(秦)나라 군대를 거절하고는 내려가서 3월 갑신일에 양번(陽樊)에 머물면서, 오른쪽 군대는 온(溫)을 포위하게 하고 왼쪽 군대는 천자를 맞이하게 했다. 여름 4월 인사일에 천자가 왕성으로 들어가니, 온에서 태숙을 잡아 습성에서 그를 죽였다.

무오일에 진(晉)나라 임금이 천자를 조회에서 알현하자 천자가 맑은 술을 내리면서 유식(侑食-천자나 임금에게 음식을 권하는 일)을 명하고 양번, 온원(溫原), 찬모(攢矛)의 땅을 주었으니, 진나라는 이에 처음으로 남양의 땅을 열기 시작했다. 그 뒤 3년이 지나 문공이 드디어 다시 제후들과 회맹했으며, 천자에게 조현하자 천자가 활과 화살, 거창(秬鬯)을 내려주면서 방백으로 삼았다.

진나라 문공의 명이 옳아서 끝내 패업의 길을 이루게 된 것은 호언의 좋은 계책이 있었기 때문이다. 무릇 진(秦)나라, 노나라 모두 의심스러워할 때 진나라에는 호언의 좋은 계책이 있었고, 그것으로써 패업을 이루었던 것이다. 그래서 계책을 유악(帷幄) 안에서 얻을 수 있으면 공업을 천하에 베풀 수 있다 했으니, 호언을 이른 말이다.

晉文公時, 周襄王有弟太叔之難, 出亡居於鄭, 不得入, 使告難于魯·于晉·于秦. 其明年春, 秦伯師入河上, 將納王. 狐偃言於晉文公曰: "求諸侯, 莫如勤王. 且大義也, 諸侯信之, 繼文之業. 而信宣於諸侯, 今爲可矣." 卜, 偃卜之曰: "吉. 遇黃帝戰於阪泉之兆." 公曰: "吾不堪也." 對曰: "周禮未改, 今之王, 古之帝也." 公曰: "筮之." 筮之, 遇大有之暌, 曰: "吉. 遇公用享于天子之卦, 戰克而王亨, 吉庸大焉. 且是卦也, 天爲澤以當日, 天子降心以迎公, 不亦可乎? 大有去暌而復, 亦其所也." 晉侯辭

秦師而下, 三月甲辰, 次于陽樊, 右師圍溫, 左師逆王. 夏, 四月刃巳, 王
入于王城, 取太叔于溫, 而殺之于隰城. 戊午, 晉侯朝王, 王享醴, 命之
侑, 予之陽樊, 溫原·攢矛之田, 晉於是始開南陽之地. 其後三年, 文公
遂再會諸侯, 以朝天子, 天子錫之弓矢秬鬯, 以爲方伯. 晉文公之命是
也, 卒成霸道, 狐偃之善謀也. 夫秦·魯皆疑晉有狐偃之善謀以成霸功.
故謀得於帷幄, 則功施於天下, 狐偃之謂也.

3. 보물에 눈이 어두워져 나라를 잃다 - 우나라 궁지기와 진나라 순식

　우(虞)나라와 괵(虢)나라는 모두 작은 나라였다. 우나라는 하양(夏
陽)에 험한 요새가 있었는데, 우나라와 괵나라가 같이 그곳을 지키고
있어서 진(晉)나라가 집어삼킬 수 없었다. 그래서 진나라 헌공이 우와
괵 두 나라를 치려고 하자, 순식(荀息)²이 말했다.

　"임금께서는 어찌 굴(屈) 땅에서 난 말과 수극(垂棘)의 벽옥을 가
지고 우나라에 길을 빌리려 하지 않으십니까?"

　임금이 말했다.

　"이는 진나라의 보배인데, 그들이 내 벽옥만 받고 길을 빌려주지
않으면 어찌할 것인가?"

2　진나라 헌공[晉獻公]에게서 여희(驪姬) 소생인 해제(亥齊)를 보필하라는 유명(遺命)을 받
　고 초지일관하게 임무를 완수하려 했으나, 여희 일당의 전횡에 불만을 품고 난을 일으킨
　이극(里克)·비정보(丕鄭父) 일파에 의해 피살되었다.

순식이 말했다.

"이것이 작은 나라가 큰 나라를 섬기는 이유입니다. 그들이 우리에게 길을 빌려주지 않으려 하면 반드시 감히 우리의 폐백을 받지 못할 것입니다. 우리 폐백을 받고서 우리에게 길을 빌려주게 되면, 이는 우리가 대궐 곳간에서 꺼내어 바깥 곳간에 두는 것이요 대궐 마구간에서 데려와 바깥 마구간에 두는 것입니다."

임금이 말했다.

"궁지기(宮之奇)[3]가 있으니 반드시 받지 말라고 할 것이다."

순식이 말했다.

"궁지기의 지혜는 진실된 지혜라 할 만합니다. 비록 그렇다고 해도, 그 사람됨은 (임금과) 마음이 통해 있고 나약한 데다 또 어려서부터 임금에게 길러졌습니다. 마음이 통하면 그 말이 간략하게 되고, 나약하면 강하게 간언할 수 없고, 어려서부터 임금에게 길러졌기 때문에 임금이 그를 가볍게 대합니다. 또 무릇 즐기고 좋아하는 것이 귀와 눈앞에 있으면 근심은 한 나라의 뒷날에나 있습니다. 보통의 지혜 이상이면 곧 능히 그것을 염려하겠지만, 신이 생각할 때 우나라 임금은 보통의 지혜보다도 아래입니다."

진나라 임금이 마침내 길을 빌려서 괵나라를 치고자 하니, 궁지기가 간언해 말했다.

"진나라의 사자는 그 폐백은 무거운데 그 말이 미미하니, 반드시

---

3 춘추시대 우(虞)나라 사람으로, 대부를 지냈다. 기원전 655년 진(晉)나라 헌공(獻公)이 괵(虢)을 치기 위해 우나라에 길을 빌려달라고 했을 때, 보거상의(輔車相依)와 순망치한(脣亡齒寒)의 예를 들면서 반대했지만 듣지 않자 마침내 가족들을 데리고 나라를 떠났다. 그해 겨울 괵을 멸망시킨 진나라가 돌아오면서 우나라도 멸망시켰다.

우나라에 편하지 않을 것입니다. 세간에서 말하기를 '입술이 없으면 이가 시리다'라고 했으니, 그러므로 우나라와 괵나라가 서로 구원해 주는 것은 서로 은혜를 내려주는 것이 아닙니다. 오늘 괵나라가 망하면 내일 우나라가 망합니다."

우나라 임금이 들어주지 않았다. 마침내 그 폐백을 받고 길을 빌려주니, (진나라 군대는 괵나라를 치고) 되돌아와서 4년 만에 도리어 우나라를 차지해버렸다. 순식이 말을 끌고 벽옥을 껴안은 채 앞으로 나와 말했다.

"신의 계책이 어땠습니까?"

헌공이 말했다.

"벽옥은 여전히 그대로인데, 내 말은 나이가 조금 먹은 것 같군."

진나라 헌공은 순식의 계책을 써서 우나라를 사로잡았고, 우나라는 궁지기의 계책을 쓰지 않아서 망했다. 그러므로 순식은 패왕의 보좌감은 아니었지만, 전국시대를 함께 아우르는 신하였고, 만일 궁지기가 쓰였다면 충신의 계책이었다고 말할 수 있을 것이다.

虞·虢, 皆小國也. 虞有夏陽之阻塞, 虞·虢共守之, 晉不能禽也. 故晉獻公欲伐虞·虢, 荀息曰: "君胡不以屈産之乘, 與垂棘之璧, 假道於虞?" 公曰: "此晉國之寶也. 彼受吾璧, 不借吾道, 則如之何?" 荀息曰: "此小國之所以事大國也. 彼不借吾道, 必不敢受吾幣. 受吾幣而借吾道, 則是我取之中府, 置之外府; 取之中廄, 置之外廄." 公曰: "宮之奇存焉, 必不使受也." 荀息曰: "宮之奇知固知矣. 雖然, 其爲人也, 通心而懦, 又少長於君. 通心則其言之略, 懦則不能强諫, 少長於君, 則君輕之. 且夫玩好在耳目之前, 而患在一國之後. 中知以上, 乃能慮之, 臣料虞君中知之

下也." 公遂借道而伐虢, 宮之奇諫曰: "晉之使者, 其幣重, 其辭微, 必不
便於虞. 語曰: '脣亡則齒寒矣.' 故虞·虢相救, 非相爲賜也. 今日亡虢,
而明日亡虞矣." 公不聽. 遂受其幣而借之道, 旋歸, 四年, 反取虞. 荀息
牽馬抱璧而前曰: "臣之謀如何?" 獻公曰: "璧則猶是, 而吾馬之齒加長
矣." 晉獻公用荀息之謀而禽虞, 虞不用宮之奇而亡. 故荀息非霸王之佐,
戰國竝兼之臣也, 若宮之奇則可謂忠臣之謀也.

4. 이웃한 두 큰 나라 사이의 득실을 밝혀 나라를 구하다
   - 정나라 촉지무

진(晉)나라 문공과 진(秦)나라 목공(穆公, ?~기원전 621년)[4]이 함께
정나라를 에워쌌으니, 예(禮)가 없고 초나라에 붙었기 때문이다. 정나
라 대부 일지호(佚之狐)가 정나라 임금에게 말했다.

"만일 촉지무(燭之武)를 보내 진(秦)나라 임금을 알현하게 하면 포
위가 반드시 풀릴 것입니다."

정나라 임금이 이 말을 따라서 촉지무를 불러 사신으로 가게 했

---

4   이름은 임호(任好)이고, 진(秦)나라 덕공(德公)의 아들로 춘추오패(春秋五覇)의 한 사람
    이다. 재위 기간에 어진 인재를 힘써 구해 백리해(百里奚)와 건숙(蹇叔) 등을 등용해서 모
    신(謀臣)으로 삼았고, 올바른 정치에 전력을 기울여 국세가 날로 강해졌다. 동으로는 하서
    (河西)를 빼앗고 서로는 서융(西戎)을 쳐서 패자가 되어 국세가 급격히 발전했다. 일찍이 오
    랫동안 진(晉)나라의 견제를 받았는데, 진(晉)나라 혜공(惠公)을 패배시키고 압박해 태자
    어(圉)를 인질로 오게 했다. 또 병사를 동원해서 진(晉)나라 공자 중이(重耳)가 즉위하도록
    도우니, 이가 바로 문공(文公)이다. 정(鄭)나라를 치려다가 진(晉)나라의 공격을 받아서 패
    배, 그 실패를 뉘우치고 '진서(秦誓)'를 만들어 보복했다.

는데, 사양하며 말했다.

"신이 장년이었을 때도 오히려 남들과 같지 않았는데, 지금은 늙어서 능히 할 수 없습니다."

정나라 임금이 말했다.

"내가 일찍이 그대를 쓰지 않다가 지금 급하게 되어 그대를 찾은 것은 과인의 잘못이다. 그러나 정나라가 망하게 되면 그대 또한 이로운 바가 없지 않겠는가?"

촉지무가 허락했다.

밤에 나가 진(秦)나라 임금을 알현해 말했다.

"진(秦)나라와 진(晉)나라가 정나라를 에워싸니 정나라가 망하게 될 것은 알고 있습니다만, 정나라를 망하게 하는 것이 임금에게 보탬이 있는지에 대해 감히 일을 맡아보시는 분[執事]을 번거롭게 해보겠습니다. 정나라는 진(晉)나라 동쪽에 있고 진(秦)나라는 진(晉)나라 서쪽에 있습니다. 진(晉)나라를 넘어야 정나라를 차지할 수 있으니, 임금께서는 그 어려움을 알고 계실 것입니다. 어찌 정나라를 망하게 해서 진(晉)나라를 곱절로 키워주려 하십니까? 진(晉)나라는 진(秦)나라의 이웃인데, 이웃이 강한 것은 임금의 근심입니다. 만일 정나라를 내버려 둔 채 동쪽 길을 주관하게 하시면 사신이 가고 올 때마다 그 비용과 식량을 대어줄 수 있으니, 정말로 해 될 바가 없습니다. 또 임금께서 진(晉)나라 임금을 세우실 때 진(晉)나라 임금이 임금께 초(焦)와 하(瑕) 땅을 허락하고는 아침에 들어가게 되자 저녁에 성을 쌓을 준비를 하고 경계를 그은 것은 임금께서도 알고 계신 바입니다. 무릇 가지는 데 진(晉)나라가 무슨 싫증을 내겠습니까? 이미 동쪽으로 정나라를 차지하고는 다시 그 서쪽 경계를 넓히고자 하고 있으니, 진(秦)

나라를 빠뜨리고서 장차 어디를 차지하겠습니까? 진(秦)나라가 이지러지면 진(晉)나라는 이롭게 되니, 바라건대 임금께서는 헤아려보십시오."

진(秦)나라 임금이 기뻐히며 병시를 이끌고 돌아가려 하자 진(晉)나라 구범이 공격할 것을 청했는데, 문공이 말했다.

"안 된다. 저 사람의 힘이 없었다면 (내가 세워져 지금) 정나라를 죄줄 수 없었을 것이다. 저 사람의 힘에 의지하고서 (도리어 진(秦)나라를) 죄준다면 어질지 못한 것이며, 바로 동맹을 잃으면 지혜롭지 못한 것이며, 어지러움으로써 가지런한 것을 바꾸는 것은 (제대로 된) 무(武)[5]가 아니다. 나는 이에 돌아가겠다."

또한 정나라를 떠나니, 정나라를 에워싼 것이 마침내 풀렸다. 촉지무의 이른바 좋은 계책은 한마디 말로 정나라를 보존하고 진(秦)나라를 편안케 했다. 정나라 임금이 일찍이 좋은 계책을 쓰지 않았던 것은 나라를 깎아내는 까닭이 되었고, 어려움에 빠진 후에라도 깨우친 것은 (나라를) 보존할 수 있는 까닭이 되었다.

晉文公·秦穆公共圍鄭, 以其無禮而附於楚, 鄭大夫佚之狐言於鄭君
曰:"若使燭之武見秦君, 圍必解." 鄭君從之, 召燭之武; 使之, 辭曰:"臣
之壯也, 猶不如人, 今老矣, 無能爲也." 鄭君曰:"吾不能蚤用子, 今急而
求子, 是寡人之過也. 然鄭亡, 子亦有不利焉." 燭之武許諾. 夜出見秦君

---

5   화란(禍亂)을 평정하는 것을 무(武)라 한다. 『춘추좌전』 '선공(宣公) 12년'에, "무라는 것은
    사나움을 막고, 전쟁을 멈추고, 천하를 보호하며, 공을 세우고, 백성을 안정시키며, 제후
    를 화목하게 하고, 재물을 풍족하게 하는 것이다[夫武, 禁暴, 戢兵, 保大, 定功, 安民, 和衆,
    豊財者也]"라고 했으니, 이를 무의 칠덕(七德)이라 한다.

曰: "秦晉圍鄭, 鄭知亡矣, 若亡鄭而有益於君, 敢以煩執事. 鄭在晉之東, 秦在晉之西, 越晉而取鄭, 君知其難也, 焉用亡鄭以陪晉. 晉, 秦之鄰也, 鄰之强, 君之憂也. 若舍鄭以爲東道主, 行李之往來, 共其資糧, 亦無所害. 且君立晉君, 晉君許君焦瑕, 朝得入, 夕設版而畫界焉, 君之所知也. 夫晉何厭之有. 旣東取鄭, 又欲廣其西境, 不闕秦將焉取之? 闕秦而利晉, 願君圖之." 秦君說, 引兵而還, 晉咎犯請擊之. 文公曰: "不可, 微夫人之力不能弊鄭. 因人之力以弊, 不仁; 失其所與, 不知; 以亂易整, 不武. 吾其還矣." 亦去鄭, 鄭圍遂解. 燭之武可謂善謀, 一言而存鄭安秦. 鄭君不蚤用善謀, 所以削國也, 困而覺焉, 所以得存.

5. 마음속의 오만함을 키워줌으로써 끝내 망하게 하다
– 진나라 사마후

초나라 영왕(靈王, ?~기원전 529년)[6]이 자리에 나아간 뒤에 패자가 되고 싶어서 다섯 번 제후를 모았다가 (실패하자) 초거(椒擧)를 시켜 진(晉)나라에 가서 제후들을 청해줄 것을 부탁하게 했다.

초거가 명을 전해 말했다.

---

6 공왕(共王)의 둘째 아들이다. 영윤(令尹)이었을 때 병사(兵事)를 관장했는데, 조카 겹오(郟敖)를 살해하고 왕위에 올랐다. 즉위한 뒤 처음에는 제후의 병사로써 오(吳)나라를 공격해 주방(朱方)을 격파하고 제경봉(齊慶封)을 살해했다. 나중에 진(陳)·채(蔡)를 멸망시키고, 또 서(徐)나라를 공격해 오나라를 위협하니 나라 사람들이 몹시 고통스러워했다. 공자비(公子比)와 공자기질(公子棄疾) 등이 태자를 공격해 죽이고 공자비를 세워서 왕으로 삼자, 군심(軍心)이 동요되어 싸워보지도 못하고 궤멸되었다. 건계(乾谿)를 따라 서쪽으로 달아나서 미윤(羋尹) 신해(申亥)의 집에 들어갔다가 목을 매어 자살했다.

"저희 임금께서 저로 하여금 말씀을 전하게 하셨습니다. '임금께서 은혜를 주셔 송나라에서 맹약을 할 수 있었습니다. 진나라와 초나라를 따르는 제후들이 번갈아 서로 조현하도록 하자고 말씀하셨으니, 해를 보냄에 어지러움이 많지만, 과인은 바라건대 여러 임금과 교분을 맺고자 합니다. 초거를 사신으로 보내니 살펴봐 주시기를 청합니다. 임금께서 진실로 사방의 걱정거리가 없으시면 원컨대 은총에 기대어 제후들을 청하고자 합니다.'"

진나라 임금은 허락하고 싶지 않았는데, 사마후(司馬侯)[7]가 말했다.

"안 됩니다. 초나라 왕이 바야흐로 사치하고 있는데, 하늘은 누군가가 그 마음속을 가득 채우고 싶어 하면 그 독(毒)을 두텁게 한 다음에 벌을 내리시니 (사람으로서는) 알 수가 없습니다. 그 사람이 능히 제대로 죽게 될지도 또한 알 수 없습니다. 하늘이 하는 일조차 더불어 다툴 수 없는데, 하물며 제후의 일이겠습니까? 만일 음란하고 잔학하게 되어 초나라가 장차 버려지게 된다면 우리는 누구와 더불어 다툴 것 같습니까?"

진나라 임금이 말했다.

"진나라에는 3가지 위태롭지 않게 하는 것이 있는데 어찌 대적할 바가 있겠는가? 나라가 험준하고, 말이 많고, 제나라와 초나라에 어려움이 많은 것이다. 우리는 이 3가지를 가지고 있으니 어느 쪽이든

---

7 춘추시대 진(晉)나라 사람으로, 대부를 지냈다. 여제(女齊) 또는 여숙제(女叔齊)라고도 한다. 노나라 소공(昭公)이 진나라에 오면서 교외(郊外)에서 위로하며 바로 궤증(饋贈-선물)을 올리니, 진후(晉侯)가 그가 예를 안다고 칭찬했다. 그러자 여숙제는 그것은 단지 의식(儀式)일 뿐이지 예를 아는 것은 아니라고 하면서, 예라는 것은 나라를 지키고 정령(政令)을 시행하며 백성(百姓)을 잃지 않는 것이라고 말했다.

도움이 되지 않겠는가?"

대답해 말했다.

"말과 험준함에 기대고 이웃의 어려움을 즐겁게 여기는 것이 바로 3가지 위태로움입니다. 사악, 삼도, 양성, 대실, 형산, 종남은 구주에서 험한 땅이었으나 이것이 성(姓) 1개의 땅은 아니었습니다. 기주의 북쪽 땅은 말이 태어나는 곳입니다만 나라가 일어날 수 없는 곳입니다. 험준함과 말을 믿고서 굳건하다고 하기에는 부족하니, 예로부터 그러했습니다. 이에 선왕들은 다움에 힘씀으로써 신령과 사람의 뜻이 잘되게 했지 험준함과 말에 힘썼다는 것을 들어본 적이 없습니다. 이웃 나라의 어려움은 즐거이 여길 바가 아니니, 어떤 경우에는 많은 어려움이 그 나라를 굳건하게 하기도 하고, 혹은 어려움이 없는 것이 그 나라를 해치게 되어 지키던 집을 잃어버리게도 되는데, 어찌 어려움을 염려하십니까? 제나라에 중손(仲孫)의 난이 있었지만, 환공을 얻어서 지금까지 (그 은혜에) 의지하고 있고, 진(晉)나라에는 이극(里克)의 난이 있었지만, 문공을 얻어서 이 때문에 (문공은) 맹주가 되었습니다. 위나라와 형나라는 어려움이 없었지만, 오랑캐에게 역시 해침을 당했습니다. 그래서 다른 사람의 어려움을 기뻐해서는 안 됩니다.

특히 이 3가지 때문에 정사와 다움을 닦지 않는다면 겨를도 없이 망할 것이니, 어찌 능히 도움 될 수 있겠습니까? 임금께서는 이에 그것을 허락해주십시오. 주왕은 음란하고 잔학함을 일으켰고 문왕은 은혜롭고 화목했으니, 은나라는 이로써 떨어졌고 주나라는 이로써 일어났습니다. 이에 어찌 제후들과 다투시겠습니까?"

마침내 초나라 영왕에게 허락했다. 드디어 신(申)에서 회합이 이뤄지고 제후들과 더불어 오나라를 쳤다. (이에 영왕이) 장화(章華)에 대를 쌓는 (역사를) 일으키고 건계(乾谿)의 싸움으로 인해 백성이 피로해져서, 원망함이 아래에 있었고 뭇 신하들이 위에서 배반했다. 공자 기질(棄疾)이 난을 일으키자 영왕은 도망쳐 달아나다 들판에서 죽었다. 그러므로 말하기를 "진나라는 창 1자루도 잡지 않았건만 초나라 사람이 스스로 망했다"라고 했으니, 사마후의 계책이다.

楚靈王卽位, 欲爲霸, 五會諸侯, 使椒擧如晉求諸侯. 椒擧致命曰: "寡君使擧曰: '君有惠, 賜盟于宋. 曰: 晉·楚之從, 交相見也, 以歲之不易, 寡人願結驩於二三君. 使擧請間, 君苟無四方之虞, 則願假寵以請於諸侯.'" 晉君欲勿許, 司馬侯曰: "不可. 楚王方侈, 天其或者欲盈其心, 以厚其毒而降之罰, 未可知也. 其使能終, 亦未可知也. 唯天所相, 不可與爭, 況諸侯乎? 若適淫虐, 楚將棄之, 吾誰與爭?" 公曰: "晉有三不殆, 其何敵之有? 國險而多馬, 齊·楚多難. 有是三者, 何嚮而不濟?" 對曰: "恃馬與險, 而虞鄰之難, 是三殆也. 四嶽三塗, 陽城大室, 荊山終南, 九州之險也, 是不一姓. 冀之北土, 馬之所生也, 無興國焉. 恃險與馬, 不足以爲固也, 從古以然. 是先王務德音以亨神人, 不聞其務險與馬也. 鄰國之難不可虞也, 或多難以固其國, 或無難以喪其國, 失其守宇, 若何虞難? 齊有仲孫之難而獲桓公, 至今賴之; 晉有里克之難而獲文公, 是以爲盟主. 衛·邢無難, 狄亦喪之. 故人之難不可虞也. 特此三者而不修政德, 亡於不暇, 有何能濟. 君其許之. 紂作淫虐, 文王惠和, 殷是以隕, 周是以興. 夫豈爭諸侯哉?" 乃許楚靈王. 遂爲申之會, 與諸侯伐吳. 起章華之臺, 爲乾谿之役, 百姓罷勞怨懟於下, 群臣倍畔於上. 公子棄疾作亂, 靈王亡逃, 卒死於野. 故曰: "晉不頓一戟, 而楚人自亡", 司馬侯之謀也.

6. 도리로 원수를 갚고, 오나라를 패업으로 이끌다
- 오나라 오자서

초나라 평왕(平王, ?~기원전 516년)[8]이 오자서의 아버지를 죽이자 자서가 나라 밖으로 빠져나와 도망쳐서, 활을 끼고 합려에게 벼슬을 구했다.

합려가 말했다.

"대의(大義)가 깊고도 용기가 넘치는구나."

이로 인해 군대를 일으켜 초나라를 공격하려 하니, 자서가 간언해 말했다.

"안 됩니다. 신이 듣건대, 군자는 필부를 위해 군사를 일으키지 않는다고 합니다. 또 임금 섬기기를 마치 아버지 섬기듯 해야 하니, 임금의 뜻을 어그러뜨리고 아버지의 원수에게 보복하는 것을 신은 할 수 없습니다."

이에 그쳤다.

채나라 소공이 초나라에 조현 왔을 때 아름다운 갖옷이 있었는데, 초나라 영윤 낭와(囊瓦)가 그것을 요구했다가 소공이 주지 않자

---

8   공왕(共王)의 다섯 번째 아들이다. 영왕(靈王) 때 병사를 이끌고 진정(眞定)의 채(蔡)나라
    를 멸망시켰고, 영왕이 죽자 형 공자비(公子比)와 자석(子晳)을 죽이고 왕위에 올랐다. 나
    라 사람들과 제후(諸侯)들이 반란을 일으킬까 두려워서, 백성에게 혜정(惠政)을 베풀고 진
    (陳)나라와 채나라를 회복시키면서 정(鄭)나라에 빼앗은 땅을 돌려주는 등 이웃 나라와
    우호 관계를 맺었다. 항상 오(吳)나라와 전투를 벌였지만, 번번이 패했다. 2년 태자 건(建)
    의 아내를 진(秦)나라에서 받아들였는데, 그녀가 미인인 것을 보고는 자신이 차지했다. 또
    비무기(費無忌)의 참언을 듣고 태자 건을 폐한 뒤 태자의 사부 오사(伍奢)와 그의 맏아들
    을 죽였다. 죽은 뒤 10년 후 오사의 아들 오자서(伍子胥)가 오나라 군대를 이끌고 초나라
    의 도읍 영(郢)을 공격해 들어와서 평왕의 무덤을 파헤친 뒤 시신에 채찍질을 가했다.

이에 영(郢)에 묶어 두었다.

몇 년이 지난 뒤에 채나라로 돌려보냈는데, 소공이 복수(濮水)를 건널 때 벽옥을 물에 던지며 말했다.

"제후 중에 초나라를 치는 사람이 있으면 과인이 맨 앞줄에 서기를 청하겠다."

초나라 사람이 이를 듣고 화가 나서 이에 병사를 일으켜 채나라를 쳤는데, 채나라가 오나라에 구원을 요청했다.

자서가 간언해 말했다.

"채나라에 죄가 있는 것이 아니라 초나라에 도리가 없는 것이니, 임금께서 만일 중국을 걱정하는 마음이 있다면 지금 이때가 좋습니다."

이에 병사를 일으켜 초나라를 쳐서 드디어 초나라 사람을 백거(柏舉)에서 꺾고 패업의 길을 이루었으니, 자서의 계책 때문이다. 그래서 『춘추』에서 아름답게 여기고 이를 기렸다.

楚平王殺伍子胥之父, 子胥出亡, 挾弓而干闔閭. 闔閭曰: "大之甚, 勇之甚." 爲是而欲興師伐楚, 子胥諫曰: "不可, 臣聞之, 君子不爲匹夫興師, 且事君猶事父也, 虧君之義, 復父之讎, 臣不爲也." 於是止. 蔡昭公朝於楚, 有美裘, 楚令尹囊瓦求之, 昭公不予, 於是拘昭公於郢. 數年而后歸之, 昭公濟濮水, 沈璧曰: "諸侯有伐楚者, 寡人請爲前列." 楚人聞之怒, 於是興兵伐蔡, 蔡請救于吳. 子胥諫曰: "蔡非有罪也, 楚人無道也, 君若有憂中國之心, 則若此時可矣." 於是興兵伐楚, 遂敗楚人於柏舉而成霸道, 子胥之謀也. 故春秋美而褒之.

7-1. 부국강병을 위해 진나라의 오래된 법을 바꾸려 다투다
- 위앙과 감룡, 두지 1

진나라 효공(孝公, 기원전 381~기원전 338년)[9]이 위앙(衛鞅-공손앙·상
앙)의 말을 쓰고 싶어서 엄한 형벌과 준엄한 법으로 고치고 옛날 삼
대의 제도를 바꾸려고 했는데, 대신들이 따르지 않을 것을 걱정했다.
이에 위앙, 감룡(甘龍), 두지(杜摯), 세 대부를 임금 가까이에 불러서
세상일을 바꾸는 계책을 헤아리고 법의 뿌리를 바르게 하며 백성에
게 가르치도록 했다.

임금이 말했다.

"임금의 자리를 이어가면서 사직이 망하지 않게 함이 임금의 도
리이고, 법을 쓰면서 밝은 임금을 힘써 모시는 것이 오래가는 신하의
도리다. 지금 나는 법을 고쳐서 백성을 교화하고 싶은데, 세상 사람들
이 나를 책잡을까 걱정된다."

공손앙이 말했다.

"신이 듣건대, 행하는 것을 의심하면 이름이 나지 않고 일을 의심
하면 성과가 없다고 합니다. 임금께서 미리 변법(變法)에 대해 걱정되
는 바를 정해두었기 때문에 시행하는 데 아무런 의심이 없었고, 거의

---

9 헌공(獻公)의 아들이다. 상앙(商鞅)을 임용해 변법(變法)을 실천하고 분봉제(分封制)와 세
   습제(世襲制)를 철폐했으며 군공(軍功)에 따라 작위(爵位)를 주고 농경과 방직을 권하는
   등의 정책을 실시했다. 10년 위나라 안읍(安邑)을 공략하고, 12년 함양(咸陽)으로 천도하
   면서 변법을 더욱 개혁했으며, 도로를 개통해 전국적으로 현(縣)을 설치했다. 14년 처음으
   로 부(賦)를 거두었다. 이때부터 진나라는 날로 강성해지기 시작해, 19년 주(周)나라 천자
   로부터 처음으로 봉작(封爵)을 받고 유력한 제후로서의 지위를 확립해 뒷날 진시황제가
   천하를 통일하는 기초를 쌓았다.

천하의 책잡는 말을 돌아보지 않으셨습니다. 또 무릇 덕이 높은 사람처럼 행하는 사람이 있다면 정말로 세상에서 비난을 짊어지게 되고, 홀로 알고서 근심하는 사람은 있다면 반드시 백성에게 헐뜯어집니다. 세상에서 말하기를 '어리석은 사람은 일이 이뤄져야 눈치채고, 지혜로운 사람은 싹 트기 전에 본다'라고 했습니다. 백성은 처음부터 함께 고민할 수는 없고, 공업을 이룬 후에야 함께 즐거움을 나눌 수 있습니다. 곽언(郭偃)이 본받을 말을 했습니다. '지극한 다움에 대해 논하는 자는 세속과 화합하지 못하고, 큰 공을 이룬 자는 사람들 무리와 계책을 세우지 않는다.' 법이란 것은 백성을 아끼기 때문이며, 예란 것은 일을 쉽게 하기 위함입니다. 이 때문에 빼어난 이가 정말로 나라를 다스릴 수 있으려면 그 옛날을 모범으로 삼지 않고, 정말로 백성을 이롭게 하려면 그 (예전의) 예를 쫓지 않는 것입니다."

효공이 말했다.

"좋다."

감룡이 말했다.

"그렇지 않습니다. 신이 듣건대, 빼어난 이는 백성을 바꾸지 않고도 교화하고 지혜로운 이는 법을 바꾸지 않고도 다스린다고 합니다. 백성으로써 (기준을 삼아) 가르치면 힘쓰지 않고도 일을 이루며, 법에 근거해서 다스리면 관리가 익숙해져야 백성이 법을 편안하게 여깁니다. 지금 임금께서 법을 바꿔 옛것을 따르지 않게 하고 예를 바꿔 백성을 가르친다고 하시니, 신은 세상 사람들이 임금을 비난할까 걱정됩니다. 바라건대 임금께서는 깊이 생각해주십시오."

秦孝公欲用衛鞅之言, 更爲嚴刑峻法, 易古三代之制度, 恐大臣不從.

於是召衛鞅, 甘龍·杜摯三大夫御於君, 慮世事之變計, 正法之本, 使民道. 君曰: "代位不亡社稷, 君之道也; 錯法務明主, 長臣之行也. 今吾欲更法以敎民, 吾恐天下之議我也." 公孫鞅曰: "臣聞疑行無名, 疑事無功, 君前定變法之慮, 行之無疑, 殆無顧天下之議. 且夫有高人之行者, 固負非於世; 有獨知之慮者, 必見警於民. 語曰: '愚者暗成事, 知者見未萌.' 民不可與慮始, 可與樂成功. 郭偃之法曰: '論至德者, 不和於俗; 成大功者, 不謀於衆.' 法者所以愛民也, 禮者所以便事也. 是以聖人苟可以治國, 不法其故; 苟可以利民, 不循其禮." 孝公曰: "善." 甘龍曰: "不然. 臣聞聖人不易民而敎, 知者不變法而治. 因民而敎者, 不勞而功成, 據法而治者, 吏習而民安之. 今君變法不循故, 更禮以敎民, 臣恐天下之議君. 願君熟慮之."

7-2. 부국강병을 위해 진나라의 오래된 법을 바꾸려 다투다 – 위앙과 감룡, 두지 2

공손앙이 말했다.

"그대가 말한 것은 세상에서 알고 있는 바입니다. 보통 사람은 익숙한 것에서 편안해하고, 배우는 사람은 들었던 바에 젖어 있으니, 이 둘은 벼슬을 살면서 법을 지키는 뿐이지 전례나 법의 바깥에 있는 것을 더불어 논할 바가 아닙니다. 삼대는 도리가 같지 않았어도 왕 노릇을 했고, 오패는 같은 법을 쓰지 않았어도 패자가 되었습니다. 지혜로운 자는 법을 만들지만 어리석은 자는 얽매이게 되고, 뛰어난 자는 예를 편안히 여기지만 덕이 없는 자는 얽매이게 됩니다. 예에 얽매인 사람은 일을 같이 이야기할 수 없고, 법에 얽매인 사람은 다스림을 같이 말할 수 없습니다. 임금께서는 의심치 마십시오."

두지가 말했다.

"이로움이 100배가 되지 않으면 법을 바꾸지 말아야 하고, 공이 10배가 되지 않으면 기물을 바꾸지 말아야 합니다. 신이 듣건대 옛것을 본받으면 잘못된 것이 없고 예를 따르면 기울어진 것이 없다고 했으니, 임금께서는 이에 살펴보소서."

공손앙이 말했다.

"앞선 세상은 가르침이 같지 않았는데 무슨 옛것을 본받는다는 말이며, 제왕이라는 사람들은 서로 돌려서 (왕 노릇을) 하지 않았는데 무슨 예를 쫓는다는 말입니까? 복희와 신농은 가르쳤지만 주벌하지 않았고, 황제와 요순은 주벌했지만, 화를 내지 않았습니다. 마침내 문왕과 무왕에 이르러서는 각기 그 시절에 맞게 법을 세워서 일하고 예를 만들었습니다. 예와 법, 둘이 정해지자 영을 만들어서 여러 사안을 마땅하게 했고, 갑주와 병기를 갖춰 각각 그 쓰임을 편하게 했습니다. 신은 그래서 '세상을 다스리는 것이 한 가지 길은 아니고, 나라를 편안하게 하는 것이 반드시 옛것은 아니다'라고 말하는 것입니다. 옛날 탕왕과 무왕이 왕 노릇 한 것이 옛것을 쫓았기 때문은 아니고, 은나라와 하나라가 없어진 것이 예를 바꿔서가 아닙니다. 그렇기 때문에 옛것을 반대하는 것이 비난받을 수 없고 예를 쫓자는 것도 칭찬받을 수 없으니, 임금께서는 의심치 마십시오."

효공이 말했다.

"좋다. 내가 듣건대, 궁벽한 시골에 괴이한 일이 많고 배움이 곡진하면 말이 많다고 했다. 어리석은 사람은 웃고 화답하는 사람은 슬퍼하며, 미친 사내는 기뻐하지만 뛰어난 사람은 걱정한다. 세상의 비난에 얽매여 다른 사람의 마음을 의심스럽게 해서는 안 될 것이다."

이에 효공이 감룡과 두지의 좋은 계책을 멀리하고 마침내 위앙의 잘못된 말을 따르니, 법이 엄해지고 형벌의 혹독함이 심해졌는데도 반드시 이를 지키는 것을 공(公)이라 하여 그때마다 억지로 밀어붙였다. 드디어 위앙을 봉해 상군으로 삼았다. 마침내 효공이 죽었는데, 나라 사람들이 상군을 원망해 수레로 찢어 죽일 지경에 이르렀다. 그 환란이 점점 흘러 시황(始皇)에 이르러서는 피 묻은 옷이 길을 막고 뭇 도둑들이 산을 가득 채웠고 끝내 반란으로 인해 망했으니, 이는 (법을) 모질고 각박하게 쓰면서 은혜로움이 없어서 이르게 된 바이다. 삼대는 다움을 쌓아서 왕이 되었고 제나라 환공은 끊어진 제사를 이어주어 패자가 되었으며 진나라와 항우는 혹독하고 사나워서 망했고 한나라 왕[劉邦]은 어짊을 드리워서 황제가 되었으니, 그래서 어짊과 은혜[仁恩]는 계책의 뿌리인 것이다.

> 公孫鞅曰: "子之所言者, 世俗之所知也. 常人安於所習, 學者溺於所聞, 此兩者所以居官而守法也. 非所與論於典法之外也. 三代不同道而王, 五霸不同法而霸. 知者作法, 而愚者制焉; 賢者更禮, 不肖者拘焉. 拘禮之人, 不足與言事; 制法之人, 不足與論治, 君無疑矣." 杜摯曰: "利不百不變法, 攻不什不易器. 臣聞之, 法古無過, 循禮無邪, 君其圖之." 公孫鞅曰: "前世不同敎, 何古之法? 帝王者不相復, 何禮之循? 伏犧神農, 敎而不誅, 黃帝堯舜, 誅而不怒. 及至文武, 各當其時而立法因事制禮. 禮法兩定, 制令各宜, 甲兵器備, 各便其用. 臣故曰, 治世不一道, 便國不必古. 故湯武之王也不循古, 殷夏之滅也不易禮. 然則, 反古者未可非

也, 循禮者未足多也, 君無疑矣." 孝公曰:"善. 吾聞窮鄉多怪, 曲學多
辯. 愚者之笑, 和者哀焉; 狂夫之樂, 賢者憂焉. 拘世之議, 人心不疑矣."
於是孝公違龍摯之善謀, 遂從衛鞅之過言, 法嚴而酷刑深, 而必守之以
公, 常時取强, 遂封鞅爲商君, 及孝公死, 國人怨商君, 至於車裂之. 其
患流漸, 至始皇赤衣塞路, 群盜滿山, 卒以亂亡, 削刻無恩之所致也. 三
代積德而王, 齊桓繼絶而霸, 秦項嚴暴而亡, 漢王垂仁而帝, 故仁恩, 謀
之本也.

8. 나라 안팎의 일 가운데 먼저 할 일을 두고 다투다
- 진나라 장의와 사마조

진(秦)나라 혜왕(惠王, 기원전 356~기원전 311년)[10] 때, 촉(蜀) 땅에서
반란이 일어나 나라 사람들이 서로 공격하게 되자 위급함을 진나라
에 알렸다. 진나라 혜왕이 병사를 일으켜 촉을 치고 싶었지만 길이
험하고 좁아서 이르기 어렵다고 여겼는데, 한(韓)나라 사람들이 진나
라를 침입했다. 진나라 혜왕은 먼저 한나라를 치고 싶었지만, 촉의 반
란이 걱정되었고, 먼저 촉을 치면 한나라가 진나라의 빈 곳을 습격할

---

10 효공(孝公)의 아들이며, 제27대 무왕(武王)과 제28대 소양왕(昭襄王)의 아버지다. 진나라
    의 군주로는 처음으로 왕(王)의 칭호를 사용했다. 진나라 군주의 자리에 나아갈 당시 진나
    라는 '전국칠웅(全國七雄)'이라 불리는 강국 가운데에서도 가장 강성했다. 그래서 한(韓)·
    위(魏)·조(趙)·제(齊)·초(楚)·연(燕) 등은 진나라를 상대하는 문제로 고심하고 있었는데,
    소진(蘇秦)은 다른 나라들이 연합해 진나라를 견제해 세력 균형을 유지하자는 합종책(合
    從策)을 주장했고, 장의(張儀)는 다른 나라들이 진나라와 각각 동맹을 맺어 화친하자는
    연횡책(連橫策)을 주장했다.

까 걱정되어 우물쭈물 결정을 못 했다. 사마조(司馬錯)가 장자(張子=張儀, ?~기원전 309년)[11]와 함께 혜왕 앞에서 논쟁을 벌였다. 사마조는 촉을 치고 싶었으나 장자[장의]가 말하기를 "한나라를 치는 것만 못합니다"라고 하니, 왕이 말했다.

"그 이야기를 들어보자."

(장자가) 대답해 말했다.

"위나라와 가까이 지내고 초나라와 좋게 지내면서 병사를 삼천(三川)으로 내려보내어, 십곡(什谷)의 입구를 틀어막고 둔류(屯留)의 길에서 대적합니다. 위나라가 남양(南陽)에서 끊어주고 초나라가 (한나라 도읍인) 남정(南鄭)에 임(臨)할 때 진나라는 신성, 의양을 공격하고서 동주와 서주의 교외까지 가서 주나라 천자를 주살한 죄와 초나라와 위나라의 땅을 침범한 죄를 묻습니다. 주나라가 스스로를 구원할 수 없음을 알면 구정(九鼎)과 보기(寶器)들을 반드시 보내올 것이니, 구정을 차지하고 천하의 지도와 호적을 살펴보며 천자를 끼고서 천하에 영을 내리면 천하가 감히 듣지 않을 수 없습니다. 바로 왕께서 이룩하실 업적입니다. 지금 저 촉나라는 서쪽의 궁벽한 나라로서 융적의 우두머리이기는 하지만, 병사를 피곤하게 해서 무리를 힘들게 하더라도 명성을 이루기에 부족하고 그 땅을 얻어도 이익으로 삼기

---

11 종횡가(縱橫家)의 비조로, 합종책(合從策)을 제창한 소진(蘇秦)과 더불어 귀곡선생(鬼谷先生)에게 사사했다. 처음에 초(楚)나라에 가서 벽(璧-옥으로 만든 의기(儀器))을 훔친 혐의를 받고 태형(笞刑)의 벌을 받은 뒤 추방되었으나 제후에 대한 유세(遊說)를 계속했다. 소진의 주선으로 진(秦)나라에서 벼슬살이를 하게 되어 혜문왕(惠文王) 때 재상이 되었다. 연횡책(連衡策)을 주창하면서 위(魏)·조(趙)·한(韓)나라 등 동서[横]로 잇닿은 6국을 설득, 진(秦)나라를 중심으로 하는 동맹 관계를 맺게 했다. 혜왕이 죽은 뒤 실각, 위나라로 피신했으며 재상이 된 지 1년 만에 죽었다.

에 부족합니다. 신이 듣건대 '이름을 다투는 사람은 조정에 있고, 이익을 다투는 사람은 시장에 있다'라고 했습니다. 지금 삼천과 주나라 왕실은 천하의 조정이요 시장인데도 왕께서 다투지 않고 도리어 융적과 싸우려 하시니, 왕업과는 거리가 멉니다."

사마조가 말했다.

"그렇지 않습니다. 신이 듣건대, 부유하고자 하는 사람은 그 땅을 넓히는 데 힘쓰고, 강해지고자 하는 사람은 그 백성이 부유해지게끔 힘쓰며, 왕다운 왕이 되려면 그 다움을 넓히는 데 힘쓰며, 이 3가지를 밑천으로 갖추면 왕의 자리는 따라온다고 했습니다. 지금 임금의 땅은 작고 백성은 가난하므로, 신은 바라건대 먼저 쉬운 쪽부터 일을 시작했으면 합니다. 저 촉은 서쪽의 궁벽한 나라인 데다 융적의 우두머리입니다. 걸왕과 주왕과 같은 어지러움이 있을 때 진나라가 그들을 공격하는 것은, 비유하자면 마치 이리 떼와 늑대들이 양 떼를 모는 것과 같습니다. 그 땅을 얻으면 나라를 넓힐 수 있고 그 재물을 차지하면 백성을 부유하게 할 수 있는데, 병사를 정비하면 많은 사람을 다치게 하지 않고도 복속시킬 수 있습니다. 나라 하나를 복속시키더라도 천하가 사납다고 여기지 않을 것이며, 이익을 서쪽 바다까지 남김없이 다하더라도 제후들이 탐욕스럽다고 여기지 않을 것입니다. 바로 하나를 들었는데 이름과 실속이 함께 붙어 있는 것이요, 또 사나움을 금하고 어지러움을 바르게 한다는 명분도 있습니다.

지금 한(韓)나라를 공격해 천자를 겁박하면 천자를 겁박했다는 나쁜 이름을 얻을 뿐이어서 결코 이로울 것이 없습니다. 마땅하지 않다는 이름을 얻은 채로 천하가 욕심내지 않는 곳을 공격하면 위태롭습니다. 신이 청컨대 그 까닭을 아뢰고자 합니다. 주나라는 천하의 종실이요, 제나라는 한나라와 함께하는 나라입니다. 주나라가 구정을 잃을 것을 알게 되고 한나라가 삼천을 잃을 것을 알게 되면 장차 두 나라는 힘을 합쳐서 함께 계책을 내어 이로써 제나라와 조(趙)나라에 의지하게 되고, 초나라와 위나라에게 풀어주기를 구하면서 쇠솥은 초나라에 주고 땅은 위나라에 줄 것입니다. 쇠솥을 초나라에 주고 땅을 위나라에 주면 왕께서는 그칠 수가 없게 되니, 이것이 신이 위태롭다고 한 바입니다. 촉을 쳐서 진나라를 완전하게 하는 것만 못합니다."

혜왕이 말했다.

"좋다. 과인은 그대 말을 따르겠다."

끝내 병사를 일으켜서 촉나라를 치니, 열 달 만에 촉을 차지했다. 마침내 촉나라를 평정하고는 촉나라 왕은 바꿔 불러서 제후라 했고, 진숙(陳叔)을 보내 촉의 재상이 되게 했다. 촉이 진나라의 속국이 되자 (진나라는) 날로 더욱 강해지고 부유해지고 두터워져서 제후들을 제어하게 되니, 사마조의 계책 덕분이다.

秦惠王時蜀亂, 國人相攻擊, 告急於秦. 秦惠王欲發兵伐蜀, 以爲道險狹難至, 而韓人侵秦. 秦惠王欲先伐韓, 恐蜀亂; 先伐蜀, 恐韓襲秦之弊, 猶與未決. 司馬錯與張子爭論於惠王之前. 司馬錯欲伐蜀, 張子曰: "不如伐韓", 王曰: "請聞其說." 對曰: "親魏善楚, 下兵三川, 塞什谷之口, 當屯留之道. 魏絶南陽, 楚臨南鄭, 秦攻新城, 宜陽, 以臨二周之郊, 誅周王之罪, 侵楚·魏之地. 周自知不救, 九鼎寶器必出, 據九鼎, 按圖籍, 挾天子以令於天下, 天下莫敢不聽. 此王業也. 今夫蜀西僻之國, 而戎狄之倫也, 弊兵勞衆, 不足以成名, 得其地不足以爲利. 臣聞, 爭名者於朝, 爭利者於市. 今三川周室, 天下之朝市也, 而王不爭焉, 顧爭於戎狄, 去王遠矣." 司馬錯曰: "不然. 臣聞之, 欲富者務廣其地, 欲强者務富其民, 欲王者務博其德, 三資者備而王隨之矣. 今王地小民貧, 故臣願先從事於易. 夫蜀西僻之國, 而戎狄之長也, 有桀紂之亂, 以秦攻之, 譬如以豺狼逐群羊也. 得其地足以廣國, 取其財足以富民, 繕兵不傷衆而服焉. 服一國而天下不以爲暴, 利盡西海而諸侯不以爲貪. 是我一擧而名實附也, 又有禁暴正亂之名. 今攻韓劫天子, 劫天子, 惡名也, 而未必利也. 有不義之名, 而攻天下所不欲, 危矣. 臣請竭其故: 周, 天下之宗室也; 齊, 韓之與國也. 周自知失九鼎, 韓自知亡三川, 將二國并力合謀, 以因乎齊, 趙, 而求解乎楚·魏, 以鼎予楚, 以地予魏. 以鼎予楚, 以地予魏, 王不能止, 此臣所謂危也. 不如伐蜀完秦." 惠王曰: "善. 寡人請聽子." 卒起兵伐蜀, 十月取之. 遂定蜀, 蜀王更號爲諸侯, 而使陳叔相蜀. 蜀旣屬秦, 秦日益强富厚而制諸侯, 司馬錯之謀也.

9-1. 초나라를 보전하기 위해 진나라를 위한 계책을 내다
- 초나라 춘신군 1

초나라가 황헐(黃歇, ?~기원전 238년)[12]을 진(秦)나라에 사신으로 보

---

12 춘신군(春申君)이다. 제(齊)나라 맹상군(孟嘗君), 조(趙)나라 평원군(平原君), 위(魏)나라 신릉군(信陵君)과 함께 전국사군(戰國四君) 가운데 한 사람으로 불린다. 초나라 경양왕(頃襄王)에게 발탁되어 좌도(左徒)가 되었고, 진(秦)나라의 소양왕을 설득해 그의 공격을 막았다. 일찍이 초나라 태자 완(完)과 함께 볼모가 되어 진나라에 있다가 꾀를 내어 탈출했다. 완이 즉위해 고열왕(考烈王)이 되자 재상에 올라 춘신군에 봉해졌다. 회북(淮北)의 땅 12현(縣)을 봉지로 받고 문하에 식객이 3000명에 이르렀다. 6년 조나라를 구해 진나라를 물리치고서 신릉군과 함께 한단(邯鄲)의 포위를 풀었다. 나중에 노(魯)나라를 멸망시켰다.

냈는데, 진나라 소왕(昭王, 기원전 324~기원전 251년)이 백기(白起)로 하여금 한나라와 위나라를 공격하게 하자 한나라와 위나라가 복종해 진을 섬기기로 했다. 진나라 왕이 바야흐로 백기에게 영을 내려 한나라, 위나라와 더불어서 함께 초나라를 치기로 했다. 황헐이 때마침 도착해 그 계획을 들었는데, 이때에는 이미 진나라가 백기로 하여금 초나라 몇 개 현을 치게 해서 초나라 경양왕이 동쪽으로 쫓겨나 있었다. 황헐은 진나라 소왕에게 글을 올려서, 진나라로 하여금 멀리 있는 초나라와 사귀고 한나라와 위나라를 치게 함으로써 초나라를 풀어주고자 했다.

그 글에서 이렇게 말했다.

"세상에 진나라와 초나라보다 강한 나라가 없습니다. 지금 듣건대 왕께서 초나라를 치고 싶다고 하시니, 이는 마치 호랑이 2마리가 서로 다투는 것과 같습니다. 두 호랑이가 서로 다투게 되면 둔한 개가 그 (두 나라의) 약해진 틈을 얻게 되니, 초나라와 좋게 지내느니만 못합니다. 신이 청컨대 그 이야기를 말씀드리겠습니다. 신이 듣기에 만물이 극에 이르면 되돌아간다고 했으니, 겨울과 여름이 바로 이것입니다. 높은 곳에 이르면 위험하니, 바둑돌을 (높이) 쌓는 것이 바로 이런 이치입니다. 지금 진나라 땅이 온 천하에 널리 있으면서 그중에 서쪽과 북쪽을 가지고 있는데, 백성이 따른 이래로 만승의 땅을 가진 나라는 일찍이 있었던 적이 없습니다. 지금 왕께서 성교(盛橋)로 하

20여 년 동안 권세를 휘두르면서 내치(內治)와 외교로써 강적 진나라에 대항했다. 22년 초나라가 진(陳)에서 수춘(壽春)으로 천도하고 그를 오(吳)에 봉했는데, 초나라의 국정을 지배했다. 고열왕이 죽자 권신 이원(李園)에 의해 일족과 함께 살해되었다.

여금 한나라의 일을 맡게 하시어 성교가 그 땅을 진나라에 집어넣었는데, 이는 왕께서 갑주를 쓰지도 않고 위엄을 떨치지도 않고서 사방 100리의 땅을 얻게 된 것이므로 왕께서는 능력이 있다 말할 수 있습니다. 왕께서는 또한 군사를 일으켜 위나라를 공격해 대량의 입구를 막고 하내(河內)를 점거했으며 연(燕)·산조(酸棗)·허(虛)·도(桃)를 공략하고 형(邢)으로 들어가시니, 위나라 병사들이 구름처럼 흩어지면서 감히 구하지 못했습니다. 왕의 공로가 많다 할 것입니다. 왕께서 병사와 백성을 쉬게 했다가 2년이 지난 후 다시 군사를 일으키시어 만(滿)·연(衍)·수(首)·원(垣)을 차지한 뒤 인(仁)·평구(平丘)·황(黃)·제양(濟陽·견성(甄城)에까지 이르자[臨] 위나라가 복종했습니다. 왕께서 또한 복수(濮水)와 역산(歷山)의 북쪽을 잘라내고 제나라와 진나라의 허리를 때렸으며 초나라와 조나라의 등뼈[脊]를 끊었으니, 천하가 다섯 번 합치고 여섯 번 모여도 감히 서로를 구할 수 없게 되었습니다. 왕의 위세가 정말로 지극하십니다.

楚使黃歇於秦, 秦昭王使白起攻韓·魏, 韓·魏服事秦. 秦王方令白起, 與韓·魏共伐楚. 黃歇適至, 聞其計, 是時秦已使白起攻楚數縣, 楚頃襄王東從. 黃歇上書於秦昭王, 欲使秦遠交楚而攻韓·魏以解楚. 其書曰: "天下莫強於秦·楚. 今聞王欲伐楚, 此猶兩虎相與鬪. 兩虎相與鬪, 而駑犬受其弊也, 不如善楚. 臣請言其說: 臣聞之, 物至則反, 冬夏是也; 致高則危, 累棋是也. 今大國之地遍天下, 有其二垂, 此從生民以來, 萬乘之地, 未嘗有也. 今王使盛橋守事於韓, 盛橋以其地入秦, 是王不用甲不信威, 而得百里之地也, 王可謂能矣. 王又舉甲, 而攻魏, 杜大梁之門, 舉河內, 攻燕·酸棗·虛·桃, 入邢, 魏之兵雲翔而不敢救. 王之功多

矣. 王休甲息衆, 二年而復之, 有取滿·衍·首·垣, 以臨仁·平丘·黄·濟
陽, 甄城而魏氏服. 王又割濮·歷之北, 注之齊·秦之要, 絶楚·趙之脊,
天下五合六聚而不敢相救. 王之威亦矣.

9-2. 초나라를 보전하기 위해 진나라를 위한 계책을 내다
- 초나라 춘신군 2

왕께서 만일 능히 공로에 기대고 위엄을 지키면서 전쟁에서 이긴
마음을 끼고 어질고 의로운 마음을 살찌움으로써 뒷날의 근심을 없
게 하신다면, 삼왕(三王)이 부족해 사왕(四王)이 되고 오패(五伯)가 부
족해 육패(六伯)가 될 것입니다. 왕께서 만약 백성의 무리가 많고 병
사의 강한 것을 업고서 위나라를 깬 위세를 올라타고 힘으로써 천하
의 왕들을 신하로 삼고 싶으시다면, 신은 그 뒷날 근심이 있을까 걱정
됩니다. 『시경』(「대아(大雅)·탕(蕩)」편)에 이르기를 '움직이지 않는 것
은 없으나 능히 끝이 있는 것은 드물다'라고 했고, 『주역』(미제괘(未濟
卦))에 이르기를 '여우가 물을 건너면 그 꼬리가 젖는다'라고 했습니
다. 이는 시작하는 것은 쉬우나 끝내는 것이 어려운 것을 말합니다.
어떻게 그런 것인지 알 수 있겠습니까? 지백(智伯)은 조나라를 치는
이익만 보았지 유차(榆次)의 재앙을 알지 못했고, 오나라는 제나라를
치는 것이 쉽다는 것만 보았지 간수(干隧)에서 패배할 것을 알지 못
했습니다. 이 두 나라는 큰 공이 없지 않았습니다만, 앞에 있는 이익
에 빠져서 뒤에 있는 근심을 가볍게 여겼습니다. 오나라가 월나라를
가까이 여겨서 거느리고 제나라를 쳤는데, 애릉에서 제나라를 이기

고 돌아오다가 월나라 사람들에게 삼저(三渚)의 나루터에서 잡혔습니다. 지백이 한나라와 위나라를 믿고서 거느리고 조나라를 치고자 진양의 성을 공격해 이겼지만, 며칠 만에 한나라와 위나라가 배반해 착대(鑿臺) 위에서 지백 요(瑤)를 죽였습니다. 지금 왕께서 초나라가 무너지지 않음은 미워하면서도 초나라가 무너지면 한나라와 위나라가 강해진다는 것은 잊고 계시니, 신이 왕을 위해 걱정을 하면서 찬성하지 않는 것입니다. 시[逸詩-『시경』에 실리지 않아 없어진 시]에서 말하기를 '대군(大軍)은 먼 곳을 건너 공격하지 않는다'라고 했는데, 이로 말미암아 보면 초나라는 도와주는 나라이고 이웃 나라는 적입니다.

『시경』(「소아(小雅)·교언(巧言)」편)에 이르기를 '빨리 달아나는 저 교활한 토끼는, 사냥개를 만나면 죽음을 면치 못하도다. 다른 사람이 참소할 마음이 있음을, 나는 추측하고 예상할 수 있도다'라고 했습니다. 지금 왕께서는 중도에서 한나라와 위나라가 왕께 잘한다고 믿고 있지만, 이는 오나라가 월나라를 가깝게 여긴 것과 같습니다. 신이 듣기에, 적(敵)은 틈을 줄 수 없고 때는 놓칠 수 없다고 했습니다. 신은 한나라와 위나라가 자신들을 낮추는 말로써 근심을 없애고 실제로는 진나라를 속이는 것을 걱정하고 있습니다. 왜 그러하겠습니까? 왕께는 한나라와 위나라에게 대대로 내려준 은덕의 무거움이 없고, 여러 세대에 쌓인 원망만 있기 때문입니다. 무릇 한나라와 위나라의 부모와 자식과 형제들 가운데 진나라에 잇달아서 죽은 자가 10대에 걸쳐 있습니다. 자기들 나라가 없어지고 사직이 무너지고 종묘가 버려졌으며, 배를 가르고 내장을 끊어내고 머리를 자르고 목을 꺾으며, 몸과 머리가 나뉘어 떨어져서 뼈가 풀밭과 늪에 드러나고 머리가 엎어져 넘어진 것이 국경까지 서로 마주 보고 있습니다. 달아매고 묶인 사람들이 한 무리의 포로가 되어 길에서 서로 부딪치니, 귀신과 황양(潢洋-귀신의 일종)은 제삿밥을 먹지 못하고 백성이 안심하고 생활할 수 없습니다. 집안이 떨어져서 흩어지고, 유랑하다 남의 종복이나 첩이 된 일이 천하에 가득합니다. 그러므로 한나라와 위나라가 망하지 않은 것은 진나라 사직의 근심거리입니다. 지금 왕께서 그들에 의지해 초나라를 공격하시니, 정말로 잘못이 아닐 수 없습니다.

王若能恃功守威, 挾戰功之心, 而肥仁義之地, 使無後患, 三王不足四, 五伯不足六也. 王若負人徒之衆, 兵革之彊, 乘毀魏之威, 而欲以力臣天下之王, 臣恐其有後患也. 詩曰: '靡不有動, 鮮克有終', 易曰: '狐涉水, 濡其尾.' 此言始之易終之難也. 何以知其然也. 智伯見伐趙之利, 不知榆次之禍; 吳見伐齊之便, 而不知干隧之敗. 此二國者, 非無大功也, 沒利於前, 而易患於後也. 吳之親越也, 從而伐齊, 既勝齊人於艾陵, 還爲越人所禽於三渚之浦. 知伯之信韓·魏也, 從而伐趙攻晉陽之城, 勝有日矣, 韓·魏畔之, 殺知伯瑤於鑿臺之上. 今王妬楚之不毁也, 而忘毁楚之強韓·魏也, 臣爲王慮而不取也. 詩曰: '大武遠宅而不涉', 從此觀之, 楚國, 援也; 鄰國, 敵也. 詩曰: '躍躍毚兔, 遇犬獲之. 他人有心, 予忖度之.' 今王中道而信韓·魏之善王也, 此吳之親越也. 臣聞之, 敵不可假, 時不可失. 臣恐韓·魏卑辭除患, 而實欺大國也. 何則? 王無重世之德於韓·魏, 而有累世之怨焉. 夫韓·魏父子兄弟, 接踵而死於秦者, 將十世矣. 本國殘, 社稷壞, 宗廟隳, 刳腹絶腸, 折頸摺頤, 身首分離, 暴骨草澤, 頭顱僵仆, 相望于境. 係臣束子爲群虜者, 相及於路, 鬼神潢洋無所食, 民不聊生. 族類離散, 流亡爲僕妾者, 盈海內矣. 故韓·魏之不亡, 秦社稷之憂也. 今王齎之與攻楚, 不亦過乎!

9-3. 초나라를 보전하기 위해 진나라를 위한 계책을 내다
- 초나라 춘신군 3

또 왕께서 초나라를 공격하려 하신다면 장차 어디로 병사를 내보내시겠습니까? 왕께서는 장차 원수인 한과 위나라에서 빌린 길로 가시려고 하십니까? 병사가 떠나는 날이 되면 왕께서는 그들이 돌아오지 못할 것을 걱정하시게 될 터이니, 바로 왕께서 병사들을 원수인 한과 위나라에 밑천으로 대주시는 것과 같습니다. 왕께서 만일 원수인 한나라와 위나라에서 길을 빌리지 않으신다면 반드시 수수(隨水)의 오른쪽 땅을 공격하셔야 하는데, 수수의 오른쪽 땅은 모두 넓은 강과 큰 물이 있고 산과 숲과 계곡이 있어서 먹을 수 없는 땅입니다. 왕께서 비록 갖게 되셔도 얻었다 할 수 없으니, 왕께서는 초나라를 어지럽혔다는 오명만 얻을 뿐 땅을 얻는 실리는 없을 것입니다. 또 왕께서 초나라를 공격하는 날에 네 나라(-한·위·조·제)가 반드시 병사를 일으켜 왕께 응전한다면 진나라의 병사들은 얽혀서 떠나지 못하게 됩니다. 한나라와 위나라는 장차 병사를 내어 류(留)·방(方)·질(銍)·호릉(胡陵)·탕(碭)·숙(蕭)·상(相)을 공격해 옛 송나라 땅을 남겨두지 않을 것이고 제나라는 남쪽으로 향해 사수(泗水) 북쪽을 점거할 것이니, 이는 모두 너른 들판의 사방으로 통하는 기름지고 비옥한 땅을 홀로 공격하도록 만드시는 것입니다. 왕께서 초나라를 깨뜨리는 것은 그로써 중국의 한나라와 위나라를 살찌게 해주시고 제나라를 강하게 만들어주시는 것입니다. 한나라와 위나라의 강대함은 족히 진나라에 비교할 만하게 되고, 제나라는 남쪽으로 사수를 경계로 삼고 동쪽으로 바다를 등지며 북쪽으로 황하를 의지하니 뒤에 근심이 없습니다. 천하의 나라 중에 제나라와 위나라보다 강한 나라가 없는데, 위나라와 제나라가 땅을 얻고 이로움을 지키면서 거짓으로 아래의 관리가 섬기듯이 한다면 1년이 못 가서 (왕께서는) 제(帝)가 되실 수 없게 될 것이고 그들은 왕께서 제(帝)가 되는 것을 막기에 넉넉할 것입니다. 무릇 왕께서 땅이 넓고 사람 수가 많으며 군대가 강한 것을 가지고 한 번에 일을 일으켜 초나라에 원한을 심는 것은 한나라와 위나라에 명령을 내려서 소중한 제위(帝位)를 제나라로 보내는 것이니, 이는 왕이 계책을 잃으신 것입니다. 신이 임금을 위해 헤아려보건대, 초나라와 잘 지내는 것만 못합니다.

진나라와 초나라가 하나로 합심해 한나라를 압박한다면 한나라는 반드시 공손히 손을 잡고 있을 것이니, 왕께서 동쪽 산의 험준함으로써 일을 벌이고 굽은 강의 이점으로써 띠를 두르듯이 하면 한나라는 반드시 (진나라의) 관내후(關內侯) 정도가 될 것입니다. 이와 같이 하신 뒤 왕께서 10만 병사로 정(鄭) 땅을 공격하시면 위나라[梁氏]는 마음이 서늘해져 언릉(鄢陵)과 영성(嬰城)을 허락하고서 상채(上蔡)와 소릉(召陵)은 오갈 수 없게 될 것이니, 그렇게 되면 위나라 또한 관내후가 될 것입니다. 왕께서 한 번 초나라와 좋게 지내시면 관내후인 2명의 만승 임금이 제나라로 밀고 들어가서 제나라 오른쪽 땅을 팔짱을 끼고서도 차지할 수 있게 될 것입니다. 왕의 땅은 한 번에 양쪽 바다 끝에 이르러 천하의 허리를 묶어버리게 되니, 바로 연나라와 조나라는 제나라와 초나라의 도움을 받지 못하고 제나라와 초나라는 연나라와 조나라의 도움을 받지 못합니다. 그런 후에 연나라와 조나라를 위협해 움직이고 제나라와 초나라를 바로 흔들면, 이 네 나라는 급히 공격하지 않아도 복속될 것입니다."

소왕이 말했다.

"좋도다."

이에 마침내 백기를 멈추게 하고 한나라와 조나라에 사과한 후 사신을 통해 초나라에 선물을 보내어 동맹이 되기로 약조했다. 황헐 이 약속을 받고 초나라로 돌아갔으니, 초나라의 재앙을 풀고 강한 진 나라의 병사를 온전히 한 것은 황헐의 계책 덕분이다.

且王攻楚, 將惡出兵? 王將藉路於仇讎之韓·魏乎? 出兵之日, 而王憂 其不反也, 是王以兵資於仇讎之韓·魏也. 王若不藉路於仇讎之韓·魏, 必攻隨水右壤, 隨水右壤, 此皆廣川大水, 山林谿谷, 不食之地也. 王雖 有之, 不爲得地, 是王有毀楚之名, 而無得地之實也. 且王攻楚之日, 四 國必悉起兵以應王, 秦之兵構而不離. 韓·魏氏將出兵而攻留·方·與 銍·胡陵·碭·蕭·相, 故宋必盡, 齊人南面, 泗北必舉, 此皆平原四達膏 腴之地也, 而使獨攻. 王破楚以肥韓·魏於中國而勁齊. 韓·魏之彊, 足 以校於秦, 齊南以泗水爲境, 東負海, 北倚河而無後患. 天下之國, 莫強 於齊·魏, 齊·魏得地保利而詳事下吏, 一年之後, 爲帝未能, 其於禁王 之爲帝有餘矣. 夫以王壤土之博, 人徒之衆, 兵革之彊, 一舉事而樹怨 於楚, 出令韓·魏歸帝重於齊, 是王失計也. 臣爲主慮, 莫若善楚. 秦· 楚合爲一而以臨韓, 韓必拱手, 王施之以東山之險, 帶以曲河之利, 韓 必爲關內之侯. 若是而王以十萬伐鄭, 梁氏寒心, 許鄢陵·嬰城, 而上 蔡·召陵不往來也, 如此而魏亦關內侯矣. 王一善楚而關內兩萬乘之 主, 注入地於齊, 齊右壤可拱手而取也. 王之地一極兩海, 要約天下, 是 燕·趙無齊·楚; 齊·楚無燕·趙. 然後危動燕·趙, 直搖齊·楚, 此四國 者, 不待痛而服也." 昭王曰: "善." 於是乃止白起, 謝韓·魏, 發使賂楚,

382

約爲與國. 黃歇受約歸楚, 解楚之禍, 全彊秦之兵, 黃歇之謀也.

10. 싸움에서 밀리는 자가 숙이고 들어가면 세상은 그를 돕지 않는다 - 조나라 우경

진(秦)나라와 조(趙)나라가 장평에서 싸웠는데, 조나라가 이기지 못하고 도위 1명을 잃었다. 조나라 왕이 누창(樓昌)과 우경(虞卿)을 불러서 말했다.

"군대가 싸워서 이기지 못하고 도위가 또 죽었다. 과인이 장차 갑옷을 입고서 거기에 가려 한다."

누창이 말했다.

"이익이 없습니다. 중신을 사신으로 보내서 강화하는 것만 못합니다."

우경이 말했다.

"창이 강화를 말하는 것은 강화하지 않으면 군대가 반드시 깨어지리라 여겨서인데, 강화하는 것은 진나라에 달렸습니다. 장차 왕께서 진나라를 논하는 것도 왕의 군사가 깨어지리라 보시기 때문입니다. 아닙니까?"

왕이 말했다.

"진나라가 여분의 힘도 남기지 않는다면 반드시 장차 조나라 군을 깨뜨릴 것이다."

우경이 말했다.

"왕께서 신의 말을 듣고 사신으로 보내주시면 나가서 귀중한 보물로써 초나라와 위나라에 기대어보겠습니다. 초나라와 위나라는 왕의 귀중한 보물을 욕심내어 반드시 안으로 우리 사신을 들일 것인데, 우리 사신이 초나라와 위나라에 들어가면 진나라는 반드시 세상을 의심하며 천하가 모여서 반드시 한마음으로 따를 것을 두려워할 것입니다. 이렇게 하면 강화를 마침내 이룰 수 있습니다."

조나라 왕이 들어주지 않으면서 평양군에게 강화를 맺게 하고자 정주(鄭朱)를 보내 진나라에 들어가게 하니, 진나라가 들어오게 했다.

조나라 왕이 우경을 불러 말했다.

"과인이 평양군을 시켜 진나라와 강화하도록 하려는데, 진나라가 이미 정주를 받아들였다. 우경은 어떻게 생각하는가?"

대답해 말했다.

"왕께서 강화를 얻지 못하면 군사가 반드시 깨어질 것입니다. 천하에서 싸움에 이긴 것을 축하하는 사람들이 모두 진나라에 있습니다. 정주는 신분이 귀한 사람입니다. 그래서 진나라에 들어가면 진나라 왕과 응후(應侯)는 반드시 존중하는 모습을 세상에 보여줄 것이니, 초나라와 위나라는 조나라가 강화했다고 여겨서 반드시 왕을 구하려 하지 않을 것입니다. 진나라가 천하가 왕을 구원하지 않을 것을 알게 되면 강화는 얻을 수 없습니다."

응후는 과연 정주를 높여주고 이를 세상에 보여줌으로써 싸움에 이긴 것을 축하하는 사람들이 끝내 강화를 기꺼워하지 않았고, (조나라는) 장평에서 크게 지고 마침내 한단까지 에워싸여서 천하의 웃음거리가 되었으니, 우경의 계책을 따르지 않았기 때문이다.

秦·趙戰於長平, 趙不勝, 亡一都尉. 趙王召樓昌與虞卿曰: "軍戰不勝,尉復死, 寡人將束甲而赴之." 樓昌曰: "無益也. 不如發重使而爲構." 虞卿曰: "昌言構者, 以爲不構, 軍必破也, 而制構者在秦. 且王之論秦也, 欲破王之軍乎. 不邪?" 王曰: "秦不遺餘力矣, 必且破趙軍." 虞卿曰: "王聽臣發使, 出重寶以附楚·魏. 楚·魏欲王之重寶, 必內吾使, 吾使入楚·魏, 秦必疑天下, 恐天下之合從必一心. 如此, 則構乃可爲也." 趙王不聽, 與平陽君爲構, 發鄭朱入秦, 秦內之. 趙王召虞卿曰: "寡人使平陽君爲構秦, 秦已內鄭朱矣. 虞卿以爲如何?" 對曰: "王不得構, 軍必破矣! 天下之賀戰勝者皆在秦. 鄭朱, 貴人也. 而入秦, 秦王與應侯必顯重以示天下, 楚·魏以趙爲構, 必不救王. 秦知天下不救王, 則構不可得也." 應侯果顯鄭朱以示天下, 賀戰勝者終不肯構, 長平大敗, 遂圍邯鄲, 爲天下笑, 不從虞卿之謀也.

11-1. 적에게 바칠 바에야 적의 적에게 바치고 살길을 찾겠다
- 조나라 우경 1

진나라가 이미 한단의 포위를 풀고서는 조나라 왕이 들어와 조현(朝見)하게 하고자, 조학(趙郝)을 사자로 보내어 진나라를 섬기는 약조를 하고 6현을 떼어준 뒤 강화하게 했다.

우경이 조나라 왕에게 일러 말했다.

"진나라가 왕을 공격했다가 힘이 쇠해서 돌아간 것입니까? 그 힘을 잃었지만, 오히려 능히 나아갈 수 있는데도 왕을 아껴서 공격하지 않은 것입니까?"

왕이 말했다.

"진나라가 나를 공격해서 여분의 힘도 남기지 않았을 것이니, 반드시 쇠해서 돌아간 것이다."

우경이 말했다.

"진나라가 그 힘을 가지고도 그가 차지할 수 없는 곳을 공격했다가 힘이 쇠해 돌아갔는데, 왕께서 또한 그 힘으로도 차지하지 못하는 것을 보내주셨으니, 바로 진나라를 도와 스스로를 공격한 것입니다. 내년에 진나라가 다시 왕을 공격해도 왕은 구원받지 못할 것입니다."

왕이 우경의 말을 가지고 조학에게 들려주자, 조학이 말했다.

"우경이 능히 진나라의 힘이 미치는 바를 헤아릴 수 있습니까? 정말로 진나라 힘으로도 나아갈 수 없는 바를 알아서 이 탄환(彈丸)만한 땅도 주지 않았다가, 만일 진나라가 1년이 지나 다시 왕을 공격한다면 왕께서는 나라 안 땅을 끊어주지 않고도 강화할 수 있겠습니까?"

왕이 말했다.

"그대의 '땅을 떼어주라'라는 말을 들어보고자 한다. 그대는 (땅을 떼어주면) 능히 반드시 내년에 진나라가 다시 공격하지 않겠다고 약속할 수 있는가?"

조학이 말했다.

"이는 신이 감히 말을 바가 아닙니다. 다른 날에 삼진이 진나라와 교류할 때는 서로 비슷했으나 지금 진나라는 한나라와 위나라와는 잘 지내면서 왕을 공격했으니, 왕께서 진나라를 섬기는 바가 반드시 위나라와 한나라만 못하기 때문입니다. 지금 신이 족하(足下-왕)를 위해 친교를 배반해서 받은 공격을 풀어주고 관문을 열어 예물을 통하게 함으로써 한나라나 위나라처럼 순탄하게 교류하다가는 (다시) 내년이 되어 홀로 진나라에게 공격을 받게 된다면, 이는 왕께서 진나라를 섬기는 바가 반드시 한나라와 위나라의 뒤에 있기 때문입니다. 신이 감히 말을 바가 아닙니다."

秦既解圍邯鄲, 而趙王入朝, 使趙郝約事於秦, 割六縣而構. 虞卿謂趙王曰: "秦之攻王也, 倦而歸乎? 亡其力尙能進之, 愛王而不攻乎?"王曰: "秦之攻我也, 不遺餘力矣, 必以倦歸也." 虞卿曰: "秦以其力攻其所不能取, 倦而歸, 王又攻其力之所不能取以送之, 是助秦自攻也. 來年秦復攻王, 王無救矣." 王以虞卿之言告趙郝, 趙郝曰: "虞卿能量秦力之所至乎? 誠知秦力之所不能進, 此彈丸之地不予, 令秦年來復攻於王, 王得無割其內而構乎?"王曰: "請聽子割矣. 子能必來年秦之不復攻乎?" 趙郝曰: "此非臣之所敢任也. 他日三晉之交於秦相若也, 今秦善韓·魏而攻王, 王之所以事秦者, 必不如魏·韓也. 今臣之爲足下解負親之攻, 開關通幣, 齊交韓·魏, 至來年而獨取攻於秦, 王之所以事秦, 必在韓·魏之後也. 此非臣之所敢任也."

11-2. 적에게 바칠 바에야 적의 적에게 바치고 살길을 찾겠다
- 조나라 우경 2

왕이 우경에게 알리자, 우경이 대답해 말했다.

"학(郝)이 말하기를 '강화하지 않았다가, 내년에 진나라가 다시 왕을 공격하면 왕은 나라 안 땅을 다시 쪼개주지 않고도 강화할 수 있겠습니까?'라고 했는데, 지금 강화한다 해도 학은 또한 반드시 진나라가 다시 공격하지 않는다고 약속할 수 없습니다. 비록 (지금) 땅을 끊어준다고 해서 무슨 이익이 있겠습니까? 내년에 다시 공격하면 다시 그 힘으로도 차지하지 못할 만큼을 쪼개주고 강화해야 한다면, 이는 스스로 남김없이 줘버리는 계책이니 강화하지 않는 것만 못합니다. 진나라가 비록 공격을 잘했지만 6현을 차지하지 못했고, 조나라가 비록 지키지 못했지만, 또한 6성을 잃지 않았습니다. 진나라가 힘이 쇠해 돌아가려는 것이기 때문에 병사들은 반드시 피로할 것이니, 우리는 6현으로 천하를 거둬들이고 진나라를 공격해서 물러나게 해야 합니다. 이는 우리가 천하에게 잃고 진나라에서 대가를 받는 것입니다. 우리나라가 오히려 이로운데, 어찌 더불어 앉아서 땅에 금을 그으며 스스로를 약하다 하고 진나라를 강하게 하십니까?

지금 학이 말하기를 '진나라가 한나라와 위나라와는 잘 지내면서 조나라를 공격한 까닭은 반드시 왕께서 진나라를 섬기시는 바가 한나라와 위나라보다 못하기 때문'이라고 했으니, 이는 왕에게 올해에 6성으로써 진나라를 섬기게 하는 것입니다. 앉아서 땅을 남김없이 줘버렸다가 내년에 진나라가 다시 오면 또 쪼개줘야 하는데, 왕은 장차 줄 수 있겠습니까? 주지 않으면 이는 전날의 공을 버리고 진나라를 도발해 재앙을 맞는 것이요, 준다 해도 땅이 없어서 제때에 주지 못할 것입니다. 떠도는 말에 '강한 자가 잘 공격하면 약한 자는 지킬 수 없다'라고 했습니다만, 지금 앉아서 진나라 이야기를 들어준다면 진나라는 병사들의 피해도 없이 땅을 많이 얻게 되는데, 이는 진나라를 강하게 하고 조나라를 약하게 하는 일입니다. 강한 진나라에 보태줌으로써 약한 조나라는 더욱 쪼개지게 되니, 이 계책은 정말로 끝이 나지 않을 것입니다. 또 왕의 땅이 다 없어졌는데도 진나라의 요구가 그치지 않으면 (그나마) 다 없어진 땅을 가지고서 그치지 않는 요구를 맞춰야 하니, 그 기세가 반드시 조나라를 없애게 될 것입니다.”

계책이 정해지지 않았는데, 누완(樓緩)이 진나라에서 오자 조나라 왕이 누완과 더불어 계책에 대해 말했다.

“진나라에게 땅을 주는 것과 주지 않는 것 중에 어느 쪽이 좋겠는가?”

누완이 사양하며 말했다.

“이는 신이 능히 알지 못하는 바입니다.”

왕이 말했다.

“비록 그렇다 해도 시험 삼아 그대의 사사로운 말을 해보라.”

누완이 대답해 말했다.

“진실로 저 공보문백(公父文伯)의 어머니에 대해 들어보셨습니까? 공보문백이 노나라에서 벼슬을 살며 병으로 죽었는데, 방안에서 스스로 죽은 여자가 두 사람이었습니다. 그 어머니가 소식을 듣고도 기꺼이 곡을 하지 않았습니다. 그 보모가 말하기를 '어찌 자식이 죽었는데도 곡을 하지 않습니까?'라고 하자 어머니가 말했습니다. '공자(孔子)는 뛰어난 사람으로 노나라에서 쫓겨났지만, 그 사람은 그를 따르지 않았다. 지금 (아들이) 죽자 부인 중 스스로 죽은 사람이 두 사람인데, 이와 같은 것은 반드시 그가 덕이 높은 사람에게는 엷게, 부인에게는 두텁게 대해주었기 때문일 것이다.' 그런데 이는 어머니의 입장에서 보면 현명한 어머니로 생각되지만, 부인의 입장에서 보면 반드시 질투하는 여인네를 면치 못할 것입니다. 이처럼 그 말은 한 가지이지만 말한 사람이 다르면 사람의 마음이 바뀌게 됩니다. 지금 신이 새로 진나라에서 와서, 주지 말라고 말하면 좋은 계책이 아니라 할 것이고 주라고 말하면 왕께서 신이 진나라를 위한다고 여길까 근심스러우니, 그래서 감히 대답할 수 없었습니다. 신에게 (굳이) 대왕을 위해 계책을 내라 하신다면, 주는 것만 못합니다."

왕이 말했다.

"그리하라."

王以告虞卿, 虞卿對曰: "郝言, '不構, 來年, 秦復攻王, 王得無復割其內而構乎', 今構, 郝又不能必秦之不復攻也. 雖割何益? 來年復攻, 又割其力之所不能取以構, 此自盡之術也, 不如無構. 秦雖善攻, 不能取六縣, 趙雖不能守, 亦不失六城. 秦倦而歸, 兵必疲, 我以六縣收天下以攻罷秦. 是我失之於天下, 而取償於秦也. 吾國尚利, 庸與坐而劃地, 自弱以強秦? 今郝曰, '秦善韓·魏而攻趙者, 必王之事秦不如韓·魏也', 是使王歲以六城事秦也. 坐以地盡, 來年, 秦復來割, 王將予之乎? 不予, 是棄前功而挑秦禍也, 予之, 即無地而給之. 語曰: '彊者善攻, 而弱者不能守', 今坐而聽秦, 秦兵不弊而多得地, 是強秦而弱趙也. 以益強之秦, 而割愈弱之趙, 其計固不止矣. 且王之地有盡, 而秦之求無已, 以有盡之地, 給無已之求, 其勢必無趙矣." 計未定, 樓緩從秦來, 趙王與樓緩計之曰: "秦地與無予, 庸吉?" 緩辭讓曰: "此非臣之所能知也." 王曰: "雖然, 試言公之私." 樓緩對曰: "亦聞夫公父文伯母乎. 公父文伯仕於魯, 病死, 女子爲自殺於房中者二人. 其母聞之, 不肯哭也. 其相室曰: '焉有子死而不哭者乎?' 其母曰: 孔子, 賢人也, 逐於魯, 而是人不隨也. 今死而婦人爲自殺者二人, 若是者必其於長者薄, 而於婦人厚也.' 故從母言, 是爲賢母, 從妻言, 是必不免爲妒婦. 故其言一也, 言者異則人心變矣. 今臣新從秦來, 而言勿予, 則非計也; 言予之, 恐王以臣爲秦也, 故不敢對. 使臣得爲大王計, 不如予之." 王曰: "諾."

11-3. 적에게 바칠 바에야 적의 적에게 바치고 살길을 찾겠다
- 조나라 우경 3

우경이 듣고서 말했다.

"이는 꾸민 말이니, 왕께서는 신중히 하시어 주지 마십시오."

누완이 이를 듣고 와서 왕을 알현하니, 왕이 다시 우경의 말을 들려주자 누완이 대답해 말했다.

"그렇지 않습니다. 우는 하나만 알고 둘은 알지 못합니다. 무릇 진나라와 조나라가 강화하는 것이 어려워지면 세상이 모두 좋아하는데, 왜 그렇겠습니까? 말하기를 '나는 장차 강한 자를 편 들어 약한 자를 올라탈 것이다'라고 하는데, 지금 조나라 병사는 진나라에게 곤경에 빠져 있고 세상에서 싸움을 축하하는 자들은 반드시 남김없이 진나라에 있습니다. 그러므로 먼저 땅을 떼어주고 화의를 맺음으로써 세상이 의심스럽게 여기게 하고 진나라의 마음을 달래주는 것만 못합니다. 그렇지 않으면 장차 진나라가 노여워하고 조나라가 약해진 참에 천하가 올라타서 매달린 박을 쪼개듯 나눠 가지게 되면 조나라는 망할 수밖에 없으니, 어찌 진나라가 도모한 것이겠습니까? 그래서 우경이 하나만 알고 둘은 모른다고 말한 것이니, 왕께서는 이를 가지고 결단하시어 다시 계책을 세우지 마십시오."

우경이 이를 듣고 와서 왕을 알현하고 말했다.

"위태롭습니다, 누선생이 진나라를 위해 말하는 바가! 이는 오히려 세상을 의심스럽게 하는 것이지, 어떻게 진나라의 마음을 달래주는 것이겠습니까? 단지 세상에 약함을 드러내라는 말이 아니겠습니까? 또 신이 주지 말라고 한 것은 다만 (아무 데도) 주지 말라는 뜻이 아닙니다. 진나라가 왕에게서 6성을 찾는다면 왕께서는 6성을 제나라에 바치십시오. 제나라와 진나라는 깊은 원한이 있기 때문에 왕의 6성을 얻게 되면 함을 합쳐 서쪽으로 가서 진나라를 칠 터이니, 제나라가 왕의 말을 들어준다면 이야기가 끝나는 것을 기다리지 않아도 됩니다. 그러면 이는 왕께서 제나라에는 잃었지만, 진나라에서 대가를 얻는 것이며, 제나라와 조나라가 능히 원수를 보복할 수 있음을 세상에 보여주는 것이 됩니다. 왕께서 이를 가지고 목소리를 내시면 병사가 국경을 미처 엿보기도 전에, 신은 진나라가 무거운 예물을 보내 도리어 왕에게 강화하자는 것을 보게 될 것입니다. 진나라와 강화하게 되면 한나라와 위나라가 듣고는 반드시 남김없이 왕을 무겁게 여길 것이며, 왕을 무겁게 여기면 반드시 귀중한 보물을 내어 왕에게 먼저 오려고 할 것입니다. 이와 같이 하신다면 왕께서는 한 번 일어나서 세 나라를 묶어 화친함으로써 진나라와 (패자의) 길을 바꾸게 될 것입니다."

조나라 왕이 말했다.

"좋다."

바로 우경을 보내어 가서 제나라 왕을 알현해 진나라를 함께 도모하게 했다. 우의 계책이 행해지면 조나라가 패자가 되니, 이는 나라가 남느냐 없어지느냐의 추기(樞機-기틀)였다. 이 계책이 시작되자 발돌릴 틈도 없이 바로 우경의 한마디 말과 같이 되었으니, 진나라는 두려움에 떨면서 바람을 쫓듯이 말을 달려와서 손으로 가리키며 배상하겠다고 청했다. 그러므로 좋은 계책을 가진 신하가 나라에 있으면 어찌 무겁게 여기지 않을 수 있겠는가? 우경이 없었다면 조나라는 그대로 망했을 것이다.

虞卿聞之曰: "此飾說也, 王愼勿予." 樓緩聞之, 往見王, 王又以虞卿之
言告樓緩, 樓緩對曰: "不然, 虞得其一, 不得其二. 夫秦·趙構難而天下
皆說, 何也? 曰: '吾且因彊而乘弱矣', 今趙兵困於秦, 天下之賀戰者, 必
盡在於秦矣. 故不如前割地爲和, 以疑天下而慰秦之心. 不然, 天下將因
秦之怒, 乘趙之弊而瓜分之, 趙見亡, 何秦之圖乎? 故曰虞卿得其一不
得其二, 願王以此決之, 勿復計也." 虞卿聞之, 往見王曰: "危哉! 樓子
之所以爲秦者. 是愈疑天下, 而何慰秦之心哉? 獨不言示天下弱乎? 且臣
言勿予, 非固勿予而已也. 秦索六城於王, 而王以六城賂齊. 齊, 秦之深
讎也, 得王之六城, 并力而西擊秦, 齊之聽王, 不待辭之畢也. 則是王失
之於齊, 而取償於秦也, 而齊·趙之讎可以報矣, 而示天下有能爲也. 王
以此爲發聲, 兵未窺於境, 臣見秦之重賂, 而反構於王. 從秦爲構, 韓·
魏聞之, 必盡重王, 重王, 必出重寶以先於王. 則是王一擧而結三國之
親, 而與秦易道也." 趙王曰: "善." 即發虞卿來見齊王, 與之謀秦. 虞之
謀行而趙霸, 此存亡之樞機. 樞機之發, 間不及旋踵, 是故虞卿一言, 而
秦之震懼趁風馳指而請備. 故善謀之臣, 其於國豈不重哉? 微虞卿, 趙
以亡矣.

12. 큰 나라와 작은 나라가 합종할 때의 이로움과 해로움을
    생각하다 - 조나라 우경

위나라가 따르기를 청하자 조나라 효성왕(孝成王, ?~기원전 245년)
이 우경을 불러서 계책을 세우고자 했는데, (우경이) 평원군(平原君, ?~
기원전 251년경)[13] 앞을 지나갈 때 평원군이 말했다.

"바라건대, 경의 말을 따르겠습니다."

우경이 들어와 알현하니, 왕이 말했다.

"위나라가 따르겠다고 청했다."

대답해 말했다.

"위나라가 잘못했습니다."

왕이 말했다.

"과인은 정말로 아직 허락하지 않았다."

대답해 말했다.

"왕께서 잘못하셨습니다."

왕이 말했다.

"위나라가 따를 것을 청했다고 하자 경은 위나라가 잘못했다고 말하고, 과인이 아직 허락하지 않았다고 하자 또 말하기를 과인이 잘못한 것이라고 말했다. 그러면 합종은 끝내 불가한가?"

대답해 말했다.

"신이 작은 나라와 큰 나라가 합종하는 일을 듣건대, 이로움이 있으면 큰 나라가 복을 받고 어그러지면 작은 나라가 재앙을 받는다고 했습니다. 지금 위나라는 작은 나라로서 그 재앙을 청하고 있고 왕께

---

13 무령군(武靈君)의 아들로, 이름은 승(勝)이다. 혜문왕(惠文王)의 동생이다. 동무성(東武城)에 봉해져서 평원군으로 불렸고, 상국(相國)을 지냈다. 선비들을 좋아해서 집에 모여든 빈객(賓客)이 수천에 이르렀고, 2대에 걸쳐 세 번이나 재상에 올랐다. 조나라 효성왕(孝成王) 7년 진(秦)나라 군대가 수도 한단(邯鄲)을 포위해 곤경에 처했는데, 조나라가 3년 동안 지켜냈다. 그가 위(魏)나라와 초(楚)나라에 가서 신릉군(信陵君)과 춘신군(春申君)의 원조를 얻어 진나라 군대를 격퇴하고 한단의 포위를 풀었다. 이웃집에 사는 절름발이가 절뚝거리면서 걷는 것을 보고 평원군의 애첩이 웃었는데, 절름발이가 평원군을 찾아와서 항의하자 애첩의 목을 벨 정도로 선비들을 좋아했다고 한다.

서는 큰 나라로서 그 복을 사양하고 있으니, 신은 그래서 왕께서 잘
못하셨고 위나라 또한 잘못했다고 말한 것입니다. 몰래 생각건대, 합
종하는 것이 장점이 있습니다."

왕이 말했다.

"좋다."

마침내 위나라를 모아서 따르게 했다. 만약 우경을 조나라에서 오
랫동안 썼다면 조나라가 틀림없이 패자가 되었겠지만, 때마침 우경이
위나라와 제나라의 일 때문에 후(侯)의 작위를 버리고 재상의 자리를
덜어낸 채 (집으로) 돌아가서 쓰이지 않게 되자 조나라는 원래로 되돌
아와서 망했다.

魏請爲從, 趙孝成王, 召虞卿謀, 過平原君, 平原君曰: "願卿之論從也."
虞卿入見, 王曰: "魏請爲從." 對曰: "魏過." 王曰: "寡人固未之許." 對
曰: "王過." 王曰: "魏請從, 卿曰魏過; 寡人未之許, 又曰寡人過. 然則從
終不可邪?" 對曰: "臣聞小國之與大國從事也, 有利, 大國受福; 有敗,
小國受禍. 今魏以小請其禍, 而王以大辭其福, 臣故曰王過, 魏亦過. 竊
以爲從便." 王曰: "善." 乃合魏爲從. 使虞卿久用於趙, 趙必霸, 會虞卿
以魏齊之事, 棄侯捐相而歸, 不用, 趙旋亡.

【권10】 선모하(善謀下)

좋은 계책 (하)

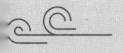

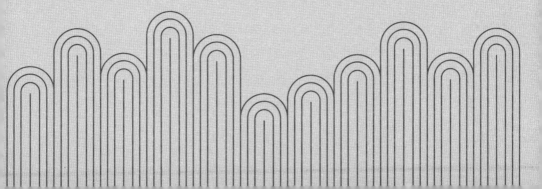

13. 항복하는 사람을 대우해서 앞길을 빨리 열 수 있게 하다
- 남양태수의 사인 진회

패공(沛公-유방)과 항적(項籍-항우)이 함께 초나라 회왕(懷王)에게 영을 받았다.

"먼저 함양에 들어가는 자가 그곳의 왕이 된다."

패공이 장차 무관(武關)을 통해 들어가려 하다가 남양에 이르러 태수와 싸웠는데, 남양 태수 기(齮)가 완성(宛城)을 보호하면서 단단히 지켜 떨어지지 않았다. 패공이 병사를 이끌고 완성을 세 겹으로 에워싸자 남양 태수가 스스로 죽고자 하니, 그의 사인(舍人) 진회(陳恢)가 말리면서 말했다.

"(기다렸다가) 죽는 것도 아직 늦지 않습니다."

이에 회가 마침내 성을 뛰어넘어 패공을 뵙고 말했다.

"신이 듣건대 족하(足下)께서는 먼저 함양에 들어가는 사람이 왕이 되게 한다는 약조를 받으셨다'는데, 지금 족하는 병사를 미무르게 해서 날이 다하도록 완성을 에워싸고 있습니다. 완성은 큰 군의 서울로서, 연결된 성이 수십이요 백성의 수가 많으며 쌓아놓은 것도 많은데다 그 벼슬아치와 백성이 스스로 항복하면 죽는다고 여기고 있습니다. 그러므로 모두 단단히 지키면서 성을 의지하고 있으니, 족하께서 공격하게 되면 죽고 다치는 사람이 반드시 많을 것입니다. 죽은 자를 거둬들이지 못하고 다친 사람이 아직 낫지 못하면, 족하께서는 쓸

데없이 많은 날을 헛되이 보내게 되어 일이 늦어지게 될 것입니다. 또 병사를 이끌고 완성을 떠난다 하더라도 (완성에서) 해진 갑옷을 완전히 깁고 병사를 뽑아 갈고닦아서 족하의 뒤를 쫓게 하면, 족하는 앞에서는 함양의 약속을 잃게 되고 뒤에서는 강한 완성의 근심이 있으니, 가만히 생각건대 족하께서는 위태로워질 것입니다. 족하를 위해 계책을 내자면, 완성의 태수가 항복하면 봉해준다고 약조한 뒤 그 참에 (태수로 하여금) 머물면서 지키게 하고 완성의 병사를 이끌어 함께 서쪽으로 가서 공격하는 것보다 좋은 것이 없습니다. 여러 성 중에 떨어지지 않은 성들은 소문을 듣고 다퉈 성문을 열고서 기다릴 것이니, 족하께서 통과해 가시는 데 걸리적거릴 게 없을 것입니다."

패공이 말했다.

"좋다."

이에 완성을 지키던 태수를 은후(殷侯)로 삼고 진회를 천호에 봉한 뒤 병사를 이끌고 서쪽으로 가니, 떨어지지 않는 자가 없었다. 드디어 먼저 함양에 들어갔으니, 이는 진회의 계책 때문이다.

沛公與項籍, 俱受令於楚懷王. 曰: "先入咸陽者王之." 沛公將從武關入, 至南陽守戰, 南陽守齮保宛城, 堅守不下. 沛公引兵圍宛三匝, 南陽守欲自殺, 其舍人陳恢止之曰: "死未晚也." 於是恢乃踰城見沛公曰: "臣聞足下約先入咸陽者王之, 今足下留兵盡日圍宛. 宛大郡之都也, 連城數十; 人民衆, 蓄積多, 其吏民自以爲降而死. 故皆堅守乘城, 足下攻之, 死傷者必多. 死者未收, 傷者未瘳, 足下曠日則事留. 引兵而去宛, 完繕弊甲, 砥礪調兵, 而隨足下之後, 足下前則失咸陽之約, 後有强宛之患, 竊爲足下危之. 爲足下計者, 莫如約宛守降封之, 因使止守, 引其甲卒, 與之西擊. 諸城未下者, 聞聲爭開門而待, 足下通行無所累." 沛公曰: "善."
乃以宛守爲殷侯, 封陳恢千戶, 引兵西, 無不下者. 遂先入咸陽, 陳恢之
謀也.

14. 항우의 사람됨을 일러주고 유방의 장점으로써 계책을 삼다
　　 - 회음후 한신

　한왕(漢王-유방)이 이미 등공(滕公-하후영)을 쓰고 있었는데, 소하
(蕭何, 기원전 257~기원전 193년)[1]의 말을 들어 한신(韓信)을 뽑아서 상장
군으로 제배(除拜)했다. 한신을 이끌어 윗자리에 앉히고, 왕이 물어
말했다.

　"승상이 여러 차례 장군을 말했는데, 장군은 무엇을 가지고서 과
인에게 계책을 가르칠 것인가?"

　한신이 인사를 하고 그 참에 왕에게 물어 말했다.

　"지금 동쪽을 향해 천하의 권세를 다투는 것이 어찌 항왕 때문이
아니겠습니까? 그렇다고 말하시면, 대왕께서는 스스로 판단하시기에
용감하고 어질고 사납고 강한 것이 항왕과 비교해서 어떻고 여기십
니까?"

　한왕이 입을 닫고 한참 있다가 말했다.

1　전한(前漢) 고조(高祖) 때의 명재상(名宰相)이다. 초나라 항우와의 싸움에서는 관중에 머
　물러 있으면서 고조를 위해 양식과 군병의 보급을 확보했으므로, 고조가 즉위할 때 논공
　행상에서 으뜸가는 공신이라 하여 찬후로 봉해지고 식읍 7000호를 하사받았다. 재상(宰
　相) 때 진(秦)의 법률(法律)을 버리고『구장률(九章律)』을 만들었다.

"그만 못하다."

신이 두 번 절하고 하례하며 말했다.

"저 또한 대왕이 (항왕보다) 못하다고 여기고 있습니다. 그러나 신이 일찍이 초나라를 섬겼으니, 바라건대 항왕의 사람됨을 말씀드리겠습니다. 항왕이 성이 나서 꾸짖을 때는 1000명도 모두 무너지게 하지만, 그러나 뛰어난 장수에게 맡기고 따르게 할 수 없으니 이는 필부의 용기일 뿐입니다. 항왕이 다른 사람을 볼 때는 받들고 삼가면서 말을 부드럽게 하며 다른 사람이 병에 걸리면 눈물을 흘리면서 음식을 나눠 줍니다만, 다른 사람이 공이 있어 마땅히 땅을 봉하고 작위를 줄 때가 되면 도장이 닳고 끈이 해질 때까지 차마 주지 못하고 머뭇거립니다. 이는 이른바 아녀자의 어짊[婦仁=婦人之仁]일 뿐입니다. 항왕이
부인   부인지인
비록 천하의 패자가 되어 제후들을 신하로 삼고 있지만, 관중 땅에 머물지 않고 팽성에 도읍을 두었으며, 또 의제(義帝, ?~기원전 206년)[2]와의 약속을 어긴 채 가깝고 아끼는 사람들을 왕이 되게 해 제후들이 불평했습니다. 제후들은 항왕이 억지로 의제를 강남으로 쫓아낸 것을 보고, 또한 모두 돌아가서 자기의 주인을 내쫓고 스스로 좋은 땅에서 왕 노릇을 하고 있습니다. 항왕이 지나간 곳은 잔인하게 없어지지 않은 곳이 없어서 많은 사람이 원망하고 백성은 기대지 않으니, 다만 위세와 강함으로 겁을 주어서 복종하게 할 뿐입니다. 이름은 비록

---

2   성(姓)은 미(芈), 씨(氏)는 웅(熊), 이름은 심(心)으로 미심(芈心) 혹은 웅심(熊心)이라고 불렸다. 전국시대 말기 진(秦)나라에 억류(抑留)되었다가 죽은 초회왕(楚懷王)의 후손이다. 초나라 멸망 후 양을 키우며 숨어 지냈지만, 항량과 항우가 초나라를 다시 세운 뒤에 회왕(懷王)으로 옹립되었다가 뒤에 의제(義帝)로 개칭했다. 반진(反秦) 세력의 상징적인 맹주(盟主) 구실을 했지만, 진(秦)이 멸망한 뒤에 항우에게 살해되었다.

패왕이 되었지만, 알맹이는 백성의 마음을 잃었으니, 그래서 말하기를 그 강함은 쉽게 약해진다고 하겠습니다.

지금 대왕께서 정말로 그 길과 반대로 해서, 천하를 힘 있고 용감한 자들에게 맡기신다면 누군들 주벌하지 못하겠습니까? 천하의 성읍을 가지고서 공이 있는 신하를 봉하신다면 누군들 복종하지 않겠습니까? 의로운 병사를 가지고서 동쪽으로 돌아가겠다고 생각하는 용사들을 따르게 한다면 어찌 흩어지겠습니까? 또한 3명의 진나라 왕이 진나라 장수였던 시절에, 진나라 아들들을 몇 년 동안 이끌면서 죽거나 도망친 사람들이 이루 셀 수 없었습니다. 또 자기 무리를 속이고 제후들에게 항복해 신안에 이르렀을 때는 항왕이 속여서 진나라의 항복한 병졸 약 20만 명을 파묻었는데, 단지 장한(章邯)과 사마흔(司馬欣)과 동예(董翳)만이 벗어날 수 있었습니다. 때문에 진나라 아버지와 형들은 이 세 사람을 원망하고 아파함이 골수에 사무치고 있습니다. 지금 초나라가 억지로 위협해 이 세 사람을 왕으로 삼았지만, 진나라 백성은 좋아하지 않습니다. 대왕이 무관(武關)으로 들어가실 때 가을 털[秋毫]만큼도 (백성을) 해친 바가 없었고 진나라의 가혹한 법을 없애고 진나라 백성에게 법삼장(法三章)을 약속하셨으니, 장차 진나라 백성은 대왕이 진나라에서 왕 노릇 하는 것을 원하지 않는 바가 없었고 제후들과의 약속대로 대왕이 마땅히 관중의 왕이 되리라고 알고 있었으며 대왕이 촉에서의 지위를 잃었을 때 백성은 한스러워하지 않는 사람이 없었습니다. 지금 대왕이 일어나서 동쪽으로 가신다면 삼진(三秦)은 격문을 돌리기만 해도 평정될 수 있을 것입니다."

이에 한왕이 기뻐하며 스스로 한신을 얻은 것이 늦었다고 여겼고, 마침내 한신의 계책을 들어줘 여러 부서와 장수가 칠 곳을 정했다. 8월에 한왕이 동쪽으로 나가자 진나라 백성이 한나라로 귀의해오니, 한왕이 마침내 삼진을 주살해 그 땅을 평정했다. 이어 제후들의 병사를 거둬 항왕을 토벌함으로써 제업(帝業)을 정했으니, 이는 모두 한신의 계책 덕분이다.

漢王旣用滕公, 蕭何之言, 擢拜韓信爲上將軍. 引信上坐, 王問曰: "丞相數言將軍, 將軍何以敎寡人計策?" 信謝, 因問王曰: "今東向爭權天下, 豈非項王耶? 曰然, 大王自斷勇仁悍强, 庸與項王?" 漢王默然良久, 曰: "不如也!" 信再拜賀曰: "唯信亦以爲大王不如也. 然臣嘗事楚, 請言項王爲人. 項王暗噁叱咤, 千人皆廢, 然不能任屬賢將, 此匹夫之勇耳. 項王見人恭謹, 言語呴呴, 人疾病, 涕泣分食飮, 至使人有功當封爵, 印刓敝, 忍不能與. 此所謂婦人之仁. 項王雖霸天下而臣諸侯, 不居關中, 都彭城, 又背義帝約, 而以親愛王, 諸侯不平. 諸侯之見項王頡逐義帝江南, 亦皆歸逐其主自王善地. 項王所過, 無不殘滅多怨, 百姓不附, 特劫於威强服耳. 名雖爲霸王, 實失民心, 故曰其强易弱. 今大王誠反其道, 任天下武勇, 何不誅? 以天下城邑封功臣, 何不服? 以義兵從思東歸之士, 何不散? 且三秦王爲秦將, 將秦子弟數歲, 所殺亡不可勝計. 又欺其衆降諸侯至新安, 項王詐坑秦降卒二十餘萬人, 唯獨邯·欣·翳脫, 秦父兄怨此三人, 痛入骨髓. 今楚强以威王此三人, 秦民莫愛. 大王之入武關, 秋毫無所害, 除秦苛法, 與秦民約, 法三章, 且秦民無不欲得大王王秦者, 於諸侯約, 大王當王關中, 民戶知之, 大王失職之蜀, 民無不恨者. 今大王擧而東, 三秦可傳檄而定也." 於是漢王喜, 自以爲得信晩, 遂聽信計, 部署諸將所擊. 八月, 漢王東出, 秦民歸漢, 漢王遂誅三秦, 定其地. 收諸侯兵討項王, 定帝業, 韓信之謀也.

15. 왕 노릇 할 사람은 많으니 왕을 죽여도 좋습니다
- 조나라 말먹이꾼

조나라 땅에서 난리가 나자 무신(武臣), 장이(張耳), 진여(陳餘)가 조나라 땅을 평정한 뒤 무신을 세워서 조나라 왕으로 삼고 장이가 재상, 진여가 장군이 되었다. 조나라 왕이 잠깐 나간 사이에 연나라 군대에게 사로잡히게 되었는데, 연나라는 그를 가두고 그 땅의 3푼(分)을 주면 마침내 왕을 돌려보내겠다고 했다.

사자가 도착할 때마다 연나라가 그를 죽이면서 굳게 땅을 요구하자 장이와 진여가 이를 근심했는데, 마구간에서 말 먹이는 사졸이 자기 집 사람들에게 인사하며 말했다.

"내가 공(-장이)을 위해 연나라에 유세해 조나라 왕과 더불어 돌아오겠다."

집에 있는 사람들이 모두 비웃으며 말했다.

"사신으로 가서 10명이 죽었는데, 네가 어떻게 왕을 구할 수 있겠는가?"

마구간 사졸이 말했다.

"너희가 알 바가 아니다."

곧 몸을 씻고 가서 장이와 진여를 뵌 뒤 떠나가 연나라 왕을 알현하니 연나라 왕이 그에게 물었고, 이에 대답해 말했다.

"미천한 사람이 드물게 덕이 있는 사람을 뵙게 되었으니, 바라건대 한 잔 술을 청합니다."

다 마시고는, 또 물으니 다시 말했다.

"미천한 사람이 드물게 덕이 있는 사람을 뵙게 되었으니, 바라건대 다시 한 잔의 술을 청합니다."

다시 술을 주자 사졸이 말했다.

"왕께서는 신이 무엇을 욕심내는지 아십니까?"

연왕이 말했다.

"왕을 구하고자 욕심낼 뿐이다."

사졸이 말했다.

"임금께서는 장이와 진여가 어떤 사람인지 아십니까?"

연왕이 말했다.

"뛰어난 사람이다."

말했다.

"임금께서는 그들의 뜻이 무엇을 욕심내는지 아십니까?"

말했다.

"자기들 왕을 구하려고 할 뿐이다."

조나라 사졸이 웃으면서 말했다.

"임금께서는 아직 두 사람이 욕심내는 바를 모르십니다. 저 무신과 장이와 진여가 말채찍을 들고서 조나라 성 수십 개를 떨어뜨린 것이, 정말로 각자가 남면해 왕이 되고자 하려는 것이지 어찌 경(卿)이나 재상이 되려고 했겠습니까? 무릇 신하와 왕이 어찌 같은 날을 산다고(똑같다고) 말할 수 있겠습니까? 돌아보건대, 그 세력이 안정되기 시작할 때는 감히 셋으로 나눠 왕이 되지 못하니 우선 나이가 어리고 많은 것을 가지고 무신을 세워서 왕이 되게 해 조나라의 인심을 붙잡았습니다. 지금 조나라 땅이 이미 복속되자 이 두 사람 또한 조나라를 나눠서 왕이 되고 싶었는데, 때가 아직 안 되었을 뿐이었습니다. 지금 임금께서 조나라 왕을 붙잡고 계시니 이 두 사람이 명분으로는 조나라 왕을 구하려 하지만, 실제로는 연나라가 그를 죽이기를 바라고 있으니 이 두 사람은 조나라를 나눠서 스스로 세우려 하기 때문입니다. 무릇 하나의 조나라로도 오히려 연나라를 쉽게 이기는데, 하물며 왼쪽에서 끌고 오른쪽으로 이끌면서 곧은 마땅함을 쥐고서 곧지 못한 약한 자를 꾸짖으면 어떻겠습니까? 연나라가 없어지는 것은 얼마 걸리지 않을 것입니다."

연왕이 그렇다고 여겨서는 곧 조나라 왕을 떠나게 하니, 말 먹이는 사졸이 마부가 되어서 돌아왔다. 마침내 나라를 돌려받고 다시 세워져 왕이 된 것은 모두 조나라 사졸의 계책 덕분이다.

趙地亂, 武臣·張耳·陳餘定趙地, 立武臣爲趙王, 張耳爲相, 陳餘爲將軍. 趙王間出, 爲燕軍所得, 燕囚之, 欲與三分其地, 乃歸王. 使者至, 燕輒殺之, 以固求地, 張耳·陳餘患之, 有廝養卒謝其舍中人曰: "吾爲公說燕, 與趙王載歸." 舍中人皆笑之曰: "使者往十輩死, 若何以能得王?" 廝養卒曰: "非若所知." 乃洗沐往見張耳·陳餘, 遣行見燕王, 燕王問之, 對曰: "賤人希見長者, 願請一巵酒." 已飲, 又問之, 復曰: "賤人希見長者, 願復請一巵酒." 與之酒, 卒曰: "王知臣何欲?" 燕王曰: "欲得而王耳." 卒曰: "君知張耳·陳餘何人也?" 燕土曰: "賢人也." 曰: "君知其意何欲?" 曰: "欲得其王耳." 趙卒笑曰: "君未知兩人所欲也. 夫武臣·張耳·陳餘杖馬策, 下趙數十城, 此亦各欲南面而王, 豈爲卿相哉? 夫臣與主, 豈可同日道哉? 顧, 其勢始定, 未敢三分而王, 且以少長先立武臣爲王, 以持趙心. 今趙地已服, 此兩人亦欲分趙而王, 時未可耳. 今君囚趙王, 此兩人名爲求趙王, 實欲燕殺之, 此兩人分趙自立. 夫以一趙尙易燕, 況兩賢王左提右挈, 執直義而以責不直之弱. 燕滅無日矣." 燕王以爲然, 乃遣趙王, 養卒爲御而歸. 遂得反國, 復立爲王, 趙卒之謀也.

16. 천하의 식량 창고인 오창을 차지하십시오 - 한나라 역이기

역이기(酈食其, ?~기원전 204년)[3]는 역생으로 불렸는데, 한왕에게 유세해 말했다.

"신이 듣건대, 하늘이 하늘인 것을 아는 사람은 왕의 일[王師]을 이룰 수 있고 하늘이 하늘인 것을 모르는 사람은 왕의 일을 이루지 못한다고 했습니다. 왕은 백성을 하늘로 여기고, 백성은 먹을 것을 하늘로 여깁니다. 무릇 오창(敖倉=廒倉-오산에 있는 큰 창고)에 세상의 양식을 옮겨놓은 지가 오래되었기 때문에, 신이 듣기에 그 아래에 지금껏[及] 쌓아둔 곡식이 매우 많다고 합니다. 초나라 사람(-항우)이 형양(滎陽)을 뽑아내고도 오창을 단단히 지키지 않고 곧 병사를 이끌고 동쪽으로 가면서 영을 내려 죄를 짓고 유배된 병졸을 나눠서 성고(成皐)를 지키게 했으니, 이는 곧 하늘이 한나라에게 밑천[資]을 대주는 바입니다. 바야흐로 지금 초나라를 쉽게 차지할 수 있는데 한나라가 도리어 물러나고 있으니, 스스로 그 이로움을 벗어던지는 것이기 때

---

3   전한 초기 진류(陳留) 고양(高陽) 사람이다. 책 읽기를 좋아했는데, 집 안이 가난해 이감문 (里監門)이 되었다. 유방(劉邦)을 위해 계책을 내어 진류를 함락시킨 뒤 광야군(廣野君)으로 불렸다. 한왕(漢王)의 세객(說客)이 되어 제후들에게 사신을 갔다. 초한전쟁(楚漢戰爭) 중에 한고조(漢高祖)를 위해 제(齊)나라에 가서 유세해 70여 성의 항복을 받아내고 제나라 임금 전광(田廣)을 설득해 한나라에 귀순하도록 했는데, 한신(韓信)의 군사가 바로 제나라를 공략하자 대노한 전광에게 팽형(烹刑)을 당했다. 한나라에서 그의 아들 역개(酈疥)를 고량후(高梁侯)에 봉했다.

문에 신이 가만히 생각건대 잘못이라고 여깁니다. 장차 두 영웅은 함께 서지 못하니 초나라와 한나라가 서로 붙잡고서 결판을 내지 않으면 백성이 시끄럽게 움직여서 세상이 흔들리고 끓어오르게 되어, 농부는 쟁기를 풀어버리고 베 짜는 여자는 베틀에서 내려와 천하의 마음이 미처 (어디로 갈지) 정해진 곳이 없게 될 것입니다. 바라건대, 폐하(-이때는 아직 왕이었다)께서는 급히 다시 병사를 나아가게 해서 형양을 거둬들여 차지함으로써 오창의 곡식에 의지하고 성고의 험난함을 틀어막으며 태항산으로 가는 길을 가로막고 비호(蜚狐)의 입구를 막으며 백마의 나루터를 지키면서, 제후들에게 형세를 제압하는 세력을 보여주어 천하가 돌아갈 곳[歸]을 알게 해야 합니다."
귀

한왕이 말했다.

"좋다."

이에 곧 그 계획을 쫓아서 다시 오창을 지키니 끝내 양식이 마르지 않게 되어, 이로써 항우를 잡을 수 있었다. 그 뒤에 오나라와 초나라가 반란을 일으켰을 때도 장군 두영(竇嬰)과 주아부(周亞夫)가 다시 오창에 의지하고 전과 같이 성고를 틀어막음으로써 오나라와 초나라를 깨뜨렸으니, 모두 역생의 계책 덕분이다.

酈食其號酈生, 說漢王曰: "臣聞之, 知天之天者, 王事可成; 不知天之天者, 王事不可成. 王者以民爲天, 而民以食爲天. 夫敖倉, 天下轉輸久矣, 臣聞其下乃有藏粟甚多. 楚人拔滎陽, 不堅守敖倉, 乃引而東, 令謫過卒分守成皋, 此乃天所以資漢. 方今楚易取而漢反卻, 自奪其便, 臣竊以爲過矣. 且兩雄不俱立, 楚·漢久相持不決, 百姓騷動, 海內搖蕩, 農夫釋耒, 工女下機, 天下之心, 未有所定也. 願陛下急復進兵收取滎陽,

據廒倉之粟, 塞成皋之險, 杜太行之路, 距蜚狐之口, 守白馬之津, 以示
諸侯形制之勢, 則天下知所歸矣." 漢王曰: "善." 乃從其計劃, 復守廒倉,
卒糧食不盡, 以擒項氏. 其後吳・楚反, 將軍竇嬰, 周亞夫復據廒倉, 塞
成皋如前, 以破吳・楚, 皆酈生之謀也.

17. 천하의 형세를 알려줘 어디로 돌아가 기대야 할지를
알려주다 – 역이기

역생이 한왕에게 유세해 말했다.

"바야흐로 지금 연나라와 조나라는 이미 회복되었고, 오직 제나
라만이 미처 떨어지지 않았습니다. 지금 전횡(田橫)은 사방 1000리나
되는 제나라를 의지[據]해 있는데, 전간(田閒)은 역성(歷城)에서 20만
의 군사에 의지해 있고 여러 전씨도 강합니다. 바다와 태산[岱]을 등
지고 있고 하수와 제수에 의지해 있으며 남쪽으로는 초나라와 가깝
고 백성에게 변화와 속임수[變詐]가 많아서, 폐하가 비록 수십 만의
군대를 보낸다 해도 세월이 지나도록 떨어뜨리지 못할 것입니다. 신이
청하건대, 밝은 조서를 받들어 제나라 왕을 설득해서 영을 내려 동쪽
의 울타리[藩]를 칭하도록 하십시오."

이에 역이기를 사신으로 보내 제나라 왕을 설득하게 하니, 가서
말했다.

"왕께서는 천하가 돌아갈 곳을 알고 있습니까?"

왕이 말했다.

"모른다."

말했다.

"왕께서 천하가 돌아갈 곳을 안다면 제나라는 남아 있을 수 있습니다. 만일 천하가 돌아갈 곳을 모른다면 제나라는 보존될 수 없을 것입니다."

제왕이 말했다.

"천하가 어디로 돌아가는가?"

(역생이) 말했다.

"한나라로 돌아갑니다."

왕이 말했다.

"선생은 어째서 그렇게 말하는가?"

(역생이) 말했다.

"한왕과 항왕이 서로 힘을 모아[戮力] 서쪽을 바라보고 진나라를
육력
쳤는데, 약속하기를 먼저 함양에 들어간 자가 왕이 되기로 했습니다. 한왕이 먼저 함양에 들어갔지만 항왕은 약속을 배신하고 (함양을) 주지 않고 한중에서 왕이 되게 했습니다. 항왕이 의제(義帝)를 폭력으로 내쫓아 죽이자 한왕이 촉한(蜀漢)의 병사들을 일으켜 삼진(三秦)을 공격했고, 함곡관을 나와서 의제의 처지를 꾸짖으면서 천하의 병사들을 기둬들이고 제후의 후손을 세워주었습니다. 성이 항복하면 바로 그 장수를 제후로 삼고 선물을 얻으면 바로 그 병사들에게 주어서 천하와 더불어 이익을 같이했으니, 호걸과 뛰어난 사람들[賢人]은
현인
모두 자기가 쓰인 것을 기뻐했습니다. 제후의 병사들이 사방에서 몰려오자 촉한의 곡식이 바야흐로 배에 실려서 내려왔습니다. 항왕은 약속을 배신한 악명과 의제를 죽인 사실이 있고, 다른 사람에게 공이 있어도 기억하지 않고 다른 사람에게 허물이 있으면 잊지 않습니다.

그렇기 때문에 싸움에서 이겨도 상을 받지 못하고, 성을 뽑아내도 그 땅을 받지 못합니다. 항씨가 아니면 권세를 쓸 수가 없으니, 다른 사람을 위해 도장을 새기더라도 닳도록 만지면서 주지 않으며 성을 공략해 전리품을 얻더라도 재물을 쌓으면서도 상을 주지 않습니다. 이 때문에 천하가 그를 배반하고 뛰어난 자들이 그를 원망해서 그를 위해 쓰이지 않으니, 천하의 일이 한왕에게 돌아가는 것을 앉아서도 알 수 있습니다. 무릇 한왕이 촉한을 출발해 삼진을 평정하고 서쪽 황하의 밖을 건너 상당(上黨)의 병사를 올라타고서 정형(井陘)을 떨어뜨리고 성안군(成安君-진여)을 주살하며 북위(北魏)를 깨뜨리고 32곳의 성을 들어낸 것은, 치우(蚩尤=尤)의 병사들을 쫓아낸 것과 비견되니 사람의 힘이 아닙니다. 지금 이미 오창의 곡식에 의지해 성고의 험준함으로 틀어막고 백마의 나루를 지키면서 태항산의 오르막을 꽉 막으며 비호의 입구를 지키고 있으니, 천하에서 뒤늦게 항복하는 자가 먼저 망할 것입니다. 왕께서 빨리 한왕에게 몸을 굽히시면 제나라 사직은 보존할 수 있겠지만, 한왕에게 굽히지 않으면 위태로워서 망하는 것을 서서 기다리는 것과 같습니다."

전횡이 그럴 것이라고 여겨서 바로 역생의 말을 들어주어 역하(歷下)의 병사와 수비하는 준비를 물리고, 역생과 더불어 날마다 술을 마셨다. 이는 역생의 계책 덕분이다.

급기야 제나라 사람 괴통(蒯通)이 한신을 설득해 말했다.

"족하(足下)께서는 조서를 받고 제나라를 공격하셨는데, 어찌 된 까닭으로 장차 삼군의 무리를 멈춰서 더벅머리 유생 1명의 공에도 미치지 못하게 되었습니까? 제나라에 대비가 없는 것을 말미암아 공격함이 좋겠습니다."

한신이 따르자 역생은 전횡에게 해침을 당했는데, 뒷날에 한신 또한 그가 있어야 할 곳을 얻지 못했으니 어질지 못했기 때문이다.

酈生說漢王曰:"方今燕·趙已復, 唯齊未下. 今田橫據千里之齊, 田間據二十萬之軍於歷城, 諸田宗強. 負海岱阻河齊, 南近楚, 民多變詐, 陛下雖遣數十萬師, 未可以歲月下也. 臣請奉明詔說齊王, 令稱東藩." 於是使酈生食其說齊王, 曰:"王知天下之所歸乎?" 王曰:"不知也." 曰:"王知天下之所歸, 則齊國可得而有也, 若不知天下之所歸, 則齊國未可保也." 齊王曰:"天下何所歸?" 曰:"歸漢." 王曰:"先生何以言之?" 曰:"漢王與項王, 戮力西面擊秦, 約先入咸陽者王之. 漢王先入咸陽, 項王倍約不與而王漢中. 項王頡殺義帝, 漢王起蜀漢之兵擊三秦, 出關而責義帝之處, 收天下之兵, 立諸侯之後. 降城即以侯其將, 得賜即以予其士, 與天下同其利, 豪傑賢人, 皆樂爲其用. 諸侯之兵, 四面而至, 蜀漢之粟, 方船而下. 項王有倍約之名, 殺義帝之實, 於人之功無所記, 於人之過無所忘; 戰勝而不得其賞, 拔城而不得其封; 非項氏莫得用事; 爲人刻印, 刓而不能授; 攻城得賂, 積財而不能賞, 天下畔之, 賢才怨之, 而莫爲之用. 故天下之事, 歸於漢王, 可坐而策也. 夫漢王發蜀漢, 定三秦, 涉西河之外, 乘上黨之兵, 下井陘, 誅成安, 破北魏, 擧三十二城, 比迗尤之兵, 非人之力也. 今已據敖倉之粟, 塞成皋之險, 守白馬之津, 杜太行之阪, 距蜚狐之口, 天下後服者先亡矣. 王疾下漢王, 齊國社稷, 可得而保也; 不下漢王, 危亡可立而待也." 田橫以爲然, 即聽酈生, 罷歷下兵戰守之備, 與酈生日縱酒. 此酈生之謀也. 及齊人蒯通說韓信曰:"足下受詔擊齊, 何故止將三軍之衆, 不如一豎儒之功? 可因齊無備擊之." 韓信從之, 酈生爲田橫所害, 後信通亦不得其所, 由不仁也.

18. 옛날 뛰어난 임금의 어진 계책도 일의 형세에 맞춰 쓰지 않으면 재앙이 된다 - 한나라 장량

한나라 3년, 항우가 급하게 한왕이 있는 형양을 에워싸니, 한왕이 서럽고 괴로워서[悲憂] 역생과 모의해 초나라의 권세를 흔들려고[撓] 했다.
　비우　　　　　　　　　　　　　　　　　　　요

역생이 말했다.

"옛날에 (은나라를 세운) 탕왕이 걸을 쳤을 때 그 후손을 기(杞)나라에 봉했고, 무왕이 주왕을 쳤을 때도 그 후손을 송(宋)나라에 봉했습니다. 지금 진나라는 다움이 없고 마땅함을 버렸으니, 제후의 사직을 침범하고 쳐서 육국의 후손을 없애어 송곳 세울 땅도 없게 했습니다. 폐하께서 진실로 다시 육국의 후손을 세우시려면 도장을 주기만 하면 끝나는데, 이렇게 하면 뭇 신하[君臣→群臣]와 백성이 반드시 바람을
　　　　　　　　　　　　　　　　　　　군신　군신
따르고[嚮風=從風-바람이 부는 대로 나부끼는 풀처럼 복종함] 마땅함을 그
　　　　향풍　종풍
리워하지 않을 수 없어서 신첩(臣妾)이 되기를 바랄 것입니다. 다움과 마땅함이 이미 행해지고 나면, 폐하께서는 남쪽을 향해 패자를 칭하시게 되고 초나라는 반드시 옷깃을 여미고서 조현하게 될 것입니다."

한왕이 말했다.

"좋다. 서둘러 인장을 새기도록 하고 선생이 그 참에 가서 그것을 가져가라."

역생이 아직 가지 않았는데, 장량(張良, ?~기원전 186년)[4]이 밖에서

4　자는 자방(子房)이고 시호는 문성(文成)이다. 할아버지와 아버지가 연이어 한(韓)나라 재상을 지냈다. 진(秦)나라가 한나라를 멸망시키자 자객을 시켜 박랑사(博浪沙)에서 진시황

들어와 말하기를 청했다.

한왕이 마침 밥을 먹다가 말했다.

"자방(子房)이 오기 전에, 손님이 나를 위해 초나라의 권세를 흔들 계책을 주었다."

그리고 갖춰서 역이기가 한 말을 알려주며 말했다.

"자방의 뜻은 어떤가?"

장량이 말했다.

"누가 폐하를 위해 그와 같은 계책을 그려내었습니까? 폐하의 일은 떠나갔습니다."

한왕이 말했다.

"왜 그런가?"

대답해 말했다.

"신이 앞에 놓인 젓가락을 빌려 셈 해보기[籌之]를 청합니다."
_{살지}

그러고는 말했다.

"옛날 탕왕이 걸을 쳤을 때 그 후손을 기나라에 봉한 것은 능히 걸왕의 죽고 사는 운명[死命]을 제압할 수 있었기 때문입니다. 폐하께
_{사명}

을 암살하려 했지만 실패했다. 그 후 성명을 고치고 하비(下邳) 땅으로 달아나 살았는데, 흙다리 위에서 황석공(黃石公)이란 노인을 만나 태공망의 병서 『태공병법(太公兵法)』을 전 수받았다고 한다. 진2세(秦二世) 원년(기원전 209년), 무리를 모아 진승의 반란에 호응했다. 나중에 유방의 모신(謀臣)이 되었다. 유방이 군대를 이끌고 함양에 진군했을 때 번쾌(樊 噲)와 함께 유방에게 궁실의 부고(府庫)를 봉하고 패상(覇上)으로 철군할 것을 권했다. 홍 문연(鴻門宴)에서 기지를 발휘해 유방을 위기에서 구해냈다. 초한(楚漢)전쟁 때 6개국이 공존할 수 없음을 제시하면서 영포(英布)와 팽월(彭越)과 연대하고 한신(韓信)을 등용하 는 등의 계책을 올렸다. 또 항우(項羽)를 공격해 완전히 궤멸시킬 것을 건의했는데, 유방이 모두 채택했다. 고조(高祖) 6년 유후(留侯)에 봉해졌다. 뜻을 이룬 뒤 속세를 벗어나 벽곡 (辟穀)을 하고 신선술을 익히면서 여생을 보냈다고 한다.

서 능히 항적의 목숨을 제압할 수 있겠습니까?"

(왕이) 대답했다.

"아직 할 수 없다."

"그것이 안 되는 한 가지입니다. 무왕이 주왕을 쳤을 때도 그 후손을 송나라에 봉한 것은 주왕의 목을 얻을 수 있었기 때문입니다. 지금 폐하는 항적의 목을 얻을 수 있겠습니까?"

(왕이) 대답했다.

"아직 할 수 없다."

"그것이 안 되는 두 번째입니다. 무왕이 은나라에 들어가서는 상용(商容-은나라의 뛰어난 대부)의 마을을 표창했고 기자의 문 앞에서 인사를 했으며 비간의 묘에 봉분을 쌓았습니다. 지금 폐하께서는 능히 빼어난 이의 무덤에 봉분을 높게 쌓고 뛰어난 이의 마을을 표창하며 지혜로운 자의 문 앞에 절을 할 수 있겠습니까?"

"아직 할 수 없다."

"그것이 안 되는 세 번째입니다. (무왕은) 거교(鉅橋)의 곡식을 꺼내고 녹대(鹿臺)의 돈을 흩어서 가난하고 파리한 사람들에게 내려주었습니다. 지금 폐하께서는 능히 창고를 흩어내어 가난한 이에게 내려주실 수 있겠습니까?"

"아직 할 수 없다."

"그것이 안 되는 네 번째입니다. (무왕은) 은나라의 일이 이미 끝나자 전차[革]를 멈춰 수레를 만들고 방패와 창을 거꾸로 해서 창고에 두고서는 이를 천하에 보여줌으로써 다시 군사를 쓰지 않았습니다. 지금 폐하께서는 능히 전차를 멈추고 방패와 창을 거꾸로 해서 창고에 두실 수 있겠습니까?"

"아직 할 수 없다."

"그것이 안 되는 다섯 번째입니다. (무왕은) 화산(華山)의 남쪽에서 말을 쉬게 해서 쓸 곳이 없다는 것을 보여주었습니다. 지금 폐하는 능히 말을 쉬게 해서 쓸 곳이 없게 할 수 있겠습니까?"

말했다.

"아직 할 수 없다."

"그것이 안 되는 여섯 번째입니다. (무왕은) 도림(桃林)의 북쪽에서 소를 쉬게 해 다시 양식을 나를 일이 없다는 것을 보여주었습니다. 지금 폐하는 소를 쉬게 해서 다시 양식을 나를 일이 없게 할 수 있겠습니까?"

말했다.

"아직 할 수 없다."

"그것이 안 되는 일곱 번째입니다. 또 무릇 떠도는 선비들은 자기 친척을 덜어내고 (조상의) 무덤을 버리며 옛 친구들을 떠났고, 폐하를 따르는 유사들은 모두 밤낮으로 작은 땅이라도 바라고 있습니다. 지금 다시 한·위·연·조·제·초의 후손을 세우고 그 왕들이 모두 다시 세워지면 떠돌던 선비는 각자 돌아가서 그 주인을 섬기고 그 친척을 따르며 그 오랜 친구와 무덤으로 되돌아갈 터인데, 그리되면 폐하는 누구와 더불어 천하를 차지하겠습니까?"

"아직 할 수 없다."

"그것이 안 되는 여덟 번째입니다. 또 저 초나라만 오직 강하지 않으면 되지만, 여섯 나라가 다시 약해져서 초나라를 따르게 되면 폐하는 어찌 그들을 신하로 삼을 수 있겠습니까? 진실로 손님의 계책을 쓰시면 폐하의 일은 떠나버립니다."

한왕은 밥 먹기를 멈추고 씹던 것을 뱉고는 욕을 하며 말했다.

"더벅머리 유생[豎儒]이 거의 내[乃公-유방이 스스로를 부르는 말] 일
을 망칠 뻔했다."

영을 내려 바로 인장을 녹이게 하고 사신 보내는 일을 막아서 그
치게 했다. 마침내 천하의 병사를 모아 항적을 주살하고 천하를 평정
했으니, 장자방의 계책 덕분이다.

漢三年, 項羽急圍漢王滎陽, 漢王悲憂, 與酈生謀撓楚權. 酈生曰: "昔
湯伐桀, 封其後於杞, 武王伐紂, 封其後於宋. 今秦無德棄義, 侵伐諸侯
社稷, 滅六國之後, 使無立錐之地. 陛下誠復立六國後, 畢授印已, 此君
臣百姓, 必戴陛下德, 莫不嚮風慕義, 願爲臣妾. 德義已行, 陛下南嚮稱
霸, 楚必斂衽而朝." 漢王曰: "善. 趣刻印, 先生因行佩之矣." 酈生未行,
張良從外求謁, 漢王方食, 曰: "子房前, 客有爲我計撓楚權者." 具以食
其言告之, 曰: "其於子房意如何?" 良曰: "誰爲陛下畫此計者? 陛下事去
矣." 漢王曰: "何哉?" 對曰: "臣請借前箸而籌之." 曰: "昔湯伐桀, 而封
其後於杞者, 斯能制桀之死命也. 陛下能制項籍之死命乎?" 曰: "未能
也." "其不可一也. 武王伐紂而封其後於宋者, 斯能得紂之頭也. 今陛下
能得項籍之頭乎?" 曰: "未能也." "其不可二矣. 武王入殷, 表商容之閭,
軾箕子之門, 封比干之墓. 今陛下能封聖人之墓, 表賢人之閭, 軾智者之
門乎?" 曰: "未能也." "其不可三矣. 發鉅橋之粟, 散鹿臺之錢, 以賜貧
羸. 今陛下能散府庫以賜貧羸乎?" 曰: "未能也." "其不可四矣. 殷事已
畢, 偃革爲軒, 倒載干戈, 以示天下不復用兵. 今陛下能偃革, 倒載干戈
乎?" 曰: "未能也." "其不可五也. 休馬於華山之陽, 以示無所用. 今陛下
能休馬無所用乎?" 曰: "未能也." "其不可六也. 休牛於桃林之陰, 以示

不復輸糧. 今陛下能休牛不復輸糧乎?"曰:"未能也.""其不可七矣. 且
夫天下游士, 捐其親戚, 棄墳墓, 去故舊, 從陛下游者, 皆日夜望尺寸之
地. 今復立韓·魏·燕·趙·齊·楚之後, 其王皆復立, 游士各歸事其主,
從其親戚, 反其故舊墳墓, 陛下誰與取天下乎?"曰:"未能也.""其不可
八也. 且夫楚惟無強, 六國復撓而從之, 陛下焉得而臣之乎? 誠用客之
計, 陛下之事去矣."漢王輟食吐哺, 罵曰:"豎儒幾敗乃公事."令趣銷印,
止不使. 遂并天下之兵, 誅項籍, 定海內, 張子房之謀也.

19. 제후를 움직이려면 그들이 원하는 것을 줘야 합니다
　　- 한나라 장량

한나라 5년, 항왕을 추격해 양하(陽夏) 남쪽까지 와서 군사를 멈
췄다. 회음후 한신, 건성후 팽월(彭越, ?~기원전 196년)[5]과 함께 만나기
로 기약한 뒤 초나라 군사를 공격하며 고릉(固陵)에 이르렀으나 만나
지 못했고, 초나라가 한나라 군사를 쳐서 크게 깨뜨렸다. 한왕이 다

5　진나라 말에 진승과 항우가 병사를 일으키자 산동 지역 거야에서 거병했다. 초한전쟁 때
　병사 약 3만 명을 이끌고 한나라에 귀순해 유방을 도왔다. 위상국(魏相國)이 되어 양(梁)
　땅을 공략 평정했다. 한나라를 도와 초나라를 공격해 여러 차례 초나라의 식량 보급로를
　끊었다. 병사를 인솔해 해하(垓下)에서 항우를 격멸하고 양왕(梁王)에 봉해졌다. 진희가 반
　란을 일으키자 고조가 직접 정벌에 나섰는데, 한단(邯鄲)에 이르러 양나라 병사를 징발하
　니 그가 병을 이유로 장령(將領)을 대신 한단으로 보냈다. 양나라 장수 호첩(扈輒)이 반란
　을 권유했지만 따르지 않았다. 양태복(梁太僕)이 고발하자, 고조가 사람을 보내 체포하고
　서인(庶人)으로 강등시켰다. 촉으로 옮겨졌다가 여후(呂后)의 말을 들은 고조가 삼족을 멸
　해버렸다. 유방이 어려운 경우를 당해서도 변심하지 않았지만, 항우가 죽고 천하가 평정된
　다음에 모반을 꾀했다가 발각되어 죽임을 당하고 말았다.

시 성벽 안으로 들어가서 구덩이를 깊이 파고 지키며 장자방에게 일러 말했다.

"제후가 약속을 어기면 어찌하는가?"

대답해 말했다.

"초나라 병사가 만일 깨져도 나눠 줄 땅이 있지 않으면 그들이 오지 않는 것은 진실로 마땅합니다. 왕께서 능히 더불어 천하를 함께하신다면 지금 가히 이르게 할 수 있습니다만, 그렇게 하지 못하면 군사가 올지를 아직 알 수 없습니다. 왕께서 능히 진(陳)의 동쪽에서 바다에 닿는 곳을 남김없이 한신에게 주고 수양(睢陽)의 북쪽에서 곡성(穀城)에 이르는 곳을 남김없이 팽월에게 준다고 하시면, 각자가 스스로를 위해 싸우게 되어 초나라를 쉽게 이길 수 있습니다."

한왕이 마침내 사자를 시켜 한신과 팽월에게 알려주며 말했다.

"힘을 합쳐서 초나라를 쳐라. 초나라가 깨지고 나면 진(陳)의 동쪽에서 바다에 닿는 곳을 제나라 왕에게 주고 수양의 북쪽에서 곡성에 이르는 곳을 팽상국에게 주겠다."

사자가 이르자 한신과 팽월이 모두 기뻐하면서 보고해 말했다.

"지금 병사를 나아가게 하기를 청합니다."

한신은 곧 제나라 쪽으로 쫓아서 갔고 팽월의 병사는 양(梁)에서 도착해, 제후들이 와서 만나 드디어 초나라 군사를 해하(垓下)에서 깨뜨리고 항왕을 쫓아가 회수 나루터에서 주살했으니, 두 제후의 공은 장자방의 계책 덕분이다.

漢五年, 追擊項王陽夏南, 止軍. 與淮陰侯韓信, 建成侯彭越期會而擊
楚軍, 至固陵不會, 楚擊漢軍, 大破之. 漢王復入壁, 深塹而守之, 謂張

子房曰: "諸侯不約, 奈何?" 對曰: "楚兵且破, 而未有分地, 其不至固宜. 君王能與共天下, 今可立致也; 則不能, 軍未可知也. 君王能自陳以東傅海盡與韓信, 睢陽以北至穀城盡與彭越, 使各自爲戰, 則楚易敗也." 漢王乃使使者告韓信·彭越曰: "幷力擊楚. 楚已破, 自陳以東傅海與齊王, 睢陽以北至穀城與彭相國." 使者至, 韓信·彭越皆喜, 報曰: "請今進兵." 韓信乃從齊行, 彭越兵自梁至, 諸侯來會, 遂破楚軍于垓下, 追項王, 誅之於淮津, 二君之功, 張子房之謀也.

20. 그조차 상을 받았는데 내가 못 받겠는가 - 한나라 장량

한나라 6년 정월 공신을 봉했는데, 장자방은 일찍이 전쟁에서 공로를 세운 적이 없었지만 고황제가 말했다.

"삼공의 지위에 있으면서 장막 안에서 신묘한 책략[籌策]으로 1000리 밖 승리를 결정한 것은 자방의 공이니, 자방은 스스로 제나라에서 3만 호를 고르라."

장량이 말했다.

"처음 신이 하비에서 일어나 상(上)과 더불어 류(留) 땅에서 만났으니, 이는 하늘이 신을 폐하에게 준 것입니다. 폐하가 신의 계책을 써서 요행히 때에 들어맞았으니, 신은 바라건대 유(留) 땅에 봉해주시면 충분합니다. 제나라 3만 호는 감당할 수 없습니다."

마침내 장량을 유후(留侯)에 봉했는데, 소하(蕭何) 등 그 나머지에 이르러서는 모두 미처 봉해지지 않았다. 뭇 신하들이 스스로 의심스럽고 봉해지지 못할까 걱정하며, 모두 함께 스스로 편안하지 못해 마음이 흔들리고 있었다. 이에 고황제가 낙양 남궁(南宮)의 상대(上臺)에 있었는데, 가는 곳마다 뭇 신하들이 모래밭 가운데 앉아서 서로 이야기하고 있는 것을 보았다.

상(上)이 말했다.

"이들이 무슨 말들을 하는가?"

유후가 말했다.

"폐하는 모르십니까? 반란을 모의할 뿐입니다."

상이 말했다.

"천하가 막 안정되었는데, 무슨 까닭으로 반란인가?"

유후가 말했다.

"폐하가 베옷을 입고 일어나서 이 무리와 더불어 천하를 안정시켰습니다만, 폐하는 이미 천자가 되었고 봉함을 받은 자들은 모두 소하와 조참(曹參) 같은 오래 알던[故] 사람들이며 주살을 받은 자들은 모두 평생의 원수였습니다. 지금 군대의 관리들은 공을 계산하면 천하를 가지고도 두루 봉하기에는 부족하기 때문에, 이 무리는 폐하께서 남김없이 봉하지 못할까 봐 두려워하고 있으며 또한 평생의 허물과 실수가 주살에 이를까 봐 의심하고 있습니다. 그래서 모여서 반란을 모의할 뿐입니다."

상이 곧 근심해 말했다.

"장수들을 위해 어찌해야 하겠소?"

유후가 말했다.

"상께서 평생 미워한 사람으로 뭇 신하들이 다 아는 사람 중에 누가 가장 심합니까?"

상이 말했다.

"옹치(雍齒)와 나는 까닭이 있어서 여러 차례 나를 군색하게 하고 욕보였다. 그를 죽이고 싶었지만, 그의 공이 많아 차마 죽일 수 없었다."

유후가 말했다.

"지금 급박하니, 먼저 옹치를 봉하시어 그것을 뭇 신하들에게 보이십시오. 뭇 신하들이 옹치가 봉함을 받는 것을 보게 되면 바로 사람마다 스스로 (입지가) 단단하다 여길 것입니다."

이에 상이 술자리를 베풀고 옹치를 십방후(什方侯)에 봉했으며 바로 조서를 내려 승상과 어사의 공을 정하고 봉할 것을 재촉하니, 뭇 신하들이 술자리가 끝난 후 모두 기뻐하며 말했다.

"옹치 또한 제후가 되었으니 우리는 근심할 것이 없다."

배반하려는 마음이 원래대로 돌아가고 삐뚤어진 길로 갔던 모의가 사라졌으니, 국가를 안정되고 평안하게 해서 여러 대에 걸쳐 큰일이나 근심이 없었던 것은 장자방의 계책 덕분이다.

漢六年, 正月, 封功臣, 張子房未嘗有戰功, 高皇帝曰: "鉉籌策帷幄之中, 決勝千里之外, 子房功也, 子房自擇齊三萬戶." 良曰: "始臣起下邳, 與上會留, 此天以臣授陛下. 陛下用臣計, 幸而時中, 臣願封留足矣. 不敢當齊三萬戶." 乃封良爲留侯, 及蕭何等其餘功臣, 皆未封. 群臣自疑, 恐不得封, 咸不自安, 有搖動之心. 於是高皇帝在雒陽南宮上臺, 見群臣往往相與坐沙中語. 上曰: "此何語?" 留侯曰: "陛下不知乎? 謀反耳." 上曰: "天下屬安, 何故而反?" 留侯曰: "陛下起布衣, 與此屬定天下, 陛下已爲天子, 而所封皆蕭曹故人, 所誅皆平生怨仇. 今軍吏計功, 以天下不足以遍封, 此屬畏陛下不能盡封, 又見疑平生過失及誅. 故即聚謀反耳." 上乃憂, 曰: "爲將奈何?" 留侯曰: "上平生所憎, 群臣所共知誰最甚者?" 上

曰: "雍齒與我有故, 數窘辱我. 欲殺之, 爲其功多, 故不忍." 留侯曰: "今
急, 先封雍齒, 以示群臣. 群臣見雍齒得封, 即人人自堅矣." 於是上置酒
封雍齒爲, 而急詔趣丞相御史定功行封, 群臣罷酒, 皆喜曰: "雍齒且侯,
我屬無患矣." 還倍畔之心, 銷邪道之謀, 使國家安寧, 累世無事無患者,
張子房之謀也.

21-1. 나라의 도읍을 추천해 나라를 안정시키다
- 한나라 누경 1

고황제 5년(기원전 202년), 제나라 사람 누경(婁敬)[6]이 농서(隴西-감
숙성)에서 수[戍]자리를 서게 돼 낙양(雒陽)을 지나가는데 거기에 고
제(高帝)가 있었다. 누경이 수레의 가로지른 막대를 벗겨놓고 같은 제
나라 땅 출신인 우장군(虞將軍)을 만나서 말했다.

"신은 상(上)을 만나뵙고 도움이 될 만한 것에 관해 드릴 말씀이
있습니다."

우장군이 그에게 깨끗한 옷[鮮衣]을 주려고 하자 누경이 말했다.

"제가 비단옷을 입고 있으면 비단옷을 입은 채 뵐 것이고, 베옷을

---

6   본성은 누(婁)인데, 유방이 천하를 평정할 때 관중과 서도(西都)에 관한 계책을 올려서 공
    을 세움으로써 유씨 성을 하사받고 봉춘군(奉春君)에 봉해졌다. 나중에 관내후(關內侯)에
    봉해졌고, 건신후(建信侯)란 호를 받았다. 유방이 백등(白登)에서 흉노의 모돈선우(冒頓單
    于)에게 패한 뒤 북방의 변란 때문에 괴로워할 때 화친 정책을 제안하고 사신으로 가서 조
    약을 매듭지었다. 6국 귀족들의 후예와 호강대족(豪强大族) 약 10만 명을 관중으로 이전
    시키는 계획을 건의하기도 했다.

입고 있으면 베옷을 입은 채로 뵐 것입니다. 감히 옷을 바꿔 입지 않겠습니다."

이에 우장군이 안으로 들어가서 상에게 아뢰니, 상이 불러서 만나보고 음식을 내려주었다. 이윽고 누경에게 묻자 누경이 유세해 말했다.

"폐하께서 낙양에 도읍하신 것[都]이 혹시 주(周)나라 왕실과 비교해 누가 더 융성한지 비교하려는 것입니까?"

이에 상이 말했다.

"그렇다."

이에 누경이 말했다.

"폐하께서 천하를 차지하신 것은 주나라와 다릅니다. 주나라의 조상은 후직(后稷)으로부터 시작하는데, 요임금이 후직을 태(邰-섬서성 무공현) 땅에 봉해준 이후로 다움을 쌓고 좋은 일을 더해서 10여 세대를 거친 후 공유(公劉)가 (하나라의 마지막 임금이자 폭군인) 걸(桀)왕을 피해 빈(豳)나라로 가서 살았고, (공유의 9세손인) 태왕(太王-고공단보)이 융적(戎狄)의 공격을 받게 되자 빈나라를 떠나 말을 달려서 기(岐) 땅으로 가니 빈나라 사람들이 다퉈 태왕을 따랐습니다. (태왕의 손자인) 문왕(文王)이 (상나라 천자의 제후인) 서쪽 제후의 우두머리[西伯]가 되어 우(虞)와 예(芮) 두 나라의 분쟁을 조정해냄으로써 비로소 천명을 받았고[7], 여망(呂望)과 백이(伯夷)가 (그동안 숨어 지내던) 바닷가에서 나와 문왕에게 귀부했습니다. (문왕의 아들인) 무왕(武王)

---

7 실제로 천명을 받은 것은 아니다. 문왕이 주나라를 개국한 것은 아니기 때문이다. 후대에 와서 이 분쟁 해결이 마침내 제후 사이의 주도권을 잡는 계기가 되어 그렇게 해석한 것이다.

이 (은나라의 마지막 임금이자 폭군인) 주(紂)왕을 토벌하기로 하고 얼마 지나지 않아 맹진(孟盡)에서 800여 제후와 회맹하니, 모두 다 말하기를 주왕을 토벌해야 한다고 했고 마침내 은나라를 멸망시켰습니다. (무왕의 아들인) 성왕(成王)이 즉위하자 (무왕의 아우인) 주공(周公)이 재상이 되어 마침내 주(周)의 낙읍(洛邑)을 경영해 이곳을 천하의 중심으로 삼았으니, 제후들이 사방에서 공물을 바친 것이 큰길이나 작은 길이나 구분이 없을 정도로 가득 찼습니다. (이처럼) 다움[德]이 있으면 쉽게 왕 노릇을 할 수 있는 반면에 다움이 없으면 쉽게 망하게 됩니다.

지금 말한 임금들은 모두 다 주나라로 하여금 다움으로써 사람을 다스리게 하는 데 힘을 쓰고 위험한 방법에 의존하지 않도록 강조한 반면, 후세의 임금들은 교만과 사치[驕奢]로 백성을 학대했습니다. 【주나라가 번성했을 때는 천하가 기꺼이 하나가 되고 사방의 오랑캐들도 중국의 풍속을 따라서 의로움을 흠모하고 다움을 마음속에 품었습니다[慕義懷德]. (돌궐의) 부리(附離)족조차 함께 천자를 섬겨서 병졸 1명도 주둔하지 않았고 병사 1명도 싸움하지 않았으며, 여덟 오랑캐[八夷]의 큰 나라 백성도 빈객의 예를 갖춰 복종하지[賓服] 않는 자가 없었으니 그 효험이 공물 헌납으로 나타났던 것입니다.】[8] (그러나) 주나라가 쇠퇴했을 때는 천하가 나뉘어 둘이 되고[9] 어디에서도 조회하러 오지 않았으나 주나라는 그들을 통제할 수 없었으니, 이는 (천자)다움이 엷어진 탓이 아니라 형세가 약해진 때문입니다.

---

8 【 】부분은 『한서(漢書)』에는 있는데 『자치통감(資治通鑑)』이나 『문장정종(文章正宗)』에는 생략돼 있다. 문맥상 추가하는 것이 좋을 듯해서 『한서(漢書)』를 따랐다.

9 原註-사고(師古)가 말했다. "이는 동주(東周)의 임금과 서주(西周)의 임금이 있게 된 것을 가리킨다."

지금 폐하께서는 풍(豊)에서 일어나 패(沛)를 쳐서 병졸 3000명을 거둬서는 그들을 보내 촉(蜀-사천성)과 한(漢-섬서성 남부의 한중군(漢中郡))을 석권하시고 삼진(三秦)[10]을 평정하셨습니다. 항우와 (형양(滎陽)에서) 큰 싸움을 70번, 작은 싸움을 40번이나 해서 천하의 사람들로 하여금 간과 뇌가 땅에 떨어지고 아버지와 자식의 뼈가 들판 한가운데 드러나게 한 것을 이루 다 헤아릴 수가 없습니다. 그리하여 곡하고 우는 소리가 끊이지를 않고 다친 사람들을 아직 거두지도 못했는데 (주나라의 번성기인) 성왕(成王)과 강왕(康王)의 시대와 그 융성함을 비교하시니, 신은 남몰래 그렇게 해서는 안 된다고[不侔] 생각합니다. 또
　　　　　　　　　　　　　　　　　　　　　　　　　불모
무릇 진(秦)나라의 땅은 산으로 덮여 있고 황하가 띠를 두르는 형상이라 사방이 요새처럼 견고해서, 설사 갑자기 위급한 사태가 생기더라도 100만 대군을 갖출 수가 있습니다. 이 때문에 진나라는 예전에 심히 아름답고 기름진 땅을 자산으로 삼고 있었으니, 이것이 이른바 천부(天府)[11]라는 것입니다.

　폐하께서 관(關-함곡관)으로 들어가시어 이곳을 도읍으로 삼으신다면 산동(山東)이 비록 어지러워진다고 해도 진나라의 옛 땅을 온전하게 보전해 소유하실 수 있습니다. 무릇 다른 사람과 싸우면서 그 사람의 목을 조이지 않고 그 사람의 등이나 친다면 아직 그 승리를

10　중국의 관중(關中)을 달리 이르는 말로, 오늘날의 섬서성(陝西省) 일대를 가리킨다. 항우 (項羽)가 진(秦)나라로 쳐들어가서 관중을 셋으로 나누고 장한(章邯)을 옹왕(雍王)으로, 사마흔(司馬欣)을 새왕(塞王)으로, 동예(董翳)를 적왕(翟王)으로 봉함에 따라 한때 진나라가 세 나라로 나뉘었는데, 이후 이 지역을 뜻하는 말로 사용됐다.

11　原註-사고(師古)가 말했다. "부(府)는 모인다[聚]는 뜻으로, 천하의 좋은 것이 다 모여든
　　　　　　　　　　　　　　　　　　　취
곳이라는 뜻이다."

온전하게 할 수가 없습니다."

高皇帝五年, 齊人婁敬戌隴西, 過雒陽, 脫輅輓, 見齊人虞將軍曰: "臣願見上言便宜事." 虞將軍欲以鮮衣, 婁敬曰: "臣衣帛, 衣帛見; 衣褐, 衣褐見. 不敢易." 虞將軍入言上, 上召見, 賜食已而問, 敬對曰: "陛下都雒陽, 豈欲與周室比隆哉?" 上曰: "然." 敬曰: "陛下取天下, 與周室異. 周之先自后稷, 堯封之, 積德累善十餘世, 公嬌避桀居邠, 大王以狄伐去邠, 杖馬策居岐國, 人爭歸之. 及文王爲西伯, 斷虞芮訟, 始受命, 呂望・伯夷自海濱來歸之, 武王伐紂, 不期而會孟津上八百諸侯, 滅殷. 成王即位, 周公之屬傳相, 乃營成周雒邑, 以爲天下中, 諸侯四方, 納貢職道里均矣. 有德則易以王, 無德則易以亡. 凡居此者, 欲令周務德以致人, 不欲恃險阻, 令後世驕奢以虐民. 及周之衰分爲兩, 天下莫朝, 周不能制, 非德薄, 形勢弱也. 今陛下起豐擊沛, 收卒三千人, 以之徑往卷蜀漢, 定三秦. 與項羽大戰七十; 小戰四十; 使天下民肝腦塗地, 父子暴骨中野, 不可勝數. 哭泣之聲未絶, 傷夷者未收, 而欲比隆成康周公之時, 臣竊以爲不侔矣. 且夫秦地被山帶河, 四塞以爲固, 卒然有急, 百萬之衆可具. 因秦之固, 資甚美膏腴之地, 此謂. 陛下入關而都, 山東雖亂, 秦故地可全而有也. 夫與人鬪而不搤其亢, 拊其背, 未全勝也."

21-2. 나라의 도읍을 추천해 나라를 안정시키다
- 한나라 누경 2

고황제가 의심스러워 좌우 대신들에게 물어보니 모두가 산동 사람이라 많은 사람이 상에게 낙양을 도읍으로 하기를 권하면서, 동쪽에는 성고(成皋)가 있고 서쪽에는 효산(崤山)과 민지(澠池)가 있으며 황하와 바다를 등지고 이수(伊水)와 낙수(洛水)를 향해 있어서 그 단단함이 정말로 의지하기에 충분하다고 말했다. 또한 주나라는 몇백 년 동안 있었으나 진나라는 2대만에 망했으니, 주나라에 도읍하는 것만 못하다는 것이었다.

이에 유후 장자방이 말했다.

"낙양이 비록 이런 단단함을 가지고 있지만, 나라 안의 땅이 작아서 수백 리를 넘지 않으며 농사지을 땅이 좁은 데다가 사면에서 적을 맞으면 여기는 무력을 쓸 만한 나라가 아닙니다.

무릇 관중(關中)은 왼쪽에는 효산(崤山)과 함곡관이 있고 오른쪽에는 농(隴)과 촉(蜀)이 있어서 기름진 밭이 1000리나 되는 데다가 남쪽으로는 파 땅과 촉 땅의[巴蜀]의 풍요로움이 있고 북쪽으로는 고완(故宛)의 이로움이 있습니다. 삼면이 험난해서 한쪽 귀퉁이만 지키고 동쪽으로만 향하면 제후들을 제압할 수 있고, 제후들이 안정되면 하수와 위수로 식량을 운송할[漕輓]¹² 수 있습니다. 천하는 서쪽에서 경사(京師=수도)로 공급하는데, 제후들이 변고가 있더라도 물길을 타고 내려가면 충분히 맡겨 보낼 수 있으니 이른바 쇠로 만든 성[金城]이 1000리나 뻗어 있고 하늘이 내린 곳간[天府]이 있는 나라라고 할 수 있습니다. 누경의 말이 옳습니다."

이에 고황제가 그날로 가마를 몰고 서쪽으로 가서 관중을 도읍으로 했으니, 이로부터 나라와 집안이 안정되고 편안해졌다. 팽월, 진희

---

12 수로로 운송하는 것을 조(漕)라고 하며, 육로로 운송하는 것을 만(輓)이라 한다.

와 노관의 역모, 구강(九江)과 연나라와 대(代)나라의 병란, 급기야 오나라와 초나라의 난까지 관동의 병사들이 비록 100만이라 해도 오히려 해칠 수 없었던 까닭은, 어짊과 다움의 은혜를 보존했고 관중의 단단함으로 지켜냈기 때문이다. 나라가 이로써 오랫동안 안정되었으니 누경과 장자방의 계책 덕분이다.

상이 말했다.

"본래 진나라 땅에 도읍하자고 말한 사람은 누경이다. '누'라는 글자는 곧 유(劉)다."

이어 성을 내려서 유(劉)씨로 하고 제배해 낭중으로 삼았으며 부르기를 봉춘군(奉春君)이라 했으니, 뒤에는 끝내 건신후(建信侯)가 되었다.

高皇帝疑, 問左右大臣, 皆山東人, 多勸上都雒陽, 東有成皋, 西有肴澠, 倍河海, 嚮伊洛, 其固亦足恃. 且周數百年, 秦二世而亡, 不如都周. 留侯張子房曰: "雒陽雖有此固, 國中小不過數百里, 田地狹, 四面受敵, 此非用武之國. 夫關中左肴函, 右隴蜀, 沃野千里, 南有巴蜀之饒, 北有故宛之利. 阻三面, 守一隅, 東向制諸侯, 諸侯安定, 河渭漕輓. 天下西給京師; 諸侯有變, 順流而下, 足以委輸, 此所謂金城千里, 天府之國也. 婁敬說是也." 於是高皇帝卽日駕, 西都關中, 由是國家安寧. 雖彭越·陳豨·盧綰之謀, 九江燕代之兵, 及吳楚之難, 關東之兵, 雖百萬之師, 猶不能以爲害者, 由保仁德之惠, 守關中之固也. 國以永安, 婁敬·張子房之謀也. 上曰: "本言都秦地者, 婁敬也. 婁者乃劉也." 賜姓劉氏, 拜爲郎中, 號曰奉春君, 後卒爲建信侯.

22. 황제도 닿을 수 없는 사람을 찾아 쓰게 해서 태자의 자리를 굳히다 – 한나라 장량

　　유후 장자방은 한나라가 이미 정해지자, 본래 병이 많아 바로 양생(養生=導引)을 하면서 곡식을 먹지 않았으며 문을 닫아걸고 나가지 않았다. 1년 남짓 되었을 때, 상(上)이 태자를 폐하고 척부인[戚姬]의 아들 조나라 왕 여의(如意)를 세우고 싶어 했지만, 대신들이 많이 간쟁해 아직 굳게 결정할 수가 없었다. 여후(呂后)가 두려워서 어찌할 바를 몰랐는데, 누군가가 여후에게 일러 말했다.

　　"유후가 좋은 계책을 잘 내서 상께서 믿고 쓰십니다."

　　여후가 마침내 건성후(建成侯) 여택(呂澤-여후의 남자 형제)을 유후에게 보내 말했다.

　　"군께서는 언제나 상을 위한 계책을 내었는데, 오늘날 태자를 바꾸시려고 합니다. 군께서는 어찌 베개를 높이 베고 누워 있을 수 있습니까?"

　　유후가 말했다.

　　"처음에 상께서 여러 차례 곤궁하고 급박한 가운데 있을 때 요행히 신을 쓰셨는데, 지금은 천하가 안정되어 아끼는 어린아이로 태자를 바꾸려 하십니다. 골육간의 일이니, 비록 신 등 100여 사람이 있어도 무슨 보탬이 되겠습니까?"

　　여택이 억지로 요구하며 말했다.

　　"우리를 위해 계책을 내어주시오."

　　유후가 말했다.

　　"이 일은 말[口舌]로써 다투기 어려우나, 상께서 닿을 수 없는 사람이 있는지 돌아보면 천하에 4명이 있으니 원공(園公), 기리계(綺里季), 하황공(夏黃公), 각리선생(角里先生)입니다. 이 네 사람은 나이가 많고 모두가 상께서 선비를 업신여기고[慢] 모독[侮]한다고 여겨서 도 망쳐 산중에 숨어 마땅히 한나라의 신하가 되지 않았기 때문에, 그래서 상께서 이 네 사람을 높게 여기고 있습니다. 공이 진실로 능히 황금, 옥벽과 비단을 아낌없이 주고 태자로 하여금 낮추는 말로써 글을 쓰게 해서 편안한 수레로 그들을 맞이하게 하고, 이참에 말 잘하는 사람을 보내서 굳게 청하면 마땅히 올 것입니다. 오면 손님으로 여기시고 때마다 같이 조정에 들어가서 상을 뵙게 하면, 상이 보시고 곧 반드시 이상하다 생각해서 물어보실 것입니다. 물으시면 상께서 이 네 사람을 알게 될 것이니, 또한 하나의 도움이 될 것입니다."

이에 여후가 여택에게 영을 내려 사람을 시켜서 태자의 글을 받들고 가서 낮추는 말과 두터운 예로써 네 사람을 맞이하게 하니, 네 사람이 도착해 여택의 집에 머물렀다. 고황제 12년이 되자, 상이 경포의 군대를 깨뜨리고 돌아온 이래로 병이 더욱 심해져서 더욱 태자를 바꾸고 싶어 했고, 유후가 말해도 듣지 않고 병을 핑계로 일을 보지 않았다. 태부 숙손통(叔孫通)[13]이 옛일을 끌어다가 칭찬하면서 죽음으로써 태자를 위해 간쟁을 하자, 상께서 거짓[佯]으로 허락하면서도 더

---

13 유방이 천하를 차지한 뒤에 '수성(守成)은 선비와 해야 할 것'이라고 말하고는 노나라의 제생(諸生)들을 불러 나라의 예법을 다시 만들 것을 설득해서 한나라의 예악과 조의(朝儀)를 새롭게 제정했다. 고조 7년 장락궁(長樂宮)이 완공되자 제후와 신하들이 예법에 맞게 조회를 하니, 엄숙하고 경건하지 않은 것이 없었다. 태상(太常)에 임명되었다. 9년 태자태부(太子太傅)가 되고, 유방에게 태자를 바꾸지 말 것을 간했다. 혜제(惠帝) 때 다시 태상(太常)이 되어 종묘의법(宗廟儀法)을 제정했다.

욱 바꾸고 싶어 했다. 연회를 맞아서 술자리가 갖춰지고 태자가 모시게 되었는데, 네 사람이 태자를 쫓아왔다. 모두 나이가 80여 세로, 머리와 눈썹이 아주 하얗고 옷과 모자가 매우 위엄이 있었다. 상이 괴이하게 여겨 그들에게 물어 말했다.

"무엇을 하는 사람들인가?"

네 사람이 앞으로 나와 대답하면서 각자 그 성과 이름을 말하니, 상이 곧 놀라서 말했다.

"내가 공들을 여러 해에 걸쳐 찾으려 했지만, 공들은 나를 피해 도망갔었다. 지금 공들은 어찌 스스로 우리 아이를 쫓아서 교류하고 있는가?"

네 사람 모두가 대답해 말했다.

"폐하께서 선비를 가벼이 여기고 욕을 잘하시니 신들은 마땅히 욕을 먹지 않으려고 했고, 그래서 두려워 도망가 숨었습니다. 듣건대 태자는 다른 사람의 자식이 되어 효성스럽고 어질고 삼가며 선비를 아끼니, 천하에 목을 길게 빼지[延頸] 않는 사람이 없습니다. 바라건대 태자를 위해 죽기 위해서 왔을 뿐입니다."

상이 말했다.

"번거롭지만 공들이 바라건대 끝까지 태자를 보호해주시오."

네 사람은 오래 사시라고 비는 것이 끝나고는 일어나서 떠났다. 상이 눈으로 그들을 떠나보낸 뒤 척부인을 불러서 네 사람을 가리켜 보여주며 말했다.

"내가 바꾸고 싶었는데, 저 네 사람이 그를 보좌하니 깃과 날개가 이미 다 자라서 움직이기가 어렵게 되었다. 여씨가 정말로 주인이 되는구나."

척부인이 눈물을 흘리자 상이 말했다.

"네가 나를 위해 초나라 춤을 추면, 내가 너를 위해 초나라 노래를 부르겠다."

노래를 불렀다.

"큰고니[檻鵠]가 높이 날면 한 번에 1000리를 간다. 날갯죽지[翮]가 이미 다 자랐으니 마음대로 네 바다를 다니는구나. 마땅히 어찌하겠는가? 비록 주살이 있다 해도 오히려 어찌 능히 쓰겠는가?"

노래가 여러 번 계속되니 척부인이 흐느껴 울다가 눈물만 흘렸고, 상이 일어나서 떠나자 술자리가 끝났다. 끝내 태자가 바뀌지 않게 된 것은 유후가 네 사람을 부른 계책 덕분이다.

留侯張子房, 於漢已定, 性多疾, 即導引不食穀, 杜門不出. 歲餘, 上欲廢太子, 立戚氏夫人子趙王如意, 大臣多爭, 未能得堅決者也. 呂后恐, 不知所爲, 人或謂呂后曰: "留侯善畫計策, 上信用之." 呂后乃使建成侯呂澤劫留侯曰: "君常爲上計, 今日欲易太子. 君安得高河臥?" 留侯曰: "始上數在困急之中, 幸用臣, 今天下安定, 以愛幼欲易太子. 骨肉間, 雖臣等百餘人, 何益?" 呂澤强要曰: "爲我畫計." 留侯曰: "此難以口舌爭也, 顧上有所不能致者, 天下有四人, 園公·綺里季·夏黃公·角里先生. 此四人者年老矣, 皆以上慢侮士, 故逃匿山中, 義不爲漢臣, 然上高此四人. 公誠能無愛金玉璧帛, 令太子爲書, 卑辭以安車迎之, 因使辯士固請宜來, 來以爲客, 時時從入朝, 令上見之, 上見之即必異問之, 問之, 上知此四人, 亦一助也." 於是呂后令呂澤使人奉太子書, 卑辭厚禮迎四人, 四人至, 舍呂澤所. 至十二年, 上從破黥布軍歸, 疾益甚, 愈欲易太子, 留侯陳不聽, 因疾不視事, 太傅叔孫通稱說引古, 以死爭太子, 上佯許

之, 猶欲易之. 及燕, 置酒; 太子侍, 四人者從太子. 皆年八十有餘, 鬚眉
皓白, 衣冠甚偉. 上怪而問之曰: "何爲者?"四人前對, 各言其姓名, 上
乃驚曰: "吾求公數歲, 公避逃我, 今公何自從吾兒游乎?"四人皆對曰:
"陛下輕士善罵, 臣等義不辱, 故恐而亡匿. 聞太子爲人子孝仁, 敬愛士,
天下莫不延頸. 願爲太子死者, 故來耳." 上曰: "煩公幸卒調護太子." 四
人爲壽已畢, 起去. 上目送之, 召戚夫人指示四人者曰: "我欲易之, 彼四
人輔之, 羽翼已成, 難動矣. 呂氏眞而主矣." 戚夫人泣下, 上曰: "爲我楚
舞, 吾爲若楚歌." 歌曰: "鴻鵠高蜚, 一舉千里, 羽翮已就, 橫絕四海, 當
可奈何? 雖有矰繳, 尚安能施?" 歌數関, 戚夫人唏噓流涕, 上起去罷酒.
竟不易太子者, 留侯召四人之謀也.

23. 상산의 네 늙은이가 태자를 싸움터에 보내려는 생각을
　　막아내다

　　한나라 11년 구강왕 경포(黥布, ?~기원전 195년)[14]가 반란을 일으켰
을 때, 고황제가 병이 있어서 태자를 보내 치게 하려 했다. 이때 원공

14　영포(英布)라고도 한다. 전한 육안(六安) 육현(六縣) 사람이다. 법을 어겨 경형(黥刑)을 당해
　　서 경포로 불렸다. 유방을 도와 전한을 세운 장군이다. 진나라 말에 무리를 이끌고 번군(番
　　君)에 붙었다가, 나중에 항량에게 의탁했다. 항량이 죽자 항우에게 속했다. 전투 때마다 항
　　상 적은 병력으로 많은 적군을 물리쳤다. 항우를 따라 입관(入關)한 뒤 구강왕(九江王)에 봉
　　해졌다. 일찍이 항우의 명령에 따라 형산왕(衡山王) 오예(吳芮)와 함께 의제(義帝)를 죽였다.
　　초한(楚漢)전쟁 중에 한나라가 수하(隨何)를 보내 설득하자 한나라로 귀순했다. 회남왕(淮
　　南王)에 봉해졌고, 유방을 따라 해하(垓下) 전투에서 항우를 격파했다. 한나라가 세워진 뒤
　　한신(韓信)과 팽월(彭越) 등 개국 공신들이 하나하나 피살되자 반란을 일으켰다가 실패하
　　고, 강남(江南)으로 달아났다가 장사왕(長沙王)에게 유인되어 주살(誅殺)당했다.

(園公), 기리계(綺里季), 하황공(夏黃公), 각리선생(角里先生)이 이미 태자를 모시고 있었는데, 태자가 경포를 친다는 것을 듣고는 네 사람이 서로 일러 말했다.

"무릇 온 까닭이 장차 태자를 보존하기 위해서인데, 태자가 군사의 일을 이끌게 되면 위험할 것이다."

이에 곧 건성후를 설득해 말했다.

"태자가 병사를 이끌게 되었으니, 공이 있어도 곧 (태자) 자리에 더 보태줄 바가 없지만, 공이 없으면 이로 인해 화(禍)를 입을 것입니다. 또 태자가 갖춰서 받게 되는 여러 장수는 모두 일찍이 상과 더불어 천하를 평정한 사납고 날랜 장수[梟將=驍將]들인데, 마침내 태자가 이끌게
하면 이는 양(羊)에게 이리를 이끌게 하는 것과 다르지 않습니다. 모두가 기꺼이 온 힘을 다 쓰지 않을 것이니, 아마도 공이 없을 것이 틀림없습니다. 신이 듣건대 어미를 아끼면 자식도 안아준다고 했는데, 지금 척부인이 밤낮으로 가까이에서 모시고 있고 조왕은 늘 살면서 품 앞에 있습니다. 상께서 끝내 덕이 없는 자식[不肖子=太子]을 사랑하는 자
식 위에 두려고 하지 않으실 터이니, 그가 반드시 태자의 자리를 대신할 것이 분명합니다. 군께서는 어찌 급히 여후에게 틈을 타서 상에게 눈물을 흘리면서, '경포는 천하의 사나운 장수이고 군사를 잘 쓰며 여러 장수가 모두 폐하의 옛 동료들인데, 이에 태자에게 이런 무리를 이끌게 하시면 양이 이리를 이끄는 것과 다르지 않으니 쓸 수가 없습니다. 또 경포가 듣게 되면 곧 북을 치며 행군해서 서쪽으로 갈 뿐입니다. 상께서 비록 병이 있지만 누워서 호위하게 하면 여러 장수가 힘을 다하지 않을 수가 없을 것이니, 비록 힘드시겠지만 억지로라도 처와 자식을 위해서 계책을 세워주십시오'라고 말하게 하지 않습니까? 큰 수레

436

[輜車-군수품을 나르는 수레]를 타고 누워서 가시면 됩니다."

이에 여택이 바로 그날 밤에 여후를 뵈었고, 여후가 틈을 타서 상에게 눈물을 흘리며 말했으니 네 사람의 뜻과 같았다.

상이 말했다.

"내가 (태자가) 더벅머리 애[豎子]라서 보내기에는 부족하다고 생각했는데, 내[乃公-유방이 스스로를 부르는 말]가 스스로 가면 될 뿐이다."

이에 상이 스스로 이끌고 동쪽으로 가니, 뭇 신하들이 머물며 지키면서 모두 패수 근처[霸上]까지 전송했다. 유후가 병이 있지만 억지로 일어나서 곡우(曲郵)에 이르러 상을 뵙고 말했다.

"신이 마땅히 쫓아가야 하지만 병이 깊습니다. 초나라 사람은 사납고[剽] 빠르니[疾], 원컨대 상께서는 초나라 사람들과 맞서 다투지 마십시오."

또 그 참에 상을 설득해 말했다.

"영을 내려 태자에게 군을 이끌게 해서, 관중에 있는 제후의 군대를 감독하게 하십시오."

상이 자방이 비록 병이 있지만 억지로 일어나 누워서라도 태자를 돌봐달라고 일렀다. 이때 숙손통이 이미 태자의 태부(太傅)가 되어 있었기에 유후는 소부(少傅)의 일을 행했다. 한나라가 마침내 경포를 주살하면서 태자가 편안해지고 나라도 편안해졌으니, 이는 공자 4명 덕분이다.

漢十一年, 九江黥布反, 高皇帝疾, 欲使太子往擊之. 是時園公·綺里季·夏公黃·角里先生, 已侍太子, 聞太子將擊黥布, 四人相謂曰: "凡來者將以存太子, 太子將兵事, 危矣." 乃說建成侯曰: "太子將兵, 有功, 則位不益; 無功, 從此受禍矣. 且太子所與俱諸將, 皆嘗與上定天下梟將也, 乃使太子將之, 此無異使羊將狼也. 皆不肯爲用盡力, 其無功必矣. 臣聞母愛者子抱, 今戚夫人日夜侍御, 趙王常居抱前. 上終不使不肖子居愛子上, 明乎其代太子位必矣. 君何不急謂呂后承間爲上泣, 言黥布天下猛將, 善用兵, 諸將皆陛下故等倫, 乃令太子將此屬, 無異使羊將狼, 莫爲用. 且使布聞之, 即鼓行而西耳. 上雖疾, 臥護之, 諸將不敢不盡力, 雖苦, 强爲妻子計. 載輜車, 臥而行." 於是呂澤立夜見呂后, 呂后承間爲上泣而言, 如四人意. 上曰: "吾惟豎子, 故不足遣, 乃公自行耳." 於是上自將東, 群臣居守, 皆送至霸上. 留侯疾, 强起至曲郵見上曰: "臣宜從, 疾甚. 楚人剽疾, 願上無與楚人爭鋒." 因說上曰: "令太子爲將軍, 監關中諸侯兵." 上謂子房雖疾, 强起臥而傅太子. 是時叔孫通已爲太子太傅, 留侯行少傅事. 漢遂誅黥布, 太子安寧, 國家晏然, 此四公子之謀也.

24. 성 10개를 바쳐 왕의 목숨을 건지고 나라를 편안케 하다
   - 제나라 내사

제나라 도왕(悼王, ?~기원전 189년)[15]은 효혜황제(孝惠皇帝)의 형이다. 효혜황제 2년, 도혜왕이 들어와 조현한 뒤 효혜황제와 도혜왕이 연회에서 술을 마셨는데, 곧 집안사람의 예절로 행해 같은 자리에 앉았다. 여태후가 화가 나서 바로 짐주(鴆酒-짐독을 섞은 술)를 내려주었는데, 효혜황제가 알아채고 대신 마시려고 하자 마침내 멈추게 했다.

---

15 이름은 비(肥)로, 유방의 서얼 장자이며 생모는 조(曹)씨다.

도혜왕이 두려워서 성을 나가지 못하다가 수레에 올라탄 뒤 크게 한숨을 쉬자 내사참승(內史參乘)이 괴이해 그 까닭을 물었고, 도혜왕이 갖춰서 그 상황을 내사에게 말하니 내사가 말했다.

"왕께서는 차라리 성 10개를 버리시겠습니까, 장차 제나라를 잃겠습니까?"

도혜왕이 말했다.

"몸을 오로지하고 싶을 뿐이지, 어찌 감히 성을 아끼겠는가?"

내사가 말했다.

"노원공주(魯元公主)는 태후의 딸이며 대왕의 동생입니다. 대왕께서 봉해 받은 나라는 성 70여 개가 있는데, 노원공주의 목욕물 값을 대는 탕목읍(湯沐邑)은 얼마 되지 않습니다. 대왕께서 정말로 성 10여 개를 바쳐서 노원공주의 탕목읍으로 만드신다면, 안으로는 친척을 내 몸같이 여기는 은혜가 있고 밖으로는 태후의 뜻에 고분고분함이 있으니 태후가 반드시 기뻐하실 것입니다. 이는 성 10개를 버려서 성 60개를 얻는 것입니다."

도혜왕이 말했다.

"좋다."

태후전에 이르러 주(奏)를 올려서 성 10개를 바쳐 노원공주의 탕목읍으로 삼겠다고 하자 태후가 과연 크게 기뻐하며 읍을 받았고, 도혜왕에게 두텁게 내려주면서 돌아가게 했다. 나라가 드디어 편안해졌으니, 제나라 내사의 계책 덕분이다.

齊悼王者, 孝惠皇帝之兄也. 孝惠皇帝二年, 悼惠王入朝, 孝惠皇與悼惠王讌飲, 乃行家人禮, 同席. 呂太后怒, 乃進鴆酒, 孝惠皇帝知, 欲代

飮之, 乃止. 悼惠王懼不得出城, 上車太息, 內史參乘怪問其故, 悼惠王
具以狀語內史, 內史曰: "王寧亡十城耶, 將亡齊國也?" 悼惠王曰: "得
全身而已, 何敢愛城哉!" 內史曰: "魯元公主, 太后之女, 大王之弟也.
太王封國七十餘城, 而魯元公主湯沐邑少, 大王誠獻十城爲魯元公主
湯沐邑, 內有親親之恩, 外有順太后之意, 太后必大喜. 是亡十城而得
六十城也." 悼惠王曰: "善." 至邸上, 奏獻十城爲魯元公主湯沐邑, 太后
果大悅受邑, 厚賜悼惠王而歸之. 國遂安, 齊內史之謀也.

25-1. 흉노에 대한 정책을 다투다 - 한무제 때의 왕회와
한안국 1

효무황제(孝武皇帝, 기원전 156~기원전 87년)[16] 시절에 대행 왕회(王恢,
?~기원전 133년)[17]가 여러 차례 말하기를 흉노를 공격하는 장점은 변경
의 해로움을 없앨 수 있기 때문이라고 하면서 화친의 약속을 끊어버

---

16 한(漢)나라 무제(武帝)로, 이름은 철(徹)이고 자는 통(通)이다. 서한(西漢)의 7대 황제이자
    정치가이고 전략가다. 재임 중에 중앙집권을 강화하기 위해 지방에 자사(刺史)를 임명해
    제후들의 세력을 약화시켰고, 당시의 많은 제자백가를 축출하고 유술(儒術)만 숭상했다.
    대외적으로 이민족을 정벌했는데, 특히 흉노를 격파하고 서역과의 실크로드를 확보하는
    등 중국의 영토를 확대했다.
17 여러 차례 변방의 관리로 있어 소수민족의 풍습을 잘 알았다. 무제(武帝) 때 대행(大行)이
    되었다. 일찍이 한안국(韓安國)을 따라 병사를 이끌고 민월(閩越)을 평정했다. 원광(元光)
    2년(기원전 133년) 흉노(匈奴)를 유인해 마읍(馬邑)으로 끌어들여 공격할 계획을 세웠다.
    그러나 흉노가 복병이 있을 것을 미리 알고 회군해버렸다. 무제가 정위(廷尉)에 넘기자 자
    살했다.

리기를 원했지만, 어사대부 한안국(韓安國, ?~기원전 127년)¹⁸은 병사를 움직일 수 없다고 생각했다.

효무황제가 여러 신하를 불러서 물어 말했다.

"짐이 자식을 꾸며서 선우(單于)에게 짝 지워주었고 예물과 무늬 있는 비단을 선물로 준 것이 심히 두터웠는데, 지금 선우는 명을 거스르고 더욱 거만해져서 침략하고 도둑질하는 일이 그치지 않으며 변경에서 자주 놀라게 하니 짐이 매우 걱정된다. 지금 병사를 일으켜서 흉노를 치고 싶은데, 어떠한가?"

대행 왕회가 두 번 절하고 머리를 조아리며 말했다.

"좋습니다. 폐하께서 말씀하지 않으셨어도 신이 정말로 아뢰려 했습니다. 신이 듣건대 대(代)나라¹⁹가 온전했던 시절에도 북쪽에 일찍이 강한 오랑캐가 없었던 적이 없어서 안으로 중국의 병란이 계속되어 있었습니다만 그러나 오히려 노인을 봉양하고 어린이를 기를 수 있었으니, 곡식을 때맞춰 심고 창고가 늘 가득했으며 지키고 막기 위해 준비된 물품 때문에 흉노가 감히 가벼이 침범하지 못했습니다. (그런데) 지금은 폐하의 위엄으로 해내(海內-나라 안)가 한 가족이 되고

---

18 일찍이 전생(田生)에게 『한자(韓子)』와 잡설(雜說)을 배웠고, 양효왕(梁孝王)을 섬겨 중대부가 되었다. 오초(吳楚)가 반란을 일으키자 군사를 이끌고 오병(吳兵)을 격파해서 명성을 얻었다. 무제(武帝) 때 북지도위(北地都尉)와 대농령(大農令)을 지냈다. 건원(建元) 6년 어사대부(御史大夫)에 올랐다. 사람됨이 충후(忠厚)하고 지략이 있었으나 재물에 대한 욕심이 상당했는데, 그가 추천한 사람들은 모두 염사(廉士)였다. 나중에 중위(中衛)가 되고, 위위(衛尉)로 옮겼다. 원삭(元朔) 원년(기원전 128년) 흉노(匈奴)가 대거 침입하자 재관장군(材官將軍)으로 어양(漁陽)에 주둔했다가 패해 우북평(右北平)으로 옮겨 주둔했는데, 울화병으로 피를 토한 뒤 죽었다.

19 춘추시대 말의 제후국으로 지금의 하북성 서북쪽, 산서성 동북쪽에 있었다고 한다. 조양자(趙襄子)에게 점령당해 조나라로 병합되었다.

천자도 같이 맡아서 자제를 보내 변방으로 올라가 요새를 지키고 곡식을 옮겨 수레로 나름으로써 준비를 하고 있으나, 흉노가 침범해 도둑질을 그치지 않는 것은 다른 것 때문이 아니라 고통을 당할 걱정이 없기 때문입니다. 신은 그들을 치는 것이 이롭다[便]고 여깁니다."

어사대부 한안국이 머리를 조아리고 두 번 절하며 말했다.

"그렇지 않습니다. 신이 듣기로 고황제께서 일찍이 평성(平城)에서 에워싸인 적이 있었는데, 흉노가 도착해서 안장을 던져 성보다 높게 만든 곳이 몇 군데 있었습니다. 평성이 위태로워져서 이레를 먹지도 못하게 되자 천하가 탄식했습니다. 마침내 포위가 풀렸는데, (황제의) 자리로 돌아가서도 원망하는 기색이 없었습니다. 비록 천하를 얻었지만, 평성의 원한을 갚지 못했던 것은 힘을 가지고는 할 수 없었기 때문이니, 무릇 빼어난 이[聖人]가 천하를 가지고서 헤아려야 하는 것은 자기의 사사로운 분노 때문에 천하의 공의(公義)를 해치지 말아야 하는 것입니다.

옛날에 아리따운 공주[嬌]를 보내 공경하며 맺어주어 사사로이 친척이 되게 함으로써 지금까지 5세대 동안 이익이 되어왔습니다. 효문황제는 일찍이 한 번 천하의 정예병을 상계(常谿)와 광무(廣武)에 주둔시켰지만 자그마한 공로도 없었습니다. 천하의 검은 머리 백성이나 매여 있는 백성[約要之民=約束之民][20] 중에서 근심하지 않는 사람이 없었는데, 효문황제는 병사들을 주둔시킬 수 없다는 것을 깨닫고는 마침내 화친의 약조를 함으로써 지금까지 뒷세상을 위해 이익되

---

20 『한서(漢書)』「한안국전」52에는 '약요지민'이란 글귀가 빠져 있는데, 약요(約要)는 약속이라는 뜻이지만 정확한 뜻은 알 수 없다.

게 했습니다. 신은 두 황제[主]의 업적을 충분히 본받을 만하다고 여깁니다. 신은 그래서 싸우지 않는 쪽이 좋다고 아룁니다."

孝武皇帝時, 大行王恢數言擊匈奴之便, 可以除邊境之害, 欲絶和親之約, 御史大夫韓安國以爲兵不可動. 孝武皇帝召群臣而問曰: "朕飾子女以配單于, 幣帛文錦, 賂之甚厚, 今單于逆命加慢, 侵盜無已, 邊境數驚, 朕甚閔之. 今欲擧兵以攻匈奴, 如何?"大行臣恢再拜稽首曰: "善. 陛下不言, 臣固謁之. 臣聞全代之時, 北未嘗不有彊胡之故, 內連中國之兵也, 然尙得養老長幼, 樹種以時, 倉廩常實, 守禦之備具, 匈奴不敢輕侵也. 今以陛下之威, 海內爲一家, 天子同任, 遣子弟乘邊守塞, 轉粟輓輸, 以爲之備, 而匈奴侵盜不休者, 無他, 不痛之患也. 臣以爲擊之便."御史大夫臣安國稽首再拜曰: "不然. 臣聞高皇帝嘗圍於平城, 匈奴至而投鞍高於城者數所. 平城之危, 七日不食, 天下歎之. 及解圍反位, 無忿怨之色. 雖得天下, 而不報平城之怨者, 非以力不能也. 夫聖人以天下爲度者也, 不以己之私怒, 傷天下之公義. 故遣嬌敬結爲私親, 至今爲五世利. 孝文皇帝嘗一屯天下之精兵於常谿廣武, 無尺寸之功. 天下黔首, 約要之民, 無不憂者, 孝文皇帝悟兵之不可宿也, 乃爲和親之約, 至今爲後世利. 臣以爲兩主之跡, 足以爲效. 臣故曰勿擊便."

25-2. 흉노에 대한 정책을 다투다 - 한무제 때의 왕회와 한안국 2

대행이 말했다.

"그렇지 않습니다. 무릇 형체가 갖춰진 것을 밝게 드러내어 [明於形] 구분해서 쓰면 일에 허물이 없고, 움직이는 것을 살펴서 [察於動] 쓰면 이로움을 잃지 않으며, 조용히 머무르는 것을 깊이 조사해서[審於靜] 쓰면 편안해져 환란을 벗어날 수 있다고 했습니다. 고제께서 단단한 갑옷을 입고 날카로운 칼을 들고서 천하의 해악을 제거하셨는데, 화살과 돌을 맞고 바람과 비에 젖으면서 행하시던 10여 년 동안에 엎어진 시체가 연못을 가득 메우고 쌓아 올린 수급이 산더미 같았으며 죽은 자가 열에 일곱이고 산 자가 열에 셋이니, 지나가는 사람들이 눈물을 흘리면서 병사들이 약해진 모습을 보았습니다. 무릇 천하의 마지막 힘까지 내어서 백성이 힘들게 일했는데, 그런데도 흉노는 배불리 먹고 편안히 지내고 있었기에 그 상황[勢]이 불리했습니다. 그러므로 화친의 약속을 맺은 것은 천하의 백성을 쉽게 하기 위해서였습니다.

고황제께서는 형체가 드러난 것을 밝게 보시어 이를 가지고 일을 나눠서 움직이고 머무는 때를 통하게 하셨습니다. 대개 오제(五帝)가 서로 같은 음악을 쓰지 않고 삼왕(三王)이 서로 예를 물려받지 않았던 것은, 다스림이 서로 달랐기 때문이 아니라 각각이 그 시대의 마땅함에 따랐기 때문입니다. 가르침은 시간에 따라 변하고 대비도 적에 따라 바뀌니, 지키기를 한결같이 하면서 바꾸지 않으면 백성을 자식처럼 여길 수 없습니다. 지금 흉노가 뜻을 마음대로 풀어놓은 것이 오래되었고 침입해 도적질하는 것이 그치지 않아서, 사람들을 포로로 묶고 수자리 서는 병사들이 죽거나 다치며 중국의 길에는 관을 실은 수레[轈車]가 서로 바라볼 정도이니, 이는 어진 사람이 슬퍼하는 바입니다. 신은 이런 연유로 공격의 장점을 말씀드립니다."

어사대부가 말했다.

"그렇지 않습니다. 신이 듣기에 이익이 10배가 되지 않으면 업(業)을 바꾸지 않고 공로가 100배가 되지 않으면 일정한 것[常]을 변하게 하지 않는다고 했습니다. 그래서 옛날 다른 사람의 임금은 일을 꾸밀 때는 반드시 빼어남으로 나아가고 정령(政令)을 낼 때는 반드시 골라서 말했으니, 그 까닭은 일을 시작하는 것이 중요하기 때문입니다. 삼대의 성대함 이래로 멀리 있는 오랑캐들에게 책력[正朔]과 옷 색깔[服色]을 내주지 않았던 것은 위엄이 아니면 제압할 수 없고 강함이 아니면 복종시킬 수 없었기 때문이니, 멀리 끊어진 지역으로 여겨서 백성으로 기르지 않고 중국을 번거롭게 하지 못하게 하면 됩니다.

또 흉노라는 것은 가볍고 빠르고 사나움을 앞에 두는 병사들인데, 목축을 업으로 삼고 나무 활[弧]과 뿔 활[弓]로 사냥을 하며 짐승을 쫓고 풀을 찾아다녀서 머무는 곳이 일정하지 않기 때문에 제압하기 어렵습니다. 와도 도모할 수 없고, 떠나면 쫓을 수 없습니다. 올 때는 마치 바람과 비와 같고, 흩어질 때는 마치 번개를 거두는 것 같습니다. 지금 변방의 군(郡)에서 오랫동안 농사와 옷감 짜는 일을 못 하게 하면서 이로써 흉노에게 버티는 것을 일상의 일로 삼게 되면 그 형세를 저울질할[權] 수 없습니다. 신은 그래서 공격하지 않는 것이 좋다고 아룁니다."

大行曰: "不然. 夫明於形者, 分則不過於事; 察於動者, 用則不失於利; 審於靜者, 恬則免於患. 高帝被堅執銳, 以除天下之害, 蒙矢石, 沾風雨, 行幾十年, 伏尸滿澤, 積首若山, 死者什七, 存者什三, 行者垂泣而倪於兵. 夫以天下末力, 厭事之民, 而蒙匈奴飽佚, 其勢不便. 故結和親之約者, 所以休天下之民. 高皇帝明於形而以分事, 通於動靜之時. 蓋五帝不相同樂, 三王不相襲禮者, 非政相反也, 各因世之宜也. 敎與時變, 備與敵化, 守一而不易, 不足以子民. 今匈奴縱意日久矣, 侵盜無已, 係虜人民, 戍卒死傷, 中國道路, 槥車相望, 此仁人之所哀也. 臣故曰擊之便.”
御史大夫曰: “不然. 臣聞之, 利不什不易業, 功不百不變常. 是故古之人君, 謀事必就聖, 發政必擇語, 重作事也. 自三代之盛, 遠方夷狄, 不與正朔服色, 非威不能制, 非彊不能服也, 以爲遠方絶域, 不牧之民, 不足以煩中國也. 且匈奴者, 輕疾悍前之兵也, 畜牧爲業, 弧弓射獵, 逐獸隨草, 居處無常, 難得而制也. 至不及圖, 去不可追; 來若風雨, 解若收電. 今使邊郡久廢耕織之業, 以支匈奴常事, 其勢不權. 臣故曰勿擊爲便.”

25-3. 흉노에 대한 정책을 다투다 - 한무제 때의 왕회와 한안국 3

대행이 말했다.

"그렇지 않습니다. 무릇 신령스러운 교룡은 연못을 건너고, 봉황새는 바람을 올라타고, 빼어난 사람[聖人]은 때에 의지한다고 했습니다. 옛날 진(秦)나라 목공이 옹(雍)의 교외에 도읍했는데 땅이 사방 300리였지만, 때가 변한 것을 알고 공격해서 서융을 차지해 땅을 연 것이 1000리였고, 합친 나라가 12곳이었으니 농서의 북쪽 땅이 이것입니다.

그 후 몽염(蒙恬-진나라 장수)이 진나라를 위해 오랑캐를 침범해 황하를 경계를 삼아 돌을 쌓아서 성을 만들고 나무를 쌓아서 목책을 만들었더니, 흉노가 감히 북쪽 황하에서 말에 물을 먹이지 못했고 봉화대를 두고서 불을 켠 이후에는 감히 말을 기르지 못했습니다. 무릇 흉노는 힘으로 복종시킬 수 있지 어짊으로 기를 수는 없습니다. 지금 중국의 성대함과 (흉노의) 1만 배나 되는 재물로써 100분의 1만 가지고 흉노를 공격해도, 비유하면 마치 1000석의 활로써 망건을 쏘거나 등창을 터뜨리는 것과 같으니 반드시 머물지 못하고 떠날 것입니다. 바로 북발(北發)[21]이나 월지[月氏][22]라도 신하로 삼을 수 있을 것입니다. 신은 그래서 공격하는 것이 좋다고 말씀드립니다."

어사대부가 말했다.

"그렇지 않습니다. 신이 듣건대, 싸움을 잘하는 사람은 배부른 상태로 굶주린 자를 기다리고 편안히 가서 막사를 정해 그들이 고생하는 것을 기다리며 다스림을 온전히 하고 은덕을 베풀면서 그들이 어지러워질 때를 기다려서, 적병과 부딪치면 떨치고 일어나서 무리 속으로 깊이 들어가 나라를 치고 성을 무너뜨립니다. 이는 늘 앉아서 적국을 부리는 것이니, 빼어난 이의 싸우는 방법입니다. 무릇 세찬 바람[衝風]도 잦아들면 깃털을 일으켜 세울 수 없고, 강한 활도 끝에 가서는 힘이 노나라에서 나는 얇은 비단[魯縞]도 뚫을 수 없습니다. 성대했던 것이 쇠약해지는 것은 마치 아침이 가면 반드시 저녁이 오는 것과 같습니다.

지금 갑옷을 접어두고 가벼이 일어나서 (적에게) 깊이 들어가서 오랫동안 내달리게 되면 공을 이루는 것이 어렵습니다. 무릇 옆으로 열

---

21 상고시대 부족명으로, 백두산 인근으로 추정되는 지역에서 거주했다.

22 고대에 중국 서북 지역에 존재한 종족의 명칭으로, 우지[禹氏]라고도 부른다.

을 지어서 가면 반드시 중간에 끊어지고 앞뒤로 길게 열을 지어서 가면 몰리고 위협을 받게 되며, 천천히 가면 뒤에 오는 무리에게나 이롭고 빨리 가면 식량이 부족해져서 천릿길에 이르지도 못한 채 사람과 말이 끊어져 굶주리게 되니, 지친 상태로 적과 마주하게 되면 바로 남겨진 사람들이 붙잡히게 됩니다.

생각하는 사람이 다른 속임수나 묘한 계책이 있다면 그들을 잡을 수 있겠지만 신은 알지 못하니, 그렇지 않으면 (적진에) 깊이 들어가는 것의 이로움을 아직 볼 수 없습니다. 신은 그래서 공격하지 않는 것이 이롭다고 말씀드립니다."

大行曰: "不然. 夫神蛟濟於淵, 而鳳鳥乘於風, 聖人因於時. 昔者, 秦繆公都雍郊, 地方三百里, 知時之變, 攻取西戎, 辟地千里, 并國十二, 隴西北地是也. 其後蒙恬爲秦侵胡, 以河爲境, 累石爲城, 積木爲寨, 匈奴不敢飮馬北河, 置烽燧然後敢牧馬. 夫匈奴可以力服也, 不可以仁畜也. 今以中國之大, 萬倍之資, 遣百分之一以攻匈奴, 譬如以千石之弩, 射帣潰疽, 必不留行矣. 則北發月氏, 可得而臣也. 臣故曰擊之便." 御史大夫曰: "不然. 臣聞, 善戰者, 以飽待飢, 安行定舍, 以待其勞, 整治施德, 以待其亂, 接兵奮衆, 深入伐國墮城, 故常坐而役敵國, 此聖人之兵也. 夫衝風之衰也, 不能起毛羽; 强弩之末力, 不能入魯縞. 盛之有衰也, 猶朝之必暮也, 今卷甲而輕擧, 深入而長驅, 難以爲功. 夫橫行則中絶, 從行則迫脅, 徐則後利, 疾則糧乏, 不至千里, 人馬絶飢, 勞以遇敵, 正遺人獲也. 意者有他詭妙, 可以擒之, 則臣不知, 不然未見深入之利也. 臣故曰勿擊之便."

25-4. 흉노에 대한 정책을 다투다 - 한무제 때의 왕회와 한안국 4

대행이 말했다.

"그렇지 않습니다. 무릇 풀과 나무의 속에 서리와 안개가 있으면 바람이 지나갈 수 없고, 물이 깨끗해서 맑은 거울 같으면 형체를 숨길[遯] 수 없습니다. 방편에 통달한 사람은 글로써 어지럽힐 수 없습니다. 지금 신이 공격하자고 말하는 것은 (군대를) 보내서 깊이 들어가자는 것이 아닙니다. 장차 순리대로 선우의 욕심을 기회로 삼아서 (그들을) 유도해 변경에 이르게 되면, 우리는 빠른 군졸과 날카로운 병사를 숨겨두고 기다리며 험한 곳에 올라앉아서[鞍] 험하고 막힌 지형[險阻]으로써 대비합니다. 우리 군세[勢]가 이뤄져서 누구는 그 왼쪽을 맡고 누구는 그 오른쪽을 맡으며 누구는 그 앞을 맡고 누구는 그 뒤를 맡으면, 선우를 잡을 수 있고 백번 싸워서 반드시 모두 차지할 수 있습니다. 그래서 신은 공격의 이로움을 말씀드리는 것입니다."

이에 드디어 대행의 말을 따르게 되었다.

효무황제는 스스로 군대를 이끌어 마읍(馬邑)에 군사를 매복시키고 선우를 유도했다. 선우가 이미 요새에 들어오다가 길에서 (계략임을) 깨닫고는 재빨리 달려서 떠나갔다. 그 후 병사들이 부딪쳐서 칼날을 맞대고 원한을 맺는 재앙이 연이어져서 서로 공격하기를 10년을 하니, 병졸은 시들고 백성은 지쳐가며 백성의 삶은 텅 비게 되었다. 길에는 굶어 죽은 시신이 서로 마주 보고 있었고 작은 관을 실은 수레가 잇달아서 지나갔으며 도적 떼가 산마다 가득해 세상이 들끓게 되었다. 효무황제가 뒤에 이를 뉘우쳤다. 어사대부 상홍양(桑弘羊, 기원전

152?~기원전 80년)²³이 윤대(輪臺)에서 밭을 갈기를 청하니, 조서를 내려 물리치면서 말했다.

"마땅히 지금의 일은, 가혹하고 사나움을 하지 못하게 하고 제멋대로 세금을 걷지 못하게 하는 데 힘써야 한다. 지금 마침내 멀리 서쪽으로 가서 밭을 가는 것은 능히 백성을 위로할 수 없는 일이다. 짐은 차마 들어줄 수 없다."

그를 승상으로 봉하면서 부르기를 부민후(富民侯)라 했다. 결국은 다시 군대의 일을 말하지 않았으니, 나라와 집안이 평안해지고 후사 [繼嗣=後嗣]가 정해진 것은 한안국의 본래 계책을 따른 덕분이다.
계사 후사

大行曰: "不然. 夫草木之中霜霧, 不可以風過; 淸水明鏡, 不可以形避也; 通方之人, 不可以文亂. 今臣言擊之者, 故非發而深入也. 將順因單于之欲, 誘而致之邊, 吾伏輕卒銳士以待之, 險鞍險阻以備之. 吾勢以成, 或當其左, 或當其右; 或當其前, 或當其後, 單于可擒, 百必全取. 臣以爲擊之便." 於是遂從大行之言. 孝武皇帝自將師伏兵於馬邑, 誘致單于. 單于旣入塞, 道覺之, 奔走而去. 其後交兵接刃, 結怨連禍, 相攻擊

---

23 장사꾼의 아들로 태어나 무제(武帝) 건원(建元) 원년 암산의 재능을 인정받고 치속도위(治粟徒尉)에 임명되었다. 대사농(大司農)이 되어 천한(天漢) 3년 염철(鹽鐵)과 주류(酒類)에 대해 관영(官營)을 하도록 조치를 취하고, 평준(平準)과 균수(均輸) 기구를 설립했다. 이를 통해 전국의 상품을 통제하고 물가를 억제하면서 상인들이 지나친 이익을 남기지 못하도록 하는 한편 세수 증대도 꾀했다. 좌서장(左庶長)의 작위가 내려졌다. 후원(後元) 2년 소제(少帝)가 어린 나이에 즉위하자 무제의 유조(遺詔)로 곽광(霍光)과 함께 정치를 보좌하면서 어사대부에 올랐다. 그의 정책에 대한 불만이 높아지자 원시(元始) 6년 현량문학(賢良文學)의 선비들과 궁정에서 전매법 등 일련의 문제에 관해 격론을 펼쳤는데, 계속 관영을 고수했다. 그 기록이 『염철론(鹽鐵論)』이다. 다음 해 연왕(燕王) 유단(劉旦)과 상관걸(上官桀) 등이 모반을 일으켰을 때 피살되었다.

十年, 兵凋民勞, 百姓空虛, 道殣相望, 槥車相屬, 寇盜滿山, 天下搖動. 孝武皇帝後悔之. 御史大夫桑弘羊請佃輪臺, 詔卻曰: "當今之務, 務在禁苛暴, 止擅賦. 今乃遠西佃, 非能以慰民也. 朕不忍聞." 封丞相號曰富民侯. 遂不復言兵事, 國家以寧, 繼嗣以定, 從韓安國之本謀也.

26. 은혜를 베풀면서도 강한 제후들의 힘을 서서히 꺾을 방책을 올리다 – 한무제 때의 주보언

효무황제 때 중대부 주보언(主父偃)이 책문(策)을 만들어 말했다.

"옛날 제후의 땅은 100리를 넘지 않아서 강하고 약한 형세를 쉽게 제압할 수 있었습니다. 지금 제후 중에 누구는 성이 잇달아서 수십 개가 있고 땅이 사방 1000리인데, 늦춰주면 교만해지고 쉽게 해주면 지나치게 어지러워지며 급박해지면 자신들의 강함을 믿고서 서로 합치고 쫓아 경사(京師)를 거스르는 모의를 할 것입니다. 지금 법으로 땅을 잘라내면 곧 거스르는 마음이 싹트게 될 것이니, 지난날 조조(晁錯, 기원전 200~기원전 154년)[24]의 경우가 바로 그랬습니다. 지금 제후의 자제들이 누구는 10여 명이 있는데, 적자만이 제사를 잇고 다음 대로 세워질 뿐 나머지는 비록 골육이지만 땅 1자도 봉해지지 않고 있습니다. 그래서 어질고 효도하는 도리가 베풀어지지 않고 있으

---

24 한나라 때의 정치가로, 아는 것이 많다고 해 사람들로부터 '지낭(智囊)'이라고 불렸다. 경제(景帝)에게 제후의 영지를 삭감하도록 주장해 '오초칠국의 난'이 일어나게 된 빌미를 제공했다. 난이 일어나자 참형을 당했다.

니, 지난날을 돌아보시고 폐하께서 영을 내려 제후에게 은혜를 베풀어 자제들에게 땅을 나눠 주고 그 땅에서 제후가 되게 해주십시오. 그러면 그 사람마다 기뻐하며 원하던 바를 얻게 되고, 상께서는 은덕을 베푸시면서도 실제로는 그 나라를 봉해줌으로써 점점 스스로 사라지면서 약해지게 할 것입니다."

이에 상께서 그 계책을 따르니, 그로 인해 관외의 말과 활이 나올 수 없었고 유세하는 길이 끊어졌다. 제후들에게 부익법(附益法)[25]을 무겁게 쓰고 그 임금을 그릇되거나 잘못되게 하는 죄를 엄하게 했더니 제후왕들이 결국은 약해졌으며 서로 합하고 쫓는 일도 끊어졌으니, 이는 주보언의 계책 덕분이다.

孝武皇帝時, 中大夫主父偃爲策曰: "古者諸侯地不過百里, 强弱之形易制也. 今諸侯或連城數十, 地方千里, 緩則驕易爲淫亂, 急則阻其强而合從, 謀以逆京師. 今以法割之, 即逆節萌起, 前日晁錯是也. 今諸侯子弟或十數, 而適嗣代立, 餘雖骨肉, 無尺地之封, 則仁孝之道不宣, 顧陛下令諸侯得推恩, 分子弟以地侯之. 彼人人喜得所願, 上以德施, 實封其國, 而稍自消弱矣." 於是上從其計, 因關馬及弩不得出, 絶游說之路. 重附益諸侯之法, 急詿誤其君之罪, 諸侯王遂以弱, 而合從之事絶矣, 主父偃之謀也.

---

25 부익법(附益法)은 한나라 무제(武帝)가 제후국 문제를 해결하려고 추진한 법률로, 제후의 권한을 약화시키고 모반을 방지하기 위해 제후 사이의 교류를 제한하는 법이다. 『논어』 「선진(先進)」 17편의 "계씨는 주공보다 부유한데, 염유가 거둬들여서 더욱 부유하게 했다(季氏富於周公, 而求也爲之聚斂而附益之)"에서 따서 부익법이라 했다.
계씨 부어주공 이 구야 위지 취렴 이 부익지

스스로 공부해서 풀어보고자 하는 이들에게

『신서』를 번역하게 된 것은 처음에는 의도적인 것이 아니었다. 『대학』의 어느 구절을 읽다가, 진(晉)나라 문공(文公)의 외숙인 구범(舅犯)이 말하기를 "도망 온 사람은 보배로 삼을 것이 없고[亡人無以爲寶]"
_{망인 무이 위 보}
라는 구절이 나와서, 이 글이 무슨 말인지, 구범이 누구인지 궁금해 그에 관한 내용을 찾아보게 된 것이 계기였다.

『신서』에 그와 관련된 몇 가지 에피소드가 나왔다. 살펴보니 국내에는 번역된 책이 거의 없어서, 직접 해보고 주위 분들께 공유하겠다는 생각으로 시작했다. 다행히 많은 내용이 『사기』, 『전국책』 등에도 있어서 참조해가면서 끝낼 수 있었다.

번역은 가능한 한 원문 한 글자 한 글자를 모두 풀고 문장 순서에 맞춰서 옮겼다. 고수들이 보기에는 틀린 방법이고 문장이 거칠 수 있지만, 나와 같이 스스로 공부해서 풀어보고자 하는 사람들이라면 원본과 견주면서 읽는 데 도움이 되리라 생각한다.

논어등반학교에 입학해 이한우 교장 선생님께 7년 동안 『논어』를 비롯해 『대학』, 『중용』, 『대학연의』 등 여러 책을 배울 수 있었다. 옛글 읽는 것이 이제 초보 딱지는 뗀 것 같다. 아직도 그 글 아래에 숨어 있는 뜻을 찾아가는 것은 버거운 형편이지만, 찾았을 때의 기쁨이 있어서 옛글을 옮기는 일을 계속할 것 같다.

　　이 책이 나오기까지 물심양면으로 애써주신 이한우 선생님께 다시 한번 감사를 드리며, 늘 격려해주신 양현재 권혜진 박사님과 여러 논어등반학교 도반 선생님께도 고마움을 전한다.

2023년 8월

순의(淳毅) 홍기용

KI신서 11077

신서: 유향 찬집 완역
춘추부터 한대까지 중국 최고의 고사(故事)들만 모아 엮은 고전의 정수

1판 1쇄 인쇄 2023년 7월 26일
1판 1쇄 발행 2023년 8월 16일

옮긴이 홍기용
감수 이한우
펴낸이 김영곤
펴낸곳 (주)북이십일 21세기북스

콘텐츠개발본부 이사 정지은
인문기획팀장 양으녕 **책임편집** 서진교
디자인 푸른나무디자인
출판마케팅영업본부장 한충희
마케팅2팀 나은경 정유진 박보미 백다희
영업팀 최명열 김다운 김도연
e-커머스팀 장철용 권채영
제작팀 이영민 권경민

출판등록 2000년 5월 6일 제406-2003-061호
주소 (10881) 경기도 파주시 회동길 201(문발동)
대표전화 031-955-2100 **팩스** 031-955-2151 **이메일** book21@book21.co.kr

(주)북이십일 경계를 허무는 콘텐츠 리더

21세기북스 채널에서 도서 정보와 다양한 영상자료, 이벤트를 만나세요!
페이스북 facebook.com/jiinpill21   **포스트** post.naver.com/21c_editors
유튜브 youtube.com/book21pub   **인스타그램** instagram.com/jiinpill21
홈페이지 www.book21.com

서울대 가지 않아도 들을 수 있는 명강의! 〈서가명강〉
서가명강에서는 〈서가명강〉과 〈인생명강〉을 함께 만날 수 있습니다.
유튜브, 네이버, 팟캐스트에서 '서가명강'을 검색해보세요!

ⓒ 홍기용, 2023

ISBN 979-11-7117-032-6 03140

이한우의 인물지

유소『인물지』완역 해설

'어떤 사람을 어떻게 쓸 것인가?'
사람을 알아보는 12가지 방법

이한우의 설원 전 2권

유향 찬집 완역 해설 상·하

말의 정원에서 만난 논어의 본질
새로운 설원 읽기: 유향식 논어 풀이

이한우의 태종 이방원 전 2권

태종풍太宗風 탐구 상·하

태종 이방원의
지공至公한 삶에 대한 첫 총체적 탐구

이한우의 태종실록 전 19권

재위 1년~재위 18년·별책

새로운 해석, 예리한 통찰!
5년에 걸쳐 완성한 태종실록 완역본

이한우의 주역 전 3권

입문·상경·하경

시대를 초월한 리더십 교과서이자
세종과 정조를 길러낸 제왕들의 필독서